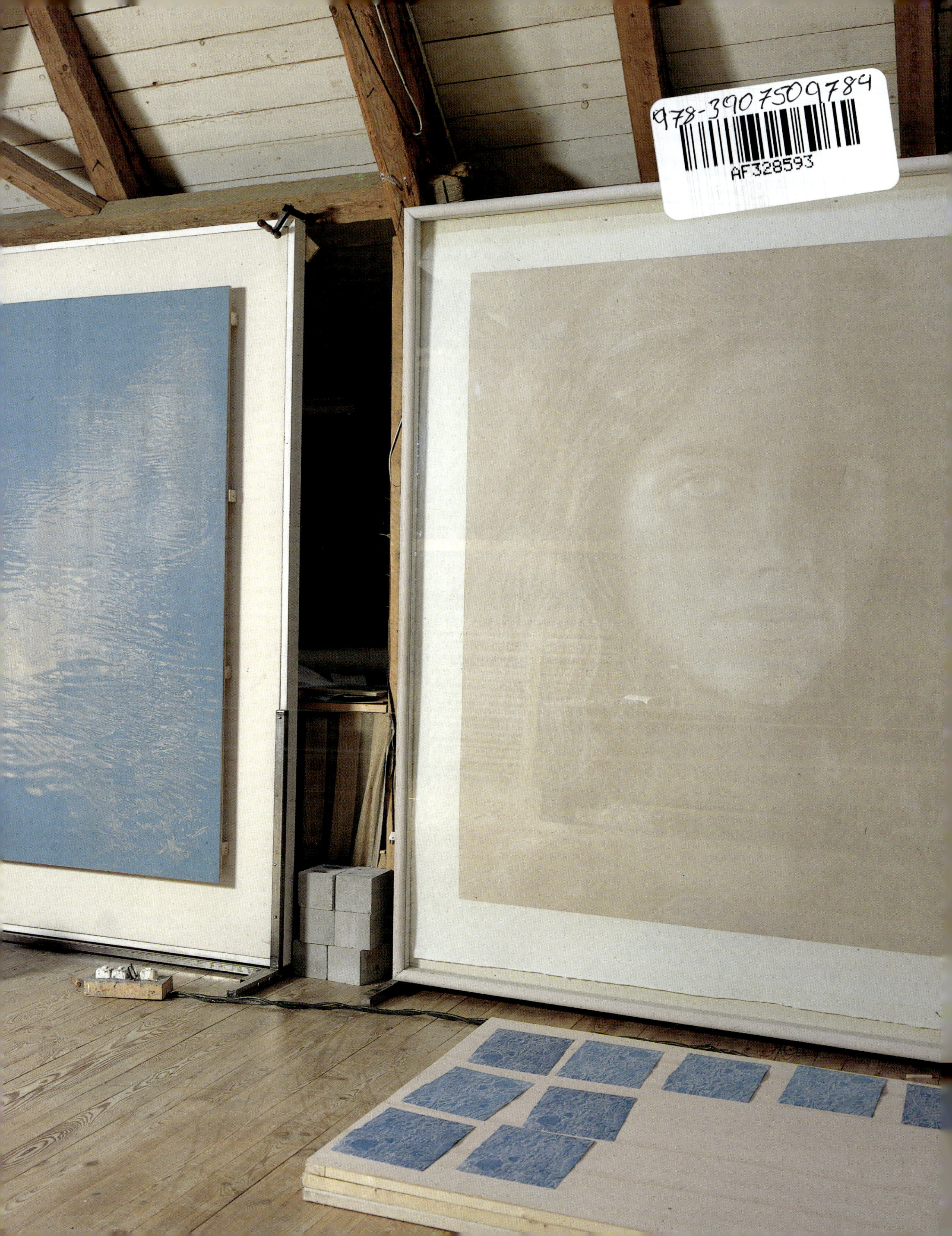
978-3907509784
AF328593

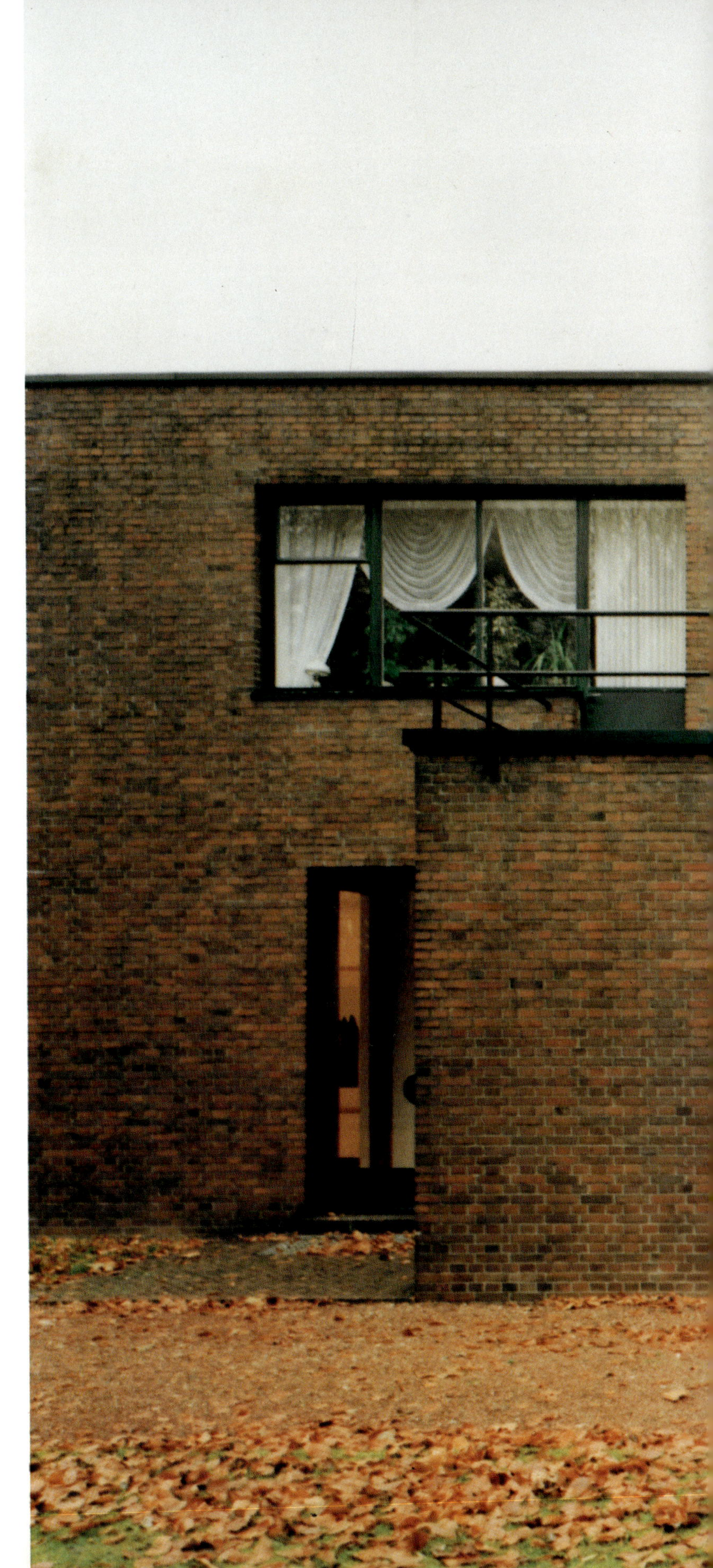

THOMAS RUFF IM MUSEUM HAUS ESTERS, KREFELD, 1987.

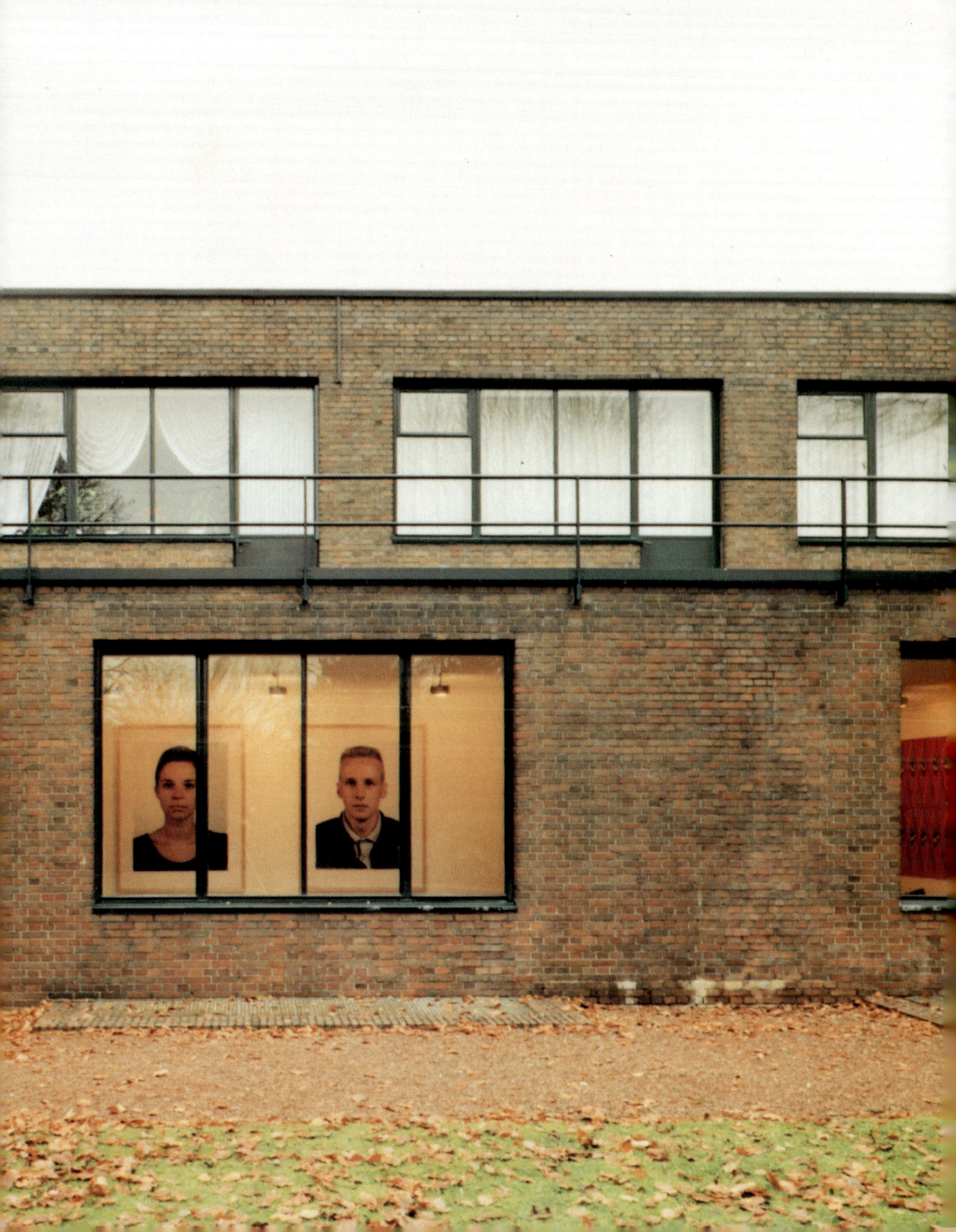

COLLABORATIONS FRANZ GERTSCH & THOMAS RUFF

Jede Nummer der Zeitschrift entsteht mit einem Künstler oder einer Künstlerin, die eigens für die Leser von PARKETT einen Originalbeitrag gestalten. Dieses Werk ist in der gesamten Auflage abgebildet und zusätzlich in einer limitierten und signierten Vorzugsausgabe erhältlich. Franz Gertsch: Cima del Mar (Ausschnitt), 1990/91, Holzschnitt (Kobalt-türkis und ultramarin, halb und halb) auf Heizoburo Japanpapier, 25,4 x 41,6 cm, gefaltet, nicht eingebunden, numeriert und signiert. Auflage: 80 Ex., Sfr. 1350.–.
Thomas Ruff: 2 C-Prints (Photos: ESO), 50 x 50 cm, in Transparenthüllen. Astronomische Daten in Siebdruck auf den Hüllen aufgedruckt, numeriert und signiert. Auflage: je 50 Ex., Sfr. 1200.– pro Print.

Each issue of the magazine is created in collaboration with an artist, who contributes an original work specially made for the readers of PARKETT. The work is reproduced in the regular edition. It is also available in a signed and limited Special Edition. Franz Gertsch: Cima del Mar (Detail), 1990/91, woodcut (cobalt turquoise and ultramarine, half and half) on Heizoburo Japan paper, $10 \times 16^{3/8}$", folded, not bound in the magazine, numbered and signed. Edition of 80, US$ 980.–.
Thomas Ruff: 2 C-prints (Photos: ESO) in transparent paper, astronomic data silk-screened on front and back of wrappers, numbered and signed, Ed. of 50 each, US$ 900.–.

JAHRESABONNEMENT (VIER NUMMERN) / ANNUAL SUBSCRIPTION (FOUR ISSUES)
SFR. 80.– (SCHWEIZ), DM 108.– (BRD), SFR. 92.– (EUROPE), $ 63.00 (USA)
INSERATE / ADVERTISING:
PARKETT VERLAG AG, QUELLENSTRASSE 27, CH-8005 ZÜRICH, TEL. 41-1-271 81 40

PARKETT
Zurich – Frankfurt – New York

Schweizer Kunstzeitschrift in deutscher und englischer Sprache, erscheint vierteljährlich. Der Parkett-Verlag gibt auch Bücher heraus.
Swiss art magazine in English and German, published quarterly. As an international publication, Parkett chooses to retain its authors' stylistic variations.
Parkett also publishes books.

PARKETT NR. 29 ENTSTEHT IN COLLABORATION MIT
CYNDY SHERMAN & JOHN BALDESSARI
WILL BE COLLABORATING ON PARKETT NO. 29

Herausgeber / Publishers
Peter Blum · Jacqueline Burckhardt · Bice Curiger · Dieter von Graffenried · Walter Keller
Chefredaktorin **Bice Curiger** Editor-in-Chief
Redaktorin **Jacqueline Burckhardt** Contributing Editor
Redaktorin USA **Louise Neri** Senior Editor USA
Graphik **Trix Wetter** Design
Graphik Assistenz **Hanna Koller** Design Associate
Deutsche Verlagsvertreterin **Miriam Wiesel** German Representative
Korrektorin **Claudia Meneghini** Proof reader
Englisches Lektorat **Catherine Schelbert** Editorial Assistant for English

Verleger **Dieter von Graffenried · Walter Keller** Managing Directors
Vertrieb und Abonnemente **Manuela Altorfer · Nicole Marquis** Distribution and subscriptions
Inserate und Spezialprojekte **Sibylle Boppart** Advertisements and Special projects
Verkauf USA **Daniel Power** US Sales
Produktionskoordination **Nathalie Buffat** Production coordinator
Verlagsadministration **Barbara Haab** Administrator and Folio Books & Looks
Büromitarbeiter **Alfred Preisig, Tatjana Ćetković (Zurich),**
Pia Schmidt (Frankfurt), Frances Richard (New York) Office Staff
Satz **Englersatz AG, Zürich** Copy
Lithos **Litho AG, Aarau** Color separations
Druck **Zürichsee Druckerei, Stäfa** Printing

ABONNEMENTE UND BUCHHANDELSBESTELLUNGEN ÜBER /
FOR SUBSCRIPTION, INDIVIDUAL AND TRADE SALES, PLEASE CONTACT:
PARKETT-VERLAG AG, QUELLENSTRASSE 27, CH-8005 ZÜRICH TEL. 41-1-271 81 40, FAX 41-1-272 43 01

FOLIO BOOKS & LOOKS (BUCH- UND AUSSTELLUNGSRAUM), WEITE GASSE 9,
CH-8001 ZÜRICH, TEL. 41-1-261 09 10

PARKETT PUBLISHERS INC., 636 BROADWAY, NEW YORK, N.Y. 10012,
PHONE 212-673 2660, FAX 212-673 2887

PARKETT-VERLAG AG, POTSDAMERSTRASSE 168, D-1000 BERLIN 30,
TEL. 49-30-216 80 36, FAX 49-30-215 20 88 (1.7.–31.12.91)

INHALT / CONTENTS

HEFTRÜCKEN/SPINE NO. 28–31: NIELE TORONI

JAMES LEWIS

RICHARD PRINCE:

NOTES TOWARD A SUPREME FICTION

———— *   *   * ————

Shakespeare's famous list of the seven ages of man passes from infancy to boyhood and then to young manhood, leaving that period known to us as adolescence conspicuously unspoken for. The absence is not from negligence, since no such category of life's periods would have occurred to him, either explicitly or through characterization: Romeo, you may remember, is about fourteen when he and Juliet find each other, but he's not a teenager, merely a very young man. Nor is this a peculiarity of Elizabethan culture. The Greeks, too, had no concept of the period between, say, fourteen and twenty-one as a time unto itself, nor even a word to describe it; young men are typically called "beardless," and young women are less frequently referred to as "untamed," that is, unmarried.

Before the early years of this century you will find little or no discussion of adolescence as anything other than nascent adulthood; the very word discourages it, implying as it does a brief and transitory state, defined by what it will be rather than what it is. As a more widespread and definite concept it does not play until post-war America, and even now it remains primarily an American phenomenon. The British don't really have teenagers in quite the same way (although the callow boys of *Brideshead Revisited*

are precursors of a sort), and one simply can't imagine a German or an Italian believing, let alone saying — as Americans say all the time — that their lives, their relationships, their attitudes are defined by what they experienced in high school.

To be an American today is to have the experience of teenager built in. But for all its centrality to our self-image, adolescence—like childhood in Rousseau and Wordsworth—is a kind of fiction, in this case a demographic invention: ready spending money in the hands of high schoolers in the '40s and '50s demanded a strategy for separating them from it, and that in turn led to the invention of the teenager. The folk vocabulary of adolescence is, of course, physiological, with its references to raging hormones, growth spurts, bad skin, and so on, but that's just another case of an artifact passed off as natural: Madison Avenue had the first word.

For Richard Prince, the fiction of adolescence — that is, both the fact that it is a fiction, and the fiction that is thereafter made about it — exists as the stuff of which art is made. Since the terms upon which the story is written are elaborate, subtle, and in many ways obscure, those unfamiliar with them may mistake Prince's work for another version of Late American Pop. It isn't.

The defining activity of adolescence is looking in a mirror, both literally and in the sense in which cul-

———

JAMES LEWIS is a writer who lives in New York.

It is possible, possible, possible. It must

Be possible. It must be that in time

The Real will from its crude compoundings come

Seeming, at first, a beast disgorged, unlike,

Warmed by desperate milk. To find the real,

To be stripped of every fiction except one,

The fiction of an absolute....

(Wallace Stevens)

———— *   *   * ————

ture is, or pretends to be, a glass, a reflection of a wished-for self against which one's own apparent self is hopelessly inadequate. It's an activity the style of which is determined by the media, by peers and pop music, and by the obsessions which they encourage: cars, women, drugs, violence, movies, and always the negative obsession with parents, whose role in it all is simply to fail to understand.

One result of the culture of adolescence is that its subjects are above all others concerned with normality — with ideals of behavior, looks, and possessions — which are always defined by someone else. Since the figures who have written those ideals generally speak a language of images, images are the language in which they have to be addressed. And so Prince does, indeed in images identical to the originals: the pictures he chooses are precisely those which stage normality for teenagers, and his way of presenting them at once mimics and parodies its mise-en-scène.

Consider, for example, the famous COWBOY pieces, rephotographed images from magazine Marlboro ads, stripped of their wording and variously cropped. By now the ads themselves and the images they employ are so familiar that they have become paragons of normality, so obviously present as a role model for a young American man if not in their details then in the attitude and lifestyle they suggest. Children today still say they want to be cowboys when they grow up, and teenagers borrow their ethic (and smoke the cigarettes). Of course there are exceedingly few real rustlers around; they are a fiction, the advertisements doubly so, and Prince's artworks triply so. That they seem so familiar in their impossibly distant remove from what does not exist in the first place, and that they are tempting nonetheless, testifies to Prince's remarkable eye for iconography and the sophistication of his deadpan presentation. He wants both to pose the temptation itself, and point out the fact that it is one. The biker chicks, the rock stars, the blank-faced models with their sunglasses and cigarettes held just so, the lame jokes and car hoods, the cheap gloss of it, along with the little news clippings in his writings, all speak of the same lusts and longings for a staged reality that only pop songs have been able to present thus far, but with a critical and sharp edge that pop songs can't muster.

Prince also writes, and not haphazardly; more than any other artist I can think of, he treats writing the way writers do, rather than as an artist on vacation from his primary activity. It is of a piece and on equal terms with his image-making: the stories and found aphorisms he comes up with act as a kind of commentary on the pictures, meticulously detailing the self-conscious mark of adolescent obsessions made personal, of the stubborn, sullen, and confused affairs of his protagonists. So the artist at once uncov-

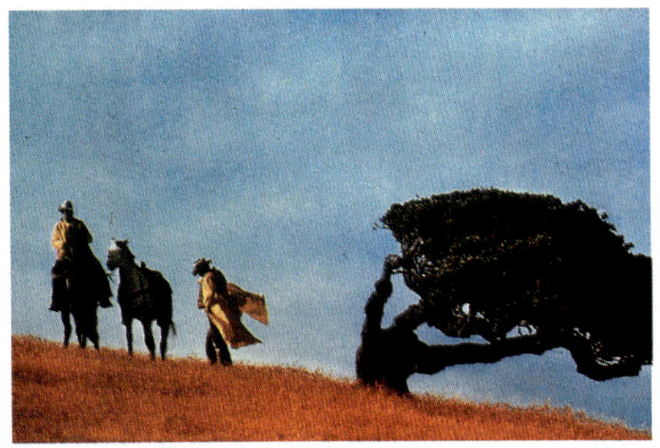

ers a mechanism for producing a very specific and enormously powerful sense of self — of one's place in time, in relation to others, and in relation to pleasures — and details its effects.

One result of all this is that Prince's art, taken as a whole, is essentially narrative: his project is to make, through images and words, a sort of contemporary, critical *Bildungsroman,* a tale of the journey to adulthood. His version, though, has a particular, disconcerting twist: its end is never quite reached. For a true coming-of-age story is by necessity etiological — its air of How I Came To Be The Adult I Am pervades the story from the start. But the photographs he displays have more of a tone of What It Is Like To Be Stuck Here, ceaselessly surrounded by images that play to a person who has been created by them simply in order to be receptive to them, trapped (and tempted to revel) in an elaborate and all-pervasive fiction.

For all of this cultural critique, there is a substantial element of feeling in Prince's work so far (though the artist himself might deny it); artificial as the experience may be in its causes, it is nonetheless real in its effects. The voice in Prince's writings — his novel *Why I Go To Movies Alone,* the short pieces that have appeared elsewhere, and the few interviews he has given — recalls nothing so much as a latter-day Holden Caulfield, the hero of the quintessential American expression of adolescence, J.D. Salinger's *Catcher in the Rye.* What bothers him, he claims, is the phoniness of it all, and his response is a kind of plea for non-fiction, a rhetoric of anti-fakery, and, finally, of a self-enforced solitude which, paradoxically,

takes the form of an indiscriminate consumption of that which it claims to protest, rather than isolation from it. "Sometimes I think the media is the Antichrist," Prince says in an interview somewhere. That is a very Holden Caulfield-like thing to say, especially since it implies that sometimes he doesn't.

Prince's very careful insistence that nothing he makes is allowed to escape into fiction is, then, an ambiguous claim. True, the painted jokes are just jokes, the pictures just pictures, the car hoods just car hoods, the scraps of text with which they are surrounded just bits of reportage; it is as if any temptation to interpretation, any suggestion that he is not saying exactly what he means, would be some kind of terrible admission of dishonesty. But, like Caulfield, Prince's aesthetic persona, the autobiography he presents, is a kind of fiction; he has been authored by the artist as surely and as carefully as Salinger made his protagonist, and serves as a kind of trash culture counterpart to the latter's prep-school malcontent. Both achieve a remarkable realism, but that realism is an effect, a denial of fiction from within the bounds of fiction *(The Catcher in the Rye* begins with a reference to "all that David Copperfield crap"), a paradox according to which fiction is made to aspire to the condition of fact (that is precisely what Wallace Stevens thought the Supreme Fiction would do). Prince's mock interview with J.G. Ballard – the latter asks the questions — is a little masterpiece of just that sort of effect, a kind of writerly *trompe l'oeil.* So even the slightly sardonic, smart-ass tone of Prince's presentations is a delicate achievement; it is precisely the temper of the teenager too disgusted to fall for the trappings of his parents' culture, and too intelligent to completely fall for those of his own. A recent show of paintings, obscured images surrounded by scrawled jokes, movie exchanges, and *Jane's Addiction* song lyrics, included the following startling note: "Warhol was a boring fuck and so were his fuckhead friends and stupid brown-ass fans. I'm glad he died."

But Prince is now in the odd position of aesthetic fatherhood himself, as his art-world progeny – Pruitt/ Early, Meyer Vaisman, and the like – go out into the world on their own. A large group show entitled *Total Metal,* mounted at the Simon Watson Gallery last winter, bore the mark of Prince's attitude everywhere, even if the slightly bitter taste of his ironies was too often missing. Inasmuch as his own work is largely an homage to estrangement from authority, from parents, teachers, money, responsibility (consider the expensive men's watches, pens and cigarette lighters, the polished whiskey logos, the discreet models with their discreet poses), it remains to be seen what will happen as Prince comes to terms with the fact of his own considerable authority.

*   *   *

To insist on a sort of facticity as a precondition of art-making, to so stubbornly oppose the fakery of the world, not by opposing high art to it, but by turning its fakery back on itself, is to turn away from virtually every role that the visual arts have traditionally played. For while the striving for an effect of fact is a common rhetorical tactic in writing, film, advertising and the like, it is thus far almost unknown in art, where, since narration is not so much an issue, the axis tends more towards the more static opposition of real and illusory. As a consequence Prince's work is as much a matter of its absences as it presences: there is no beauty, no expression, no imitation of the real, nothing to be interpreted, appreciated, no immediately visible rhetoric, nothing original. The fact upon which Prince insists is neither the complicit flash of Warhol's BRILLO BOXES, nor the information contained in a piece by Hans Haacke, nor even the media analysis offered by his one-time cohorts in the Pictures group. It is, instead, something more like the brute metaphysic of danger, dismay, and resentment expressed by Robert De Niro in the movie *The Deer Hunter* when, unloading a bullet from the chamber of the gun his friend has been playing with, he holds it up and angrily shouts: "This is this. This isn't something else."

Jaques, in *As You Like It,* begins his speech on the seven ages of man by noting that all the world's a stage. So it is, at least as soon as art is made: that is the fiction that is always left, that is inescapable. De Niro (like Caulfield, like Prince) is a character, the bullet a prop, the movie an artifact, and the acting carefully tailored to create an effect of the real. Indeed, few effects within the framed space of the narrative arts are more exacting, more crafted than those which

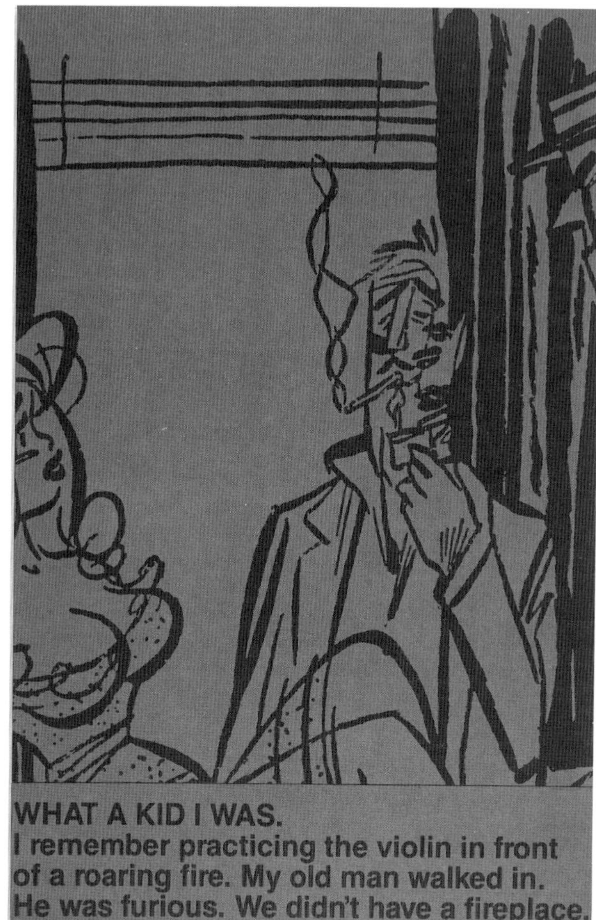

RICHARD PRINCE, WHAT A KID I WAS, 1989,
acrylic and silkscreen on canvas, 90¼ x 58"/WAS FÜR EIN KIND ICH
WAR, 1989, Acryl und Siebdruck auf Leinwand, 230 x 147 cm.
(PHOTO: LARRY LAME)

would turn that space inside out, make it seemingly factual. No one, to my knowledge, has tried such a thing within the art world, though of course this half of the century is littered with both huckstering publicity-mongers, perfervid Expressionists, and those who merely made art out of their lives and lives out of their art. Prince is none of these. He is, instead, a kind of odd authorial presence, making fact out of the fictions of his own life the way saints used to stage real redemption from the staged and highly stylized artifice of their confessions.

9

JAMES LEWIS

RICHARD PRINCE:

GEDANKEN ÜBER EINE HÖHERE FIKTION

———— * * * ————

Shakespeares berühmte Aufzählung der sieben Lebensalter des Menschen geht nach dem Säuglingsalter und der Kindheit direkt zum jungen Mannesalter über und lässt die uns als Pubertät bekannte Entwicklungsphase offensichtlich unerwähnt. Der Grund für diese Auslassung war nicht etwa Nachlässigkeit, sondern ganz einfach die Tatsache, dass Shakespeare gar nicht auf den Gedanken kam, ein derartiger Lebensabschnitt könnte existieren und ihn deshalb auch nicht erwähnte, weder explizit noch durch eine literarische Figur: Romeo ist bekanntlich ungefähr 14 Jahre alt, als er Julia trifft, doch er ist kein Teenager, bloss ein sehr junger Mann. Diese Tatsache ist übrigens keine Besonderheit des Elisabethanischen Zeitalters. Auch die Griechen sahen das Alter zwischen 14 und 21 nicht als besonderen Lebensabschnitt an und hatten deshalb auch keinen Begriff dafür; junge Männer wurden gemeinhin «bartlos» genannt, während man junge Frauen etwas weniger häufig als «ungezähmt», d. h. unverheiratet, bezeichnete.

Vor dem Beginn unseres Jahrhunderts wird die Adoleszenz selten bis nie als irgend etwas anderes als eine Vorstufe des Erwachsenenalters betrachtet; das Wort als solches lässt andere Vorstellungen schon gar nicht aufkommen, da es an einen kurzen, vorübergehenden Zustand denken lässt, an etwas, das eher durch sein zukünftiges als durch sein gegenwärtiges Wesen definiert ist. Erst im Amerika der Nachkriegszeit erlangt der Begriff eine speziellere Bedeutung, und selbst dann bleibt er in erster Linie ein amerikanisches Phänomen. In Grossbritannien gibt es eigentlich keine Teenager im amerikanischen Sinn (obwohl die unreifen Jungen in *Wiedersehen mit Brideshead* als eine Art Vorläufer dieser Gattung betrachtet werden können). Und es ist einfach unvorstellbar, dass ein Deutscher oder Italiener glaubt, geschweige denn erklärt – wie es Amerikaner dauernd tun –, sein Leben, seine Beziehungen und seine Denkweise seien durch seine Mittelschulzeit geprägt worden.

In der heutigen Zeit Amerikaner zu sein bedeutet, die Erfahrung des Teenageralters in sich zu tragen. So zentral ihre Bedeutung für unser Selbstbild aber auch ist, ist die Pubertät – wie die Kindheit bei Rousseau und Wordsworth – doch nur eine Art Fiktion, in diesem Fall eine demographische Erfindung. Da den Mittelschülern in den 40er und 50er Jahren immer mehr Taschengeld zur Verfügung stand, musste eine Strategie gefunden werden, um es ihnen abzuknöpfen, was schliesslich zur Erfindung des Teenagers führte. Im allgemeinen Sprachgebrauch wird der Begriff Pubertät natürlich physiologisch verstanden und lässt an sich regende Hormone, Wachstums-

---

JAMES LEWIS ist Publizist und lebt in New York.

10

———— * * * ————

schübe, unreine Haut und dergleichen denken, doch eigentlich ist das Ganze nur ein weiteres Beispiel eines als natürliches Phänomen ausgegebenen Artefakts: Die Madison Avenue hatte das erste Wort.

Für Richard Prince ist die Fiktion der Pubertät – d.h. sowohl die Tatsache, dass sie eine Fiktion ist, als auch die Literatur, die sich daran inspiriert – der Stoff, aus dem Kunst geschaffen wird. Da er eine anspruchsvolle, subtile und in mancherlei Hinsicht undurchsichtige Sprache verwendet, könnte, wer damit nicht vertraut ist, Princes Werk für eine neue Spielart des späten amerikanischen Pop halten. Dem ist nicht so.

Eine für die Pubertät charakteristische Tätigkeit ist, sich im Spiegel zu betrachten, sowohl im wörtlichen Sinn als auch insofern, als dass Kultur ein Spiegelbild, eine Reflexion eines Wunsch-Ichs ist oder zu sein vorgibt, gegenüber dem das eigene Ich hoffnungslos unzulänglich ist. Der Stil dieser Tätigkeit wird durch die Medien, Gleichaltrige, Popmusik und durch die Wunschvorstellungen geprägt, die sie hervorrufen: Autos, Frauen, Drogen, Gewalt, Filme und stets auch die Konflikte mit den Eltern, deren einzige Rolle darin zu bestehen scheint, ihre Kinder nicht zu verstehen.

Ein Merkmal der Pubertätskultur ist, dass ihre Themen vor allem die Normalität zum Inhalt haben – Idealvorstellungen bezüglich Verhalten, Aussehen

und Konsumgüter, die immer von jemand anderem bestimmt werden. Da die Personen, die diese Ideale aufgestellt haben, im allgemeinen eine bildhafte Sprache verwenden, muss man auch sie durch Bilder ansprechen. Genau das tut Prince, indem er Bilder verwendet, die exakt den Originalen entsprechen: Er wählt Bilder, die für Teenager Normalität repräsentieren, und seine Art der Darstellung ist zugleich eine Imitation und eine Parodie ihrer Inszenierung.

Denken wir zum Beispiel an die berühmten COWBOY-Werke, photographierte Bilder aus der Marlboro-Zeitschriftenwerbung, die ihres Textes beraubt und verschiedenartig zusammengeschnitten wurden. Die Inserate selbst und die darin verwendeten Bilder sind mittlerweile so bekannt, dass sie zu einem Musterbeispiel der Normalität geworden sind, stets gegenwärtig als Vorbilder für den jungen Amerikaner, wenn nicht ihrer Einzelheiten wegen, so doch wegen der Geisteshaltung und Lebensweise, die sie propagieren. Auch heute wollen Kinder noch Cowboys werden, wenn sie einmal gross sind, und als Teenager bleiben sie bei diesem Ideal (und rauchen die Zigaretten). Natürlich gibt es heutzutage immer weniger echte Cowboys; sie sind eine Fiktion, die Inserate sind es um so mehr und Princes Kunstwerke erst recht. Dass diese in ihrer enormen Distanz zu etwas, das gar nicht existiert, so vertraut scheinen und dennoch verführerisch wirken, zeugt von Princes bemerkenswertem Auge für Ikonographie und der Raffiniertheit seiner nüchternen Darstellungsweise. Er will sowohl verführen als auch auf die Tatsache der Verführung aufmerksam machen. Die Motorradbräute, die Rockstars, die ausdruckslosen Fotomodelle mit ihren Sonnenbrillen und ihren lässig in den Fingern gehaltenen Zigaretten, die lahmen Witze und Motorhauben, ihr billiger Glanz und auch die kurzen Zeitungsausschnitte, die er in seinen Texten verwendet: Sie alle zeugen von derselben Begierde und Sehnsucht nach einer inszenierten Realität, die bisher nur Popsongs heraufzubeschwören vermochten, jedoch mit einem kritischen, scharfen Unterton, den Popsongs nicht haben.

Prince schreibt auch, und zwar nicht planlos; mehr als jeder andere mir bekannte Künstler geht er das Schreiben wie ein Schriftsteller an und nicht einfach wie ein Künstler, der von seiner Hauptbeschäftigung Urlaub macht. Seine schriftstellerische Arbeit steht im Einklang mit seinem künstlerischen Schaffen: Die Geschichten und prägnanten Aphorismen, die er schreibt, dienen als eine Art Kommentar zu den Bildern, indem sie die unsicheren Züge der persönlich gewordenen pubertären Obsessionen und den widerspenstigen, düsteren und konfusen Gemütszustand seiner Romanfiguren aufs genaueste beschreiben. So legt der Künstler einen Mechanismus bloss, der ein ganz besonderes, ungeheuer starkes Ichgefühl hervorruft – das Gefühl für den eigenen Standort innerhalb der Zeit, im Verhältnis zu anderen und in bezug auf die Freuden des Lebens –, und beschreibt zugleich seine Auswirkungen.

Eine Folge dieses Sachverhalts ist, dass Princes künstlerisches Schaffen in seiner Gesamtheit im wesentlichen narrative Züge trägt: Er verfolgt das Ziel, mit Bildern und Worten eine Art modernen, kritischen Bildungsroman zu schaffen, eine Erzählung über die Reise ins Erwachsenenalter. Seine Version weist jedoch eine besondere, beunruhigende Eigentümlichkeit auf: Das eigentliche Ziel wird nie wirklich erreicht. Ein echter Roman über das Erwachsenwerden ist nämlich unweigerlich ätiologisch – das Thema «Wie ich zum Erwachsenen wurde, der ich bin» durchzieht die ganze Geschichte wie ein roter Faden. Seine Photos besitzen hingegen eher einen Anstrich von «Wie man sich fühlt, wenn man nicht weiterkommt»; es herrscht eine dauernde Überflutung von Bildern, die sich an eine Person wenden, die eigens dafür geschaffen wurde, diese Bilder wahrzunehmen, die gefangen ist in einer vollendeten, alles durchdringenden Fiktion (und versucht, darin zu schwelgen).

Trotz dieser kulturkritischen Komponente ist in Princes Werken ein beträchtliches Mass an Gefühl vorhanden (obwohl er selbst dies wahrscheinlich bestreiten würde); so künstlich die Ursachen einer Erfahrung auch sein mögen, ihre Wirkungen sind dennoch echt. Der Ton von Princes Texten – seines Romans *Why I Go To Movies Alone* (Weshalb ich allein ins Kino gehe), der kurzen Artikel, die an verschiedenen Orten erschienen sind, und der wenigen Interviews, die er gegeben hat – erinnert überaus stark an Holden Caulfield, den Helden des Inbegriffs des amerikanischen Romans zum Thema Pubertät, J.D. Salingers *Fänger im Roggen*. Was ihn quält, sagt er, ist die allgegenwärtige Falschheit, und er antwortet darauf mit einer Art Plädoyer für das Echte, einem Eintreten für das Unverfälschte und schliesslich mit einer selbstgewählten Einsamkeit, die sich paradoxerweise im wahllosen Konsum dessen äussert, gegen das sie zu protestieren vorgibt, anstatt sich davon zu distanzieren. «Manchmal glaube ich, die Medien seien der Antichrist», bemerkt Prince irgendwo in einem Interview. So etwas könnte auch Holden Caulfield gesagt haben, besonders weil Prince damit andeutet, dass er dies manchmal auch nicht glaubt.

Princes sorgsames Beharren darauf, nichts, was er kreiert, in die Fiktion abgleiten zu lassen, ist somit ein ambivalenter Anspruch. Gewiss, die Witzzeichnungen sind nur Witzzeichnungen, die Bilder nur Bilder, die Motorhauben nur Motorhauben, die Textfetzen, die sie umgeben, nur Teile eines Zeitungsartikels; es ist, als ob der geringste Versuch einer Interpretation, jede Unterstellung, er könnte nicht genau das ausdrücken, was er meint, ein furchtbares Eingeständnis von Unehrlichkeit wären. Doch wie Caulfield sind auch Princes literarische Figur und die Autobiographie, die er darstellt, eine Art Fiktion; sie wurde vom Künstler genauso wohlüberlegt und sorgfältig kreiert wie Salingers Romanfigur und stellt eine Art Gossenkultur-Gegenstück zu dessen

12

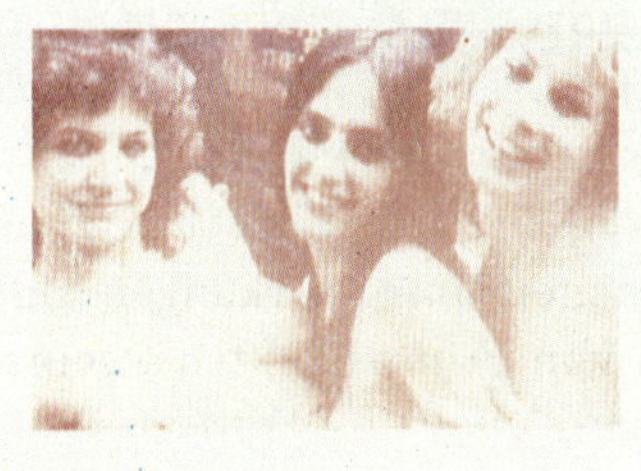
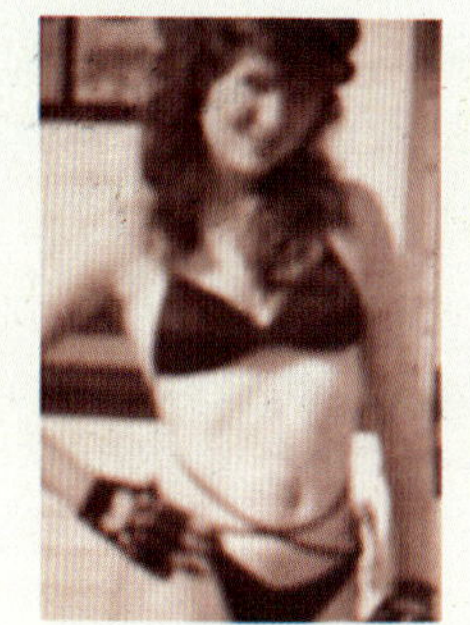
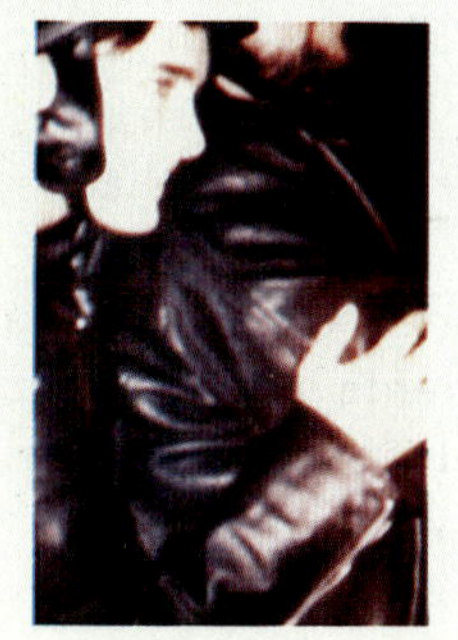
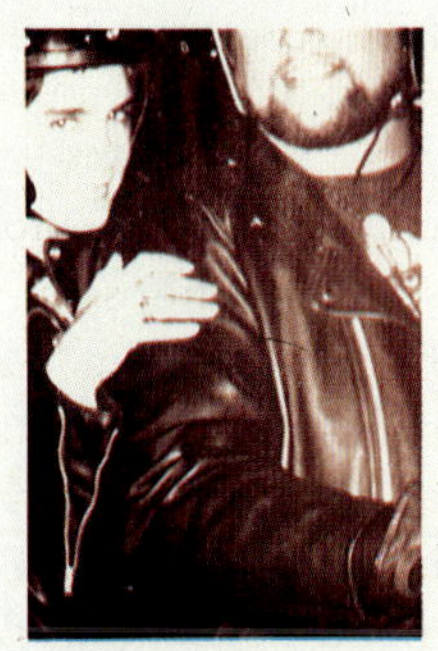
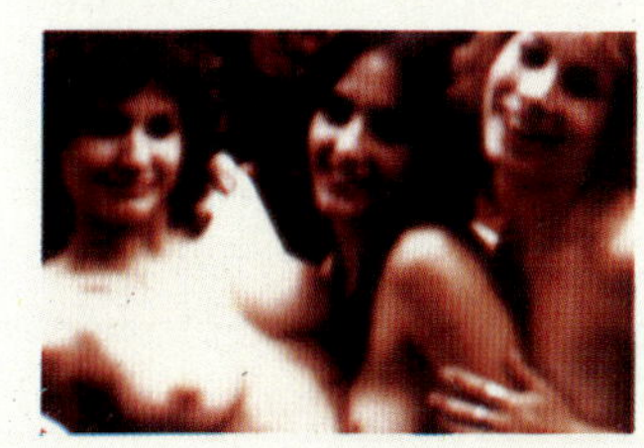
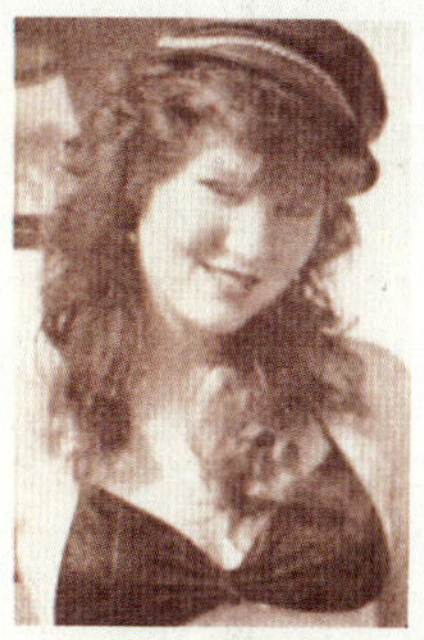
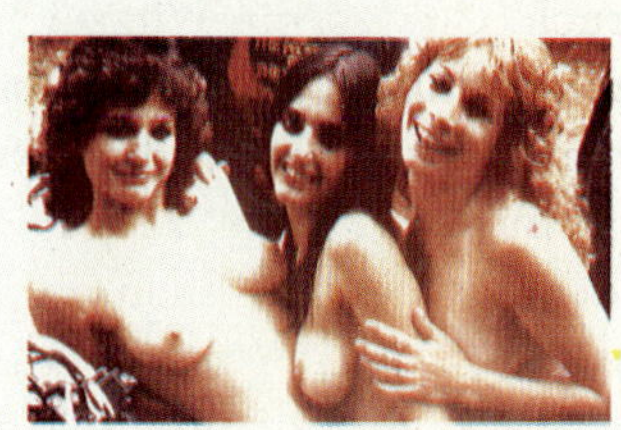
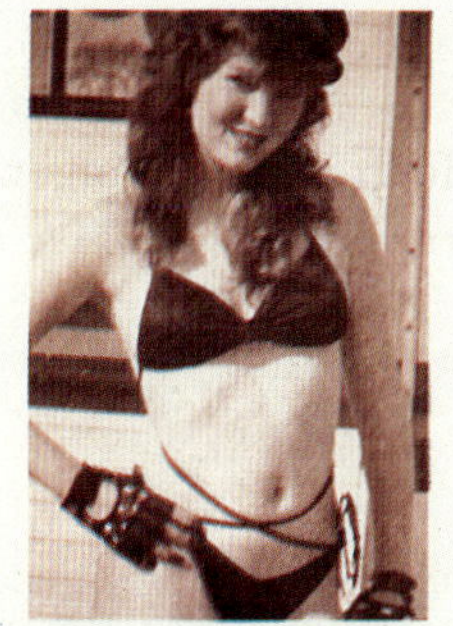
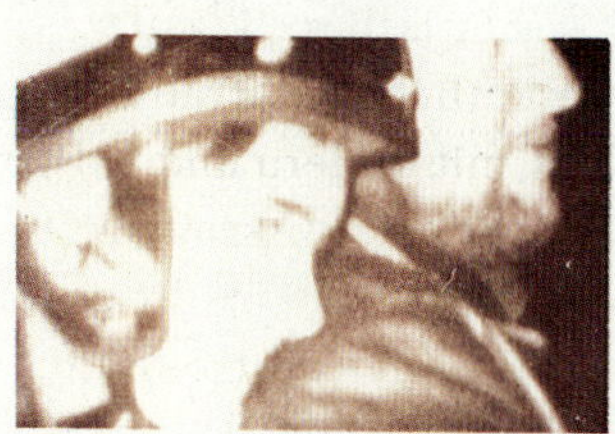

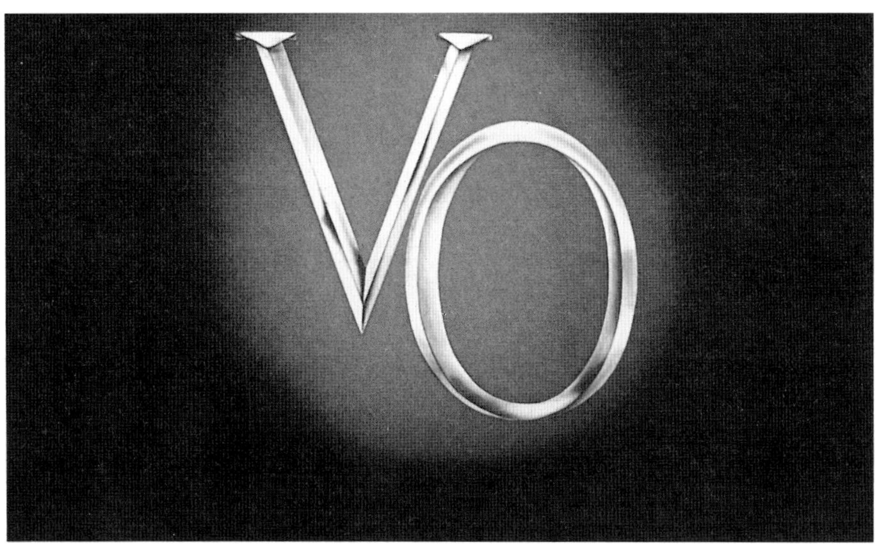

RICHARD PRINCE, UNTITLED (LABEL), 1977,
Ektacolor print, 20 x 24"/OHNE TITEL (LABEL), 1977, 51 x 61 cm.

Privatschul-Rebell dar. Beiden gelingt ein bemerkenswerter Realismus, doch dieser Realismus ist ein Effekt, eine Negierung der Fiktion innerhalb der fiktionalen Literatur *(Der Fänger im Roggen* beginnt mit einer Anspielung auf «all dieses David Copperfield-Zeug»), ein Paradox, demzufolge Literatur Realität anstreben sollte (genau diese Aufgabe erfüllt gemäss Wallace Stevens die Höhere Fiktion). Princes Pseudointerview mit J.G. Ballard – letzterer stellt die Fragen – ist ein kleines Meisterwerk in diesem Bereich, eine Art schriftstellerisches *Trompe-l'œil.* So ist selbst der leicht süffisante, neunmalkluge Ton von Princes Arbeiten eine sublime Leistung; er trifft nämlich genau die Stimmung eines Teenagers, der sich zu angewidert fühlt, um den Lockungen der Kultur seiner Eltern auf den Leim zu gehen, und zu intelligent ist, um auf diejenigen seiner eigenen Kultur hereinzufallen. An einer kürzlich durchgeführten Ausstellung von Gemälden, verworrenen Bildern, die von hingekritzelten Witzzeichnungen, Filmschnipseln und Songtexten der Gruppe *Jane's Addiction* umrahmt waren, konnte man auch die folgenden schockierenden Zeilen lesen: «Warhol war ein langweiliger Scheisskerl, genauso wie seine beschissenen Freunde und doofen Arschlöcher von Fans. Ich bin froh, dass er tot ist.» Doch Prince befin-

det sich jetzt, da seine Jünger aus der Kunstwelt – Pruitt/Early, Meyer Vaisman etc. – selbst in die Welt hinausziehen, in der merkwürdigen Lage, eine Art ästhetischer Vater zu sein. An einer grossen Gruppenausstellung mit dem Titel *Total Metal,* die im letzten Winter in der Simon Watson Gallery gezeigt wurde, war Princes Einfluss überall deutlich spürbar, wenn auch der leicht bittere Geschmack seiner Ironie allzuoft fehlte. Da sein Werk zu einem grossen Teil eine Hommage an die Befreiung von der Autorität – von Eltern, Lehrern, Geld, Verantwortung – darstellt (denken wir an die teuren Herrenarmbanduhren, Füllfederhalter und Feuerzeuge, die schillernden Whiskeylabels, die dezenten Fotomodelle mit ihren dezenten Posen), kann man gespannt sein darauf, was wohl geschehen wird, wenn Prince sich endlich mit seiner eigenen beachtlichen Autorität auseinandersetzt.

* * *

Auf einer Art Faktizität als Vorbedingung für das Kunstschaffen zu bestehen, sich der Künstlichkeit der Welt hartnäckig zu widersetzen, nicht indem man ihr hohe Kunst entgegensetzt, sondern indem man ihre Unechtheit gegen sie selbst wendet, bedeutet, sich von nahezu allen Funktionen abzuwenden, wel-

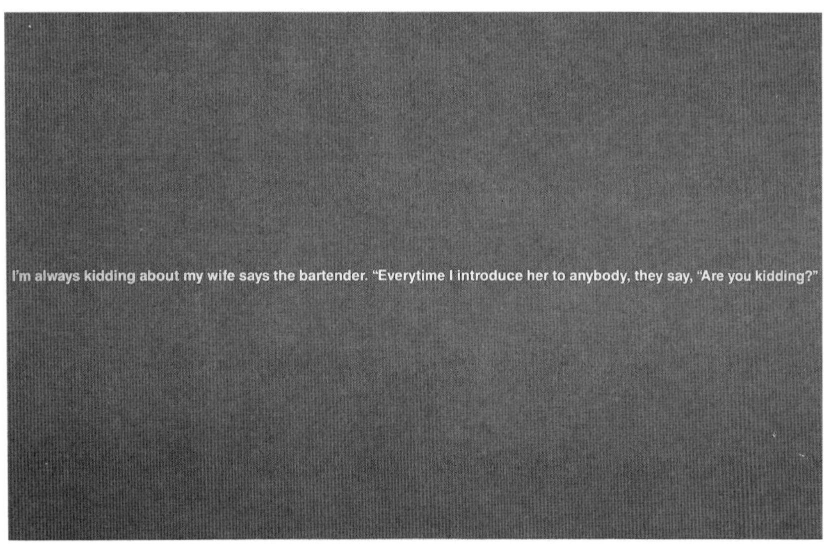

RICHARD PRINCE, ARE YOU KIDDING?, 1988,
acrylic and silkscreen on canvas, 56 x 89¹/₂"/MACHST DU'N WITZ?, 1988, Acryl und Siebdruck auf Leinwand, 142 x 227cm. (PHOTO: LARRY LAME)

che die bildenden Künste traditionellerweise haben. Während nämlich das Anstreben eines realistischen Effekts in Literatur, Film, Werbung und dergleichen eine verbreitete rhetorische Taktik darstellt, ist diese Einstellung in der bildenden Kunst beinahe unbekannt. Da es in diesem Bereich nicht so sehr um das Erzählende geht, tendiert man hier eher zur statischeren Gegenüberstellung von Realität und Illusion. Bei Princes Werk spielt deshalb das Nichtvorhandene eine genauso wichtige Rolle wie das Vorhandene: Da ist keine Schönheit, kein Ausdruck, keine Nachahmung der Realität, nichts, das man interpretieren oder würdigen könnte, keine offensichtliche Rhetorik, nichts Originelles. Was Prince am Herzen liegt, ist weder die augenzwinkernde Ironie von Warhols BRILLO BOXES noch die Information, die ein Werk von Hans Haacke enthält, oder gar die Medienanalyse, die seine einstigen Bundesgenossen der *Pictures-Gruppe* vornehmen. Es ist eher etwas Ähnliches wie die rohe Metaphysik von Gefahr, Schrecken und Bitterkeit, die Robert De Niro im Film *The Deer Hunter* zum Ausdruck bringt, als er beim Entladen eines Gewehrs, mit dem sein Freund herumgespielt hat, die entfernte Kugel hochhält und wütend brüllt: «Das ist das. Das ist nicht etwas anderes.»

Jaques, die Figur aus *Wie es euch gefällt*, beginnt seine Rede über die sieben Lebensalter des Menschen mit der Bemerkung, dass die ganze Welt eine Bühne sei. Das stimmt, zumindest wenn es um Kunst geht: Dies ist die Fiktion, die stets übrigbleibt, der man nicht entrinnen kann. De Niro ist (wie Caulfield und Prince) eine Figur, die Kugel ein Requisit, der Film ein Artefakt und die schauspielerische Darstellung sorgfältig darauf abgestimmt, einen realistischen Effekt zu erzielen. Es gibt tatsächlich nur wenige Effekte innerhalb des begrenzten Raums der erzählenden Kunst, die grösseres Können abverlangen als diejenigen, die diesen Raum von innen nach aussen drehen und als wirklich erscheinen lassen. Meines Wissens hat in der Kunstwelt bis jetzt niemand etwas Derartiges versucht, obwohl es in dieser Hälfte des Jahrhunderts nur so wimmelt von aufdringlichen Werbefritzen, leidenschaftlichen Expressionisten und Leuten, die lediglich Kunst aus ihrem Leben und Leben aus ihrer Kunst machen. Prince ist nichts von alldem. Er stellt vielmehr eine seltsame schöpferische Präsenz dar, indem er die Fiktionen seines eigenen Lebens in Realität umwandelt, so wie einst Heilige durch das inszenierte, in hohem Masse stilisierte Mittel der Beichte echte Erlösung fanden. *(Übersetzung Irene Aeberli)*

FRANZ GERTSCH

FRANZ GERTSCH MIT/WITH JOHANNA I, 1983.

THOMAS RUFF

THOMAS RUFF, 17H 38M/–30°, 1990, 252 x 180 cm/99¼ x 70⅞". (PHOTO: ESO)

HELMUT FRIEDEL

WIRKLICHE, MONOCHROME BILDER –

ZU DEN MONUMENTALEN

HOLZSCHNITTEN VON FRANZ GERTSCH

Zweierlei Betrachtungsebenen durchdringen sich in den grossformatigen Holzschnitten des Franz Gertsch: die der monochromen Farbfläche und die des photographisch genauen Abbildes. Zwei Sehweisen also, die sich prinzipiell ausschliessen, sind in diesen Arbeiten gleichberechtigt angelegt und fordern zum Dialog zwischen unterschiedlichen Gestaltungs- und Bildvorstellungen heraus.

Rastet der Blick beim «Bild» ein, wird er von der Darstellung, vom Abbild gefesselt; dann wird er konsequenterweise immer weiter in die Details vordringen, aus denen sich das Bild konstituiert. Die Betrachtung der Arbeiten als monochrome Farbflächen ergibt sich hingegen aus der Zusammenschau mehrerer Bilder, die in einer bestimmten, festgelegten Folge von Farben und Helligkeitsabstufungen angelegt sind. Detail und Ordnung, Ausschnitt und Reihe, Holzschnitt und Druck, aber auch Körper und Fläche, Konkretion und Abstraktion, aus diesen Spannungen bauen sich die monumentalen Holzschnitte von Franz Gertsch auf. Sie

behandeln darin implizit aktuelle Positionen des Bildens und deuten eine Überwindung fundamentaler Kluften an. Die Aufspaltung der Bildprinzipien in den 10er Jahren unseres Jahrhunderts führte zu getrennten Wegen der unterschiedlichen Bildmethoden. Expression, Abstraktion, Surreales und Dadaistisches entfalteten ihre Möglichkeiten ebenso wie der extreme Realismus. Die Erfahrung und Auseinandersetzung mit der Photographie, ihrer abbildenden Dimension spielen hier eine wesentliche Rolle, aber auch die fundamentale Einsicht in die Diskontinuität, die Fragmentierung und die Unanschaulichkeit des «Realen», welche die Naturwissenschaften und die Technik durch ihre Erkenntnisse mit sich brachten. In der Folge von Einstein und Rutherford, aber auch von Lilienthal wird das Kontinuum geschlossener statischer Räume und unmittelbarer Erfahrungen aufgegeben zugunsten einer unanschaulichen, abstrakten, aber beweisbaren und funktionierenden Realität. Die Folge der unterschiedlichen Wege des Bildes ist bekannt. Es handelt sich prinzipiell um Fächerungen primär verwobener Zustände.

Realismen in der bildenden Kunst bleiben kontinuierlich erhalten, seien es die Readymades von

HELMUT FRIEDEL ist Direktor des Lenbachhaus in München, wo vom 3.7.–1.9.91 eine Franz Gertsch-Ausstellung stattfindet.

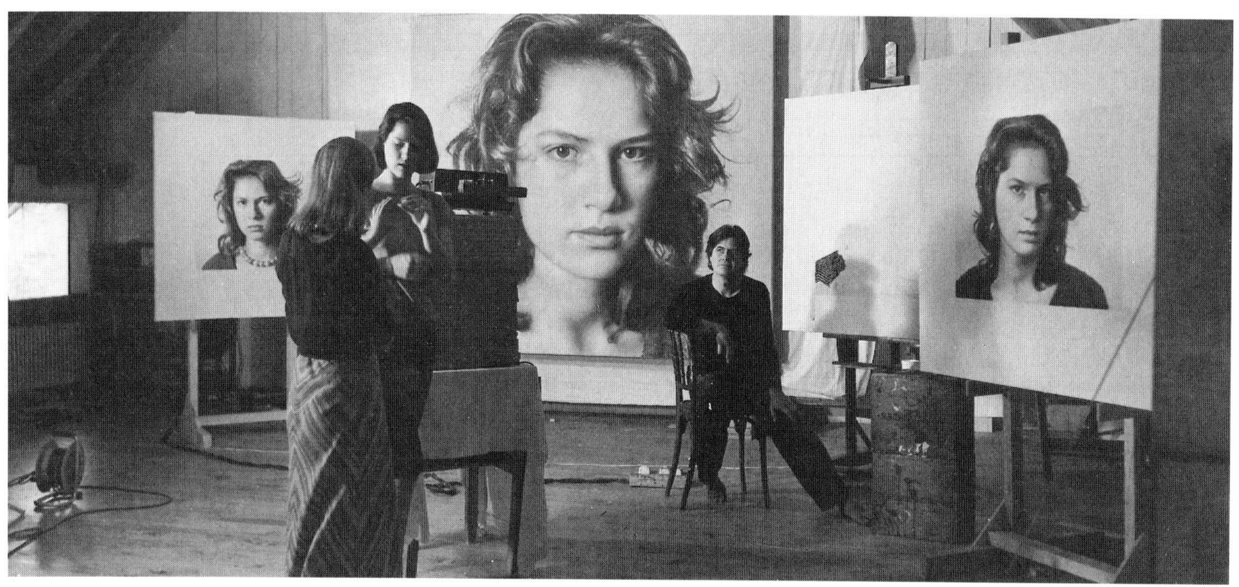

ATELIER VON FRANZ GERTSCH MIT CHRISTINA, 1983/
FRANZ GERTSCH'S STUDIO WITH CHRISTINA, 1983. (PHOTO: BALTHASAR BURKHARD)

Marcel Duchamp über den Nouveau Réalisme eines Arman oder Spoerri bis zu Joseph Beuys' Assemblagen und Warhols BRILLO-BOXES oder in der Einbeziehung der Photographie als Bildvorlage bei den Malern von der neuen Sachlichkeit, wie zum Beispiel Christian Schad, bis zur Pop Art oder genauer bis zu den Künstlern, die heute ohne den medialen Umweg photographische Bilder präsentieren. Ein Christian Schad wendet in seiner Malerei ein Höchstmass an gegenstandsorientierter Detailtreue an, während er in seiner photographischen Arbeit durch die Unmittelbarkeit des Photogramms den Gegenstand sich selbst abbilden lässt, was einen grösseren Grad an Abstraktion des Bildes zeitigt als die Malerei.

Die Verwendung der Photographie als Bildvorlage, unmittelbar im Siebdruck übertragen etwa bei Warhol oder projiziert auf die Leinwand, hat auch Franz Gertsch in seiner Malerei bis zum Beginn der 80er Jahre eingesetzt. Auch heute geht Gertsch von photographischen Aufnahmen aus. Er sucht und entwickelt selbst seine Motive, die klassischen Bildthemen Portrait und Landschaft, und erobert sich zunächst durch die photographische Aufnahme eine Sicherung des Gegenstandes. Das grossformatige Diapositiv garantiert die maximale Schärfe des

Abbildes, das Gertsch auf die Holztafel projiziert. Mit dieser Tafel sind die Masse, wie auch indirekt das Material seiner Bilder angelegt. In der Grössenentfaltung setzt Gertsch auf Monumentalität in den Portraits, aber auf Verkleinerung in den Naturausschnitten. Gesicht und Landschaft werden vergleichbar und einander um so ähnlicher, je näher der Standpunkt des Betrachters an das Bild heranrückt.

Die Entscheidung von Franz Gertsch, seit 1986 seine Bilder über den Holzschnitt zu entwickeln, schafft eine Trennschicht zwischen photographischer Aufnahme, ihrer Projektion und dem endgültigen Bild. Gertsch bearbeitet am Holzstock nicht unmittelbar das Bild, sondern dessen Matrix. Die Sperrigkeit, Spröde und Härte des Holzes stellen weitere Anforderungen an das Bilden, das dadurch verlangsamt und in entsprechendem Mass auch anstrengender wird. Franz Gertsch überträgt also die Lichtstrahlen seiner Bildprojektionen punktweise durch Aushub aus der glatten Holzplatte, die er aus Gründen der Übersichtlichkeit blau eingefärbt hat. Jedem Lichtpunkt, das heisst jeder «Fehlstelle» des Diapositives, entspricht virtuell ein Aushub aus dem Holz. Das bedeutet, gedruckt werden später nur die Schattenelemente des Bildes, während die lichten

Partien in der Farbe des Papiers erscheinen. Während des Arbeitsprozesses dient die Projektion der Kontrolle, der Standortbestimmung und Orientierung im Bild; während der konkreten Arbeit des Ausstechens und Schneidens im Holz aber muss der Künstler sich aus der Erinnerung auf der einfarbigen Fläche der Platte zurechtfinden.

Der Prozess des «Lichtbildens» auf dem Holzstock führt hin zum Problem des Bildes selbst. Während der Holzschnitt gewöhnlich die Konturen eines Gegenstandes umreisst, bleibt Gertsch bei einer gleichmässigen Verteilung von positiven und negativen Anteilen in seinen Bildflächen. Dennoch möchte er seine Methode keinesfalls als Holzstich verstanden wissen, vielmehr sieht er die stehenden Grate, da sie später seine Farbe aufnehmen und abdrucken, als die das Bild konstituierenden Elemente an. Hieraus spricht deutlich der Maler, der während der «trockenen» Arbeit am Holz stets die Farbe als Ziel vor Augen hat. Aus der Nähe betrachtet entwickelt Gertsch eine Struktur aus millimetergrossen Aushüben, die in dichter Folge in der homogenen Fläche stehen. Im Detail betrachtet ergibt sich ein klares Verhältnis von nebeneinanderliegenden hellen und dunklen Flächen. Aus der Entfernung hingegen, und diese fordert die Grösse seiner Holzschnitte unweigerlich heraus, verdichten sich die einzelnen «Lichtpunkte» zu Helligkeiten, die in Kontrast zu den farbigen, dunkleren Partien als Beleuchtungen des Gegenstandes gesehen werden. So wird aus dem flächigen Nebeneinander der ins Holz geschnittenen Struktur ein körperhaft plastisch erscheinendes Hintereinander des Bildes. Der Gegenstand, obschon nicht wirklich, da die Köpfe enorm vergrössert sind, erscheint dennoch körperlich real. Bei aller Psychologisierung des Blickes und Individualität der Person erscheint diese doch soweit anonym, dass dem Betrachter nicht einmal die Gewissheit bleibt, ob die Vorlage zu diesem Bild ein realer Mensch oder gar eine Skulptur gewesen ist. Die Wahl der Farbe spielt eine zusätzliche Dimension bei der Lösung des Motivs von der Realität. Der Gegenstand erscheint im Kontrast zwischen Druck- und Papierfarbe plastisch. Dies lässt sich besonders gut an der ersten Folge von NATASCHA IV (1987/88) beobachten. Durch Reduktion der Helligkeitsdifferenz wird die Plastizität des

Gegenübers zu einer unfassbaren Erscheinung. Man erkennt dies am deutlichsten in der Arbeit DOMINIQUE (1988). Wird also im einen Fall trotz gleicher Gestaltungsprinzipien ein reales körperhaftes Gefühl unmittelbar angesprochen, so vermittelt im anderen Beispiel das Bild ein Erlebnis von unwirklicher Erscheinung. Gertsch hat seine «Gesichtslandschaften», in denen er Schönheit ohne individuelle «biographische» Aspekte darstellt, verlassen und sich seit 1988/89 zunächst einem Gartenausschnitt, 1990 dann in CIMA DEL MAR einer Küstensituation und 1991 in «Schwarzwasser» einer stillen Wasserfläche zugewandt. Dabei ist die zwingende Notwendigkeit des Bildes, die in einem Gesicht weitgehend gegeben ist, einer zunehmenden Freiheit des Gegenstandes gewichen. Steine, Wolken und Wellen sind Körper, die in ihrer Beliebigkeit, ihrer Ausdehnung und Formung ein gesteigertes Mass an Potentialität besitzen. Indem Wolken und Wellen ihren Zustand ständig ändern und auflösen, zeigen sie eine nicht bloss beliebige, sondern auch eine nur momentane körperhafte Stabilität. Obschon etwas abgebildet ist, wird es so gezeigt, dass es auch anders sein könnte. Der Bildgegenstand drängt somit hin zum Ungegenständlichen und nähert sich damit dem rein malerischen Prinzip dieser Arbeiten. Waren die Gesichter anonyme Schönheiten, so entfalten sich die Landschaften zunehmend zu unräumlichen Situationen, die entfernt an Dantes Schilderungen des Inferno erinnern könnten.

Während nach langer und überlegter Motivsuche die Aufnahme nur eine Frage des Momentes darstellt, gestaltet sich die Bild-Erarbeitung als monatelanger, mühevoller Prozess. Gertsch arbeitet mit einem einzigen Werkzeug «unbestechlich» an der nur wenig strukturierten Holzplatte. Er baut ein zeichnerisches System durch Hell-Dunkel-Kontraste auf. Nach mehr als halbjähriger Arbeit mit dem Eisen im Holz folgt die «Malerei» in einer raschen Folge von farbigen Abzügen dieser Platte. Auch hier geht Gertsch äusserst umsichtig und planvoll vor. Er fertigt keine Auflagendrucke eines Holzschnittes, wie dies bei gewöhnlichen Verfahren üblich wäre, sondern konzentriert seine Arbeit auf eine streng festgelegte Folge von Farben. Während bei NATASCHA I-III noch mehrere Drucke von einer Farbe entstan-

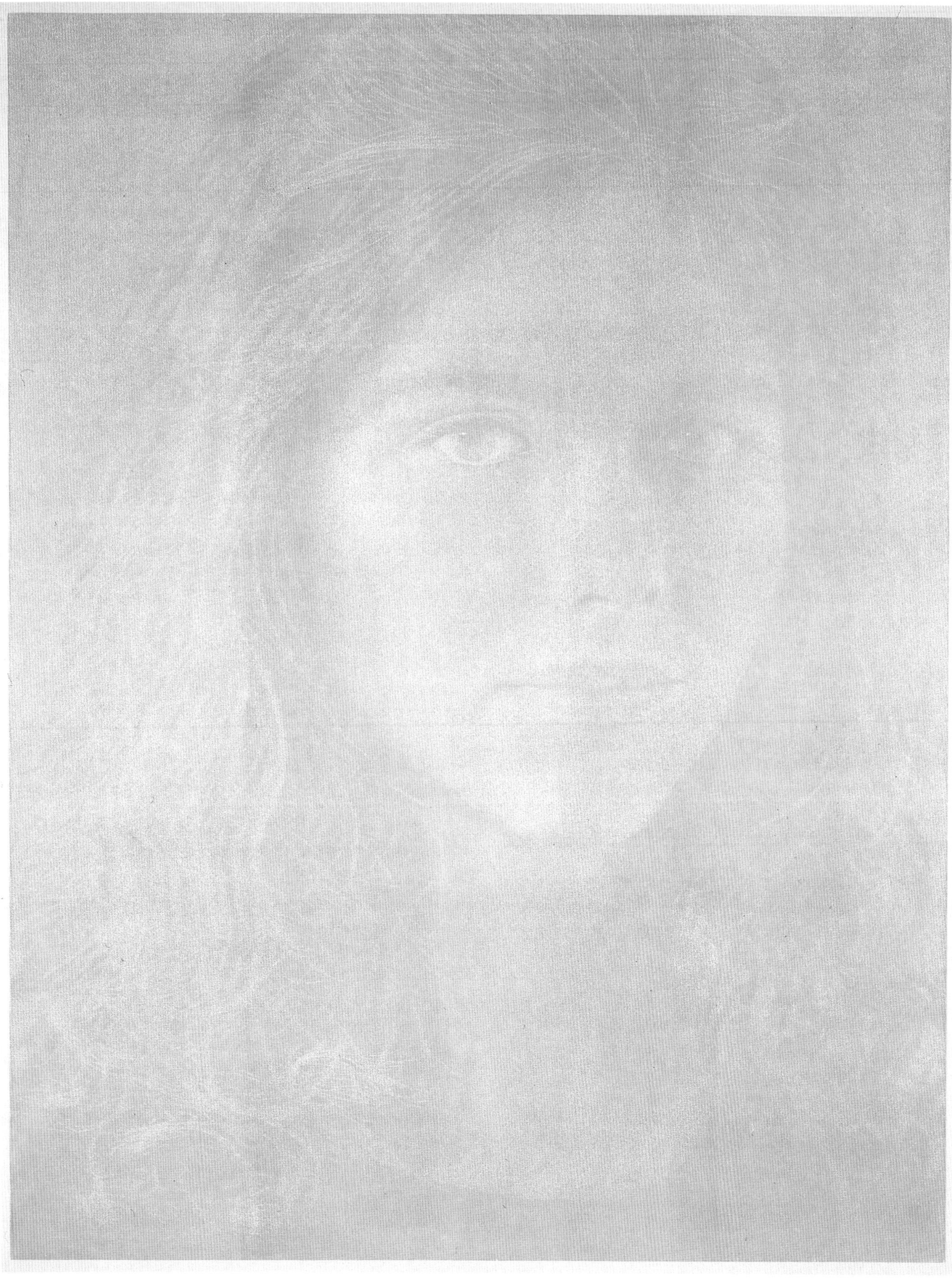

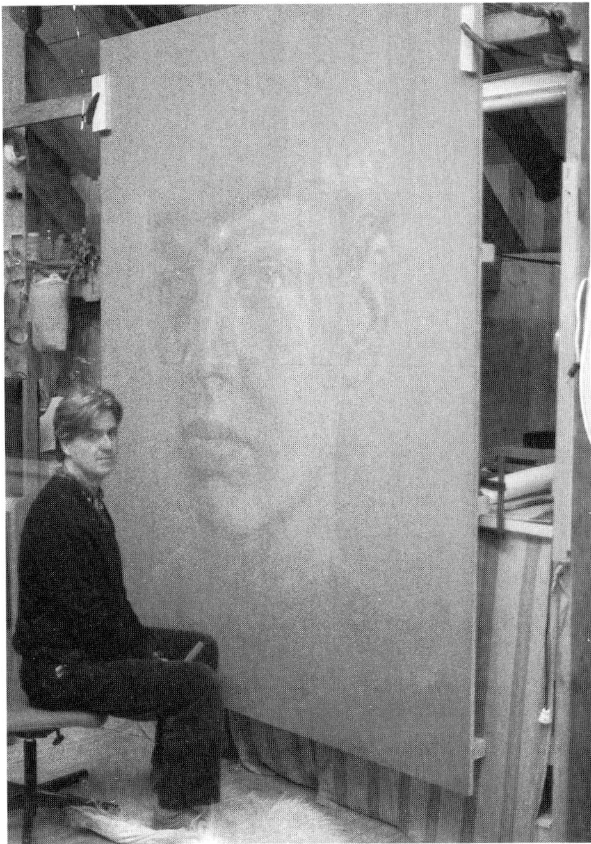

FRANZ GERTSCH AN DER ARBEIT AN NATASCHA IV/
WORKING ON NATASCHA IV, 1987. (PHOTO: Balthasar Burkhard)

den, verfolgt Franz Gertsch bei NATASCHA IV in drei Serien unterschiedliche Gestaltungsprinzipien: eine Folge von acht Blättern aus dem Farbkreis von Gelb über Orange, Rot, Weinrot, Violett, Blau, Türkis bis Grün; darauf eine weitere Serie von sieben Blättern in Blau, von hell nach dunkel, und schliesslich eine Reihe von drei Blättern, Rot-Hellblau-Rot. Damit wird deutlich, dass nicht das einzelne Blatt den Bildgedanken wiedergibt, sondern erst die Akkumulation durch mehrere Facetten des Ähnlichen. Diesen Weg der Serien beschreitet Gertsch konsequent in DOMINIQUE von 1988 und in RÜSCHEGG I von 1988/89 sowie in DORIS von 1989, wobei Helligkeits- und Farbfolgen die Bildidee erkennen lassen. Bewegte den Maler Gertsch in den ersten Holzschnitten noch die Idee der «Farbverdichtung» durch Schichtung der Farbe, denn NATASCHA I-IV war aus jeweils drei Holzstöcken aufge-

baut, so verlässt Gertsch sich nun allein auf die Farbfolge. Damit wird mehr und mehr deutlich, dass die Reihung erst ein Bild ergibt. Gertsch stellt sich hier der Idee des Bildes, die sich erst durch Wiederholung und Variation konstituiert. Man denkt hier an die Variationen über ein Quadrat bei Hans Albers oder aber an die unausweichliche Konsequenz eines Roman Opalka, der erst in der kontinuierlichen Ausführung eines einzigen Bildgedankens durch Fortschreibung der Ziffern über zahllose Bildtafeln zu einem einzigen Bild kommt. Durch den Druck, den Gertsch zusammen mit seiner Frau Maria und dem Drucker Nik Hausmann ausführt, wird Gertsch paradoxerweise zum Maler. Aus den Helligkeitsunterschieden des Stiches wird in der Farbe eine chromatische Wirkung entfaltet.

Ein glücklicher Umstand hat Gertsch mit einem japanischen Papierkünstler zusammengebracht, der diese enormen, grossformatigen Papierbögen herstellt. Dieses lebendige, strukturierte Material (Heizoburo), das in sich so viel Vitalität, ja geradezu Individualität birgt, stellt sich immer wieder als eine Herausforderung dar, der es im Druckprozess mit der Farbe zu begegnen gilt. Somit wird auch auf dieser Ebene das Drucken nicht zu einem mechanischen Vorgang, sondern zu einer extrem kraftvollen Auseinandersetzung unterschiedlicher Materialien.

Die reinen Farbklänge auf den grossen Flächen von 234 x 181 cm (DOMINIQUE und RÜSCHEGG) bis zu 276 x 217 cm messenden Japanpapieren ergeben allein schon aufgrund ihrer Ausmasse, aber auch insbesondere durch die Aufbereitung in monumentalen Kastenrahmen eine architektonische Qualität. Eine Serie von Bildern behauptet sich im Raum nicht nur als Farbfolge, sondern gliedert den Raum auch durch Mass- und Farbordnung.

Franz Gertsch hat mit diesen Arbeiten nicht nur die Grenzen eines künstlerischen Mediums erweitert, wie dies Dürer gleich zu Beginn dieser Kunstform durch Monumentalisierung der Reproduktionstechnik in der «Triumphpforte» anstrebte, sondern er hat auch die abbildende Dimension mit den Prinzipien reiner Farbsetzung verschränkt. Erst die räumlich orientierte Setzung seiner Bilder in Folgen ergibt im architektonischen Kontext seine Bildidee vollständig wieder.

FRANZ GERTSCH, NATASCHA IV, 1987–88. Holzschnitt 3/18 (rot) auf beigem Japanpapier, 117 x 95 cm/woodcut 3/18 (red) on beige Japan paper, 46 x 37³/₈".

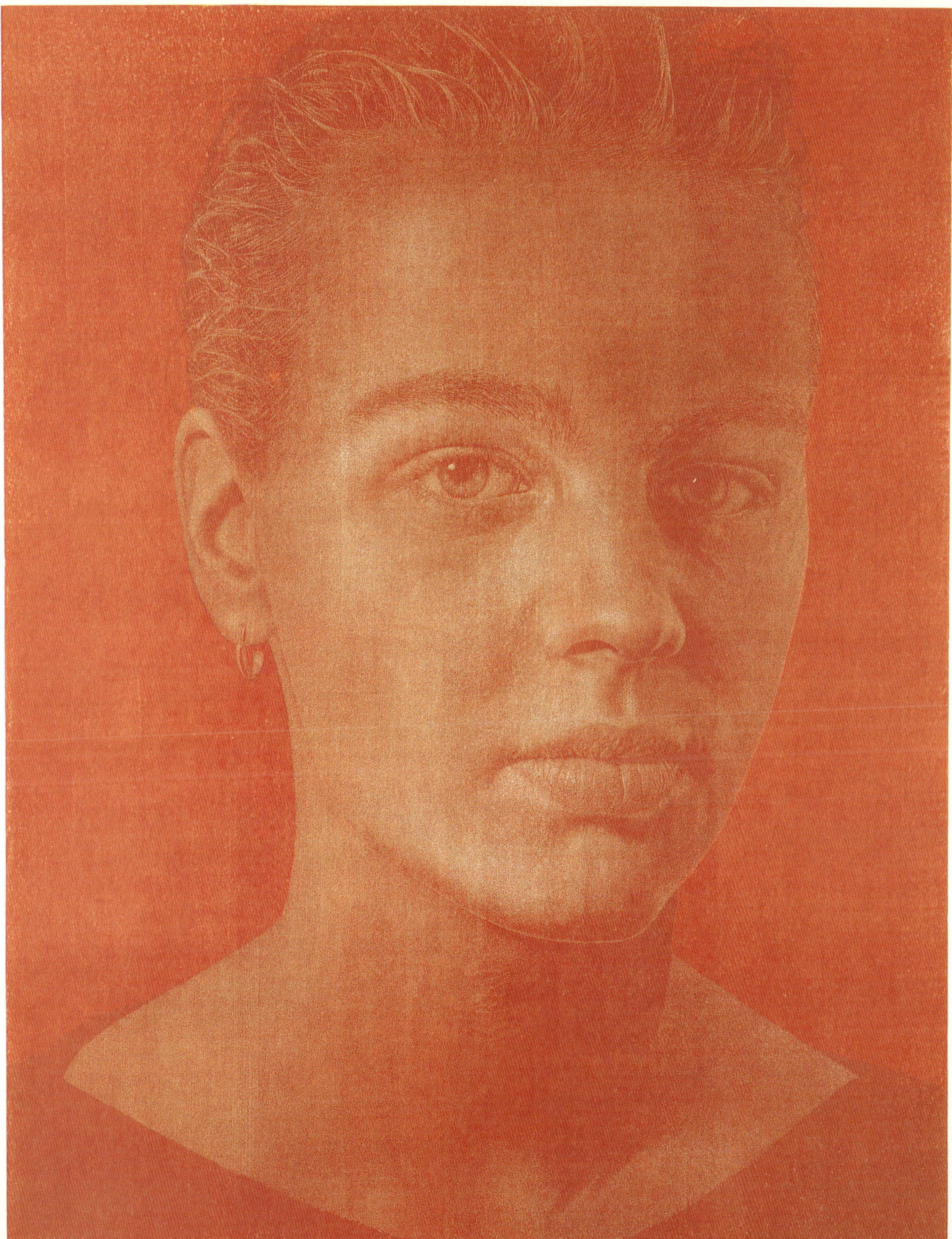

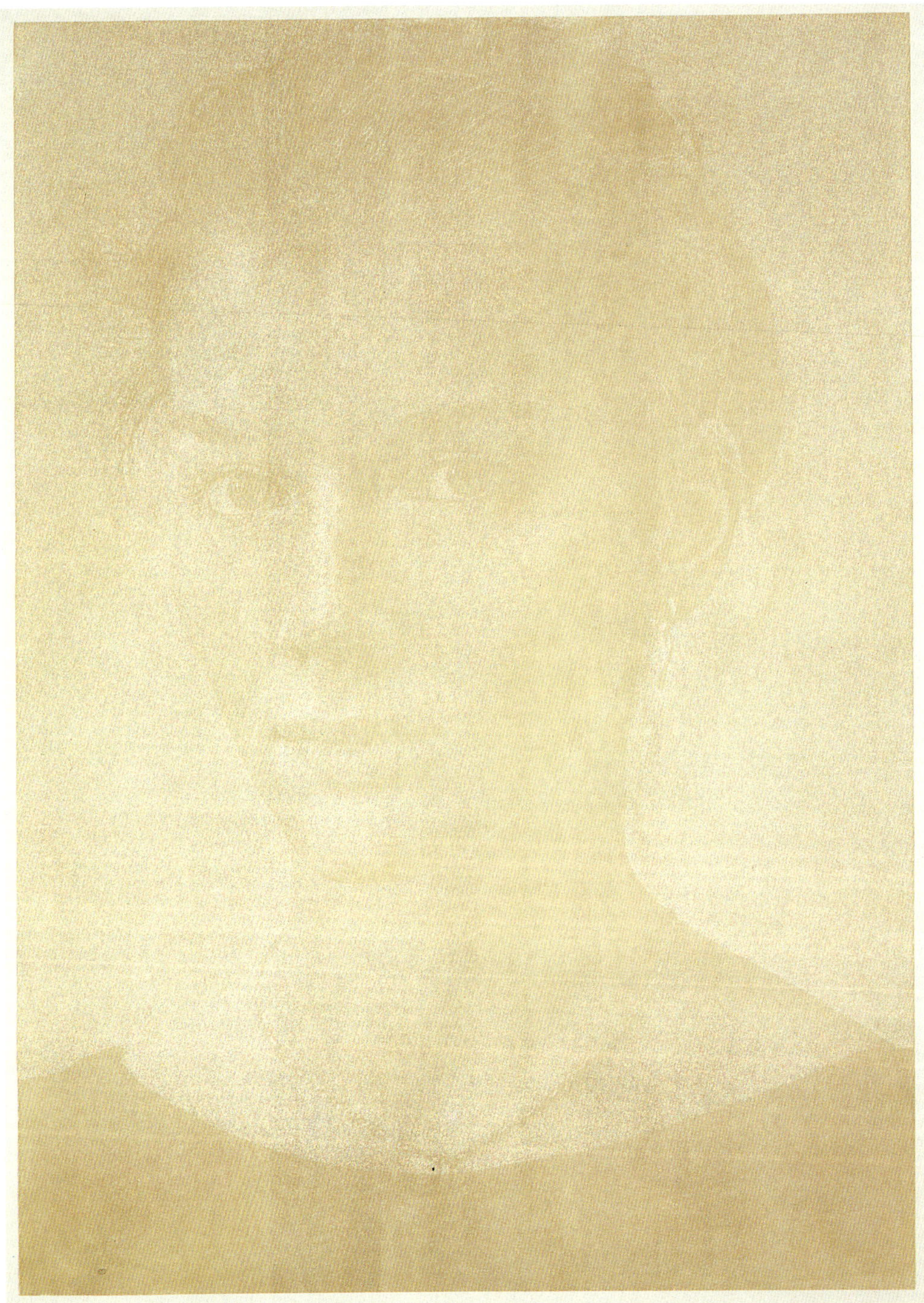

FRANZ GERTSCH, DORIS, 1990,
Grosser Holzschnitt 1/18, goldolive (pyrit und goldocker) auf gelbem Japanpapier,
244 x 184 cm/large woodcut 1/18 olive gold
(pyrite and gold ochre) on yellow Japan paper, 96 x 72¹/₂".

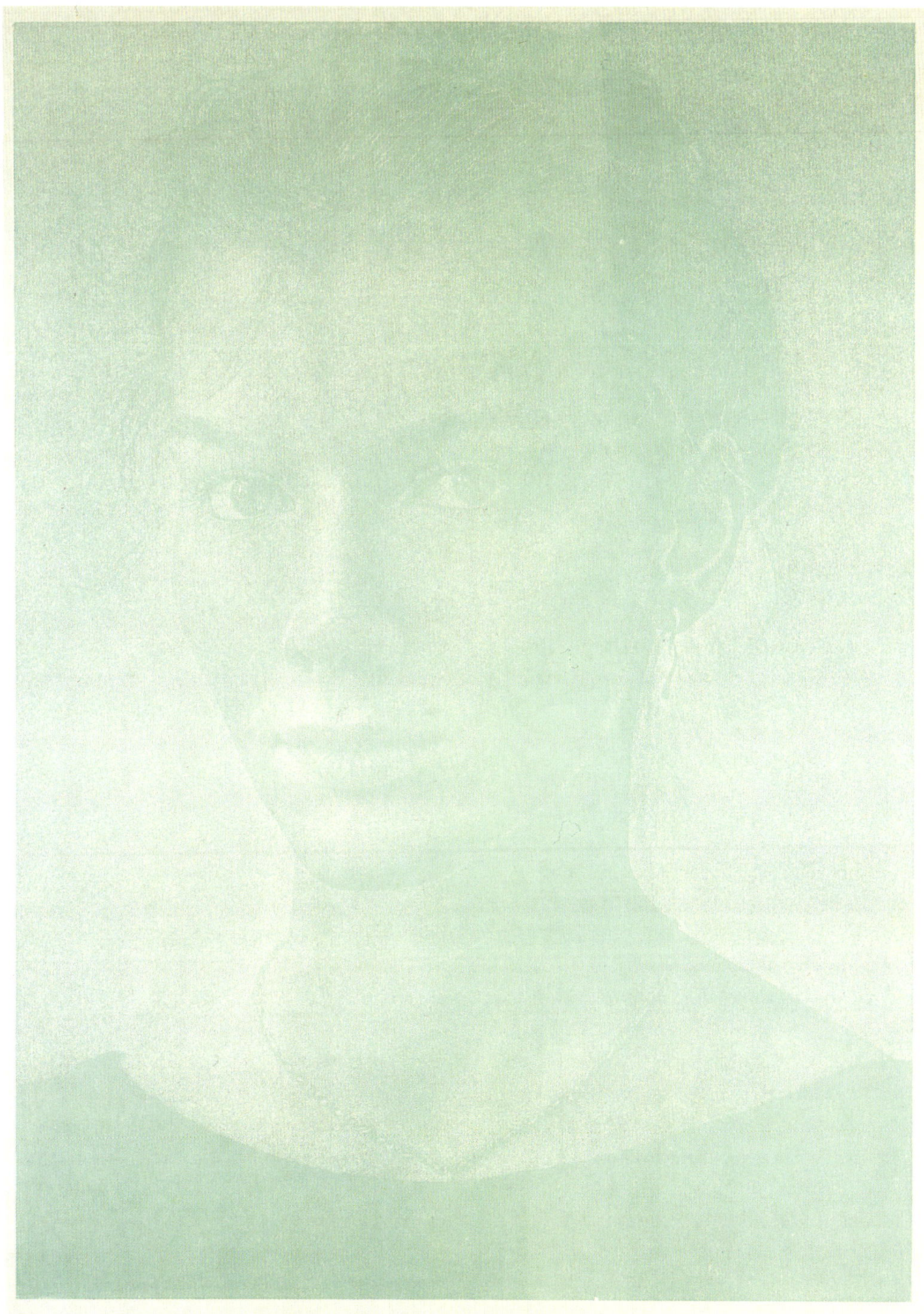

FRANZ GERTSCH, DORIS, 1989,
Grosser Holzschnitt 15/18 (türkis, hell) auf gelbem Japanpapier,
244 x 184 cm/large woodcut 15/18 (light turquoise) on yellow Japan paper, 96 x 72½".
(PHOTO: GÜNTHER KATHREIN)

HELMUT FRIEDEL

REAL MONOCHROME IMAGES –

ON THE MONUMENTAL

WOODCUTS OF FRANZ GERTSCH

Two levels of vision interpenetrate the large-format woodcuts of Franz Gertsch: that of the monochrome color plane and that of the photographically exact depiction. Two mutually exclusive modes of seeing are juxtaposed on equal terms resulting in a dialogue between disparate formal and pictorial conceptions.

By locking into the "image," the eye is caught by the representation, the depiction; then, logically, it tends to penetrate further and further into the details of which the image is composed. The perception of the works as monochrome color planes, on the other hand, arises from seeing a number of them together, arranged in a specific sequence of colors and tonal gradations. Detail and ordering, framing and sequence, wood block and paper impression, mass and plane, concrete and abstract: these are the tensions on which Gertsch's monumental woodcuts are constructed.

Implicitly, these works address contemporary creative issues and point toward the bridging of deep divides. After the artistic schisms of the second decade of our century, a variety of pictorial methods of

creation went their separate ways. Expressionism and abstraction, Dada and surrealism, developed their potential alongside extremes of realism. Experience and involvement with photography, in its depictive dimension, played an essential role – as did a new awareness of the fundamental discontinuity, fragmentation and visual elusiveness of the "Real," as it emerged from new discoveries in science and technology. In the wake of Albert Einstein and Ernest Rutherford – and in that of Otto Lilienthal – the continuum of static, enclosed space and immediate experience was abandoned in favor of a visually elusive, abstract, but demonstrably functioning reality. The pictorial consequences of this parting of the ways – the separation and divergence of strands that had previously been interwoven – are well known.

Forms of realism in visual art have since maintained an unbroken continuity. This can be seen in the use of readymades, from Marcel Duchamp's, by way of Arman's *Nouveau Réalisme,* to Joseph Beuys' assemblages and Andy Warhol's Brillo boxes; and in photography, from *Neue Sachlichkeit* as represented by Christian Schad to Pop Art – or, rather, to those contemporary artists who present photographic images unmodified by a passage through any other medium. In his paintings, Schad pursued a maximum

---

HELMUT FRIEDEL is Director of the Lenbachhaus in Munich, where an exhibition of Franz Gertsch's work will be on view from July 3 to September 1, 1991.

of object-oriented fidelity to detail; in his photographic work, he used the immediacy of the photogram to let the object depict itself – and the resulting image is abstracted to a greater degree than painting ever permits.

In his work down to the early 1980s, Gertsch was already using photography – either directly transferred to silkscreen *à la* Warhol or projected onto the canvas – as the basis of the image; and photography remains his starting-point today. He researches and develops his own subjects, based on the classic pictorial themes of portraiture and landscape, and secures each motif, first of all, by taking a photograph of it. The resulting large-format transparency guarantees the optimal sharpness of the image that Gertsch then projects onto his wood block. The block, in turn, establishes the dimensions – and, indirectly, the material – of his picture. In scaling his works thus, Gertsch pursues monumentality in portraiture, and miniaturization in landscape. Face and landscape become analogous; the closer the viewer gets to the picture the more alike they become.

It was in 1986 that Gertsch committed himself to working with the woodcut medium; the result was to introduce a mediating level, separating the photographic image and its projection from the final picture. Working as he does on the wood block, Gertsch is not making the picture itself but its matrix. The bulkiness, brittleness, and hardness of the wood make for slow and laborious work. Gertsch transfers the light from his projected images onto the block, dot by dot, by cutting away the smooth surface of the wood which is painted blue to aid visibility. For every point of light – that is to say, for every "gap" in the transparency – a corresponding sliver of wood is removed. This means that all that eventually prints out on paper is the dark portion of the image; the light areas retain the color of the paper. As work proceeds, the projection continues to serve as a control, to define location and provide orientation within the image; but for the actual work of cutting into the block the artist must always find his way from memory across the monochrome surface.

The process of "forming light" on the wood block leads to the problem of the image itself. Usually, a woodcut will outline the contours of an object; but Gertsch keeps to an even distribution of positive and negative elements across the surface. Nevertheless, he does not regard his method as a form of wood engraving: the picture is constituted by the uncut portions of the surface of the block – those that later carry the color. This is clearly a painter's response: throughout his "dry" work on the wood, Gertsch keeps the ultimate goal of color present in his mind. Seen at close range, the structure evolved by Gertsch consists of one-millimeter incisions closely packed across the homogeneous surface. In detail, there is a clear relationship between juxtaposed light and dark surfaces. On the other hand, from a distance – a mode of vision irresistibly demanded by the sheer size of the woodcuts – the individual "points of light" coalesce into light areas that contrast with the colored, darker areas and appear to illuminate the object. And so the two-dimensional, flat structure carved into the wood generates the apparently three-dimensional, in-depth organization of the picture.

Although not exactly real – the heads are enormously enlarged – the motif has a look of physical reality. There is psychological depth in the eyes, and the likeness is an individual one, yet the person remains anonymous to the viewer; one cannot even be sure whether the picture is based on a real person or on a sculpture. The choice of color further estranges the motif from reality. A degree of contrast between the ink color and the color of the paper lends three-dimensional relief to the motif; this is particularly apparent in the first sequence of NATASCHA IV (1987–88). A limited tonal range, on the other hand, reduces the person to an elusive apparition; and this is most clearly evident in DOMINIQUE (1988). Both works are based on the same principle; but in the former case there is a direct appeal to a real physical sensation, while in the latter the image tends to appear unreal.

Since 1988–89, Gertsch has turned away from his "facial landscapes" – in which he showed beauty devoid of individual "biographical" aspects – to other subjects: first a corner of a garden; then, in CIMA DEL MAR (1990), a coastal view; and then, in SCHWARZWASSER (Blackwater, 1991), the surface of still water. In the process, the inevitable quality of an image largely predicated by the human face has given way to an increasing freedom in the motif. Stones, clouds, and waves possess qualities of randomness, both in extent and in form, that extend their visual potential. Clouds and waves constantly alter and lose their shapes; as bodies, their standing form is not only random but ephemeral. And so, although something is being depicted, it is shown in such a way that it might well be different altogether. Thus by tending towards the nonobjective, the object in the picture moves closer to the purely painterly principle underlying all these works. The faces were anonymous beauties; the landscapes increasingly develop into nonspatial situations, remotely reminiscent of Dante's descriptions of the Inferno.

The photograph, taken after a long and carefully considered search for the motif, is a matter of an instant. The working out of the picture itself, on the other hand, involves months of labor. Gertsch chips away tirelessly at his virtually featureless wooden plank with a single tool. After he has labored with iron on wood for six months or more, the "painting" takes place in a rapid succession of differently colored printings from the block. Here, too, Gertsch works with great care and premeditation. Contrary to usual practice, he prints no editions of his woodcuts but instead makes each version of the image a unique work in a strictly defined chromatic series. As late as NATASCHA I–III, he was still printing a number of impressions in a single color; but with the three series of NATASCHA IV Gertsch adopted a different principle: one sequence of eight images representing a color wheel (yellow, orange, red, claret, violet, blue, turquoise, green), then another sequence of seven ranging from light to dark blue, and finally a series of three, red – light blue – red. This makes it clear that the pictorial idea does not reside in the individual image but in the cumulative effect of a number of similar images. He maintained the same serial principle through DOMINIQUE of 1988, RÜSCHEGG I of 1988–89, and DORIS of 1989, in all of which the pictorial idea emerges through sequences of tones and hues.

In the early woodcuts, Gertsch still sought – as a painter – to "concentrate" color through layering: NATASCHA I–IV was built up from three wood blocks. At this time, however, his reliance on sequen-

tial color was total. Since then, increasingly, it has come to be the serial presentation in itself that constitutes the final image. Here Gertsch confronts the idea of an image that takes shape only through repetition and variation. One is reminded of Hans Albers' variations on a square, or of the ineluctable consistency of Roman Opalka, who arrives at his single image by pursuing a series of numbers through a long succession of panels. Paradoxically, what makes Gertsch a painter is the act of printing, performed jointly with his wife, Maria, and the printer, Nik Hausmann. The tonal variations in the woodcut create a chromatic effect within the monochrome color.

By great good fortune, Gertsch has found a Japanese artist-papermaker who can supply paper in the gigantic sizes he requires. This living tissue material *(Heizoburo),* with all its inherent vitality and individuality, presents a challenge that must be met in the act of printing the color. On this level, too, the printing is no mere mechanical process but a live encounter between contrasting materials.

In the pure music of their colors, the huge sheets of Japan paper – ranging in dimensions from 234 x 181 cm/91¼ x 70½" (DOMINIQUE and RÜSCHEGG) to 276 x 217 cm/107⅝ x 84⅝" – generate an architectural quality through their sheer size which is enhanced by their presentation in monumental box frames. Within a given space, such a series not only imposes itself as a color sequence but articulates the space itself through proportion and color.

In these works, Franz Gertsch has not only widened the bounds of an art form – as Dürer strove to do in the early days of the medium, by monumentalizing a reproductive technique in his TRIUMPHAL ARCH – but he has succeeded in interlocking the representational dimension with principles of pure color. Only a spatial arrangement of his pictures in series within an architectural context can convey his pictorial idea as a whole. *(Translation: David Britt)*

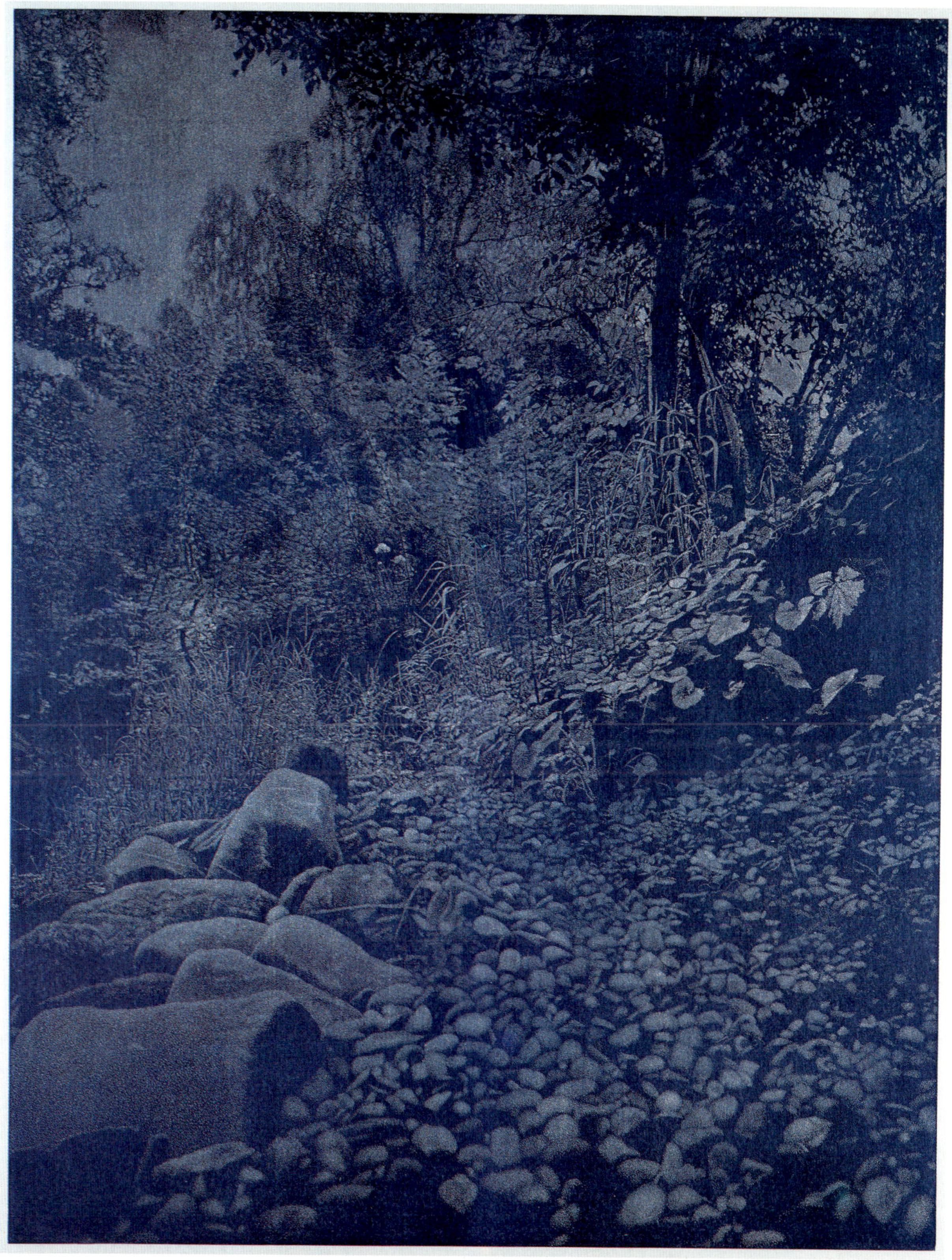

Franz Gertsch

ULRICH LOOCK

Die Zeit der Malerei, die Zeit der Repräsentation

Am 12. und 13. April 1986, einem Wochenende, habe ich das Bild JOHANNA II in der Kunsthalle Bern ausgestellt, nur dieses Bild auf der grossen Wand des Mittelsaals, im sonst leeren Gebäude. Etwa die gleiche Anzahl von Besuchern, die sonst eine sechswöchige Ausstellung sieht, kam während zweier Tage für dies eine Bild. Was es auch immer mit diesem aussergewöhnlichen Interesse auf sich gehabt haben mag – eins jedenfalls ist für mich mit dieser Ausstellung klargeworden: dies Bild, ein solches Bild verlangt in der Tat, allein gesehen zu werden, ohne die unvermeidliche Ablenkung des Blickes, ohne jene Vergleichbarkeit, welche jede Ausstellung von mehreren gleichzeitig zu sehenden Werken mit sich bringt. Ein solches Bild von Franz Gertsch beinhaltet einen unabweisbaren Anspruch auf Absolutheit. Darin unterscheiden sich die Porträts der 80er Jahre, von den früheren, stärker szenischen Bildern. Und vielleicht liegt hier auch schon ein Grund für die besondere Anziehungskraft des Bildes.

Das Porträt ist mit grösster Sorgfalt inszeniert – die Drehung des Kopfes im Verhältnis zur leichen Diagonal-Stellung der Schultern, das verschobene Hemd, der Kontrast von Haar, Hals und Gesicht usw. – und kompositorisch äusserst präzise im Format veran-

kert. Für all das liessen sich kunstgeschichtliche Präzedenzien finden. Der Blick jedoch, der alle Details des Porträts zentriert, könnte in einer Kulturgeschichte des Blickes wohl als Beispiel für den Blick in der zweiten Hälfte des 20. Jahrhunderts figurieren. Ich möchte behaupten, etwas früher habe nie jemand so geblickt, und ich denke, solch ein Blick wird sich auch bald nicht mehr wiederfinden lassen. Ohne dem hier im einzelnen nachgehen zu können, ein wenig allgemeiner, gibt es etwas, das den Blick und das Porträt von Johanna von den früheren Porträts der Malerei radikal unterscheidet. Es ist nicht der Blick eines Mädchens, das einem Maler sitzt und zu ihm hinschaut, es ist ein Blick, dem das Gegenüber einer Person, eines Antlitzes, schauender Augen fehlt. Diesem Blick ist sein Photographiert-Werden eingesenkt, die Gewissheit, mittels des Objektivs einer Kamera fixiert zu werden. So ist das Porträt von Johanna seinem Wesen nach photographisch – wir bezeichnen hier etwas Eigentümliches, welches noch von der Tatsache zu unterscheiden ist, dass das Bild nach einer Photographie gemalt wurde.

Viele Einzelheiten des Porträts machen die Aufnahme ziemlich genau datierbar. Dies gilt auch für die sonstigen Bilder, die Franz Gertsch etwa seit Mitte der 70er Jahre gemalt hat. Ausnahmslos hat er Photos als Vorlage verwendet, die mit der besonde-

---

ULRICH LOOCK ist Direktor der Kunsthalle Bern.

ren Körperlichkeit, der Haartracht, dem Make-up, der Bekleidung der abgebildeten Personen, den Gegenständen, mit denen sie zu tun haben, den Situationen, in denen sie sich befinden, eine Fülle zeittypischer Details beinhalten. So ist die Erscheinung der Porträtierten durchweg modisch oder gar mondän. Mit all dem erhalten die Porträts einen hochgradig momentanen Charakter. Momentaneität und Datierbarkeit aber entsprechen dem photographischen Modus des Porträts, den bereits der Blick reflektiert – ganz im Unterschied zu jenem Strang der Photographie, welcher bis zur Anfangszeit des photographischen Porträts zurückreicht und wo versucht wird, mit dem Photo der «künstlerischen» Kontingenzüberwindung der Malerei-Tradition zu entsprechen. Die den Porträts zugrundeliegenden Photos gehören zweifellos zur Gattung der «Atelierphotographie», sie haben nichts von einem Schnappschuss oder einem Polizeiphoto an sich. Ihre Inszenierung aber ist Inszenierung des «Photographischen», nicht seine Sublimation unter dem Titel der Kunst.

Die malerische Realisation jedoch widerspricht der photographischen Repräsentation, wenn auch nicht in dialektischer Weise. JOHANNA II ist wie die Mehrzahl der Arbeiten von Franz Gertsch ein übergrosses Format, und die Malerei besteht aus kleinen, mehr oder weniger dicht neben- und übereinandergesetzten Farbpunkten, den jeweils einfarbigen Abdrücken eines sehr feinen Pinsels. Es handelt sich um eine ausserordentlich reiche, vielfältige, vielfarbige, fast unendlich minutiöse Malerei, mit der die photographische Repräsentation, das Bild eines fixierten Momentes, aufgeladen und belebt wird. Gegen Unendlich strebende Differenzierung der Malerei, einer Malerei, bei der es immer noch einen Zwischenschritt gibt, die einer extremen Vergrösserung des Formates bedarf, um den Punkt des nicht weiter Möglichen noch weiter hinauszuschieben, diese Differenzierung zielt auf lange Dauer – nicht nur im Prozess des Malens selbst, sondern vor allem beim Betrachten. Der Repräsentation wirkt die Präsenz der Malerei entgegengesetzt: als Aufschub gegenüber der augenblicklichen Identifizierbarkeit des Porträts, als nahezu endlose Verzögerung abschliessender Wahrnehmung. Der photographische Modus des

Porträts gibt die Gewissheit, dass das gewesen ist (Roland Barthes), dass Johanna mit diesem Blick in die Kamera geschaut hat, dass sie im Moment der Aufnahme dagewesen ist und so ausgesehen hat. Da in seinem photographischen Aspekt aber die Zeit des Bildes das Perfekt ist, die vollendete Gegenwart, enthüllt sich das Photographische als Zeichen des Todes. Denn die Versicherung, dass Johanna dagewesen ist, dass sie mit diesem Blick so ausgesehen hat, impliziert mit der gleichen Sicherheit, dass das vorbei, zu Ende ist.

Die Zeit der Malerei und ihrer Betrachtung, sagten wir, ist die Zeit andauernder Gegenwart, welche eingeschoben ist in den Moment der Repräsentation. Für die Zeit der Betrachtung des malerischen Porträts wird die Vollendung seiner Gegenwart wieder ausgesetzt. So verbindet sich die Malerei mit der photographischen Wiedergabe zu einem Bildnis, in dem die Vollendung seiner Gegenwart in die Zukunft verlegt ist. Es kommt zu keiner Aufhebung etwa im Sinne überzeitlicher Wirklichkeit, die traditionell zum Wesen der Kunst gerechnet wird, sondern es kommt zur Zeitstruktur des antizipierten Perfekts. Die Malerei verzögert das Perfekt der Repräsentation und bleibt doch gebunden an deren Zeitlichkeit.

Die eigentümliche Vermittlung von Malerei und Repräsentation, deren photographische Verfassung malerisch realisiert ist und der dieselbe Malerei widerspricht, schliesst einen offenen Riss ein. Dieser Riss ist Bedingung für die Fortdauer der Wirkung der Malerei auf die Repräsentation und der Repräsentation auf die Malerei, und diese immanente Wechselwirkung erzeugt die Absolutheit eines Werkes wie JOHANNA II. Franz Gertsch hat nie den Ausweg einer Befreiung vom Modus des Photographischen und von der Zeitlichkeit der Repräsentation gesucht, etwa bei der Alternative der Abstraktion. Wohl aber hat er die Spannung zwischen Gegenwart der Malerei und vollendeter Gegenwart der Repräsentation weiter bearbeitet und modifiziert. Dies Anliegen erscheint mir geradezu als Antriebsmoment seiner künstlerischen Praxis.

Wir haben von einer Malerei gesprochen, mit der ein photographisches Porträt wiedergegeben wird und die doch – im mikroskopischen Bereich gewissermassen – gemäss einer präzisen Ökonomie als

Feld reiner Farbpunkte realisiert ist. Im Dienste der Repräsentation stehend, erscheint sie doch deren Logik entzogen, nämlich in ihrer medialen Funktion aufzugehen.

Mit seinen Holzschnitten greift Franz Gertsch zu einer Technik, die es ihm erlaubt, die Ökonomie der Malerei nochmals zu rationalisieren, und das heisst in diesem Zusammenhang, ihre Autonomie zu stärken. Zunächst schneidet und druckt er weitere Porträts, später auch Landschaften. Nach den ersten Holzschnitten der 80er Jahre hat er sich entschlossen, nur mehr eine Platte zu drucken, also auf Mehrfarbigkeit vollkommen zu verzichten.

In der Technik des Holzschnittes ist Monochromie angemessen, während sie im Zusammenhang malerischer Repräsentation willkürlich erscheinen würde. Für die Wiedergabe von Licht brauchen keine Lichter aufgesetzt, keine Höhungen mit Weiss vorgenommen zu werden, sondern für Licht stehen die winzigen Flecken unbedruckten Papiers, die Spuren herausgeschnittener Partikel des Druckstockes. Gegenüber den Farbpunkten der Malerei sind die Flecken des Holzschnittes in Form und Grösse noch einheitlicher, anonymer auch, und sie sind schärfer begrenzt. Mit all dem entfernt sich die Realisation weiter von jeder Verpflichtung auf den Naturalismus der Repräsentation, ohne doch deren photographisches Wesen grundsätzlich in Frage zu stellen.

Im Vergleich zu den gemalten Porträts erscheinen die gedruckten, weniger naturalistischen wie entrückt. Sie lassen alle anscheinende Ähnlichkeit mit einer photographischen Vergrösserung weiter hinter sich, ganz abgesehen davon, dass eine Vergrösserung schon aus entwicklungstechnischen Gründen nie die Brillanz der Bilder von Franz Gertsch erreichen kann. In unvergleichlicher Klarheit haben die Porträt-Holzschnitte den Charakter von Nachbildern. Mit dem Begriff des Nachbildes wollen wir der Modifikation des Verhältnisses von Malerei und Repräsentation Rechnung tragen: In Beziehung zu den Holzschnitten wollen wir nicht mehr von einer malerischen Wirkung sprechen, welche die Vollendung der Gegenwart der Repräsentation verzögert

und in die Zukunft verlegt, sondern von einer Malerei des verzögerten Moments. (Um möglichen Missverständnissen vorzubeugen: ebenso wie das «Photographische» nicht an die Technik der Photographie gebunden ist, ist auch «die Malerei» keine Sache der Ausführung mit Pinsel und Farbe.)

Wenn Franz Gertsch schliesslich Landschaftsbilder macht, die er in nächster Nachbarschaft zu Porträts ausstellen kann, so handelt es sich nicht nur oder nicht vor allem um einen Wechsel der Motiv-Gattung, sondern vielmehr wohl darum, den Massstab des Überdimensionalen zu ersetzen durch einen Massstab, der das Verhältnis von Bildgrösse und Motivgrösse weniger eindeutig definiert, und auch darum, die Bilddetails von ihrer Fesselung an das übermächtige Schema des menschlichen Gesichtes zu befreien. Von den Landschaftsbildern her gesehen, kann die «Landschaftlichkeit» etwa des Haares in den Porträts offensichtlich werden.

Die Landschaftsbilder, z. B. das Bild einer bewegten Wasserfläche, machen die photographische Momentaneität, das Gewesen-Sein der Repräsentation prägnanter: So wie es gewiss ist, dass das Wasser im Moment der Aufnahme so gekräuselt gewesen ist, so ist es gleichermassen gewiss, dass es in keinem anderen Moment so gekräuselt war oder sein wird. Mit den Landschaftsbildern erhält die Momentaneität aber auch eine andere Qualität: alle anderen Momente ergeben ein jeweils ganz anderes Bild, doch fehlt einer solchen Sequenz von Momenten die Finalität, welche der Folge von Momenten im Leben eines Menschen eingeschrieben ist. So lässt sich sagen, im Falle der Landschaft beinhalte die vollendete Gegenwart der Repräsentation bereits ihre eigene Verzögerung.

Nach alledem scheint es bei der Malerei von Franz Gertsch darum zu gehen, ein Gedächtnis ins Werk zu setzen, welches jener Gewissheit bedarf, deren Garant allein das Photographische der Repräsentation ist. Im Widerspruch zur Zeitlichkeit der Repräsentation aber gilt die Gedächtnis-Arbeit des Malers dem Aufschub der Vollendung ihrer Gegenwart.

*Dieser Text greift einige Gedanken auf, die ich bereits anlässlich der Ausstellung des Bildes
JOHANNA II in der Kunsthalle Bern geäussert habe.*

ULRICH LOOCK

TIME OF PAINTING, TIME OF REPRESENTATION[1]

On the weekend of April 12 and 13, 1986, I showed the painting JOHANNA II at the Kunsthalle Bern. There was just this one picture in the otherwise empty building, on the large wall of the central hall. In those two days, about the same number of people that usually visit an exhibition which lasts six weeks came to see this one painting. Whatever the reason for this extraordinary interest, one thing became clear to me on that occasion: a picture like that demands to be seen on its own, without the usual, inevitable distraction of the eye, without the comparison that imposes itself whenever several works can be seen at once. This kind of picture by Franz Gertsch contains an irrefutable claim to the absolute. In this, his portraits of the eighties are significantly different from the earlier, more narrative paintings. Perhaps this is also one of the reasons for the powerful allure which emanates from this picture.

The portrait is most carefully set up: consider the turning of the head in relation to the slightly diagonal position of the shoulders, or the neckline of the shirt, the contrast of hair, throat and face. Moreover, its arrangement is in perfect and precise balance with the extension of the canvas. All this could be shown to have a precedent in the history of art. The gaze, however, which focusses all the details of the portrait, might be exemplary in a cultural study of the look, paradigmatic for the second half of the twentieth

century. Indeed, I would claim that, until recently, no-one ever gazed in quite this way, and I think that such a gaze will soon be rare. Without going into details, and more generally speaking, there is a radical difference between the gaze and portrait of Johanna and portraits at earlier stages in the history of art. Johanna's is not the gaze of a young woman sitting for an artist, looking at him. Hers is the gaze which lacks a partner, a face, eyes looking back at her. It is steeped in the certain knowledge of being photographed, of being fixed by the objective of the camera. So, Johanna's portrait is photographic in essence – this is something specific which needs to be distinguished from the fact that the picture was painted after a photograph.

Many details in the painting date it quite precisely – as with all of Gertsch's other paintings done since about the mid-seventies. Without exception, he uses photographs that contain a great number of details typical of the time at which the photographs were taken. Such details might be a particular physical appearance, a specific hairstyle, make-up, dress, the objects with which people are engaged, or the situations in which they find themselves. People are usually fashionable, stylish even. These portraits are momentary to a high degree. Momentariness and datability, however, correspond to the photographic mode of the portrait, which is already reflected in the gaze – in total contrast to that type of photography which goes back to the very beginnings of photo

---

ULRICH LOOCK is Director of the Kunsthalle Bern.

portraits and which attempts to parallel the traditional "artistic" transcendence of contingency. There is no doubt that the photographs which served as models for Gertsch's portraits are to be categorized as "studio photographs"; there is nothing of the snapshot or the police photo about them. But if they are set up, then that is to emphasize their "photographic" effect, not its sublimation as art.

The painterly execution, however, contradicts the photographic representation, even though the contradiction is not dialectical. Like the majority of Gertsch's works, JOHANNA II is an oversize portrait. It consists of small dots of color painted more or less closely next to and on top of each other. Each dot is one color, the trace of a very fine brush. Gertsch's painting is almost endlessly painstaking, of extraordinary wealth, variety and color which animate and charge a photographic representation, the image of a moment fixed in time. There is this differentiation in the painterly process which strives for the infinite, in which there is an infinite number of intervals requiring extremely magnified dimensions to push even further the point at which all possibilities have been exhausted. This differentiation aims at the long duration of the process of painting as well as, and especially, of that of viewing. The presence of painting counteracts representation, it functions as a delay in the context of instantaneous identification; it is an almost endless retardation of the ultimate perception.

The photographic mode of the portrait implies the certainty that "this was" (Roland Barthes), that Johanna did actually look at the camera with such a gaze, that she was indeed present and did look that way the instant the photograph was taken. Since, however, the time of photographic representation is the past, the photographic mode reveals itself as a sign of death. For the assurance that Johanna was there, that she and her gaze did look that way just as certainly implies that it is all over, that it has ended.

The time of the painting and of its viewing is the continued present; it is inserted into the past moment of complete presence of the representation. When the painted portrait is being viewed, however, the completion of its presence is deferred. So, the painting and its photographic representation are united in a picture in which the completion of its presence has been transposed into the future. There is no suspension, for example, in the sense of a transtemporal reality which is traditionally considered inherent in art; rather, the time-structure is that of the anticipated future. The painting defers the completion of representation while remaining bound to its temporality.

An open fissure is implied by the singular combination of a painting, and of a representation whose photographic mode has been realized in a painting while the same painting contradicts the photographic mode. This fissure is essential to the lasting effect of the painting on the representation, and of the representation on the painting; it is this immanent interaction which entails the absoluteness of a work such as JOHANNA II. Gertsch never sought to break away from the photographic mode and from the temporality of representation, that is, by embracing the alternative of abstraction. But he has continued to work on and to modify the tension between the presence of painting and the completed presence of representation: this concern of his seems to be the motor of his artistic practice.

I have referred to paintings which render a photographic portrait while being executed with a precise economy – on the microscopic level, as it were – as a field of dots of pure color. Serving representation, painting nevertheless appears beyond representational logic; it is reduced to its instrumental function.

For his woodcuts, Franz Gertsch has been using a technique which permits him to increase the economy of his painterly approach; in this context, to increase the autonomy of painting. Initially, he cut and printed further portraits, then he also added landscapes. After the early woodcuts of the eighties, he decided to print only one plate, that is, to abstain altogether from polychrome works.

The monochrome is adequate to the technique of the woodcut, while it might seem arbitrary in the context of painterly representation. For the effect of light, no highlights need to be added. Light is rendered by tiny specks of unprinted paper, the traces of particles cut out of the block. In comparison to the colored dots of the paintings, the specks in the woodcuts are more uniform in shape and size, and more anonymous; they are also more sharply delineated. By all this, the execution is at an even greater remove from any commitment to a naturalist representation without, however, fundamentally challenging its photographic nature.

In comparison to the painted portraits, the printed and less naturalistic ones seem quite remote. Any apparent resemblance with a photographic enlargement is left far behind – quite apart from the fact that, for technical reasons, no enlargement could ever attain the brilliance of Gertsch's prints. The woodcut portraits, in incomparable clarity, have the appearance of an after-image. The term "after-image" is intended to take into account the modification in the relationship between painting and representation. With reference to the woodcuts, we no longer wish to speak of a painterly effect which delays the perfection of the representational presence, transposing it into the future, but rather of a painting of the delayed moment. (In order to preclude any possible misunderstandings, it should be noted that "painting" is not a matter of execution with brush and paint, just as the "photographic" is not bound to photographic techniques.)

If Gertsch finally does landscapes, which he sometimes exhibits next to portraits, he does not only or primarily change motif. Rather, it is a change in scale: the oversize scale is replaced by one in which the relationship between canvas and motif is less unambiguously defined – the details of the print are freed from the bonds of the virtually omnipotent plan of the human face. Having seen Gertsch's landscapes, the "landscape-ness" of the hair in his portraits may become apparent.

In the landscapes, for exampl the painting of an agitated expanse of water, the photographic momentariness, the past of representation, become more acute. Just as it is certain that the water was ruffled in exactly this way when the photograph was taken, it is equally certain that it was never ruffled exactly so before, nor will it be ever again. In the landscapes, though, this momentariness acquires a different quality: any other moment would yield a totally different picture, only such a sequence of moments lacks the finality which is inherent in the sequence of moments in a human life. For the landscapes, therefore, it can be said that the completed presence of representation already contains its own delay.

Franz Gertsch's paintings, after all, seem to be concerned with translating a recollection which depends on the certainty that can only be granted by the photographic mode of representation. In opposition to the temporality of representation, however, the artist's task of recollection is dedicated to delaying the completion of its presence.

(Translation: Margret Joss)

1) Translator's note: In this essay the German word "Zeit" carries the meanings of both "time" and "tense." The author plays with this double meaning on the levels of content, language and grammar, especially using the contrast between the German present and present perfect tenses. Owing to the different function of the present perfect in the two languages, however, this play cannot be reproduced in English.

JOHANNA II, 1986, KUNSTHALLE BERN.

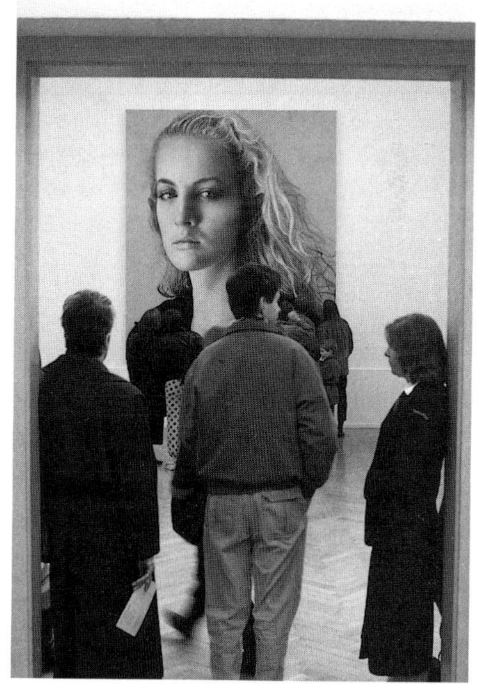

(This text expands some ideas already expressed at the exhibition of the painting JOHANNA II at the Kunsthalle Bern.)

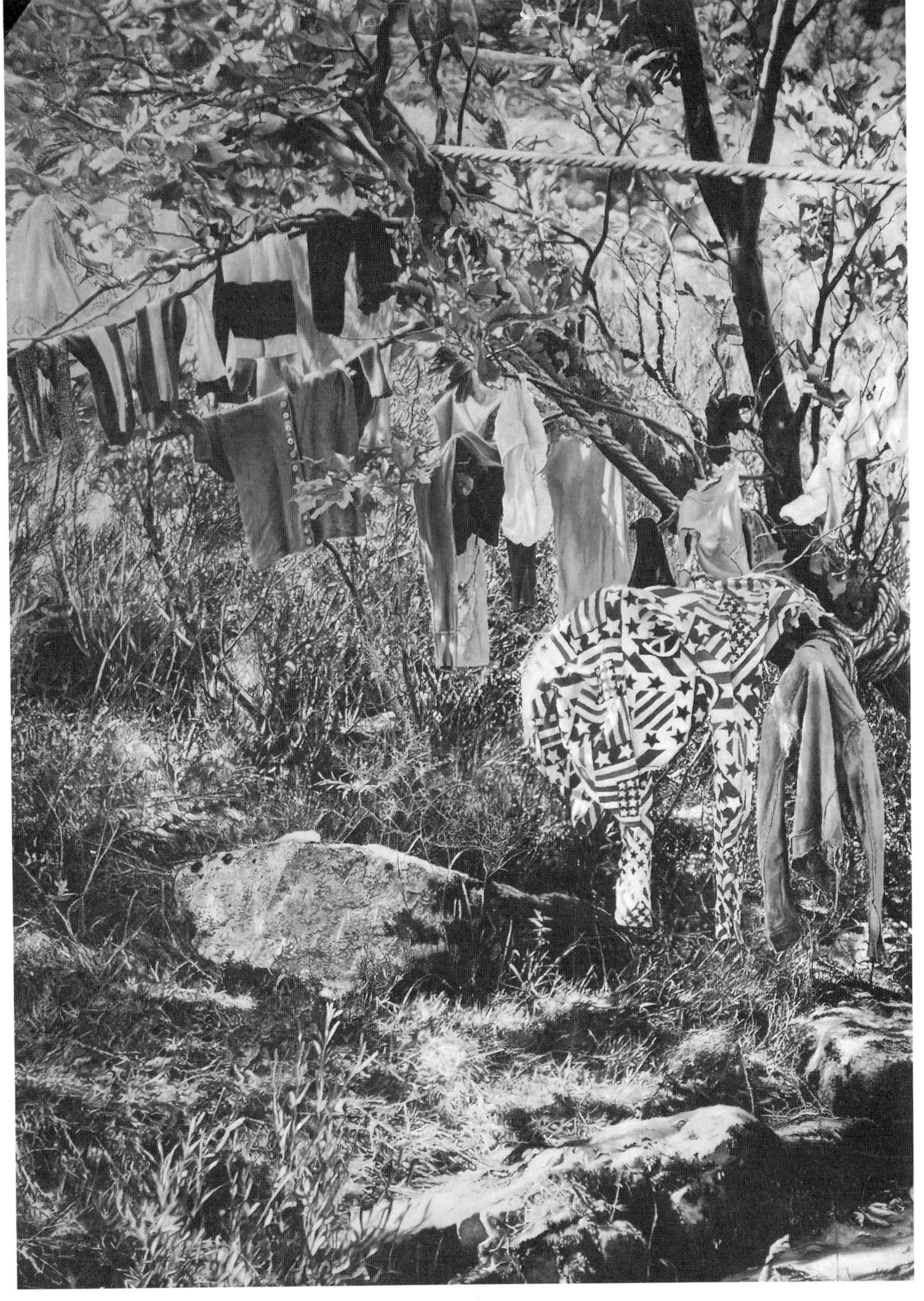

FRANZ GERTSCH, ST GUILHEM, 1972, Acryl auf ungrundierter Baumwolle, 370 x 260 cm/acrylic on unprimed cotton, 145⁵/₈ x 102³/₈" (NATIONAL GALLERY CANBERRA)

I. MICHAEL DANOFF

FRANZ GERTSCH

KUNSTHAUS ZÜRICH, 1980, im Vordergrund/in the foreground: IRENE UND LUCIANO, 1977. (PHOTO: NIKLAUS STAUSS)

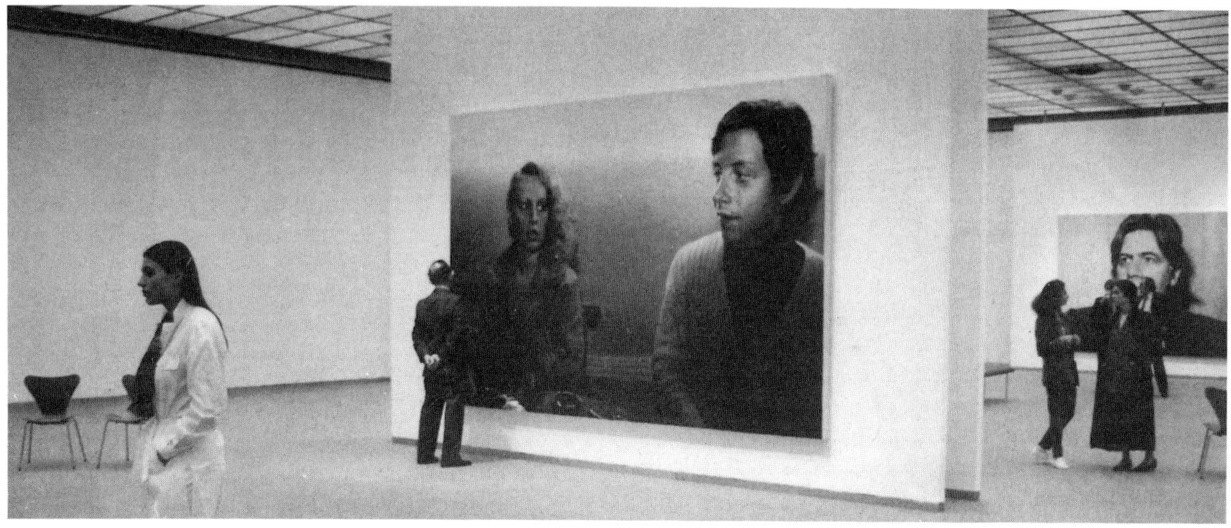

The evolution of Franz Gertsch's work, from photorealist paintings in the '70s to woodcuts in the '80s and since, reflects a more profound evolution from the particular and physical to the metaphysical.

Gertsch found his own voice in the early '70s with his large photorealist paintings. These works document external trappings of his youthful, counter-culture art world, most of them resembling oversized snapshots of a few or several individuals more memorable for their clothing, make-up, hair styles and setting than for what is revealed of their souls. That Gertsch found clothing to be a significant expression of the times is underscored in the painting ST. GUILHEM (1972), which shows not people but only their counter-culture clothing hung on tree branches. The importance for Gertsch at this time of other external details, such as make-up and hair styles is demonstrated especially in BARBARA AND GABY, in which two women stand before a bathroom mirror surrounded by cosmetics and toiletries; and by MARINA MAKING UP LUCIANO, in which one highly made-up person intently applies lip color to another.

Gertsch's photorealist paintings were not about the inner life, even when he turned to single individuals. LUCIANO I (1971), for example, is more about flashbulb highlights than insights into character; and the paintings of PATTI SMITH (1978–79) document the artist at work. But in SELF-PORTRAIT (1980), while not especially revealing of the inner life, the absence of specific surroundings or focus on clothing fashion suggests that these had ceased to be of such keen interest to the artist. Individuals portrayed subsequent to 1982 convey almost no particularity bespeaking their times. There is no setting, only an indeterminate space as background. Because the focus is above the shoulders, little clothing is shown,

I. MICHAEL DANOFF is the director of the San Jose Museum of Art in California.

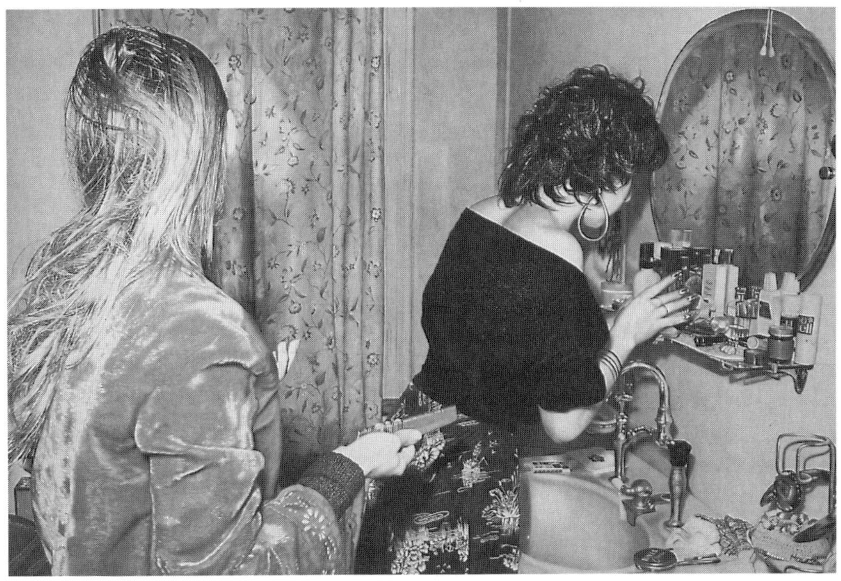

FRANZ GERTSCH, BARBARA UND GABY, 1974,
Acryl auf ungrundierter Baumwolle, 270 x 420 cm/acrylic on unprimed cotton, 106¹/₄ x 165³/₈". (NATIONALGALERIE BERLIN)

and that which appears is generic rather than a fashion statement signifying a time and place.

Monochromatic color is one of several factors distancing the woodcuts from a heightened sense of photographic realism inherent in the paintings. Further distance is created by the visible record of the inking and printing which calls attention to the medium and the process of printmaking, at the same time inserting a veil between the viewer and the photographic realism which characterizes the paintings. They seem less realistic because they seem less like photographs: in Western culture we are trained to believe that photography is closer to reality than other means of communicating the artist's vision of the external world.

Gertsch's use of monochromatic color points away from external detail towards the realm of feeling. This is apparent even when viewing a single work, but most evident when seeing the same face in as many as eighteen different colored versions. When one sees a face in different colors, the variations change the viewer's perceptions of the subject. One feels differently before the blue face than before the red one, and may actually "see" different aspects of personality portrayed. The range of color intensity – from bold to muted – also affects the viewer's percep-

tions and responses. Gertsch's woodcuts may be seen constructively as part of a Northern Romantic tradition resonant with metaphysical overtones. The faces smile slightly but are relatively impassive and more universal than those in the paintings, which are detailed in keeping with a particular time and subculture. The faces in the woodcuts transmit a calm beauty suggesting a religious, Gothic ideal of the female that is tied to the concept of the beatific and at-oneness. All the faces in the woodcuts are of women, and one may conjecture the reason as being that in Western culture it is the female rather than the male who traditionally symbolizes spiritual serenity.

The size of the images reinforces their metaphysical dimension. Rendered small, the images would remain very beautiful; but large, they are imposing and otherworldly, like Easter Island figures. And seeing them ringed around an otherwise empty room – as they were installed during the exhibition at the San Jose Museum of Art – transforms the museum gallery into a chapel. Especially in the prints that are more faintly colored, it is as though the images represent an ideal which has barely materialized in faces which float before the viewer, and which could depart at any moment, leaving only a sheet of colored paper to wonder about. The complete absence of par-

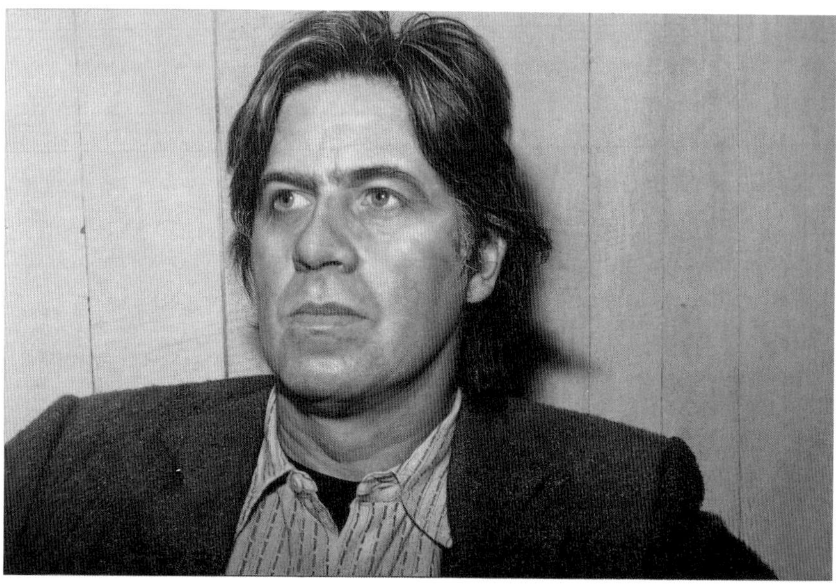

FRANZ GERTSCH, SELBSTBILDNIS, 1980,
Acryl auf ungrundierter Baumwolle, 257 x 391 cm/SELFPORTRAIT, 1980, acrylic on unprimed cotton, 101¹/₄ x 154".

ticular setting encourages the sense that these beings are disengaged from the physical world.

Gertsch's unique woodblock technique, which employs "dots" as morphemes of depiction, further underscores the metaphysical. The number of dots constituting the images seems as infinite as the leaves in a forest depicted by Albrecht Altdorfer. Moreover, the way in which these simple dots coalesce into an atomical images as one steps back invokes wonder. (There is equal mystery in reversing the process, in seeing, for example, how a strand of hair dematerializes into a system of identical, equidistant dots the closer one draws to the subject.)

That the metaphysical is a strong element in Gertsch's work is suggested by the other genre he has chosen – landscape, and, most recently, seascape. The particular kind of landscapes and seascapes presented by Gertsch recall the Northern tradition of metaphysical landscapes as realized in the works of artists such as Altdorfer, Caspar David Friedrich, Emil Nolde, and E. L. Kirchner. Gertsch's image of a corner of his garden is like an enchanted forest. Earlier manifestations of this then nascent quality appeared in his photorealist paintings such as the seascape, SAINTES-MARIES-DE-LA-MER I (1971),

in which figures stand with their backs to us, the device often used by Friedrich to involve the viewer in the contemplation of the plenitude of nature.

While originating in the particulars of photographs, Gertsch's woodcuts are about realms which are timeless and transcendental. Thomas Ruff also uses photographs, which, like Gertsch's images, are larger than life. (The smaller prints of the same images are less well known). Ruff is more interested in the particularities of his sitters than is Gertsch (in the woodcuts). But Ruff does not dwell on such external matters to the extent to which Gertsch did in his paintings; to do so would be at odds with the intimacy he seeks to convey.

Within each photograph, there is a remarkable sense of homogeneity that results from the consistent warmth of tonality and the clarity that comes from the masterful control of detail, composition, lighting and color. The result is a visual uniformity more commonly associated with painting than photography, an association furthered by the scale. If, in fact, there are few meaningful similarities between the works of Gertsch and Ruff, there is an interesting parallel: just as Gertsch makes paintings and woodcuts which reference photography, so does Ruff make photographs which reference painting.

I. MICHAEL DANOFF

FRANZ GERTSCH

Die Entwicklung, die Franz Gertschs Werk von den photorealistischen Bildern in den 70er zu den Holzschnitten in den 80er Jahren – und fortan – durchmachte, widerspiegelt eine tiefgründigere Evolution vom Einzelnen und Körperlichen hin zum Metaphysischen.

In den frühen 70er Jahren fand Gertsch mit seinen photorealistischen Bildern seine eigene Sprache. Diese Werke dokumentieren die Äusserlichkeiten seiner jugendlichen, gegenkulturellen Kunstwelt. Die meisten dieser Gemälde gleichen übergrossen Schnappschüssen einzelner oder mehrerer Individuen, die vor allem wegen ihrer Kleidung, ihres Make-ups, der Frisur und des Hintergrunds im Gedächtnis haftenbleiben, und nicht sosehr wegen der Enthüllungen bezüglich ihrer Seele.

Dass Gertsch in der Kleidung einen wichtigen Ausdruck der Zeit erkennt, wird in ST. GUILHEM (1972) deutlich; dieses Gemälde zeigt keine Leute, sondern nur deren gegenkulturelle Kleider, die über die Äste eines Baumes gehängt sind. Die Bedeutung, die andere Äusserlichkeiten wie Make-up und Frisuren für Gertsch gehabt haben, wird besonders mit dem Bild BARBARA UND GABY vor Augen geführt, das zwei von Kosmetik- und Toilettenartikeln umgebene Frauen vor einem Badezimmerspiegel darstellt, sowie mit MARINA SCHMINKT LUCIANO, auf dem eine stark geschminkte Person einer anderen aufmerksam die Lippen anmalt.

Gertschs photorealistische Bilder handeln nicht vom Innenleben der Menschen, selbst dann nicht, wenn er sich dem einzelnen Individuum zuwendet. Bei LUCIANO I (1971) zum Beispiel geht es mehr um den Wiederschein des Blitzlichts als um charakterliche Enthüllungen; und die Gemälde von PATTI SMITH (1978–79) sind Dokumente der Künstlerin bei der Arbeit. Das SELBSTPORTRAIT von 1980 gibt zwar keine besonderen Aufschlüsse über das Innenleben, doch lässt das Fehlen einer aussagekräftigen Umgebung oder der Verzicht auf ein Hervorheben der Mode darauf schliessen, dass diese Darstellung aufhörte, für den Künstler von derart grossem Interesse zu sein.

Die in der Folge entstehenden Portraits von Individuen weisen praktisch keine Besonderheiten auf,

I. MICHAEL DANOFF ist Direktor des San Jose Museum of Art in Kalifornien.

die von ihrer Zeit zeugen. Es gibt keinen Schauplatz, sondern der Hintergrund ist nur ein unbestimmter Raum. Da die Betonung auf der Partie über den Schultern liegt, wird nur ein kleiner Teil der Kleidung sichtbar, und dieser ist eher allgemein gehalten und nicht sosehr Ausdruck einer bestimmten Mode, die eine Zeit und einen Ort andeuten würde.

Die Monochromie ist einer von mehreren Faktoren, durch den sich die Holzschnitte von dem eindringlichen, charakteristischen Photorealismus der Gemälde distanzieren. Der Vorgang des Einfärbens und Druckens ist sozusagen sichtbar gemacht, wodurch die Aufmerksamkeit auf das Medium sowie den Prozess des Druckens gelenkt wird. Die Sichtbarkeit des Verfahrens in den Holzschnitten schiebt einen Schleier zwischen den Betrachter und den für die Gemälde typischen photographischen Realismus. Sie scheinen weniger realistisch, weil sie weniger wie Photographien aussehen; in der westlichen Kultur wurde uns glauben gemacht, die Photographie stehe der Realität näher als andere Medien, die dem Künstler für die Vermittlung seines Bildes der Aussenwelt zur Verfügung stehen.

Die Monochromie ist ein Hinweis, dass Gertsch von äusserlichen Einzelheiten abkommt und er sich nun der Gefühlswelt zuwendet. Dies wird schon beim Betrachten eines einzelnen Holzschnittes offensichtlich, doch noch deutlicher kommt dies zum Ausdruck, wenn man dasselbe Gesicht in achtzehn verschieden gefärbten Versionen sieht. Durch die Farbvariationen nimmt der Betrachter das Modell unterschiedlich wahr. Das blaue Antlitz löst andere Empfindungen aus als das rote, und man «sieht» möglicherweise wirklich verschiedene Seiten der portraitierten Persönlichkeit. Das Spektrum der Farbintensität – von intensiv zu gedämpft – beeinflusst die Wahrnehmungen und Reaktionen des Betrachters.

Man mag Gertschs Holzschnitte durchaus als Teil einer romantischen Tradition des Nordens verstehen, in der metaphysische Untertöne mitschwingen. Ein schwaches Lächeln zeigt sich auf den Gesichtern, die sonst relativ ausdruckslos sind und universeller als in den mit Details einer bestimmten Zeit und Subkultur beladenen Gemälden. Die Antlitze in den Holzschnitten, allesamt Frauengesichter, übermitteln eine stille Schönheit, die auf ein religiöses, gotisches Ideal der Frau hindeutet, das mit dem Begriff des Seligmachenden und des In-der-Einheit-Seins verbunden ist. Die seelische Gelassenheit wird in der westlichen Kultur ja traditionellerweise eher von der Frau als vom Mann symbolisiert.

Die Grösse der Bilder verstärkt deren metaphysische Dimension. Klein wären sie sehr schön, doch im Grossformat sind sie imposant und unirdisch, wie Figuren der Osterinsel. Und wenn sie nun rund um einen sonst leeren Raum stehen – wie dies an der Ausstellung im San Jose Museum of Art (13. Januar bis 14. April 1991) der Fall war –, verwandelt sich eine Museumsgalerie in eine Kapelle.

Besonders die blassfarbenen Drucke scheinen ein Ideal darzustellen, das gerade noch in Gesichtern Gestalt annahm, die vor dem Betrachter schweben und jeden Augenblick entschwinden könnten, bloss ein gefärbtes Papier zurücklassend, über das man sinnierend rätseln könnte. Das vollständige Fehlen eines konkreten Hintergrunds bestärkt das Gefühl, dass diese Wesen sich von den Einzelheiten der materiellen Welt gelöst haben.

Gertschs einzigartige Holzschnitt-Technik – es handelt sich mehr oder weniger um «Punkte» als Morpheme der bildlichen Darstellung – unterstreicht das Metaphysische noch zusätzlich. Die Anzahl der Punkte, aus denen sich die Bilder zusammensetzen, scheint genauso unendlich wie die der Blätter eines von Albrecht Altdorfer dargestellten Waldes. Zudem ruft die Art, wie einfache Punkte zu anatomischen Bildern verschmelzen, sobald man einige Schritte zurücktritt, Verwunderung hervor. Diese Magie ist auch in umgekehrter Reihenfolge wirksam: Was zum Beispiel von weitem ganz klar als eine Haarsträhne erkennbar ist, besteht aus der Nähe betrachtet aus weissen Punkten, die in vielen Fällen offenbar die gleiche Grösse und den gleichen Abstand zueinander aufweisen.

Dass in Gertschs Werk eine stark metaphysische Komponente steckt, lässt sich auch aus der anderen von ihm gewählten Art von Genre schliessen: der Landschaft, und in jüngster Zeit auch dem Seestück. Die besondere Art von Landschaften und Seestücken bei Gertsch erinnert an die nordische Tradition metaphysischer Landschaften, wie sie von Künstlern wie

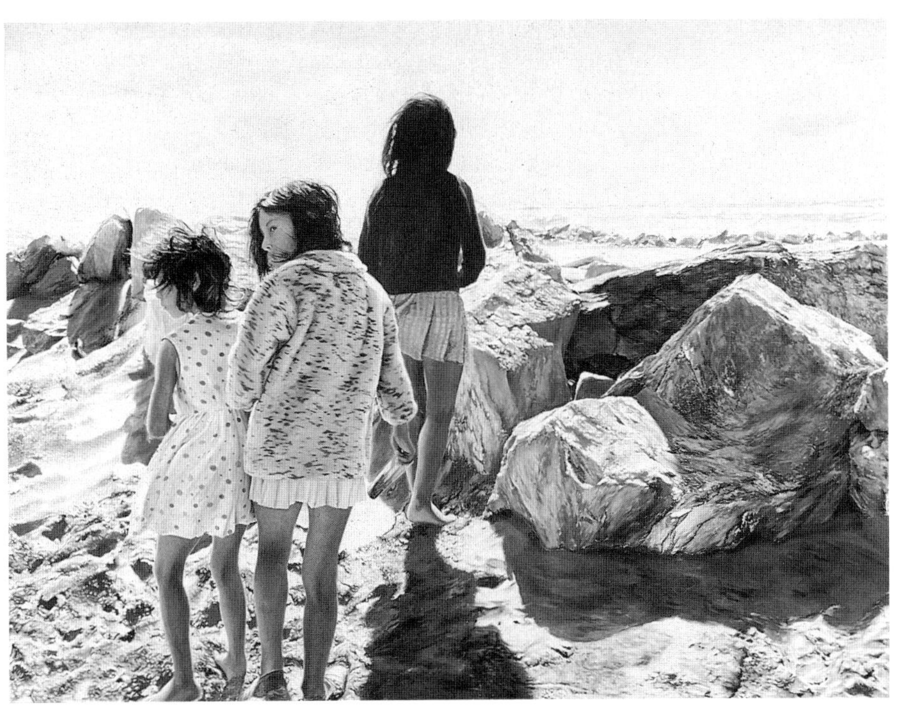

Altdorfer, Caspar David Friedrich, Emil Nolde und
E. L. Kirchner geschaffen wurden. Gertschs Bild
eines Winkels seines Gartens ist wie ein Zauberwald.
Angekündigt hat sich diese damals erwachende
Eigenschaft bereits in seinen photorealistischen
Bildern wie dem Seestück SAINTES-MARIES-DE-
LA-MER I (1971), auf dem von uns abgewandte
Gestalten zu sehen sind. Dieser von Friedrich häufig
verwendete Kunstgriff bezieht den Betrachter in
die Vollkommenheit der Natur im Hintergrund ein.

Obschon Gertschs Holzschnitte auf die Einzelheiten der Photographien zurückgehen, handeln sie von
zeitlosen, transzendentalen Bereichen. Auch Ruff
benutzt Photographien, die wie Gertschs Bilder über-
lebensgross sind (die kleineren Abzüge derselben
Bilder sind weniger bekannt). Ruff interessiert sich
mehr für das Besondere seiner Modelle, als Gertsch
dies in seinen Holzschnitten tut. Doch ist der Nach-
druck, den Ruff auf solche Äusserlichkeiten legt,

nicht so ausgeprägt wie bei Gertschs Gemälden. Dies
liesse sich nicht mit der Intimität in Einklang bringen, die Ruff zu vermitteln sucht.

Innerhalb der Photographien kommt ein starker
Sinn für Einheitlichkeit zum Ausdruck, der sich her-
leitet von der durchgehenden Wärme des Farbtons
und der Klarheit, der meisterhaften Beherrschung
der Details, Komposition, Licht und Farbe. Das
Resultat ist eine visuelle Einheit, die gewöhnlich
eher der Malerei zugeschrieben wird als der Photographie, eine Assoziation, die durch das Grossformat
noch gefördert wird. Wenn es also darum geht, einige
bedeutende Ähnlichkeiten zwischen den Arbeiten
von Gertsch und Ruff anzuführen, dann diese interessante Parallele: So wie Gertsch Bilder malt und
Holzschnitte verfertigt, die sich auf Photographie
beziehen, so macht Ruff Photographien, die sich auf
Malerei beziehen. *(Übersetzung: Franziska Streiff)*

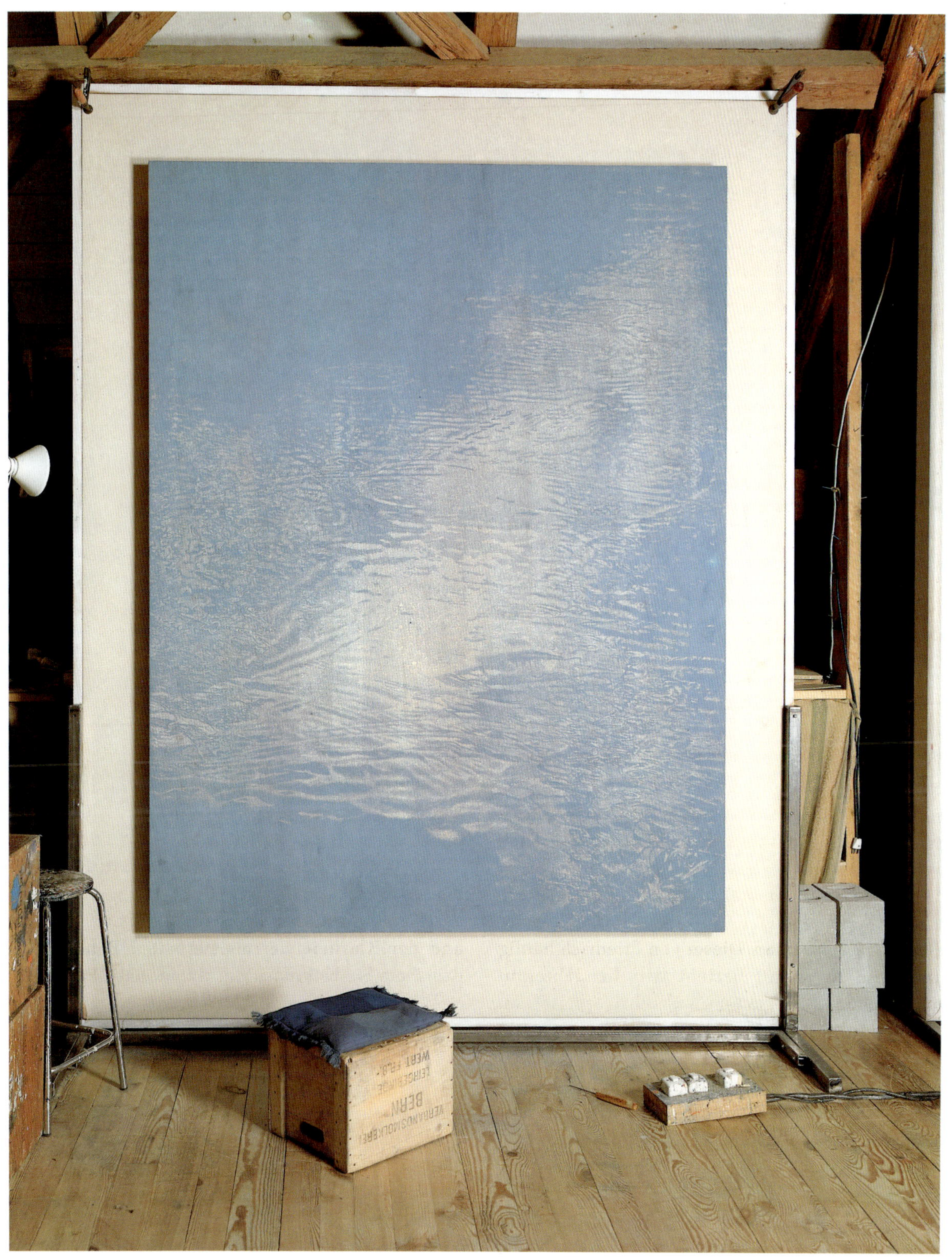
VERBANDSMOLKEREI
BERN
LEIHGEBINDE
WERT FR. 5.-

AMEI WALLACH

HOW CAN YOU TELL A FRANZ GERTSCH FROM A CHUCK CLOSE?

From this side of the Atlantic Ocean, it's a little puzzling that Franz Gertsch is so often compared with Chuck Close. Their similarities, of which there are maybe two, are of the first-glance, skin-deep variety.

They both monumentalize the portrait. And they are both in dialogue with the meaning and the techniques of photography. Period.

But Franz Gertsch's relationship with photography is a romance. He's in love with the fictions it tells, with the glamor in which it drenches memory and nostalgia. And most of all, with the indiscriminate abandon with which it dispenses its light.

Chuck Close is more like the bride's kid brother. He's a stand-up comedian. His primary interest in photography is the opportunity it provides him to make visual puns.

To find American painters with whom Gertsch does, in fact, share a close affinity, you'd have to go back to the 19th century – to the Luminists, who deified nature as Gertsch did Patti Smith, by bathing their mirror-smooth surfaces in an even light. Fitz Hugh Lane may even have used the camera obscura as a tool[1] in a manner similar to Franz Gertsch's proclivity for the projector.

Franz Gertsch, sitting, standing, bathed in the light of the projector, assiduously copying with an exacting hand an atmosphere by definition ephemeral and immaterial, is very like Fitz Hugh Lane positioning himself on the rocky shores of Penobscot Bay to record a pastel dawn as though he were Ralph Waldo Emerson's "transparent eyeball."[2]

For all the contemporaneity of method and subject matter, Gertsch is rooted in an utterly Romantic past. His *Sehnsucht* is not only for a faraway, glittering

---

AMEI WALLACH is the art critic for *Newsday,* New York.

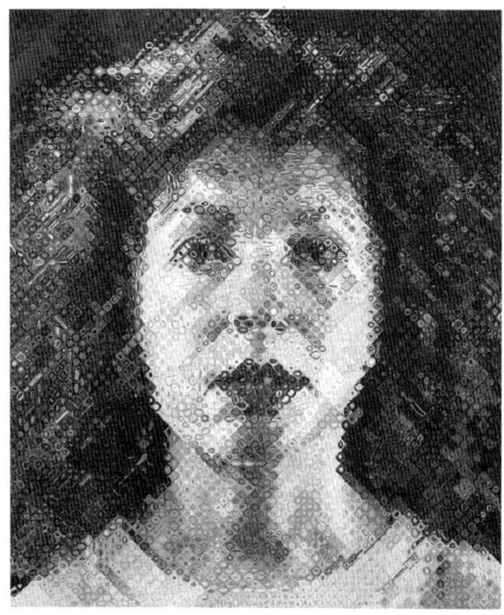

CHUCK CLOSE, APRIL, 1990–91,
oil on canvas, 100 x 84"/Öl auf Leinwand,
254 x 213,4 cm. (PHOTO: BILL JACOBSON)

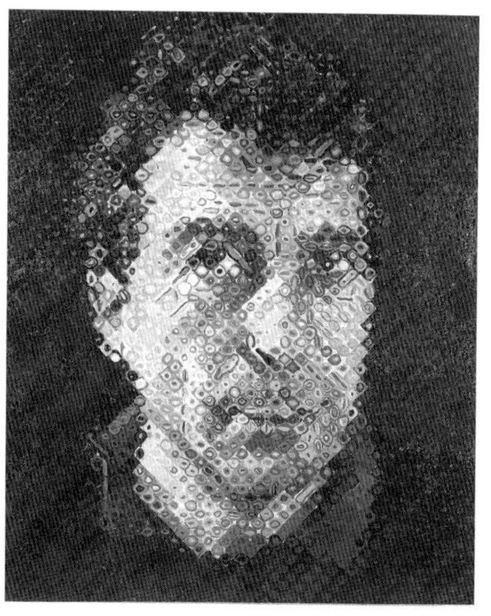

CHUCK CLOSE, BILL, 1990,
oil on canvas, 100 x 84"/Öl auf Leinwand,
183 x 152,4 cm. (PHOTO: KEN SCHLES)

world of superstars and media hype more apt to a generation slightly younger than his; it is also for a bygone Elysium of craftsmanship, unsullied by the incongruities of Duchamp.

This yearning for the comforts of craftsmanship is particularly apparent in the mammoth-scaled wood-cuts[3] that have been Gertsch's focus for the past four years and more. The emphasis here is on the hand-made and the hands-on. Gertsch made these prints by first tinting the large wood block ready for cutting, in order to trace his progress, since subsequently the woodcut would be whiter than the colored surface. He proceeded to project a photograph – often of his children's friend, Natascha – onto the block and then to gouge out thousands of tiny dots, recalling simultaneously the grain of a photograph and the marks of Dürer. So he gets it both ways at once – venerable technique and modern technology. The density of the

dots determined both the shape that emerged and the lightness or darkness suggested. It's all done with nuance of shading, not an assertive line to be seen.

He needed the character of living, breathing wood to get the translucent sheen he wanted. And often he would cut two or three blocks with the same image, emphasizing different aspects – say, the curve of the chin or the light on the nose. So when it came to print-ing the image on paper, he could superimpose the one on the other, for alternating effects of softness or adamancy. Alpine heights of taste and discipline went into the creation of the woodcuts, in an atmo-sphere of trust and intimacy. And the results are as delicate as they are large; as dreamy as they are ex-plicit. Even more than the landscapes – constructed in the same manner, but from photographs of a cor-ner of Gertsch's garden at Rüschegg – the portraits of Natascha imply the poetry of a Luminist landscape.

Natascha's face in each print is washed with a different overall color from pure pigments. The alterations in density and graininess function like the mist in Sanford Robinson Gifford's Luminist view of Kauterskill Falls, now illuminating, now obscuring, always unifying. In this manner the face is relegated to the realm of memorial glow, like a Wordsworthian lyric recalled in tranquillity – particularly when hung with the garden woodcuts, as nine of the eight-foot faces were at the Museum of Modern Art in New York last summer.

But just try and compare such delicacy of feeling, such exquisite manners with the vulgar excesses of Chuck Close's recent work. Like Gertsch, Close has always relied on the painstaking and the miniature to construct his billboard-sized portraits. But he doesn't in the least wish he were Dürer. He's locked in continuous Oedipal combat with de Kooning.

He began making portraits after he had bored himself by aping de Kooning's gesture, and his "realism" has always been constructed from grids of tiny abstract paintings. It is in the viewer's eye that he wants his clusters, coveys, affinities of accrued information to be processed. For similar reasons, he never mixed his paints – once again, preferring that the viewer's eye mix the colors laid on next to, rather than on top of, one another. Large, small; abstract, real; seem, be; a wink, a nod: it's all double entendre.

Close doesn't use a projector; the Polaroid photograph he starts from is for reference purposes only. Even so, he's far less insistent on craftsmanship than on invention. His father was something of an inventor, and can-do trial-and-error is a favored Close method of proceeding.

"My original thought for this way of working came from thinking about the game of golf, one of the stupidest sports man ever came up with," Close says. "In golf, you go from the general to the specific in a concrete number of moves. You may not even see the hole you're aiming for, so it's an act of faith, then it becomes an act of correcting the direction through very specific strokes. I like that as a theory of movement and problem solving. So what I did was to start by moving in a different direction. If I knew I wanted green, I'd start with brown, then purple, so I'd have to correct like crazy right on down the fairway. It's a way to sneak up on something and get someplace very specific."[4]

Needless to say, his attitude towards unity is ambivalent. He's much more interested in sleight-of-hand and approximation. And most recently, in portraits of Alex Katz, William Wegman, Eric Fischl and April Gornik, every bit of complexity inherent in concept and attack has been let loose with a raucous virtuoso display that no viewer's eye can ever quite put back together again.

The abstraction for some years now has been elbowing for attention, and now it's got center stage: lozenges of layered pigment out of Van Gogh; Op patterns; carnival colors; theatrical staging. The new paintings may be portraits, but they refuse to let you get them absolutely into focus. They want the joke to show. They slip and slide and waver, back and forth, up and down, side to side, in ways that suggests character far more insistently than the deadpan mug shots of the seventies ever did.

April Gornik's face is mucous-y as an amoeba on a petri dish. Those glamor-girl contours melt at the cheeks, bat at the eyes, dissolve into shifting patterns. William Wegman's plastic visage is pliable, like the makeup of the clown he is.

The new Close portraits are stagey, profound and hilarious. They prey on the same ideas to which a Gertsch portrait prays.

1) Novak, Barbara in *American Painting of the Nineteenth Century*, Praeger, New York, 1969, p. 108.

2) In full: "Standing on the bare ground – my head bathed by the blithe air, and uplifted into infinite space – all mean egotism vanishes. I become a transparent eyeball; I am nothing; I see all . . ." quoted in Novak, p. 110.

3) "The Woodcuts," notes on technique in *Franz Gertsch, largescale woodcuts*, Cabinet des Estampes, Geneva, 1990, p. 85.

4) Chuck Close in conversation with Amei Wallach, New York, January, 1991.

AMEI WALLACH

WIE KANN MAN EINEN FRANZ GERTSCH VON EINEM CHUCK CLOSE UNTERSCHEIDEN?

Diesseits des Atlantiks erstaunt es ein wenig, dass Franz Gertsch so häufig mit Chuck Close verglichen wird, sind doch ihre Gemeinsamkeiten – etwa zwei an der Zahl – von äusserlicher, oberflächlicher Art.

Beide haben das Portrait monumentalisiert. Und beide setzen sich mit der Bedeutung und der Technik der Photographie auseinander. Das ist auch schon alles.

Franz Gertschs Beziehung zur Photographie ist eine Romanze. Er ist verliebt in die Geschichten, die sie erzählt, in den Glamour, dem sie Erinnerungen und Sehnsüchte verleiht. Und vor allem in die blinde Hingabe, mit der sie ihr Licht verströmt.

Chuck Close ist mehr wie ein kleiner Bruder der Braut. Er ist ein Stegreif-Komiker. An der Photographie interessieren ihn hauptsächlich die Möglichkeiten, die sie für visuelle Wortspiele bietet.

AMEI WALLACH ist die Kunstkritikerin der Tageszeitung *Newsday,* New York.

Um amerikanische Maler zu finden, die wirklich eine enge Wesensverwandtschaft zu Gertsch aufweisen, müsste man bis ins 19.Jahrhundert zurückgehen – zu den Luministen, die die Natur vergöttlichten, indem sie spiegelglatte Flächen in ein gleichmässiges Licht tauchten, wie Gertsch dies mit Patti Smith tat. Fitz Hugh Lane könnte die *camera obscura* auf eine ähnliche Weise verwendet haben[1] wie Franz Gertsch heute den Projektor.

Franz Gertsch, der sitzend, stehend, ins Licht des Projektors getaucht, gewissenhaft mit akkurater Hand eine per definitionem ephemere, körperlose Stimmung wiedergibt, erinnert stark an Fitz Hugh Lane, wie er an den felsigen Ufern der Penobscot Bay stand, um eine pastellene Morgenröte einzufangen, als ob er Ralph Waldo Emersons «transparenter Augapfel»[2] wäre.

Trotz seiner modernen Methoden und Motive ist Gertsch in einer zutiefst romantischen Vergangenheit verwurzelt. Seine Sehnsucht richtet sich nicht nur auf eine ferne, glitzernde Welt der Superstars und des Medienrummels, die eher einer etwas jüngeren Generation entspricht; sie hat auch ein längst vergangenes Elysium der Handwerkskunst zum Inhalt, das nicht durch Duchamps Disharmonien besudelt ist.

Diese Sehnsucht nach den Tröstungen der Handwerkskunst kommt bei den gigantischen Holzschnitten,[3] die schon seit mehr als vier Jahren im Zentrum von Gertschs Schaffen stehen, besonders deutlich zum Ausdruck. Der Akzent liegt hier auf der Handarbeit und der Handfertigkeit. Gertsch beginnt seine Arbeiten jeweils damit, dass er die riesige Holzplatte einfärbt, ehe er mit der Schnittarbeit anfängt, so dass nachher die freigelegten helleren Partien einen Kontrast zur farbigen Oberfläche bilden. Er projiziert dann ein Diapositiv – wie zum Beispiel das Portrait einer Freundin seiner Kinder, Natascha – auf die Holzplatte und beginnt damit, Tausende winziger Punkte einzukerben, die gleichermassen an das Korn einer Photographie und die Punktiertechnik Dürers erinnern. So verbindet er altehrwürdiges Handwerk mit moderner Technologie. Die Dichte der Punkte bestimmt sowohl die entstehende Form als auch die gewünschte Farbstärke. All dies wird einzig durch verschiedene Schattierungsstufen erreicht, es sind keinerlei harte Linien erkennbar.

Um den gewünschten durchscheinenden Schimmer hervorzubringen, benötigt er lebendes, atmendes Holz. Häufig bearbeitet er zwei oder drei Platten mit dem gleichen Bild, wobei er jeweils unterschiedliche Aspekte betont – z. B. die Form des Kinns oder den Lichtreflex auf der Nase. So kann er schliesslich verschiedene Bilder übereinander auf Papier drucken und abwechselnd harte oder weiche Effekte erzielen. Die Holzschnitte werden mit «alpinem», exquisitem Geschmack und eiserner Disziplin in einer vertraulichen, intimen Atmosphäre angefertigt. Die entstehenden Bilder sind delikat, aber riesig, verträumt und doch klar. Stärker noch als den Landschaftsbildern – die Gertsch auf dieselbe Weise anhand von Aufnahmen seines Gartens in Rüschegg geschaffen hat – wohnt den Portraits von Natascha die Poesie einer luministischen Landschaft inne.

Nataschas Gesicht präsentiert sich auf jedem Druck in einer anderen Farbe, die aus reinem Pig-

mentpuder zubereitet ist. Die unterschiedlichen Grade von Dichte und Körnigkeit wirken wie der Dunst in Sanford Robinson Giffords luministischer Abbildung der Kauterskill Falls: bald als aufhellende, bald als verdunkelnde, immer jedoch als harmonisierende Kraft. Auf diese Weise gelangt das Gesicht ins Reich der immerwährenden Glut, wie ein Gedicht von Wordsworth, auf das man sich in einer stillen Stunde besinnt – besonders, wenn es neben den Garten-Holzschnitten aufgehängt wird, wie die neun 2,5 m hohen Portraits, die letzten Sommer im Museum of Modern Art in New York ausgestellt waren.

Aber versuchen Sie einmal, dieses Feingefühl, diese erlesenen Manieren mit den vulgären Exzessen von Chuck Closes jüngstem Schaffen zu vergleichen. Wie Gertsch hat auch Close seine plakatgrossen Portraits stets mit akkurater Sorgfalt und minuziöser Genauigkeit gestaltet. Er verspürt jedoch nicht den geringsten Wunsch, Dürer nachzueifern. Vielmehr befindet er sich in einem ständigen ödipalen Kampf mit de Kooning.

Close fing an, Portraits herzustellen, als ihn das Nachahmen von de Koonings Stil zu langweilen begann, und sein «Realismus» war immer aus einem Netz von winzigen, abstrakten Bildern zusammengesetzt. Er möchte, dass die Massen, Mengen und Anhäufungen von angesammelten Informationen durch das Auge des Betrachters verarbeitet werden. Er mischt seine Farben nie – wiederum, weil es vorzieht, die nebeneinander anstatt übereinander aufgetragenen Farben vom Auge des Betrachters mischen zu lassen. Gross, klein; abstrakt, wirklich; scheinen, sein; ein Augenzwinkern, ein Nicken: alles ist doppelsinnig.

Close verwendet keinen Projektor; das Polaroidbild, mit dem er arbeitet, dient ihm nur als Anregung. Auch legt er weit weniger Wert auf das handwerkliche Geschick als auf den Erfindergeist. Sein Vater war eine Art Erfinder, und Close entwickelt seine Werke mit Vorliebe durch Methoden des Experimentierens und des Versuchs und Irrtums.

«Ich bin auf diese Arbeitsweise gekommen, als ich über das Golfspiel nachdachte, eine der dümmsten Sportarten, die sich der Mensch je ausgedacht hat», sagt Close. «Beim Golf bewegt man sich mit einer

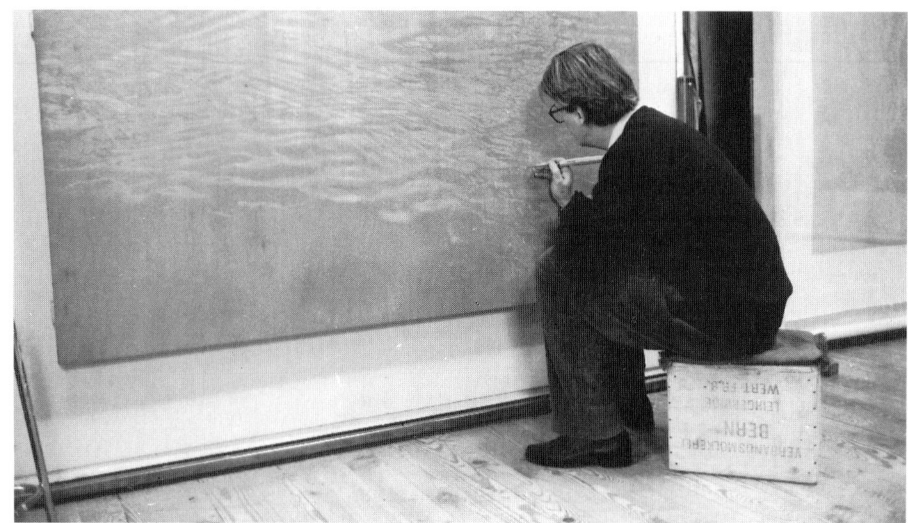

*FRANZ GERTSCH AN DER ARBEIT AN SCHWARZWASSER/
WORKING ON SCHWARZWASSER, April 1991.*
(PHOTO: MANCIA/BODMER)

konkreten Anzahl Schläge vom Allgemeinen zum Spezifischen. Möglicherweise sieht man das anvisierte Loch nicht einmal, dann ist es ein reiner Glaubensakt, und nachher geht es darum, durch ganz bestimmte Schläge die Richtung zu korrigieren. Für mich ist das eine interessante Theorie über Bewegung und Problemlösung. Ich habe mich deshalb entschlossen, bei einer Arbeit zuerst immer eine andere Richtung einzuschlagen. Wenn ich also Grün haben will, nehme ich erst Braun und dann Violett, so dass ich auf der ganzen Spielbahn wie verrückt korrigieren muss. Es ist eine Möglichkeit, sich an etwas heranzutasten und an einen ganz bestimmten Punkt zu gelangen.»[4]

Es versteht sich von selbst, dass Close eine ambivalente Einstellung zur Einheit hat. Fingerfertigkeit und Approximation interessieren ihn weitaus mehr. Und in allerjüngster Zeit liess er bei Portraits, die er von Alex Katz, William Wegman, Eric Fischl und April Gornik malte, aller Komplexität, die in Konzept und Ansatz enthalten ist, mit einer rauhen Virtuosität freien Lauf, so dass kein Betrachterauge das Ganze je wieder vollständig zusammenfügen kann.

Closes Abstraktion, die schon seit einigen Jahren um Aufmerksamkeit kämpft, steht jetzt ganz im Mittelpunkt: Rhomben aus verschiedenen Farbschichten wie bei Van Gogh; Op-Art-Muster; Karneval-farben; theatralische Inszenierungen. Die neuen Gemälde mögen wohl Portraits sein, doch sie verunmöglichen dem Betrachter, sie wirklich scharf zu sehen. Sie möchten die Komik sichtbar machen. Sie schlingern, flackern und flimmern, hin und her, auf und ab, Seite an Seite, in einer Weise, die weit mehr Charakter zum Ausdruck bringt, als dies die unbeweglichen Mienen seiner «Verbrecherportraits» der 70er Jahre vermochten.

April Gorniks Gesicht ist schleimig wie eine Amöbe in einem medizinischen Gefäss. Die Glamourgirl-Konturen verschwimmen bei den Wangen, verlaufen bei den Augen und zerfliessen in schillernde Muster. William Wegmans Plastikgesicht ist biegsam wie die Maske des Clowns, der er ist.

Closes neue Portraits sind theatralisch, tiefgründig und fröhlich. Sie beuten dieselben Ideen aus, zu denen Gertschs Portraits beten.

(Übersetzung: Irene Aeberli)

1) Barbara Novak, *American Painting of the Nineteenth Century,* Praeger, New York 1969, S. 108.
2) Das volle Zitat lautet: «Auf dem nackten Boden stehend – mein Kopf in der beschwingten Luft gebadet und in den unendlichen Raum erhoben –, so vergeht aller niedere Egoismus. Ich werde zu einem transparenten Augapfel; ich bin nichts; ich sehe alles...» (Novak, S. 110).
3) «Die Holzschnitte», Bemerkungen zur Technik, in *Franz Gertsch, grossformatige Holzschnitte,* Cabinet des Estampes, Genf 1989, S. 69.
4) Chuck Close im Gespräch mit Amei Wallach, New York Januar 1991.

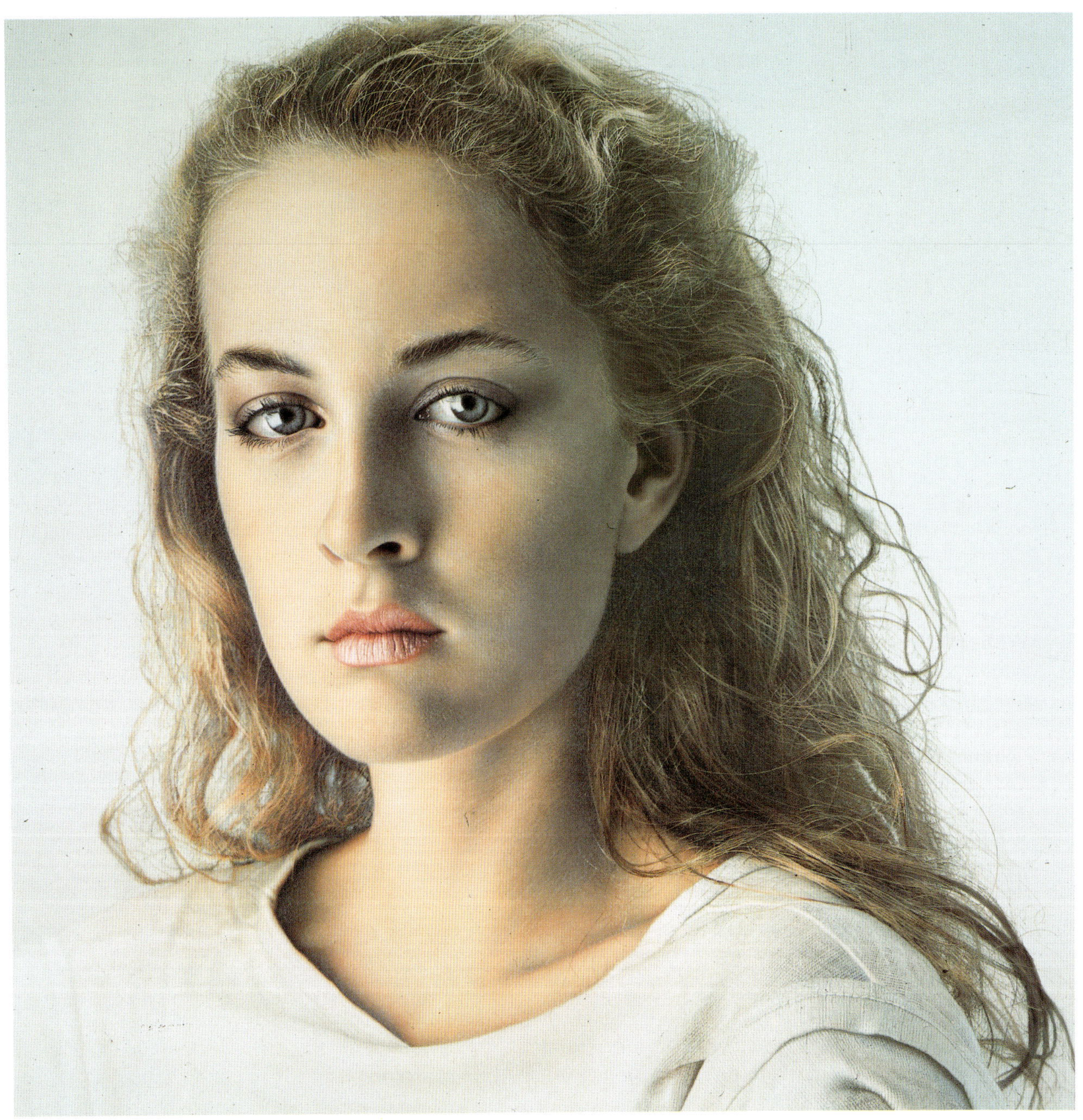

FRANZ GERTSCH, JOHANNA I, 1983,
Acryl auf ungrundierter Baumwolle, 360 x 360 cm/acrylic on unprimed cotton,
141³/4 x 141³/4". (MUSEUM MODERNER KUNST WIEN)

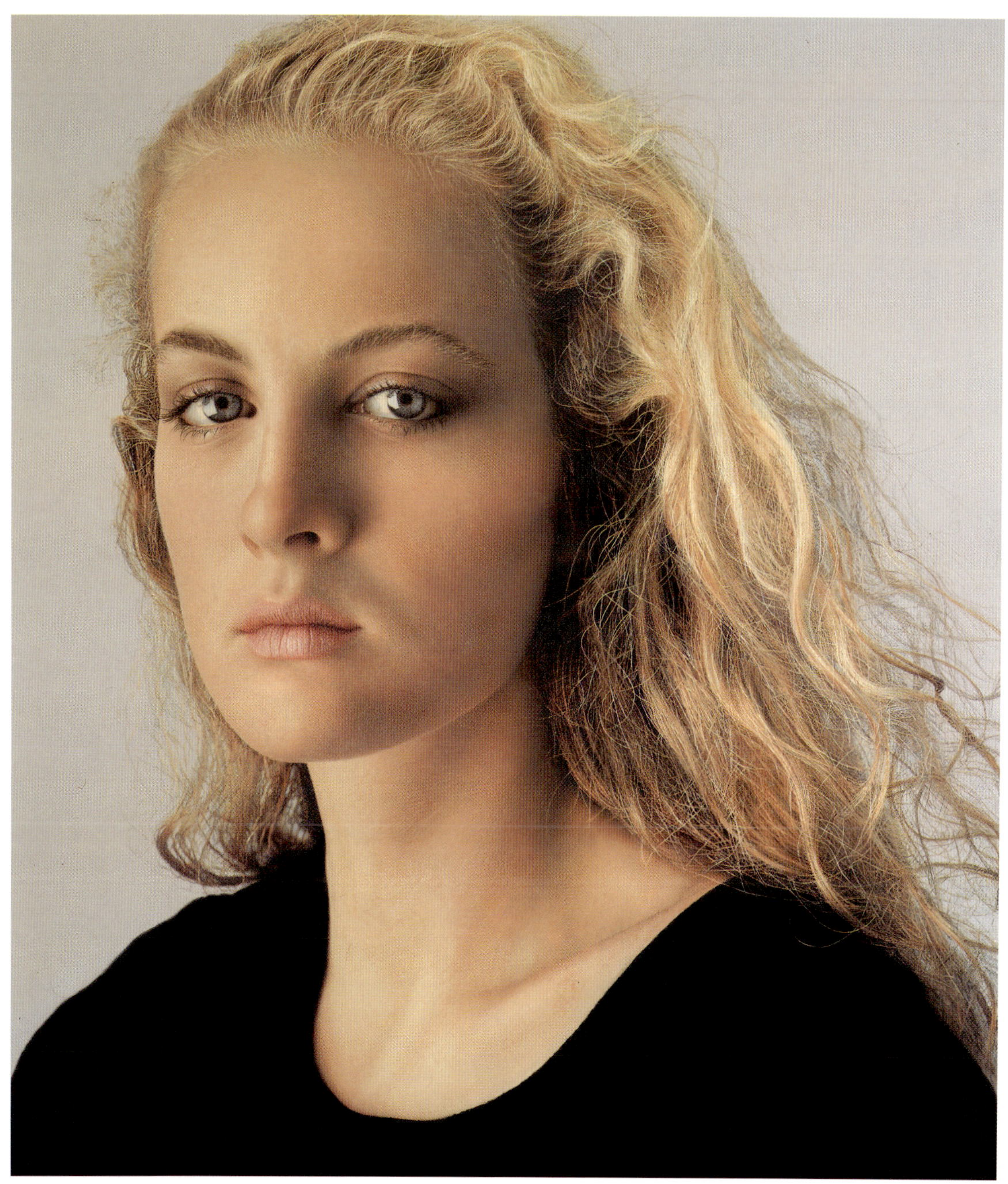

FRANZ GERTSCH, JOHANNA II, 1985/86,
Acryl auf ungrundierter Baumwolle, 330 x 290 cm/
acrylic on unprimed cotton, 130 x 114^{1}/$_{8}$".

RAINER MICHAEL MASON

DIE HOLZSCHNITTE:

Ein Prozess

der Läuterung

Im Februar 1986 vollendet Franz Gertsch – er ist sechsundfünfzig Jahre alt – JOHANNA II in Tempera auf grosser ungrundierter Baumwolleinwand.[1] Nun beginnt eine für ihn schwierige Phase. Der Künstler ist auf der Suche nach Modellen, unter anderem im Frühjahr in New York. Er photographiert Natascha, eine Freundin seiner Kinder. Dieses Sujet dient als Ausgangspunkt für ein Gemälde, das er in Angriff nimmt, aber nicht zu Ende führt (und das bis heute unvollendet blieb). Nach verschiedenen Versuchen auf Holz (Roulette-Techniken, Kreuzschraffuren) beginnt Gertsch zwar nicht mit seiner ersten druckgraphischen Arbeit (er hat schon grossartige Lithographien[2] gemacht), aber mit seinem ersten Holzschnitt, NATASCHA I.[3]

Er wird also ein Maler, der nicht mehr malt. Im Mai 1989, zwischen RÜSCHEGG I[4] und DORIS,[5] zwei monumentalen Holzschnitten, nimmt er zwar für kurze Zeit den Pinsel wieder zur Hand und arbeitet an einem begonnenen NATASCHA-Bild weiter – doch nur vorübergehend. Von nun an wendet er sich ganz dem Holzschneiden zu. Und manche Leute, die vergessen, dass vielleicht eines der hartnäckigsten

Geheimnisse, die sich die Künstler vorbehalten und die sie uns anbieten, die Zukunft ihres Werks ist, fragen sich, ob dies wohl nun immer so bleiben wird.

Ein Maler, der nicht mehr malt: Man könnte sich später die Frage stellen, was bei Franz Gertsch (noch) Malerei ist, doch es trifft zu, dass er Pinsel, Leinwand, Öl- und Acrylfarben beiseite legt und sich einer anderen Technologie zuwendet, einem anderen Bildbegriff, einem anderen Zeitbegriff in seinem Werk. Von wie vielen und von welchen Künstlern kann man dasselbe sagen? Im 20. Jahrhundert, in der Zeit Matisses, Picassos, Fautriers, Johns', Baselitz', in dem Jahrhundert, als die grossen Maler alle produktive *peintres-graveurs* waren (im Sinne Bartschs, der diese «schöpferischen» Graveure den Reproduktionsstechern gegenüberstellt), scheint mir ein derart radikaler Schnitt einmalig – ich kenne höchstens den Bildhauer Robert Müller (*1920), der seit fünfzehn Jahren ausschliesslich graviert und zeichnet.

An die Stelle der additiven Vorgänge, die für die Malerei charakteristisch sind (aufsetzen/ansetzen), dem punktuellen Auftragen des Pinsels, der das Pigment in die Textur der Leinwand eingehen lässt, setzt Gertsch ein anderes, scheinbar antithetisches Vorgehen, den subtraktiven Vorgang der gestischen Attacke des Hohleisens/Messers. Die Platte wird

---

RAINER MICHAEL MASON ist Konservator des Cabinet des estampes, Musée d'art et d'histoire in Genf.

senkrecht vor dem Künstler aufgestellt, blau gefärbt, um eine bessere Lesbarkeit der Eingriffe zu erreichen, einen deutlicheren Kontrast zum «natürlichen» Holz, das mit dem Werkzeug herausgeholt wird: Er sticht das Holz mit einer geschmeidigen Bewegung – wobei ihm hier bestimmt seine Erfahrung in *Tai-Chi* zugute kommt.

Wie bei seinen Gemälden lässt sich der Künstler von einem Diapositiv führen, das das gewählte Sujet während einiger Augenblicke auf die Platte projiziert und sogleich für die Dauer der nächsten Arbeitsphase verinnerlicht wird. Während in der Malerei jeder Punkt chromatisch und räumlich identifiziert wird, der Farbskala und Intensität entsprechend, gemäss der Position an der Oberfläche und in der Tiefe, so hebt Gertsch beim Gravieren die Lichter von der Form, ihre «Leuchtdichte», heraus, dort, wo sie sich vermindert – und nicht die linearen Konturen oder die Schatten, wie es beim Holzschnitt sonst üblich ist. Die jeweilige Dichte der Materialsplitter, die aus der Platte herausgenommen wurden, bestimmt die Lichtstärke der herausgearbeiteten Formen und lässt das Bild so hervortreten.[6] Die gesprenkelte Struktur erinnert an ein Kornraster oder an eine Lichtdruck-Struktur, die beim Abzug auf Japanpapier negativ auf einem farbigen Hintergrund erscheint, den man nie als eine feste Fläche wahrnimmt.

Obwohl der Künstler in dieser Phase die Wege klar vor sich sieht, die er gehen will, um «seine Empfindung zu verwirklichen»,[7] seiner Vorstellungswelt Ausdruck zu verleihen, befindet sich das Werk, wie weit die Arbeit auch immer vorangeschritten sein mag, noch in einem stark abstrakten Zustand. Damit ist nicht die Abstraktion eines Prozesses und einer Ausführung der Details gemeint, die man gerne in Ausschnittvergrösserungen abbildet als so etwas wie die Epidermis eines jener realistischen Gemälde, von HANNE-LORE[8] bis JOHANNA[9]. Es geht hier um eine zweifache Abstraktion, die in erster Linie dem Gravieren als technischem Verfahren eigen ist, dann aber auch dem Druck, als «Entwicklung» der auf der Platte registrierten Aufnahme.

Die Technik, die sich Franz Gertsch ausgedacht hat – und die in einem gewissen Sinne zwei alte Techniken, Schrotschnitt (15. Jahrhundert) und Punktier-

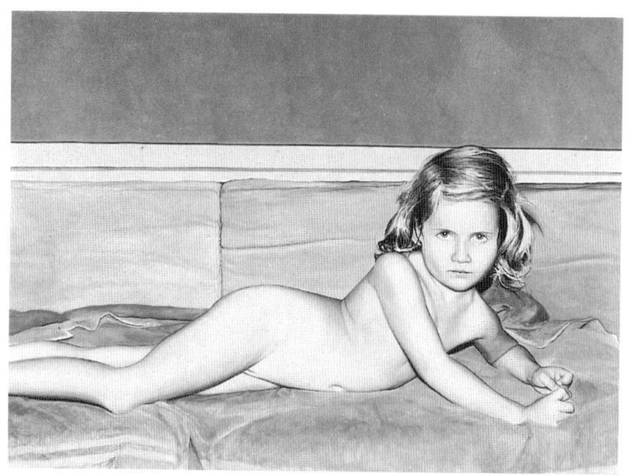

manier (18. Jahrhundert), wiederbelebt –, verwendet einen binären Code: 1 oder 0. Der Künstler bringt eine Vertiefung an oder er lässt die Oberfläche des Holzes unberührt. Dieser immer gleich wiederholte Vorgang, der nur insofern eine Abwandlung erfährt, als sich die Tiefe und Breite des vom Werkzeug hinterlassenen Einschlags verändert, lässt die «Zeichnung» entstehen. Diese *all over*-Struktur ist um so abstrakter, als sie die Form auf ihre binären Komponenten (1 oder 0) reduziert, und sie seitenverkehrt auf einer Ebene eingetragen wird, auf eine Art, die nicht vergleichbar ist mit den Stoffen, der Farbgebung, dem Illusionismus und auch nicht, schliesslich, mit dem allmählichen und «greifbaren» Entstehen jeden Objektes in der Malerei. Während diese immer neue Veränderungen zulässt, ist die «Chiffrierung» des Holzschnittes unwiderruflich: die Umsetzung des eingravierten Bildes, als *cosa mentale* weit entfernt von den sinnlich wahrnehmbaren Genugtuungen, wie sie den Malern offenstehen, ist deshalb um so schonungsloser.

Die zweite Abstraktion entsteht beim Druckvorgang. Plötzlich wird ein Gesicht oder eine Landschaft sichtbar, seitenverkehrt und zeitlich verzögert erschaffen, nun einem Kontinuum monochromer Substanz entnommen, das den Wirklichkeitsgehalt (DOMINIQUE[10]) und bisweilen die räumlichen Verhältnisse (CIMA DEL MAR[11]) «entlädt». Innerhalb der gefärbten Fläche, aus der das Bild auftaucht, werden nun die Holz-Schwindungen sichtbar wie ein Verputz aus Licht in der Materie des Papiers. Bei Gertsch, der sich meisterhaft zeigt in der Vorbereitung der Druckfarben und der chromatischen Einbildungskraft, subtilen (malerischen) Entwicklungen nachgehend, zeigt sich die Farbe mit einer zwingenden Präsenz, gleichzeitig verbunden mit und doch auch unabhängig von der photographischen Wiedergabe. Als müsste ein Parameter des Bildes (die Darstellung) hervorgehoben und durch den anderen Parameter (die chromatische Modalität) – im Sinne Brechts – verfremdet werden. Sosehr es der Malerei gelang, die Illusion einer genauen *Mimesis* wachzurufen, sosehr verstärken die Holzschnitte die plastische Eigenständigkeit als solche und ihre metaphorische Wertigkeit.

Es drängt sich deshalb die Frage auf: Wie ist diese ausschliessliche Hinwendung zur Druckgraphik bei einem Künstler zu erklären, der sich seit Herbst 1968 einzig mit seiner Malerei der «naturalistischen»[12] Befragung des Lebens, oder besser: der vitalen Präsenz des Realen widmet?

Franz Gertsch wird sich – am Wendepunkt des halben hyperrealistischen Jahrzehnts – klar darüber, dass der Mensch sich «daran gewöhnt hat, die photographische Wirklichkeit für die höchste Wiedergabe des Wirklichen zu halten».[13] Der Künstler verwertet also von nun an das intersubjektivste der Medien, das photographische Dokument, das er zuweilen der anonymen Flut zeitgenössischer Bilder entnimmt, das er aber vor allem mit seinem eigenen Apparat realisiert. So lässt der *peintre-photographe* das Sichtbare, Menschen und Objekte, durch visuelle Adoption Gestalt annehmen und integriert es; die gemalte Kopie einer Photographie kann in seinen Augen den Schock der formalen Evidenz aufheben zugunsten der Unbedingtheit des Realen.

Im Laufe der Jahre findet diese zunehmende «Verabsolutierung» ihren Ausdruck in der Weiterentwicklung der thematischen Wahl, die Gertsch handhabt, als würde er einem Fernsehregisseur gleich an einem Mischpult stehend aus vielen Monitoren Bilder wählen. Es sind Familien- oder Gruppenszenen (VIETNAM, KRANENBURG, MEDICI[14]), «Situations»-Porträts von Freunden aus Kunstkreisen (wie zum Beispiel Raetz, Lüthi oder Szeemann[15]), die sich ab

1970 häufen; 1973 wendet er sich, mit FRANZ UND LUCIANO[16], Darstellungen von einer oder zwei Personen zu, deren Präsenz und Eigenheiten präziser ins Bild gesetzt und damit hervorgehoben sind. PATTI SMITH[17] aus dem Jahr 1979 markiert das Ende dieser Phase. Das ernste und grosse Selbstporträt von 1980 ist gekennzeichnet durch die Fokussierung auf den Kopf, eine Blickweise, die bis zu JOHANNA II aus dem Jahr 1986 vorherrschend ist. Festzustellen ist auch, dass die Landschaft (mit Menschen, zu Beginn: zum Beispiel SAINTES-MARIES-DE-LA-MER[18], dann frei von jeglicher menschlichen Belebtheit) sowohl den Verlauf des malerischen Werks als auch seine Holzschnitte[19] begleitet.

Das Narrative weicht nach und nach dem Paradigmatischen. Die kompositorische Gestaltung wird einfacher und konzentrierter. Die visuelle Analyse, die malerische Technik, die Beherrschung der tonalen Balance entwickeln sich: die Mittel werden differenzierter – und die Ausführungszeit wird länger. Die dialektischen Pole der Wirklichkeit (das Signifikat) und die Abstraktion (der Signifikant) streben danach, sich zu vereinigen. In seinem Nachwort zum grossen Buch von Dieter Ronte (Benteli, Bern 1986) charakterisiert Jean-Christophe Ammann das Ergebnis dieser langsamen Wandlung bei Gertsch sehr treffend «Der Verfeinerung der Technik entspricht nämlich ihre Vergeistigung und somit eine Vergeistigung des Bildes.»

An diesem Punkt löst der Holzschnitt die Malerei ab. Konnte die Malerei als eine Suche nach dem Gleichgewicht (zwischen dem Eindeutigen und dem Fliessenden, der Distanz und der Nähe) angesehen werden, für eine Transposition (zum Beispiel des künstlichen Lichts der photographischen Projektion in die «natürliche» Farbe des auf die Leinwand aufgetragenen Pigments), für eine «getreue» Abbildung der Wirklichkeit – kurz, wenn die Malerei als die Ausarbeitung einer Erscheinung betrachtet wird, deren Wirkung ihr Wesen übertrifft, so wird beim Gravieren die r i c h t i g e Form chiffriert (nachahmend durch Zufall und nicht dem Wesen nach), kodiert im Unveränderlichen der Druckplatte, objektiviert und über der Farbe stehend, und dennoch durch sie ans Licht gebracht, wenn sie sich auf dem Druck absetzt. Durch ein-deutige Mittel strebt das eingravierte Bild nach seiner grösstmöglichen Dünnheit und gleichzeitig nach seiner ganzen potentiellen Dichte. Es sucht einen Zustand der Vollendung, wo jede Veränderung der Gestalt eine unwiederbringliche Zerstörung bedeutet – während die Malerei immer unvollendet bleibt, immer mit einem «Mehr» rechnen darf.

Es ist dieses schwebende «Mehr», auf das Franz Gertsch in seinen Holzschnitten verzichtet. Auf der Platte führt er einen Prozess der Objektivierung (jeder Punkt ist nachprüfbar, die «Zeichnung» ist reproduzierbar) und der äussersten Läuterung aus (Verlust der Farbe, des Kontrastes, der Tiefe, der Bezugspunkte). Er fasst das Motiv in seinem elementarsten Stadium, fern der meisten unmittelbaren Möglichkeiten des Wahrnehmbaren. Aus dieser Struktur-Matrix heraus wird sich das noch unrealisierte Bild auf dem Papierabzug – im wahrsten Sinn – i n d i v i d u a l i s i e r e n. Das Wissen des Malers liest nun den eingravierten «genetischen» Code und spricht ihn aus. Der Abzug konfrontiert die Vorstellung mit dem Bild, breitet dieses aus in einer paradoxen Vereinigung von Form und Farbe, die zuvor voneinander getrennt waren. Der Holzschnitt stellt schliesslich sein ausserordentliches Potential unter Beweis: Der Künstler kann nur da bleiben, am definitiven Ort des Bildes, aber das Drucken erweitert seine Möglichkeiten.

SCHWARZWASSER, die Ansicht eines leichten schiefen Strudels in der vertikalen Ebene eines tiefen Gewässers, das ein unendliches Licht aufscheinen lässt, ist noch in Arbeit begriffen (Mitte April 1991), und der Künstler hat noch nicht alle Entscheidungen getroffen, die das Hauptmotiv mit der räumlichen Ausdehnung verbinden. In meinen Augen sind es demnach die Werke DOMINIQUE und CIMA DEL MAR[20], gedruckt mittels einer einzigen Platte, die derzeit die Poetik des *peintre-graveur* Franz Gertsch auf die glücklichste Art und Weise zum Ausdruck bringen: die Präzision bewahrt das Offene.

Die Holzschnitte verbieten es uns, das Bild wie ein ab- und eingeschlossenes *Sujet* «einzustecken». Ausser dem Format der Platte (des bedruckten Feldes) gibt es keinen Massstab. Die Dimensionen übersteigen das gewohnte Bezugssystem, im grossen wie im kleinen. Man muss sich hineinbegeben, seinen Blick einstellen und herumschweifen lassen, sich orientieren. Das Bild taucht auf, entfaltet sich und hört nicht auf zu vibrieren wie ein Wolkengewebe oder die gewellte Oberfläche eines Strandes. Monochrome Abstraktion. Die photographische Momentaufnahme löst sich nun auf, in der Dauer der Entwicklung und somit der Sichtbarmachung, die von nichts fixiert wird – und worin sich das Humane, die Natur, das Kunstwollen begegnen.

(Übersetzung aus dem Französischen: Regine Lienhard)

---

1) 330 x 290 cm; Ronte 1986, *Werkkatalog/The Works,* Nr. [56], S. 137.

2) JEAN-FRÉDÉRIC SCHNYDER, 1972; 61,3 x 87,9 cm; Mason 1 *catalogue raisonné,* 1989, Cabinet des estampes, Geneva/Turske & Turske, Zürich. TABEA, 1981; 63,5 x 91,3 cm; Mason 2. CHRISTINA, 1983; 38 x 42,5 cm; Mason 3.

3) 1986; 105 x 90,5 cm; Mason, 4.

4) 1988–1989; 234 x 181 cm; Mason 9.

5) 1989; 218 x 157 cm; Mason 10.

6) Ich lasse die Frage der verschiedenen Platten, die Gertsch manchmal übereinanderdruckt, beiseite. So verwendet er für NATASCHA IV (1987–1988; 232,5 x 182 cm; Mason 7) drei Lindenholzplatten; auf der einen ist die «Zeichnung» eingraviert, die andere hebt die «Kontraste» hervor, und die dritte dient als Tonplatte; der Kopf erscheint hier wie aus dem Zusammenhang herausgelöst und skulptural geballt im Raum. Die Verwendung der einzigen «Zeichnungs»-Platte für DOMINIQUE (vgl. Anmerkung 10), DORIS (vgl. Anmerkung 5) oder CIMA DEL MAR (vgl. Anmerkung 11) lässt die Form in die Fläche «eingehen».

7) Der Satz von Cézanne lautet richtig: «Nach der Natur malen heisst nicht, das Objektive zu kopieren, sondern seine Empfindung zu verwirklichen.»

8) 1970; 170 x 250 cm; Ronte 1986, Nr. [2], S. 109.

9) Vgl. Anmerkung 1.

10) 1988; 234 x 181 cm; Mason 8.

11) 1990; 151 x 126 cm; Mason 11.

12) Der Künstler selbst verwendet den Ausdruck «naturalistisch» in einem Interview mit Michael S. Cullen [aus dem Jahr 1973]. Es ist dem Ausstellungskatalog *Hyperréalistes américains. Réalistes européens* (Paris 1974, CNAC) entnommen.

13) Vgl. Interview Zit. Anmerkung 11.

14) VIETNAM, 1970; 205 x 290 cm; Ronte 1986, Nr. [6], S. 111. KRANENBURG, 1970; 200 x 300 cm; Ronte 1986, Nr. [13], S. 115. MEDICI, 1971–1972; 400 x 600 cm; Ronte 1986, Nr. [19], S. 118.

15) MARKUS RAETZ, URS LÜTHI, HARALD SZEEMANN, alle 1970, Format 170 x 250 cm; Ronte 1986, Nr. [9, 10, 12], S. 113–114.

16) FRANZ UND LUCIANO, 1973; 198 x 298 cm; Ronte 1986, Nr. [26], S. 122.

17) PATTI SMITH V, 1979; 257 x 391 cm; Ronte 1986, Nr. [45], S. 131 XVII.

18) SAINTES-MARIES-DE-LA-MER, I (300 x 400 cm), II (260 x 370 cm), III (260 x 370 cm), 1971; Ronte 1986, Nr. [16, 18, 21], S. 116, 117, 119.

19) RÜSCHEGG I, 1988–1989; 234 x 181 cm; Mason 9. CIMA DEL MAR, 1990; 151 x 126 cm; Mason 11. SCHWARZWASSER, 1990–1991; 2,34 x 1,80 cm; Mason 12.

20) Vgl. Anmerkungen 10 und 11.

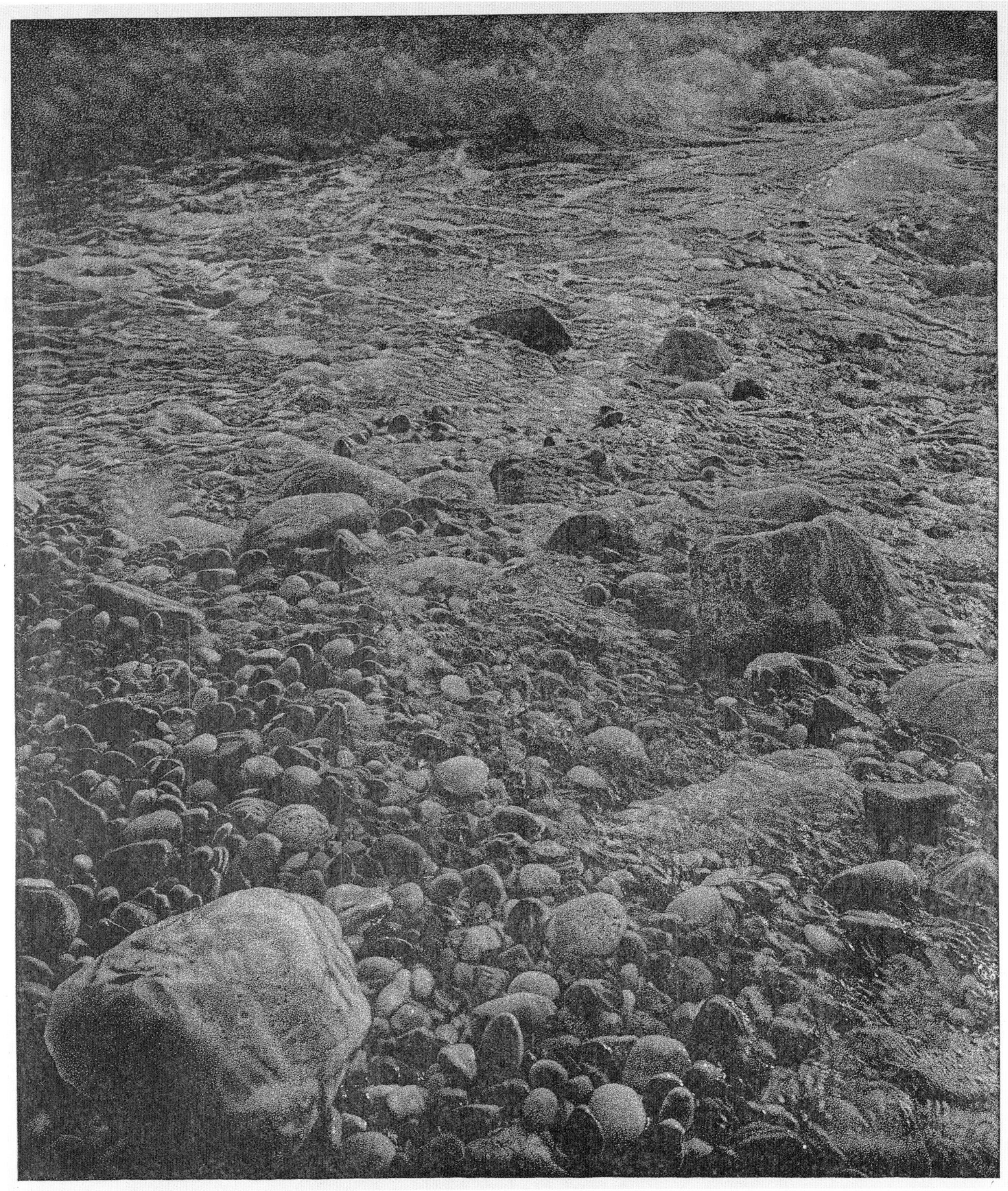

FRANZ GERTSCH, CIMA DEL MAR, 1990,
Holzschnitt 26/30 (blauer Klang) auf Japanpapier, 170 x 152 cm,
woodcut 26/30 (blue tone) on Japan paper, 67 x 59⁷/₈".
(PHOTO: GÜNTHER KATHREIN)

FRANZ GERTSCH, CIMA DEL MAR, 1990,
Holzschnitt 27/30 (blauer Klang) auf Japanpapier, 170 x 152 cm/
woodcut 27/30 (blue tone) on Japan paper, 67 x 59⁷/₈".
(PHOTO: GÜNTHER KATHREIN)

RAINER MICHAEL MASON

ENGRAVER:
A Process of Purification

In February of 1986 – he is fifty-six years old at the time – Franz Gertsch completes JOHANNA II, a large painting in tempera on unprimed cotton canvas.[1] Then begins a new, difficult phase. The artist is in search of models, in New York and elsewhere, in springtime. He photographs Natascha, a friend of his children. He begins a painting of the same subject, which soon comes to an impasse (and has remained unfinished to this day). After several attempts at woodcut (with techniques using pattern-wheel and pie-trimmer), in July Gertsch undertakes not his first print (he had already made some magnificent lithographs),[2] but his first woodcut, NATASCHA I.[3]

He thus becomes a painter who no longer paints. (Though in May 1989, between two monumental woodcuts, RÜSCHEGG I[4] and DORIS,[5] he briefly picks up the paintbrush again to continue NATASCHA, the interrupted painting from 1986, it is short-lived.) He is now an engraver. And some – forgetting that one of the most impenetrable mysteries that artists like to preserve and present to the world concerns the future of their work – have wondered if he will always be one.

A painter who no longer paints: we may later ask the question of what (still) constitutes painting for Franz Gertsch, but in any case it is true that he has abandoned brushes, canvas, oil and acrylic for another technology, another image, another rhythm

of work. Of how many other artists can we say the same? In the 20th century – the century of Matisse, Picasso, Fautrier, Johns, Baselitz – whose great painters have all been prolific *paintres-graveurs* (in Bartsch's definition, to distinguish them from reproduction engravers), so radical a break seems unique to me – I can only think of the sculptor Robert Müller (born 1920), who for the last fifteen years has restricted himself exclusively to printmaking and drawing.

In place of the additive processes proper to painting (overlaying, laying aside), in place of the precise application of the paintbrush inflecting the pigment into the texture of the canvas, Gertsch has substituted another, apparently authentic mode, that of subtractive action through the gestural attack of the gouge. The block stands vertically before the engraver, tinted blue to improve the legibility of the artist's interventions, to create a clearer contrast with the "natural" wood uncovered by the tool; he pierces the wood with a supple movement surely inspired by his practice of Tai-Chi.

As in his paintings, the artist follows step by step the image of the chosen subject, projected for a few seconds on the block and internalized at once, until the next phase of the work. If in the paintings each point is identified chromatically and spatially, according to the range of color and intensity and according to surface and depth of field, in the engravings Gertsch plots the light of a form, its "brilliances," where the form grows faint – rather than

---

RAINER MICHAEL MASON is the curator of the Cabinet des estampes, Musée d'art et d'histoire in Geneva.

drawing its linear contours or shadows, as is usually the case in the blackline method of wood engraving. The greater or lesser density of the bits of material removed from the block determines the luminous intensity of the modeling and thus brings forth the image.[6] The dotting suggests a resin screen or photo-type structure which, in the printing, the proof on Japanese vellum will present as "negative," on a colored background that never appears as a continuous expanse.

At this stage, even if the artist clearly "sees" the paths by which he hopes to "realize his sensation,"[7] to express his imagining at last, the work, however far along in its development, still remains in a state of profound abstraction. But it is not the abstraction of process and execution of detail that one readily shows in close-up, like the skin texture of this or that realist painting, from HANNE-LORE[8] to JOHANNA.[9] Rather, what we have here is a twofold abstraction, specific first to the engraving, as a technical process, and secondly to the printing, as a revelation of the content recorded on the block.

The technique invented by Franz Gertsch, which revives, at a great distance, the *criblé* process (15th century) and *stippling* (18th century), applies a binary code: 1 or 0. The engraver makes an incision into the surface of the wood or else leaves it intact. This operation, repeated without variation and with the depth and width of the instrument's marks as the only modulation, engenders the "drawing." This "all-over" structure is all the more abstract as it reduces the form to its one-dimensional components (1 or 0), inscribed in reverse in a flat surface entirely incomparable to the materials, colors, illusions and, in short, the gradual and "tangible" emergence of any object in painting. And while the painting can always be revised, the "ciphering" in woodcut is irrevocable: the transposition of the engraved image, a *cosa mentale* far removed from the sensual gratifications of the painter's art, is thus all the more severe.

The second abstraction is in the printing. Once printed, suddenly a face or landscape appears, restored *per contra,* in a deferred moment of creation, in a continuum of monochrome substance that "releases" the reality content (see DOMINIQUE)[10] and sometimes the spatial relations (see CIMA DEL

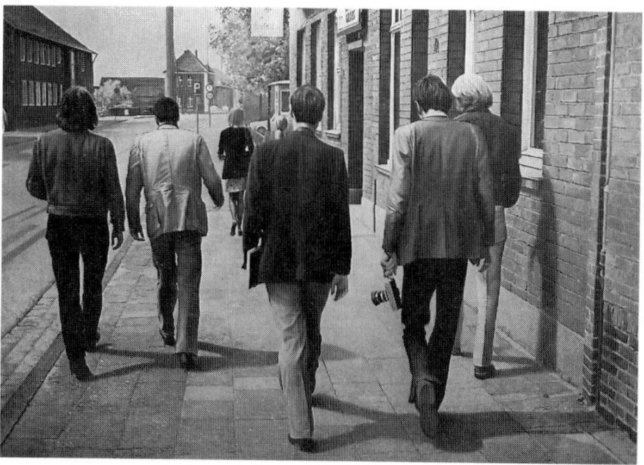

FRANZ GERTSCH, KRANENBURG, 1970,
Dispersion auf ungrundierter Baumwolle, 200 x 300 cm/dispersion on
unprimed cotton, 78³/4 x 118¹/8".

MAR).[11] Within the colored area from which the effigy emerges, the recesses of wood now translate as so many speckles of light in the material of the paper. In Gertsch, a master of ink preparation and imaginary chromatics who pursues subtle pictorial effects, color asserts itself with an imperious presence, at once of a piece with and practically independent of photographic conveyance. It is as though one parameter of the image (representation) were supposed to be brought forth and at the same time "alienated" (in the Brechtian sense) by the other parameter (chromatic modality). Just as painting was able to create the illusion of an attentive mimesis, so engraving reinforces plasticity as such and its metaphorical valences.

At this point a question presents itself: how do we shed light on this exclusive shift to engraving in an artist who since autumn 1968 has conducted, through painting alone, a "naturalistic" interrogation of life, of the living presence of the real?[12]

Franz Gertsch, at the turn of the hyperrealist half-decade, understands that man has become "accustomed to considering photographed reality as the maximum rendering of the real."[13] The artist thereafter begins to make use of that most intersubjective of media, the photographic document, sometimes drawing from the nameless ocean of contemporary images, but mostly using the products of his own camera. Thus it is by visual adoption that the *peintre-*

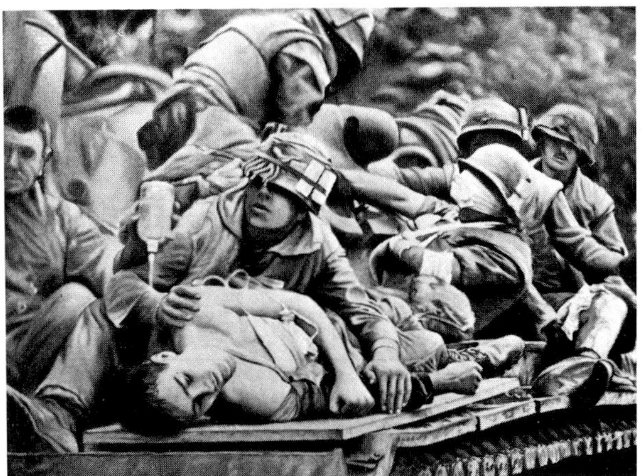

FRANZ GERTSCH, VIETNAM, 1970,

Dispersion auf ungrundierter Baumwolle, 205 x 290 cm/dispersion on

unprimed cotton, 80³/₄ x 114¹/₈".

photographe gives form to and integrates the visible – people and objects – the painted copy of a photograph being capable, in his eyes, of voiding the shock of formal obviousness in favor of the absoluteness of the real.

Over the years, this growing "absolutization" will express itself in the evolution of the choices of subject adopted by Gertsch "in production," like a television producer in front of his console. Starting from the family and group scenes (VIETNAM, KRANEN-BURG, MEDICI)[14] and the "situation" portraits of friends from the art world (such as Raetz, Lüthi and Szeemann),[15] which began to proliferate after 1970, he turns, in 1973, with FRANZ UND LUCIANO,[16] to representations of one or two characters more centered within their own presence and specificity. PATTI SMITH,[17] in 1979, marks the conclusion of this phase. The large, sober self-portrait of 1980 opens the phase of focusing on the head, a vision that would predominate until JOHANNA II, of 1986. One notes that landscape – with figures, at first, as in SAINTES-MARIES-DE-LA-MER,[18] then stripped of all human animation – accompanies the development of the painted work as well as the wood engravings.[19]

Narrative gradually gives way to paradigm. Compositional devices become simplified and concentrated. Visual analysis, pictorial technique and mastery of tonal balance are developed: the means differentiate themselves – and the time of execution grows longer. The dialectical poles of reality (the signified) and abstraction (the signifier) tend to complement one another. In the afterword to Dieter Ronte's large book (Benteli, Bern, 1986), Jean-Christophe Ammann pointedly describes the result of this slow transformation in Gertsch: "The refinement of the technique corresponds to its spiritualization and thus to a spiritualization of the picture."

It is at this point that engraving takes over. If painting could pass for a search for balance (between the sharp and the blurry, between distance and proximity), for a transposition (of, for example, the artificial light of photographic projection into the "natural" color of pigment applied onto canvas), for a "faithful" illustration of reality – in short, if painting passes for the elaboration of an appearance whose effect surpasses its nature, engraving, for its part, is a ciphered implementation (imitative by accident, not by essence) of the r i g h t form, coded in the invariability of the block, objectivized beyond color and yet revealed by it when it emerges in the proof. By unequivocal means, the engraved image tends at once toward its greatest possible thinness and toward its potential totality of thickness. It seeks a state of completion where each new cut would mean a destruction without remedy – whereas every painting remains potentially unfinished, always open to something "extra."

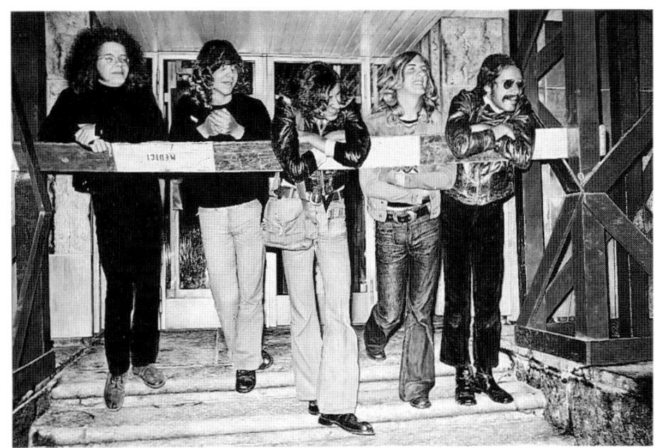

FRANZ GERTSCH, MEDICI, 1979/72,

Dispersion auf ungrundierter Baumwolle, 400 x 600 cm/dispersion on

unprimed cotton, 157¹/₂ x 236¹/₄".

(MUSEUM MODERNER KUNST WIEN)

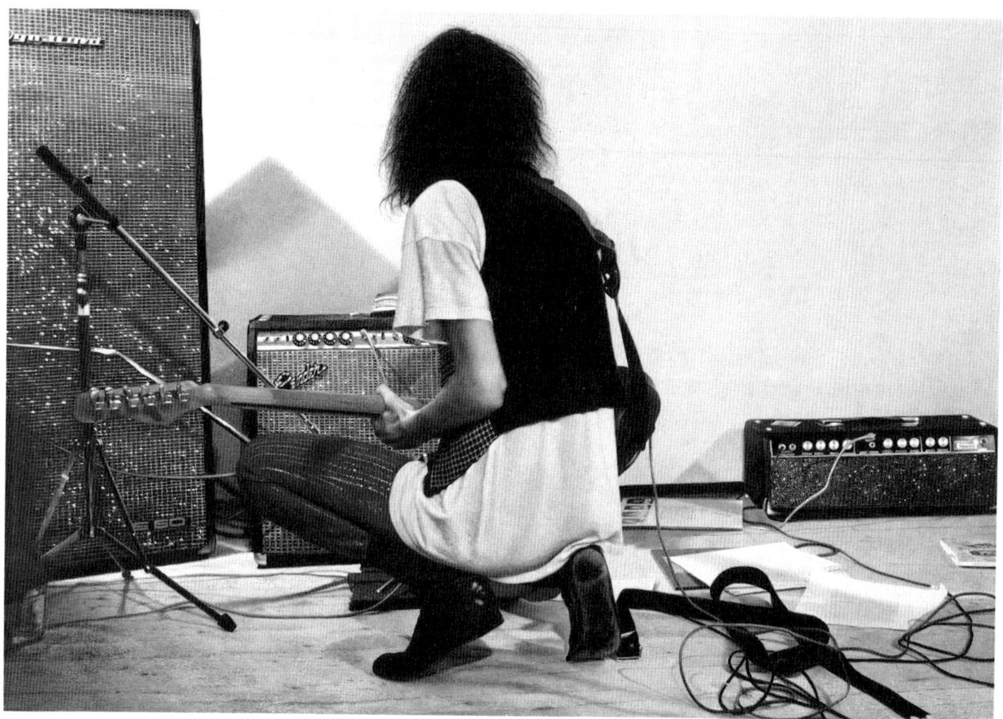

FRANZ GERTSCH, PATTI SMITH I, 1978,
Acryl auf ungrundierter Baumwolle, 242 x 354 cm/acrylic on unprimed cotton, 95¹/₄ x 139³/₈".
(BAYERISCHE STAATSGEMÄLDESAMMLUNG MÜNCHEN)

The imminence of this extra is precisely what Franz Gertsch has renounced. On the woodblock he completes a process of objectivation (each engraved point is verifiable, the "drawing" is reproducible) and final purification (loss of color, of contrast, of depth, of references). He captures the subject at its most elementary stage of existence, far from most of the immediate expedients of sense perception. It is starting from this matrix-structure that the image, as yet unrealized, in the fullest sense, will i n d i v i d u a l - i z e itself in the proof on paper. The painter's skill reads and now pronounces the "genetic" code engraved. The printing brings together the imaginary and the image, displaying the latter in a paradoxical unification of previously disassociated form and color. Lastly, engraving bears witness to the powers of its exceptional discipline: the artist can only remain there, at the definitive place of the image, while the print expands its means.

SCHWARZWASSER, a view of a slight eddy, oblique in a vertical plane of deep water revealing an endless light, is (in mid-April 1991) a work in progress – and the artist hasn't yet made all the decisions that will eventually bind the central motif to the spatial expanse. To my mind, therefore, DOMINIQUE and CIMA DEL MAR,[20] which were printed using a single woodblock, are today the works that most successfully express the poetics of Franz Gertsch the *peintregraveur:* the precision preserves the openness.

In the woodcuts, everything makes it impossible to "pocket" the image as a finite subject. One must go inside, adjust, let one's eyes wander, orient oneself. Beyond the dimensions of the block (and the print), there is no scale. The image looms up, spreads out, and never ceases to vibrate, like a wispy fabric or the undulating terrain of a beach. Monochromatic abstraction. The snapshot thereafter dissolves in the duration of a r e v e l a t i o n that nothing can fix. A revelation in which we rediscover humanity, nature, the will to art.

(Translation from the French: Stephen Sartarelli)

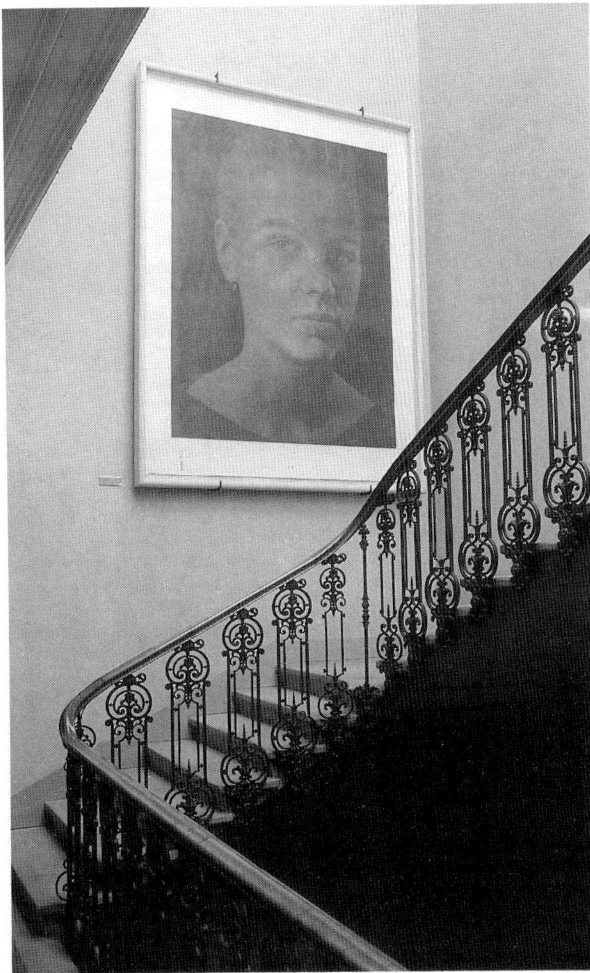

FRANZ GERTSCH, NATASCHA IV, 1987/88,

permanente Installation im Treppenhaus des Cabinet des estampes in Genf/

permanent installation in the staircase of the Cabinet des estampes, Geneva.

(PHOTO: ANTONIO MASOLOTTI)

1) 330 x 290 cm; Ronte 1986, *Werkkatalog/The Works,* no. [56], p. 137.

2) JEAN-FRÉDÉRIC SCHNYDER, 1972; 61.3 x 87.9 cm; Mason 1 *catalogue raisonné,* 1989, Cabinet des estampes, Geneva/Turske & Turske, Zürich. TABEA, 1981; 63.5 x 91.3 cm; Mason 2. CHRISTINA, 1983; 38 x 42.5 cm; Mason 3.

3) 1986; 105 x 90.5 cm; Mason 4.

4) 1988–89; 234 x 181 cm; Mason 9.

5) 1989; 218 x 157 cm; Mason 10.

6) I leave aside, here, the fact that Gertsch sometimes superimposes different blocks on one another. For example, in NATASCHA IV (1987–1988; 232.5 x 182 cm; Mason 7), he resorts to three lindenwood blocks, one bearing the "drawing," another accentuating the "contrasts" and the third providing the background shade: here the head seems sculpturally isolated and enclosed in space. The use of only the "drawing" block for DOMINIQUE (cf. below, note 10), DORIS (cf. above, note 5) and CIMA DEL MAR (cf. below, note 11), brings the form "into" the surface.

7) Cézanne's exact words are: "To paint from nature does not mean copying the objective, it means realizing its sensation."

8) 1970; 170 x 250 cm; Ronte 1986, no. [2], p. 109.

9) Cf. above, note 1.

10) 1988; 234 x 181 cm; Mason 8.

11) 1990; 151 x 126 cm; Mason 11.

12) It is the artist himself who uses the term "naturalistic," in a [1973] interwiew with Michael S. Cullen, reprinted in *Hyperréalistes américains, Réalistes européens,* exhibition catalogue, Paris 1974, CNAC.

13) Cf. interview cit., note 11.

14) VIETNAM, 1970; 205 x 290 cm; Ronte 1986, no. [6], p. 111. KRANEN-BURG, 1970; 200 x 300 cm; Tonte 1986, no. [13], p. 115. MEDICI, 1971–72; 400 x 600 cm; Ronte 1986, no. [19], p. 18.

15) MARKUS RAETZ, URS LÜTHI, HARALD SZEEMANN, all from 1970 and 170 x 250 cm in format; Ronte 1986, no. [9, 10,12], pp. 113–114.

16) FRANZ UND LUCIANO, 1973; 198 x 298 cm; Ronte 1986, no. [26], p. 122.

17) PATTI SMITH V, 1979; 257 x 391 cm; Ronte 1986, no. [45], p. 131 XVII.

18) SAINTES-MARIES-DE-LA-MER, I (300 x 400 cm), II (260 x 370 cm), III (260 x 370 cm), 1971; Ronte 1986, no. [16, 18, 21], pp. 116, 117, 119.

19) RÜSCHEGG I, 1988–89; 234 x 181 cm; Mason 9. CIMA DEL MAR, 1990; 151 x 126 cm; Mason 11. SCHWARZWASSER, 1990–91 (2.34 x 1.80 cm); Mason 12.

20) Cf. notes 10 and 11.

EDITION FOR PARKETT FRANZ GERTSCH

CIMA DEL MAR (AUSSCHNITT), 1990/91
HOLZSCHNITT (KOBALT-TÜRKIS UND ULTRAMARIN, HALB UND HALB)
AUF HEIZOBURO JAPANPAPIER, 25,4 X 41,6 CM,
GEFALTET, NICHT EINGEBUNDEN, NUMERIERT UND SIGNIERT.

AUFLAGE VON 80 HOLZSCHNITTEN.

CIMA DEL MAR (DETAIL), 1990/91
WOODCUT (COBALT TURQUOISE AND ULTRAMARINE, HALF AND HALF)
ON HEIZOBURO JAPAN PAPER, 10 X 16$\frac{3}{8}$", FOLDED,
NOT BOUND IN THE MAGAZINE, NUMBERED AND SIGNED.

EDITION OF 80 WOODCUTS.

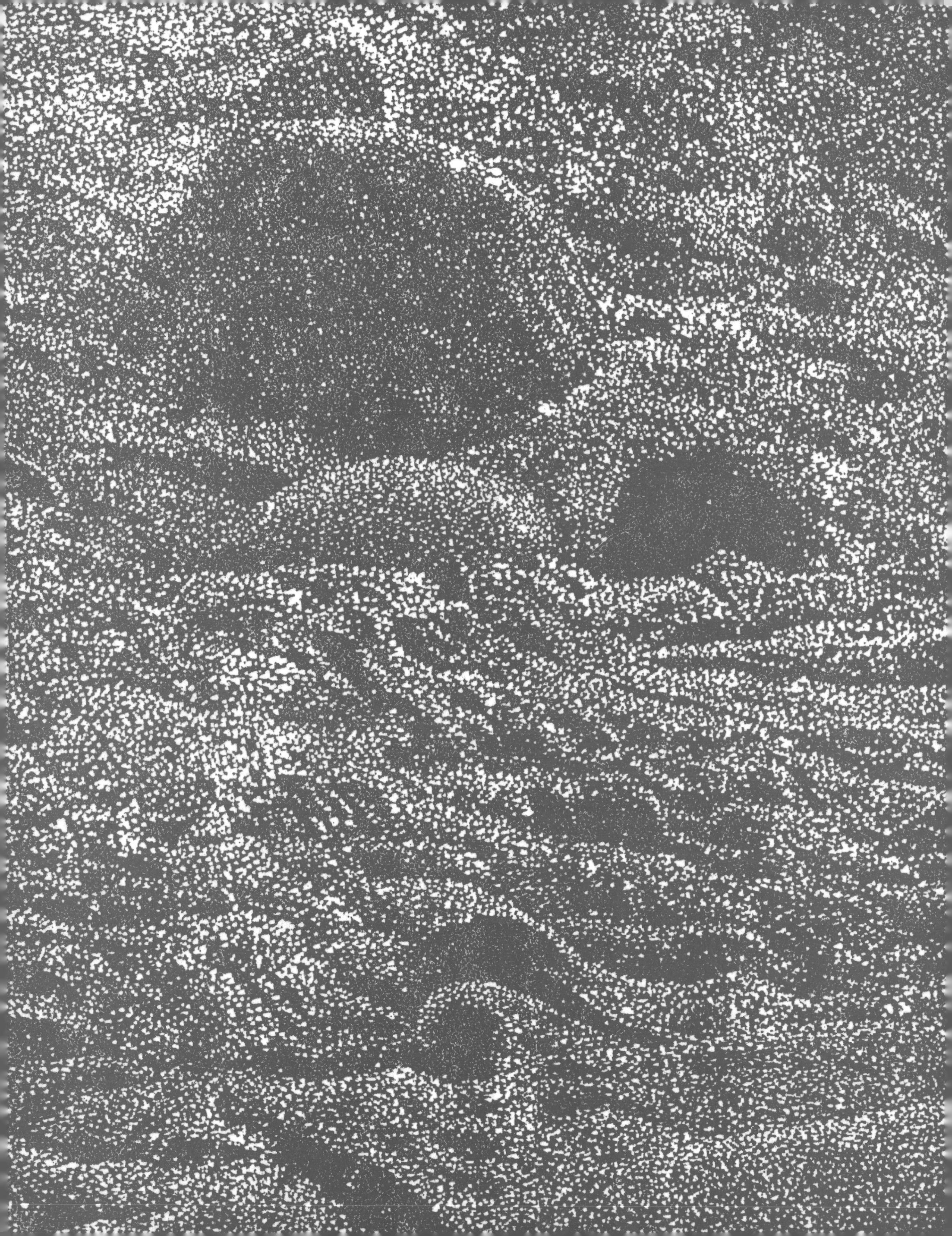

MARC FREIDUS

Lack of Faith

ON THOMAS RUFF

The episodic nature of photography – the fact that in a fraction of a second's exposure an image has been fully realized – has affected photographers in curious ways. With prolificacy within easy grasp, the photographer is tempted by gluttony, by the desire to photographically consume ever larger portions of the world.[1] This has made it seem quite natural for a photographer to create a very large body of work devoted to a single theme, exploring small variations from image to image whilst allowing editing to become a crucial part of the creative process. On the other hand, it has also made it easy for a photographer to be chameleon-like, to create quite diverse bodies of work in rapid succession. Both positions take the ease of picturemaking and the potential for extreme productivity to be assets of the medium, rather than embarrassing features which call into question the status of photography as art. For such photographers, finely balanced compositions, subtly nuanced prints and other characteristics which emphasize the uniqueness of each picture may be inherently fetishistic, negating the image's connection to the world at large.

In adopting such diverse subjects for his bodies of work, Thomas Ruff has fully embraced the prolific model of photography. At the same time, the mutability of photography has become his consistent subtext. Common uses of the medium, its division into genres, its social function, and the ease with which it can be misused, are themes which pervade all of Ruff's work, a stance evolved from his own critical examination of the tradition within which he worked

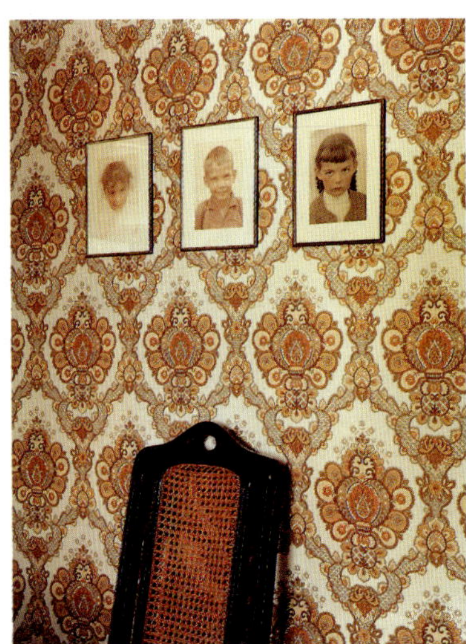

THOMAS RUFF, INTERIEUR, 1979, C-print, 27,5 x 20,5 cm/10⁷/₈ x 8".

as a student. Ruff's color documentary interior views, made in the Black Forest homes of his parents and relatives during the late seventies, show that his heart was not in playing the photoanthropologist, that he lacked the deep passion for the vernacular that fires the work of Eugène Atget, Walker Evans, or Bernd and Hilla Becher. In retrospect, his photograph of the childhood portraits of himself and his sisters hanging on his parents' wall suggests his growing interest in the socially pre-determined nature of most photography.

The comparative, typological form practiced by Ruff's teachers, Bernd and Hilla Becher, is ideally suited to their project, disclosing the relationship of form to function within industrial structures, then visually preserving those structures, and invoking a moment in history by the presentation of multiple variants of a single type. By applying this methodology to portraiture – a historically loaded and emotionally complex genre — Ruff ended up exposing the mechanisms and limitations of typology. The por-

MARC FREIDUS is the curator of *Typologies: Nine Contemporary Photographers,* currently touring the U.S.

traits were conceived of as a large collection of pictures with uniform formal characteristics, whose primary impact would be cumulative.[2] Presumably to maintain this uniformity, Ruff deliberately eliminated the affective attributes of portraiture as well as most variations of age, class, or ethnicity. He was left with a typological shell, a formal comparison lacking a coherent basis from which to draw conclusions. Ruff had inverted the logic behind August Sander's collection of portraits, made during the first third of this century, in which each person stood as an archetype for an occupation or social role. He had reduced each face to an equal unit in a serial equation.

Ruff's foregrounding of seriality, and his stripping away of clues to meaning, recall minimalism's attempts to avoid the expressivity of 1950s painting whilst maintaining the serious demeanor of artists such as Barnett Newman. Ruff's portraits function like Sol Lewitt's variations on incomplete open cubes in their purge of hierarchy, composition, or development of a theme within the body of work. The colored backgrounds (chosen by the sitter) and rotating viewpoint (the heads are seen straight on, at a 45 degree angle, or in profile) have no connotative significance: they are random solutions to the problem of maintaining variation within the larger work. But the limitations of seriality and minimalism were being actively re-evaluated when Ruff attended the Düsseldorf Kunstakademie. The desire to reinterpret minimalism whilst reintroducing both an image of the world and a host of social references was already apparent in the work of such artists as Thomas Schutte and Harald Klingelhöller.

Ruff combined an image of minimalism with an investigation of a photographic genre that was based on an audience's preconceptions. It was unlikely that portraits would be seen, as minimalism initially was, as a series of negations aimed at producing a purely visual, non-relational art. Ruff has claimed that his portraits do not convey anything beyond the surface appearance of the sitters, that he depicts them as he would a plaster bust. But the portraits imply a mode of photography with a host of associations. They most closely resemble passport photographs or mug shots of criminals – images made for political control in which the photographer exercises the power over

the subject. What Ruff terms "an imitation of conventional photography which consequently appears conventional," suddenly appears not so benign. One begins to imagine those situations in which a sitter must be guarded in the way in which s/he presents to the camera. Ruff causes us to consider the context of the production of a picture: the combination of collaboration, coercion, and manipulation behind the portrait.

While normally we expect the subject of a posed portrait to appear happy, pensive, or spiritual, there is no reason to consider this as other than a performance or an enactment of convention. Ruff's portrait subjects offer little more than a blank expression, a haircut, and a change of clothes. The overwhelming life-force that these pictures convey seems so divorced from any of the attributes by which we define personality, that it may best be described as animism. By withholding everything but a piercing, unavoidable gaze, these subjects collaborate with Ruff in defining (by its absence) that which the photograph cannot convey, except through fictional and conventional means. The plot thickens, however, when one realizes that Ruff's image of objectivity (the proposal that photography can at least represent surfaces) actually produces an abstraction. By now many people, myself included, have had the experience of not recognizing a person as being one of Ruff's subjects, or of not recognizing a Ruff portrait as depicting someone they know. Ruff's portraits play upon our desire for truthfulness, objectivity, and narrative wholeness, leaving this desire frustrated, just as plastic food does not satisfy hunger. Ruff explores and reveals the failure of his portraits as likenesses by rephotographing his subjects. If Ruff were to identify his portraits by numbers, rather than by the sitter's name, only a detective might correlate the various shots of Gerd Belz, Karin Kneffel, or Pia Fries.[3]

Ruff uses the techniques of objective photography – lack of composition, even lighting, plain background, a view camera – but produces what he once described as "a document of his lack of belief." The belief he lacks is in the photograph's ability to directly convey anything truthful about its nominal subject. But this is better described as a deep skepticism regarding the possibilities of photography

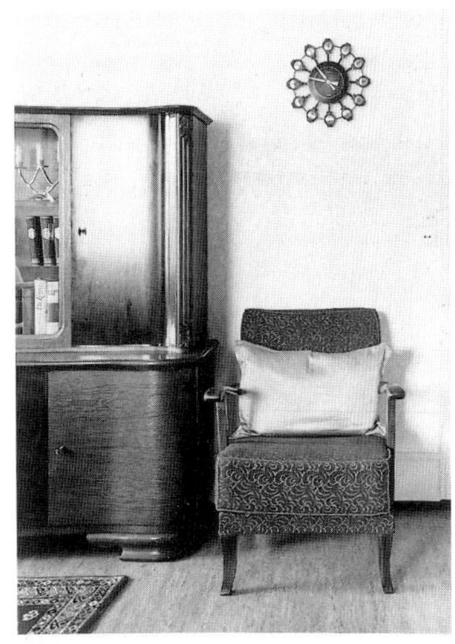

THOMAS RUFF, INTERIEUR, 1980, C-print, 27,5 x 20,5 cm/10⁷/₈ x 8".

(especially those commonly ascribed to the medium) rather than a sense of hopelessness or abandonment. While calling art photography "perhaps the most stupid use of the medium," in his practice Ruff suggests that he recognizes its ability to provide a new, independent experience, as well as to speak about the world in a less direct, more elliptical fashion. Ruff's faith in the value of his own photography recalls Gerhard Richter's response to the proposition that the representational function of painting and its self-reflexion were brought together in his work "in order to show the inadequacy and bankruptcy of both." Richter's answer, "Bankruptcy no; inadequacy, always," [4] corresponds to Ruff's view of photography's own representational complexities.

What we have before us in a Ruff exhibition is a collection of individually distinct but essentially interchangeable objects, which aim to simulate and critique the traditional functions of photography. While the presentation of multiple examples gives an initial impression of the objectivity associated with the typological and vernacular tradition in photography (recalling Walker Evans' self conscious picture of a commercial photographer's display), the element of simulation suggests that a more relevant comparison is that of Ruff's postmodern contemporaries, notably Allan McCollum. Ruff's use of repetition does not function like Eugène Atget's obsessive cataloging of the decorative art of turn-of-the-cen-

tury Paris, with its implication that the photography allows us to preserve and visually possess endless examples of a type precisely because each is somehow unique and therefore valuable. Rather it recalls McCollum's notion that repetition is "one of those devices used a lot in the maintaining of power relations. It is a device used by religions everywhere, and by the military too, to construct a hypnotic spectacle. Repetition is a kind of meaning in itself. Possibly it is the language of power par excellence." [5]

Ruff's large scale photographs (the post-1986 Portraits, the Houses, and the Stars) use sheer physical presence, as well as repetition, in order to "construct a hypnotic spectacle." These images are monolithic, meant to be taken in in an instant. Each of these bodies of work empties out its corresponding photographic genre in order to postulate the role of context

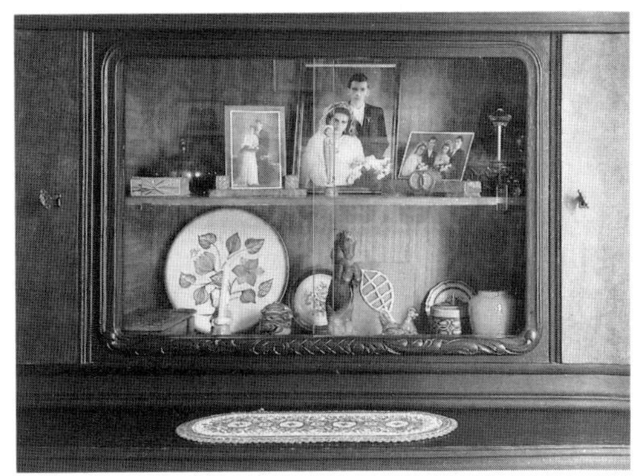

THOMAS RUFF, INTERIEUR, 1980, C-print, 20,5 x 27,5 cm/8 x 10⁷/₈".

in constructing photographic meaning. The Houses seem literally to play on the linguistic relationship of faces to facades. While these buildings have, to an American eye, a more direct reference to the social or historical specificity of their subjects than Ruff's other series, their success depends on the degree to which we see them simply as "ugly and ordinary" examples of commercial construction. Ruff strips the buildings of architectural context, inhabitants, vehicles, seasonal foliage, indeed of almost all references to daily life or the flow of time. They become empty vehicles (he calls them "flat pictures, nothing else"), signifiers of a lack of meaning precisely where one expects it to be present, quite like McCollum's Plaster Surrogates.

While this analogy between Ruff and McCollum is based on overlapping interests rather than any causal relationship, Ruff's news photographs are exhibited in an arrangement that intentionally resembles McCollum's displays. These pictures, an outgrowth of Ruff's practice of collecting images from the press at the time he was making his first portraits, are also torn from their context and drained of meaning. They demonstrate not only the narrative paucity of the photograph, but also the limitations of photography's much vaunted specificity. In doing so, they recall Walter Benjamin's question, "Will the caption become the most important part of the photo-

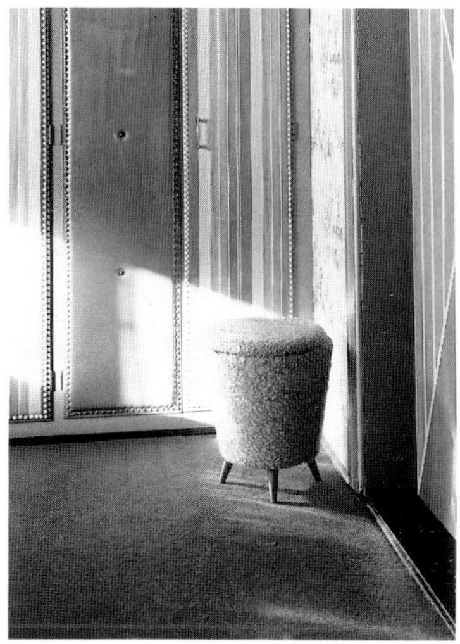

THOMAS RUFF, INTERIEUR, 1982, C-print, 27,5 x 20,5 cm/10⁷/₈ x 8".

graph?"[6] Upon seeing in a newspaper a picture of a rocket blasting off, one assumes that it depicts the blastoff described in the text, but it actually adds very little to the text in most instances. While the photograph is commonly taken as evidence or proof of the reality of that which the text describes, exceptions to this are so pervasive that this common view must be considered as superstition.

Ruff's approach to news photographs is, of course, fundamentally anti-modernist. His news pictures recall John Szarkowski's rather accurate portrayal of the conditions and inadequacies of news photography in the catalog text for his 1973 exhibition, *From the Picture Press,* without bearing the slightest resemblance to the pictures in that show. Where Szar-

kowski sought to exhibit those photographs that were striking in their "formal and iconographic character," Ruff seeks those that are typical and flat-footedly illustrative. His installation seeks to use the cumulative effect of tightly packed photos to subvert whatever autonomy the diversity of subjects may provide. Rather than purporting to explore the fundamental qualities of the medium, Ruff's pictures simply propose sets of cultural relations, constants and variables surrounding the medium's use.

In formulating his conception of photography, Ruff has considered such theoretical responses to the medium as sociologist Pierre Bourdieu's *Un Art Moyen,* and Vilém Flusser's *Für eine Philosophie der Photographie.* For each series, Ruff selects which expectations to satisfy and which to frustrate. Ruff has taken to heart Bourdieu's assertion that the social definition of photography is "never recalled more clearly than when one attempts to mock or exploit it,"[7] seeking to push past his demonstration of the ways photos are used in the press in order to arrive at an ontology of photography. Ruff provides more questions than answers, and sends his pictures out into the world believing that, with all their deficiencies, they hold some value. Quite apart from their critical charge, they exert a persistent formal and perceptual presence, and leave us with the task of defining and describing our experience of them, as they simultaneously stimulate and frustrate the desires we bring to the act of looking at exhibitions.

1) For an elaboration on this, see photographer Judy Fiskin's "Borges, Stryker, Evans: the Sorrows of Representation," *Views,* Winter 1988, supplement pp. 2–6.

2) Interview with Thomas Ruff in *BiNationale: German Art of the late 80s,* DuMont: 1988, pp. 260–263. All statements attributed to Ruff are from this interview or my taped interview with Ruff of 25 June, 1990.

3) All three appear in the catalog to Ruff's 1988 exhibit at Museum Schloss Hardenberg. Gerd Belz's later portrait is in *Typologies* (Rizzoli and Newport Harbor Art Museum, 1991), Karin Kneffel's in *BiNationale,* and Pia Fries' in *Thomas Ruff: Portraits, Houses, Stars* (Stedelijk Museum: 1990).

4) Benjamin H.D. Buchloh, "Interview with Gerhard Richter," in *Gerhard Richter: Paintings,* Thames and Hudson: 1988, p. 21.

5) D.A. Robbins, "An Interview with Allan McCollum," *Arts Magazine,* October 1985, p. 43.

6) Walter Benjamin, "A Short History of Photography," 1931, excerpted in *Germany: The New Photography 1927–1933,* Arts Council of Great Britain, 1978, p. 75.

7) Pierre Bourdieu, *Photography: A Middle Brow Art,* Stanford University Press: 1990 (translation of *Un Art Moyen,* 1965), p. 101.

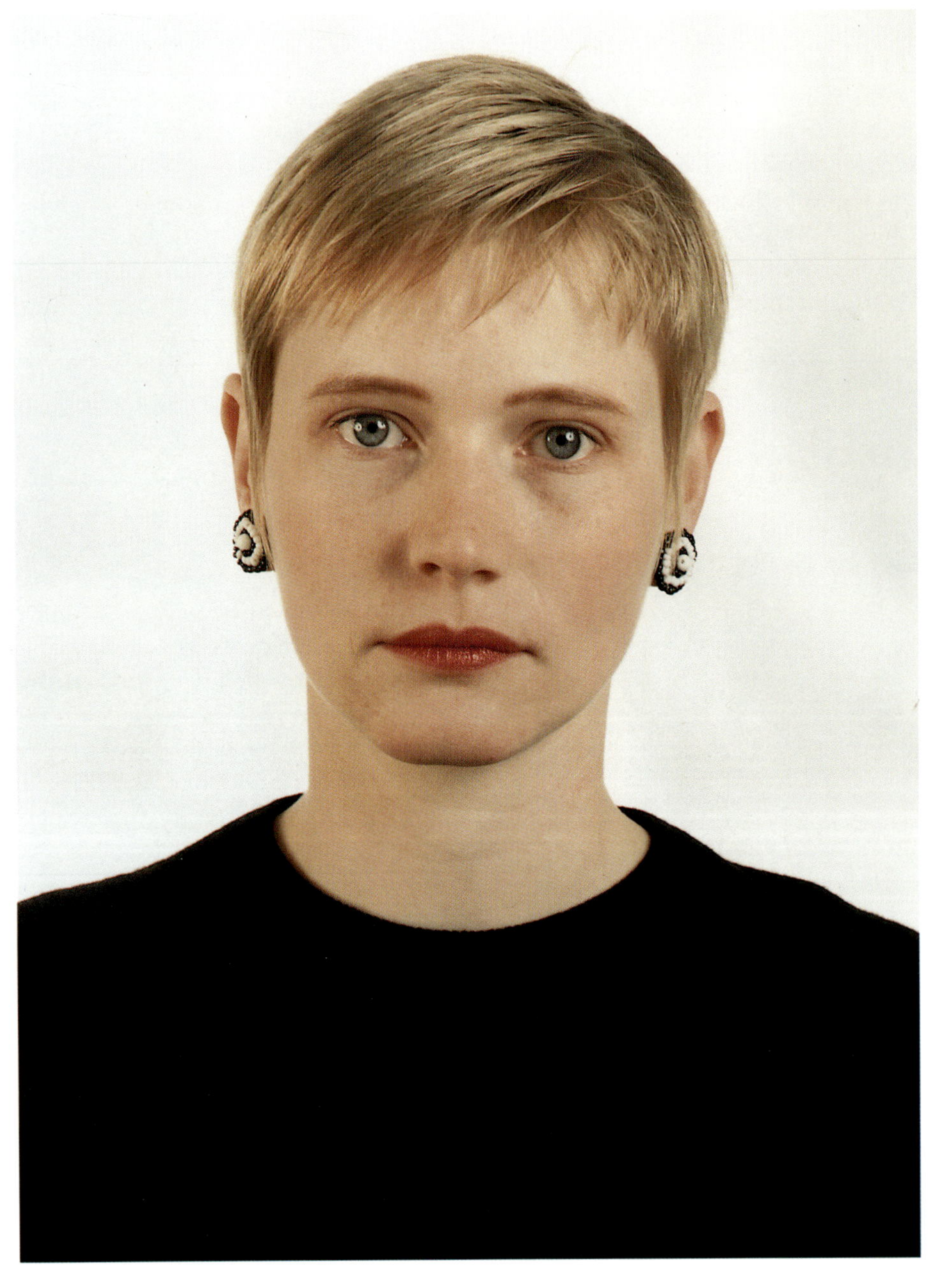

THOMAS RUFF, PORTRAIT, 1990, C-print, 205 x 160 cm/80³/₄ x 63".

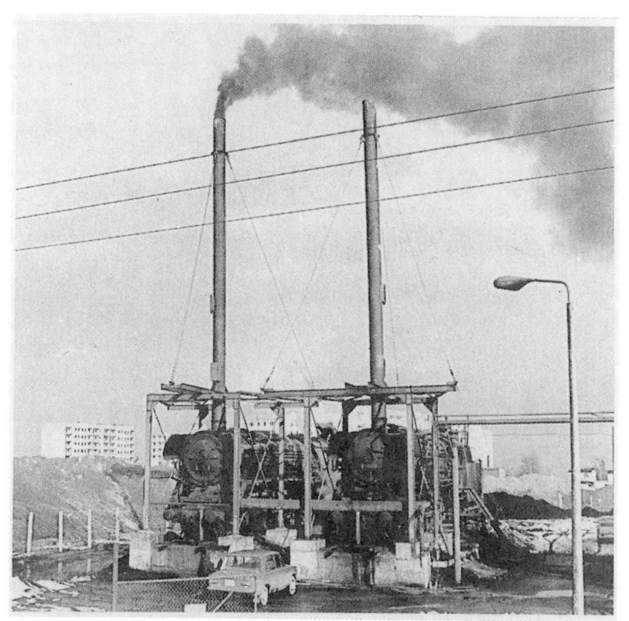

THOMAS RUFF, ZEITUNGSPHOTO 231, 1990,
C-print, 29,2 x 30,4 cm/NEWSPAPER PHOTO 231, 1990, C-print, 11¹/₂ x 12".

MARC FREIDUS

Fehlender Glaube

THOMAS RUFF

Die Episodenhaftigkeit der Photographie – die Tatsache, dass in Sekundenbruchteilen ein ganzes Bild entsteht – hat Photographen immer wieder auf kuriose Weise angeregt. Der Reichtum, der sich da im Handumdrehn erschliesst, führt den Photographen in die Versuchung der Unersättlichkeit und des Verlangens, sich photographisch immer grössere Stücke von der Welt einzuverleiben.[1] Und daher scheint es nur natürlich, wenn der Photograph ganze Werkgruppen einem einzigen Thema widmet und dabei von Bild zu Bild leichte Abwandlungen sondiert, während das Aussortieren zu einem entscheidenden Bestandteil der künstlerischen Prozedur wird. Andererseits wurde es dem Photographen dadurch leicht, mit der Wandlungsfähigkeit eines Chamäleons in schneller Folge ganz unterschiedliche Werkgruppen zu schaffen. Beide Positionen nutzen die Leichtigkeit der Bildproduktion und das Potential extremer Produktivität als Vorzug des Mediums und nicht als dessen Nachteil, der den Status der Photographie als Kunst in Frage stellen würde. Für solche Photographen mögen eine raffiniert ausbalancierte Komposition, ein subtil nuancierter Abzug und ähnliche Mittel, die die Einzigartigkeit eines jeden Bildes betonen, als Fetischismus gelten und die Verbindung des Bildes mit der Welt negieren.

Indem Thomas Ruff völlig unterschiedliche Themen in seinen Werkgruppen verarbeitet, schöpft er das Modell der Photographie in seiner ganzen Vielschichtigkeit aus. Und zugleich ist die Unbeständigkeit der Photographie bei ihm zum ständigen Subtext geworden. Der übliche Umgang mit dem Medium, seine Einteilung in verschiedene Genres, seine gesellschaftliche Funktion und Anfälligkeit für Missverständnisse – all das sind Themen, die das gesamte Werk von Thomas Ruff durchdringen. Zurückführen lässt sich diese Haltung auf seinen eigenen kritisch prüfenden Umgang mit der Tradition, in der er als Student arbeitete. Ruffs dokumentarische Farb-Interieurs, die er Ende der 70er Jahre in den Wohnungen seiner Eltern und Verwandten im Schwarzwald aufnahm, zeigen, dass es ihm nicht darum ging, den Photo-Anthropologen zu spielen, und dass ihm jene tiefe Leidenschaft fürs Volkstümlich-Heimatliche abging, die das Werk von Eugène Atget und Walker Evans ebenso beherrscht wie das von Bernd und Hilla Becher. Aus heutiger Sicht verweist seine Ablichtung der an der Wand der elterlichen Wohnung hängenden Kinderphotos von ihm und seinen Schwestern auf die gesellschaftliche Determiniertheit der Photographie in den meisten Fällen. Jene vergleichend typologische Form, wie sie von Ruffs

MARC FREIDUS ist Kurator der Ausstellung *Typologies: Nine Contemporary Photographers,* die zur Zeit durch die USA reist.

Lehrern Bernd und Hilla Becher praktiziert wird, ist in idealer Weise auf deren Absicht zugeschnitten: die Beziehung zwischen Form und Funktion innerhalb industrieller Strukturen wird ausgeklammert, die Strukturen selbst werden auf visueller Ebene erhalten, und durch die Darstellung vielfältiger Varianten eines einzigen Typs wird ein bestimmtes geschichtliches Moment beschworen. Indem Ruff diese Methodik auf die Portraitphotographie anwandte, ein historisch befrachtetes und emotional äusserst komplexes Genre, führte er schliesslich die Mechanismen und Grenzen der Typologie vor. Die Portraits waren als umfangreiche Sammlung von Bildern mit einheitlichen formalen Eigenschaften angelegt, deren primäre Wirkung in ihrem kumulativen Aspekt lag.[2] Wohl im Sinne dieser Einheitlichkeit verzichtete Ruff ganz bewusst auf die emotionalen Attribute des Portraits sowie mehr oder weniger auf Unterschiede in Alter, Klasse oder Hautfarbe. Übrig blieb eine typologische Schale, ein formaler Vergleich, aus dem sich keinerlei Schlüsse ziehen liessen. Ruff hatte jene Logik umgedreht, die in August Sanders Portrait-Sammlung aus dem ersten Drittel unseres Jahrhunderts jede einzelne Person zum Archetypen für einen bestimmten Beruf oder gesellschaftlichen Status machte. Er hatte jedes Gesicht zu einer gleichwertigen Einheit in einer seriellen Gleichung gemacht.

Dass Ruff die Serialität in den Vordergrund stellt und alles, was auf Bedeutung schliessen liesse, ausklammert, erinnert an die Versuche der Minimalisten, die Expressivität der Malerei in den 50er Jahren zu vermeiden, zugleich jedoch die Ernsthaftigkeit eines Künstlers wie Barnett Newman beizubehalten. Ruffs Portraits funktionieren wie Sol LeWitts Variationen über unvollständige offene Würfel, bei denen es weder Hierarchie noch Komposition oder thematische Entwicklung innerhalb einer Werkgruppe gibt. Die (von den portraitierten Modellen ausgesuchten) farbigen Hintergründe und der rotierende Standpunkt der Kamera (die Köpfe sind von vorne, als Dreiviertelansicht oder im Profil zu sehen) haben keine über sich selbst hinausweisende Bedeutung: sie sind willkürliche Lösungen für das Problem der Variantenvielfalt im Gesamtwerk. Doch die Grenzen der Serialität wie auch des Minimalismus drängten sich gerade neu ins Bewusstsein, als Ruff an der Düs-

seldorfer Kunstakademie studierte. Der Versuch, einerseits den Minimalismus neuerlich zu interpretieren und zugleich sowohl ein Weltbild wie auch ein ganzes Bündel sozialer Bezüge einzuführen, zeigte sich bereits in Arbeiten von Künstlern wie Thomas Schütte und Harald Klingelhöller.

Ruff verband eine minimalistische Bildkonzeption mit der Untersuchung eines photographischen Genres, das auf bestimmten Vorurteilen des Publikums basierte. Portraits konnte man sich kaum als Minimal-Kunst vorstellen, als Reihung von Negationen, in der es um eine rein visuelle, beziehungsfreie Kunst geht. Doch Ruff nimmt für sich in Anspruch, dass seine Portraits über die Oberfläche des Modells hinaus nichts enthüllen, dass er sie also nicht anders abbildet, als er es mit einer Gipsbüste täte. Doch die Portraits sind in einer Weise photographiert, die eine ganze Reihe von Implikationen auslöst. Sie wirken wie Pass- oder Verbrecherphotos – Bilder zur politischen Kontrolle, bei denen der Photograph die Macht über das abgebildete Subjekt hat. Was Ruff als «Imitation von konventioneller Photographie» bezeichnet («Es ist eine Imitation von konventioneller Photographie und sieht konventionell aus»), wirkt plötzlich ganz und gar nicht harmlos. Man stellt sich die Situation vor, in der das Modell angewiesen wird, wie es sich der Kamera zu präsentieren hat. Ruff führt uns den Produktions-Kontext eines Bildes vor Augen: jene Kombination von Zusammenarbeit, Zwang und Manipulation hinter dem Portrait.

Erwarten wir normalerweise von einem gestellten Portrait, dass das Modell glücklich, nachdenklich oder geistreich erscheint, so gibt es hier keinen Grund, das Bild für etwas anderes als eine blosse Inszenierung von Konvention zu halten. Ruffs portraitierte Personen bieten kaum mehr als einen ausdruckslosen Blick, einen Haarschnitt und wechselnde Garderobe. Die verblüffende Lebensechtheit, die diese Bilder ausstrahlen, scheint so wenig mit jenen Eigenschaften zu tun zu haben, mit deren Hilfe wir normalerweise die Persönlichkeit umschreiben, dass man sie vielleicht am ehesten als Animismus bezeichnen könnte. Indem diese Personen nichts als einen bohrenden, unausweichlichen Blick demonstrieren, wird das, was das Photo, ausser durch Fiktion und Konvention, nicht bieten kann (durch eben

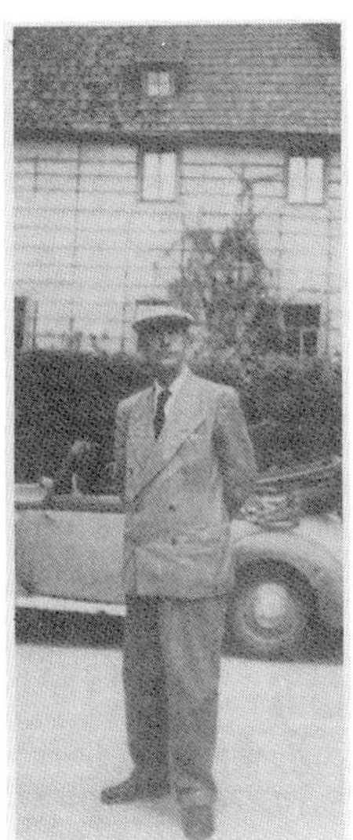

THOMAS RUFF, ZEITUNGSPHOTO 234, 1990,
C-print, 32,2 x 13,4 cm/NEWSPAPER PHOTOGRAPH 234, 1990, C-print, 12⁵/₈ x 5¹/₄".

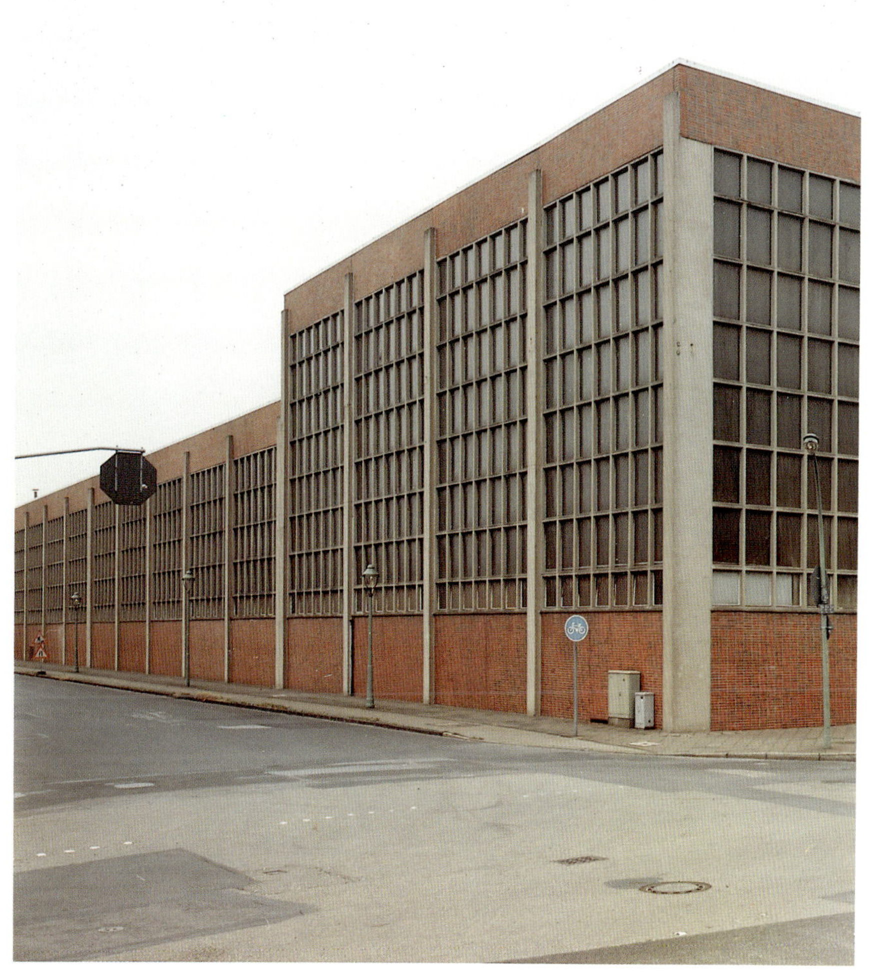

THOMAS RUFF, HAUS NR. 6 II, 1989,
C-Print, 227 x 180 cm/BUILDING NO. 6 II, 1989, C-print, 89³/₈ x 70⁷/₈".

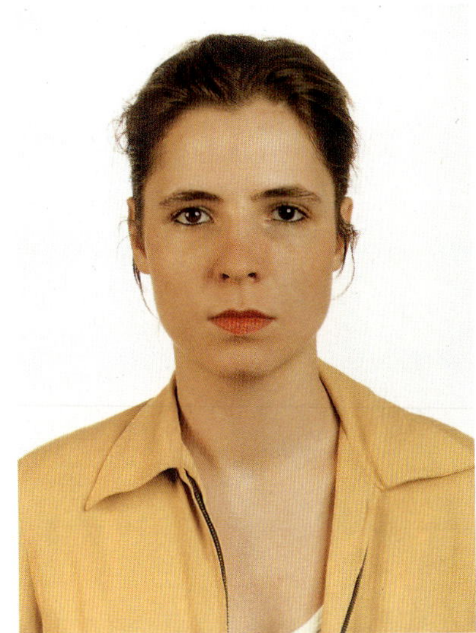

THOMAS RUFF, PORTRAIT, 1989,
205 x 160 cm/80³/₄ x 63".

dessen Abwesenheit) in der Zusammenarbeit zwischen Ruff und seinen Modellen definiert. Doch die Sache wird noch komplexer, wenn man erkennt, dass Ruffs Objektivitäts-Vorstellung (die Annahme nämlich, dass Photographie zumindest Oberflächen wiedergeben kann) letztendlich zur Abstraktion führt. Viele Leute, auch ich, haben inzwischen die Erfahrung gemacht, dass sie eine von Ruff portraitierte Person nicht wiedererkannten oder jemanden, den sie kannten, in der Abbildung nicht identifizieren konnten. Ruffs Portraits spielen mit unserem Verlangen nach Wahrhaftigkeit, Objektivität und narrativer Lückenlosigkeit; doch der Wunsch bleibt unerfüllt, gerade so wie Plastik-Nahrung nicht den Hunger stillt. Die Untauglichkeit seiner Portraits als Abbild untersucht und enthüllt Ruff, indem er seine Modelle wiederholt photographiert. Wenn er seine Portraits mit Nummern anstatt mit dem Namen des Modells bezeichnen würde, könnte nur ein Detektiv die zahlreichen Aufnahmen von Gerd Belz, Karin Kneffel und Pia Fries[3] identifizieren.

Ruff arbeitet mit den Techniken objektiver Photographie – Komposition, ja selbst Ausleuchtung gibt es kaum, schlichter Hintergrund, Plattenkamera –, produziert damit aber «ein Dokument seines Unglaubens», wie er selbst es formuliert. Ihm fehlt der Glaube an die Fähigkeit der Photographie, irgend-

eine Wahrheit über ihr nominelles Subjekt zutage zu fördern. Doch handelt es sich dabei vielleicht eher um eine tiefsitzende Skepsis in bezug auf die Möglichkeiten der Photographie (vor allem jene, die man dem Medium zuschreibt), als um Hoffnungs- oder Hilflosigkeit. Ruff nennt die Kunstphotographie «die vielleicht stupideste Verwendung des Mediums» und sieht zugleich darin die Möglichkeit zu neuer, unabhängiger Erfahrung sowie die Chance, von der Welt in weniger direkter und dafür elliptischer Manier zu sprechen. Ruffs Vertrauen in den Wert seiner eigenen Photographie erinnert an Gerhard Richters Antwort auf die Vermutung, dass die abbildende Funktion der Malerei und deren Selbstreflexion in seinem Werk miteinander verbunden seien, «um beider Unzulänglichkeit und Bankrott zu zeigen». Richters Antwort – «Bankrott nicht; Unzulänglichkeit auf jeden Fall»[4] – entspricht Thomas Ruffs Ansicht jener darstellerischen Vielschichtigkeit, wie sie der Photographie selbst innewohnt.

In einer Ruff-Ausstellung haben wir es mit einer Sammlung von individuell unterschiedlichen, im wesentlichen aber austauschbaren Objekten zu tun, die die traditionellen Funktionen der Photographie gleichermassen simulieren wie kritisieren. Die Präsentation zahlreicher Beispiele vermittelt zunächst den Eindruck von einer Objektivität, wie man sie mit der typologisch-heimischen Tradition der Photographie verbindet (und erinnert an Walker Evans' selbstbewusste Selbstdarstellung eines Berufsphotographen). Das Element der Simulation hingegen legt doch eher den Vergleich mit Ruffs postmodernen Zeitgenossen nahe, insbesondere mit Allan McCollum. Die Wiederholung funktioniert bei Ruff nicht wie bei Eugène Atgets obsessiver Auflistung der dekorativen Kunst im Paris der Jahrhundertwende; dahinter stand ja die Vorstellung, dass wir mit Hilfe der Photographie zahllose Beispiele einer Art konservieren und uns visuell aneignen können, eben weil jedes einzelne gewissermassen einmalig und daher wertvoll ist. Bei Ruff hingegen fühlen wir uns mehr an McCollums Idee erinnert, dass die Wiederholung «zu jenen Mitteln gehört, die man zur Aufrechterhaltung von Machtverhältnissen einsetzt. Dieses Mittels bedienen sich Religionen in aller Welt, und auch das Militär, um ein hypnotisierendes

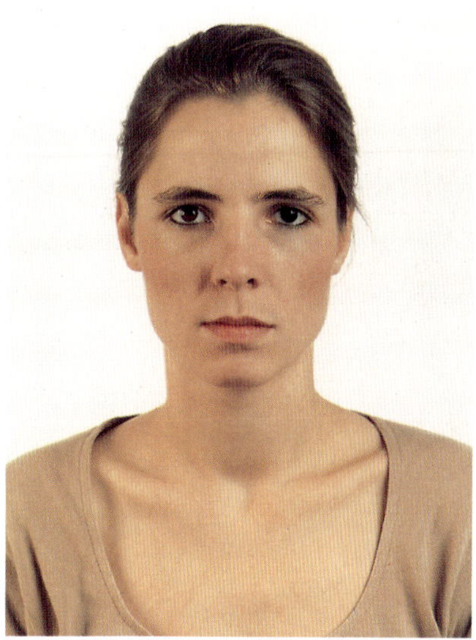

THOMAS RUFF, PORTRAIT, 1990,
205 x 160 cm / 80³/₄ x 63".

Spektakel zu konstruieren. Wiederholung ist eine Art Bedeutung an sich. Wahrscheinlich ist sie die Macht-Sprache überhaupt.»⁵⁾

Ruffs grossformatige Photographien (die Portraits nach 1986, die Häuser und die Sterne) bedienen sich der blossen physischen Präsenz sowie der Wiederholung, um «ein hypnotisierendes Spektakel zu inszenieren». Es sind monolithische Bilder, so angelegt, dass man sie in einem einzigen Augenblick erfassen soll. Jede dieser Werkgruppen höhlt das entsprechende photographische Genre aus und postuliert so die Rolle des photographischen Kontexts bei der Bildung von photographischer Bedeutung. Die Häuser scheinen mit der linguistischen Beziehung von *faces* (Gesichter) und *facades* (Fassaden) zu spielen. Während diese Bilder für den amerikanischen Blick eher einen Bezug zum gesellschaftlichen oder histori-schen Charakter ihres Gegenstands haben als Ruffs andere Serien, entfalten sie ihre Überzeugungskraft aber doch in dem Masse, in dem wir sie einfach als «hässliche und gewöhnliche» Beispiele kommerziel-ler Architektur betrachten. Ruff blendet die architek-tonische Umgebung der Gebäude aus, ebenso ihre Bewohner, Fahrzeuge und belaubte Bäume, ja eigent-lich jeden Hinweis auf die Zeit oder das alltägliche Leben. Sie werden zu entleerten Vehikeln («flache Bilder, sonst nichts», sagt er), zu Signifikanten fehlen-

der Bedeutung gerade da, wo man sie erwartet – so wie bei McCollums Gips-Surrogaten.

Während diese Parallele zwischen Ruff und McCollum weniger auf einem Kausalzusammen-hang beruht als vielmehr auf einer Interessengleich-heit, präsentiert Ruff seine Zeitungsphotos in einer Form, die bewusst an McCollums Hängungen anknüpft. Diese Photos stammen aus Ruffs Samm-lung von Zeitungsbildern, die er zur Entstehungszeit seiner ersten Portraits angelegt hat; hier sind sie nun ebenfalls aus ihrem Zusammenhang gerissen, jeder Bedeutung entleert. Sie demonstrieren nicht nur die inhaltliche Unergiebigkeit der Photographie, son-dern auch die Begrenztheit des vielgerühmten pho-tographischen Charakters. Und sie erinnern damit an Walter Benjamins Frage: «Wird die Bildunter-schrift zum wichtigsten Teil der Photographie?»⁶⁾ So geht man zum Beispiel beim Zeitungsphoto von einem Raketenstart davon aus, dass es den im Text beschriebenen Raketenstart illustriert; tatsächlich aber hat es dem Text kaum etwas hinzuzufügen. Im allgemeinen gelten Photographien als Beweis für die Tatsächlichkeit des im Text Beschriebenen; doch genau das trifft so häufig nicht zu, dass man diese all-gemeine Auffassung nur als Aberglauben bezeich-nen kann.

Ruffs Umgang mit Zeitungsphotos ist freilich zutiefst antimodernistisch. Seine Zeitungsbilder erin-nern an John Szarkowskis sorgfältige Darstellung der Bedingungen und Unzulänglichkeiten der Zeitungs-Photographie im Katalog-Text zu seiner Ausstellung *From the Picture Press* (1973), haben jedoch nicht die geringste Ähnlichkeit mit den Bildern in dieser Aus-stellung. Szarkowski wollte Photos von «formal und ikonographisch» verblüffendem Charakter zeigen; Ruff hingegen geht es um typische, schlicht und ein-fach illustrative Bilder. Seine Installation bedient sich der kumulativen Wirkung dicht nebeneinander gehängter Photos und untergräbt damit jedwede Autonomie, die die vielen unterschiedlichen Gegen-stände beanspruchen mögen. Anstatt eine Untersu-chung der grundlegenden Eigenschaften dieses Mediums zu behaupten, zeichnen Ruffs Bilder ein-fach nur kulturelle Bezüge, Konstanten und Varia-blen rund um die Anwendung des Mediums nach.

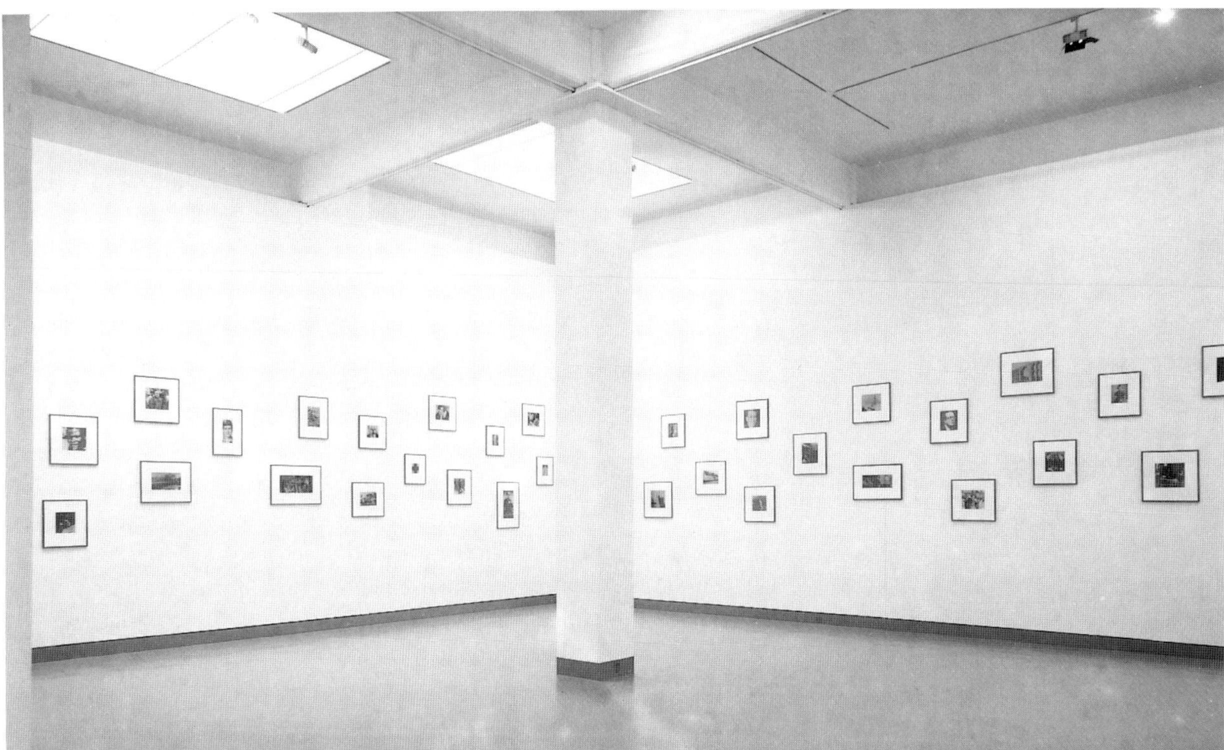

Bei der Formulierung seiner photographischen Konzeption ist Ruff von theoretischen Auseinandersetzungen mit dem Medium wie beispielsweise in Pierre Bourdieus *Un Art Moyen* und Vilém Flussers *Für eine Philosophie der Photographie* ausgegangen. Bei jeder Serie entscheidet Ruff, welche Erwartungen er erfüllen will und welche nicht. Ruff beherzigt Bourdieus Feststellung, dass die gesellschaftliche Definition der Photographie «nie deutlicher ins Gedächtnis rückt als im Versuch, sie zu ironisieren oder auszuschlachten»[7], und versucht, über dessen Vorführung des Umgangs der Presse mit Photographie hinaus zu einer Ontologie der Photographie zu gelangen. Ruff bietet mehr Fragen als Antworten und schickt seine Bilder in die Welt hinaus in dem Glauben, dass sie bei aller Unzulänglichkeit doch einen gewissen Wert haben. Über ihren kritischen Gehalt hinaus ist ihre formale und perzeptuelle Präsenz von grosser Eindringlichkeit; uns bleibt die Aufgabe, die Erfahrung mit ihnen zu benennen, zu beschreiben – die gleichzeitige Stimulierung und Enttäuschung jener Wünsche, mit denen wir eine Ausstellung betrachten.

(Übersetzung: Nansen)

1) Weitere Ausführungen zu diesem Thema finden sich im Text der Photographin Judy Fiskin: «Borges, Stryker, Evans: The Sorrows of Representation», *Views,* Winter 1988, Anhang S. 2–6.

2) Interview mit Thomas Ruff, in *BiNationale: Deutsche Kunst der späten 80er Jahre,* DuMont 1988, S. 260–263. Alle Zitate von Thomas Ruff stammen aus diesem Interview bzw. aus einem Interview mit Ruff, das ich am 25. Juni 1990 aufgezeichnet habe.

3) Alle drei sind im Katalog zu Ruffs Ausstellung im Museum Schloss Hardenberg 1988 abgebildet. Das spätere Portrait von Gerd Belz findet sich in *Typologies* (Rizzoli and Newport Harbor Art Museum, 1991), das von Karin Kneffel in *BiNationale* und das von Pia Fries in *Thomas Ruff: Portraits, Houses, Stars,* (Stedelijk Museum, 1990).

4) Benjamin H.D. Buchloh, «Interview with Gerhard Richter», in *Gerhard Richter: Paintings,* Thames and Hudson, 1988, S. 21.

5) D.A. Robbins, «An Interview with Allan McCollum», *Arts Magazine,* October 1985, S. 43.

6) Walter Benjamin, «Kurze Geschichte der Photographie», 1931, in *Walter Benjamin, Gesammelte Werke,* Suhrkamp, Bd. II (1).

7) Pierre Bourdieu, *Un Art Moyen,* 1965.

JÖRG JOHNEN

FREMDE GESICHTER,

STRASSE UND INTERIEUR IM WERK VON THOMAS RUFF

FERNE STERNE

11. PAINTING AS CENTRAL, FRONTAL, REGULAR, REPETITIVE

21. THE EASIEST ROUTINE TO THE DIFFICULTY

23. THE EXTREMELY IMPERSONAL WAY FOR THE TRULY PERSONAL

24. THE COMPLETEST CONTROL FOR THE PUREST SPONTANEITY

Ad Reinhardt[1]

Die Resonanz auf die Arbeiten von Thomas Ruff reicht von internationaler Anerkennung über hilflose Apologie bis hin zu polemischer Kritik. Die Erklärung dafür ist einfach: die Schönheit der Bilder bewirkt unmittelbare Faszination, deren komplexe Beschaffenheit mit feuilletonistischen Mitteln und naiven Argumenten jedoch kaum zu erhellen ist, wogegen die Kritik von vornherein auf jede Differenzierung und Genauigkeit verzichtet. Von Jean-François Chevrier wird behauptet (in *Galeries Magazine,* April/May 1990), Ruffs Portraits seien mechanisch, pure Zeichen konventioneller Identität, geschichtslos und tautologisch. Die von Klaus Ottmann (in Flash Art, Oct. 1990) nicht erfasste konsequente Modernität der Portraits von Ruff verführt ihn dazu, ihm «anti-moderne Nationalästhetik»

vorzuwerfen. Chevrier wiederum sind die Portraits zu modern, er hätte sie gerne nostalgischer. Im folgenden Text sollen diese Behauptungen widerlegt werden, um die Haltung und Bedeutung Ruffs verständlicher zu machen und gleichzeitig einige generelle Vorurteile in bezug auf nicht-expressive bildhafte künstlerische Konzeptionen auszuräumen.

Die Portraits von Ruff führen zurück zur Renaissance. Schon damals, und damals zum erstenmal, wurde vom Künstler höchste Wissenschaftlichkeit und Genauigkeit bei der Schilderung der Welt gefordert. Mit kalter Sachlichkeit wurden die Dinge von Leonardo da Vinci zerlegt, untersucht und gezeichnet. Dieses Studium der Natur war Grundvoraussetzung für die künstlerische Tätigkeit. Ruff übernimmt diese Forderung in unsere heutige Zeit, jedoch mit zwei grundlegenden Veränderungen. Er überlässt die genaue Aufzeichnung der Kamera und setzt dabei den neuesten Stand der Entwicklung ein. Diese

---

DR. JÖRG JOHNEN ist Kunsthistoriker und Galerist in Köln.

Beschleunigung und Mechanisierung der Aufzeichnung wird reflektiert im Setting des Studios, in der stereotypen Frontalität des Modells und dem «gleichmässigen, idealen, abstrakten Licht» (Chevrier), das der wissenschaftlichen Ausleuchtung eines Objektes gleichkommt.

Die zweite Veränderung folgt aus der ersten. Konnten die Maler der Renaissance vorwiegend nur wenige, reiche und mächtige Persönlichkeiten portraitieren, sowohl aufgrund der sozialen Verhältnisse wie der aufwendigen, zeitraubenden Herstellung durch die Hand, findet bei Ruff eine demokratische Öffnung statt. Es gibt potentiell keine Einschränkung mehr ausser der künstlerischen Entscheidung. Auf diese Weise konnte Ruff beinahe hundert Portraits von Menschen machen, deren Gesichter in früheren Epochen für ein öffentliches Bild als nicht bedeutend genug angesehen worden wären.

Ruffs Portraits bilden eine bedeutende Weiterentwicklung gegenüber den stets melancholischen Schwarzweissportraits, in denen die abgebildete Person immer in die Vergangenheit entrückt. Ihm gelingt es, Farben jenseits von inszenierter Fröhlichkeit, dekorativen Klischees und glatten Effekten einzusetzen. Das Setting, das heisst die Frontalität der Modelle, die Ausdruckslosigkeit der Gesichter und die Beleuchtung, ist so angelegt, dass eine zweite, höhere Organisation aller Bildelemente entsteht. Nicht die Schönheit der Modelle ist es, was an den Portraits fasziniert, sondern die Schönheit liegt in der Formalisierung der Flächen, Linien, Farben und Strukturen. Der Realismus der Gesichter verbindet sich mit der ästhetischen Gestaltung der formalen Elemente, beide Ebenen behalten ihre Gültigkeit und bereichern sich gegenseitig. Die ästhetisch-formale Ebene erhebt die Bilder in den Rang von Kunstwerken und verleiht ihnen eine allgemeingültige, öffentliche Dimension, und die Gesichter geben der formalen Ebene Inhalt, Verbindlichkeit, Reichtum und Verständlichkeit. Ruff gelingt es, die Freiheit im Umgang mit den künstlerischen Mitteln, wie sie im Westen bis hin zur leeren Virtuosität entwickelt wurde, mit dem Realismusprogramm des Ostens zu verbinden. Hier lassen sich Bezüge zu Gerhard Richter oder Jeff Wall finden.

Die vielfach als irritierend empfundene Grösse der Bilder ist ein weiteres Mittel, um der formalen und technischen Brillanz eine grössere Präsenz zu geben, wodurch auch die Präsenz der Gesichter und der sinnliche Reiz des Stofflichen erhöht werden. Haut, Haare, Farben, Linien, Flächen und Strukturen erhalten in Verbindung mit dem «wissenschaftlichen» Realismus der Photographie ein ästhetisches Eigenleben. Ruff achtet bei der Entwicklung der Photos sehr genau darauf, dass die Schärfe und Präzision des Bildes nicht umschlagen in medizinische Härte, sondern eine gewisse malerische Weichheit behalten, so dass das Portrait weder ins Hässliche verzerrt noch beschönigt wird.

Die Grösse der Portraits ist zudem ein Mittel, um die Intimität des Interieurs zu sprengen. Die Dimensionen des Strassenraums werden ein Teil des Bildes, so dass Innen und Aussen in eine Wechselbeziehung treten. Ruff verstärkt die Ästhetik der Strasse, ähnlich wie Jeff Wall durch seine Leuchtkästen, durch die auf Fernwirkung angelegte Grösse und den neutralen weissen Hintergrund. (Die farbigen Hintergründe der frühen Portraits liessen noch die Assoziation an einen Innenraum zu.) Die Portraits, doch auch die «Häuser», «Sterne» und «Zeitungsphotos», entfalten ihre Wirkung und Bedeutung, indem sie die Spannung zwischen Aussenwelt und Innenraum, Öffentlichem und Privatem austragen und synthesieren. Ein wichtiges Moment dafür ist, dass die Bilder durch ihre Schärfe und Brillanz auch in der Nahsicht nichts von ihrer Schönheit verlieren. Es wird von vielen als Schock erlebt, dass Ruff ausgerechnet das Portrait, Inbegriff familiärer Intimität und menschlicher Nähe, dazu benützt, um die öffentliche Sphäre der Strasse, das fremde Gesicht, in die Welt des Interieurs zu versetzen.

Nie verliert Ruff das Gleichgewicht aller am Bild beteiligten Elemente aus den Augen. Er sucht sich intuitiv seine Modelle aus. Immer wieder sieht er Gesichter, die jenes Moment an selbstbewusster Stilisierung aufweisen, die modern genannt werden kann, ohne dass sie sich einem saisonbedingten Modetrend zuordnen liesse. Die Stilisierung darf nur so weit gehen, dass sie die Individualität der Person zum Ausdruck bringt und nicht überdeckt, indem sie ins Konventionell-Glatte der Werbung, Grelle, Karikaturistische oder Typisierende umschlägt. Vorwürfe dieser Art, wie sie etwa von Klaus Ottmann erhoben wurden, entspringen journalistischer Wichtigtuerei und Schlamperei und nicht einer seriösen Kenntnis und Auseinandersetzung mit dem Werk. Wenn Ottmann blind blonde Haare und Realismus mit nationalsozialistischer Ideologie gleichsetzt, so kann man ihm den Vorwurf fehlender visueller Bildung nicht ersparen. In den Portraits wird die Überwindung nationaler und archetypischer Normen deutlich. Die Selbststilisierung der jungen Frauen und Männer trägt eher Züge eines neuen internationalen Individualismus als dumpfer Volkstümelei.

Ohne soziologische Absichten ergibt sich aus den bisher etwa neunzig Portraits das Bild einer neuen Generation, die sich in Kleidung und Selbstverständnis deutlich von der Generation davor unterscheidet. Obwohl die Gesichter ausdruckslos sind, ist eine lebensbejahende Präsenz spürbar.

Ruff überlässt es seinen Modellen, wie sie sich kleiden und schmücken wollen. Es wird vor der Kamera weder gepudert noch geschminkt. Nichts ist auf Beschönigung angelegt. Ruff geht es darum, grösstmögliche Sachlichkeit walten zu lassen. Das Gesicht, die Haare, die Haut — alles wird mit grösster Nüchternheit erfasst, so dass alles für sich sprechen kann im prinzipiellen Unterschied zur Werbung, wo alles nur für ein Produkt zugerichtet wird. Der Sachlichkeit liegt in tiefen Schichten die Überwindung abgestandener, konventioneller Formeln zugrunde. Ruffs Portraits geben die Möglichkeit, Gesichter, die sonst ständig in Bewegung sind, in Ruhe zu betrachten. Mit künstlerischen Mitteln wird eine vollkommene Stille im Bild erreicht, die an die Gemälde von Vermeer erinnert und alle Details ohne kaschierende und dekorative Effekte zur reinen Form werden lässt unter Bewahrung der photographisch genauen Stofflichkeit. Ruff entreisst die Gesichter dem Fluss der Zeit und versetzt sie ganz in eine bewegungslose Gegenwart. Die Stille ist das *agens* ihrer Schönheit. Sie verwandelt das Modell in künstlerische Form. So entsteht Schönheit ohne Idealisierung, Typisierung oder Anpassung an die Standards von Mode und Werbung.

Ein wesentlicher Unterschied der Portraits von Ruff, etwa zu dem ähnlich frontalen SELBST-

PORTRAIT IM PELZROCK von Dürer (1500, Alte Pinakothek, München), liegt in der Reflexion über die extreme Dynamisierung des Lebens. Auch Dürers Selbstportrait ist ein Anhalten der Zeit, wobei sein nicht-expressiver Blick dem Blick der Modelle von Ruff überraschend gleicht, doch muss Ruff heute auf viel komplexere, chaotischere und universellere Bewegungen reagieren. Entsprechend ist die Stille rigoroser, kälter und mechanischer als bei Dürer. Das Anwachsen der Geschwindigkeit hat auch die Geschwindigkeit des künstlerischen Schnittes beschleunigt. Die Reproduzierbarkeit des Settings ist eine konsequente Reaktion auf die beschleunigte Geschwindigkeit und verbindet, ohne nostalgische Rückgriffe, die klassische Forderung des Bildes nach Stille mit der Dynamik heutigen Lebens. Ruff hat dafür eine Konstruktion geschaffen, die das Individuum für den blitzschnellen Augenblick der Belichtung ganz zu sich selbst kommen lässt.

Ruff ist kein Photograph, der die Welt bereist auf der Jagd nach Motiven. Er gleicht eher einem Maler in seinem Atelier. Er verbindet in seiner Arbeit Merkmale des Wissenschaftlers, des Photographen und des Malers. Die Sichtweise eines Künstlers und nicht eines Journalisten leitet ihn bei der Auswahl seiner Modelle. Er photographiert vorwiegend Menschen aus seinem Lebensumfeld. Ihnen gegenüber hält er seine Arbeitsmethode für angemessen, da sie einen ähnlichen sozialen und kulturellen Hintergrund haben wie er. Das bedeutet auch, dass diesen Menschen die Allgegenwart von Bildern und die Präsenz der Kamera bereits zur zweiten Natur geworden sind. Menschen aus der dritten Welt etwa auf gleiche Weise mit der Kamera zu konfrontieren käme ihm unangebracht vor. Dies ist jedoch kein Ausschliessen, sondern eine aus künstlerischer Verantwortung getroffene Beschränkung. Seine Arbeit ist geprägt von dem Wissen des Künstlers um die Bedeutung der ästhetischen Form und denkbar fern jenem leichtfertigen journalistischen Umgang mit der Kamera, der es erlaubt, das Objektiv auf jedes fremde Gesicht zu halten.

Die Photos von Ruff sind immer Bilder über Bilder, ob er die Kamera selbst einsetzt oder nicht. So sind die Portraits gleichzeitig Bilder von Menschen und Bilder über das Genre des Portraits. Dazu löst er

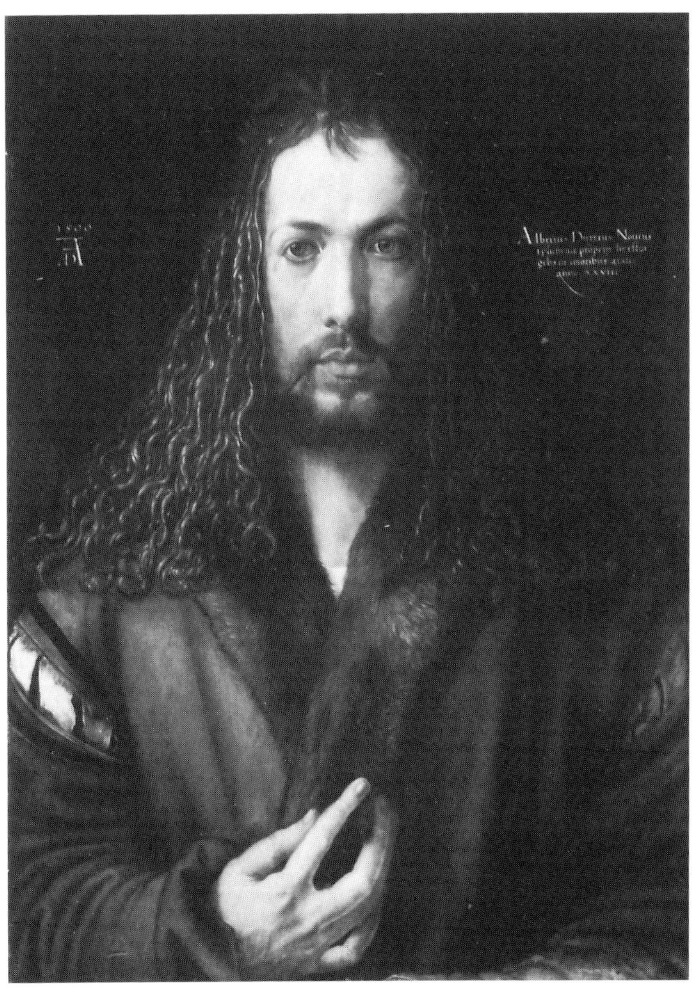

die Modelle aus ihrer natürlichen Umgebung und Dynamik und versetzt sie in einen künstlichen Rahmen, der die heutige Massenproduktion von Portraits und das mechanische Moment der Kamera reflektiert. Die Frontalität, das Licht, der weisse Hintergrund und die Ausdruckslosigkeit der Gesichter etablieren eine reproduzierbare Meta-Ebene. Sie ist Ausdruck der Askese gegenüber der grenzenlosen, chaotischen Vielfalt und Beliebigkeit heutiger Portraitproduktion und gleichzeitig deren Essenz. Nicht zuletzt aus diesem Grund geht von der unspektaku-

lären Normalität der Portraits eine grosse Irritation aus. Sie sind so nah an den Portraits, denen man täglich begegnet, und unterscheiden sich dennoch in der konsequenten Vermeidung jeder Originalität und Expressivität, deren Spuren noch in den banalsten Passphotos zu finden sind. Die künstlerischformal mit letzter Konsequenz durchgebildete Normalität und Stille verleiht den Portraits die Eigenschaft von Urbildern. «Der Künstler vollbringt den minimalen Übergang, nicht die maximale creatio ex nihilo. Das Differential des Neuen ist der

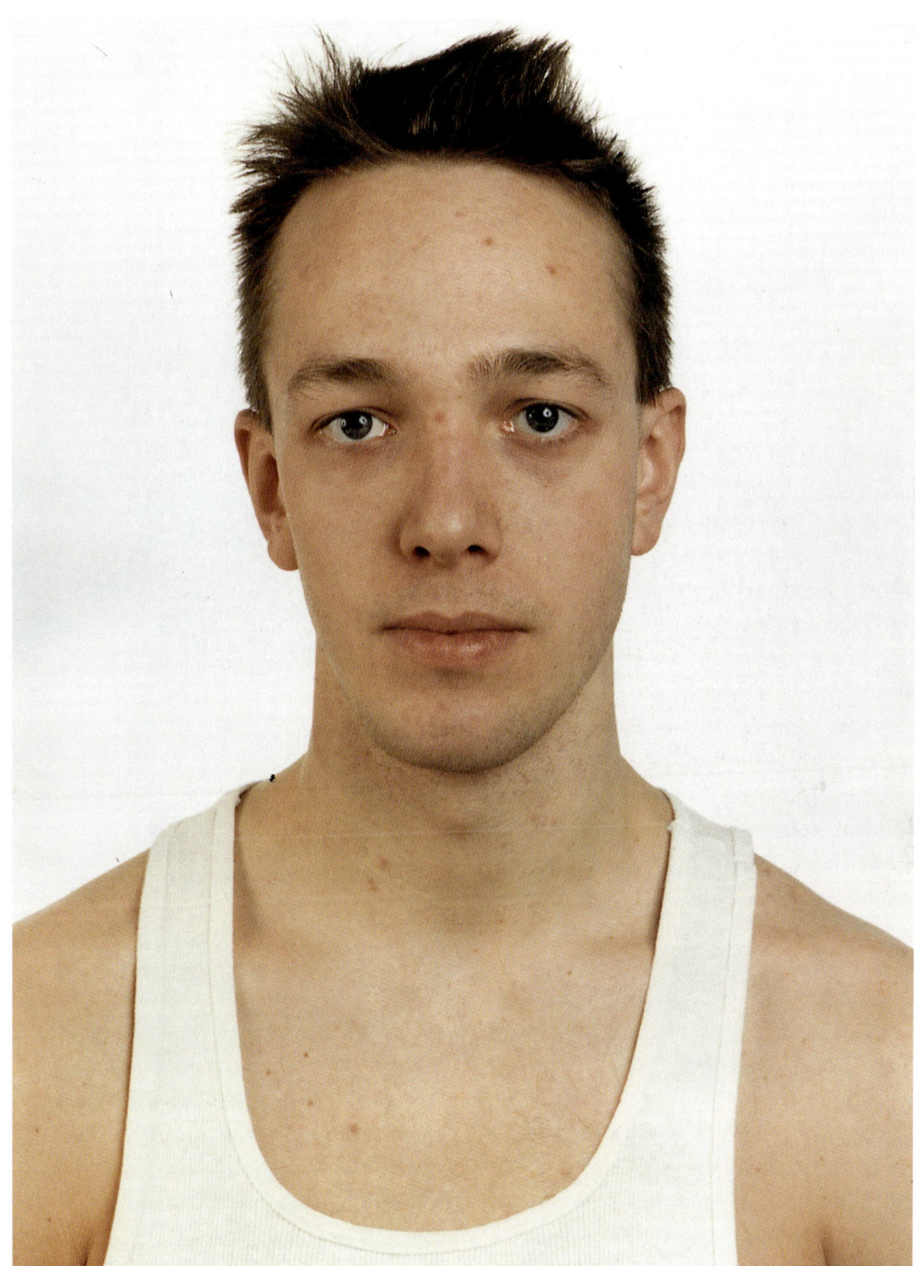

THOMAS RUFF, PORTRAIT, C-Print, 1989, 205 x 160 cm/80¾ x 63".

Ort von Produktivität. Durch das unendlich Kleine des Entscheidenden erweist der Einzelkünstler sich als Exekutor einer kollektiven Objektivität des Geistes, der gegenüber sein Anteil verschwindet.»[2]

Diese Meta-Ebene ist vielleicht vergleichbar dem Quadrat bei Josef Albers oder der Kreuzform bei Ad Reinhardt. Sie wird von Chevrier als geschichtslos bezeichnet, doch ist sie eben nicht ein vordergründig abgebildeter soziologischer Kontext, sondern dessen Reflexion mit künstlerisch-formalen Mitteln. «In der unumgänglichen Reflexion, was möglich, was nicht mehr möglich sei; in der hellen Einsicht in Techniken und Materialien und die Stimmigkeit ihres Verhältnisses konzentriert sich geschichtliches Bewusstsein.»[3]

Durch die künstlerisch-formale Durcharbeitung der Meta-Ebene treten sowohl der Charakter des Individuums wie die — diesen Charakter an der Oberfläche visuell konstituierenden — Linien, Flächen und Farben so klar gestaltet wie möglich hervor. Die technische Präzision der Aufnahmen und der Abzüge sind der handwerklich-materielle Aspekt der konsequenzlogischen Durchbildung und bringen die Formidee zur prägnantesten Artikulation.

In den «Sternen» findet der sachliche Ansatz von Ruff eine Weiterentwicklung. Mit ihnen hat er ein Motiv entdeckt, das seine wissenschaftliche Grundhaltung mit einem Reichtum an Bezügen verbindet. Mit minimalsten Mitteln schafft er aus einem wissenschaftlichen Photo ein Kunstwerk, das konzeptuelle, bildhafte und malerische Aspekte vereinigt. Die «Sterne» sind Bilder, die einen Bogen schlagen vom Weltall zur Malerei, von der Wissenschaft zur Magie, von cooler New Yorker *Appropriation-Art* zu deutscher Romantik.

Zuerst sind die «Sterne» eine Reflexion auf die Herstellung von Bildern heute. Vorgefundenes Material, in diesem Fall die Negative aus dem ESO Atlas[4] des südlichen Himmels, wird durch den Künstler in einen umfassenderen Kontext versetzt. Eine Bearbeitung des Materials erfolgt nur, soweit es für die Kontexterweiterung notwendig ist. Für die «Sterne» bedeutet dies, dass Ruff einen Ausschnitt aus dem Negativ auswählt. Dadurch wird aus dem Chaos des Sternenhimmels und dem mechanischen Ausschnitt

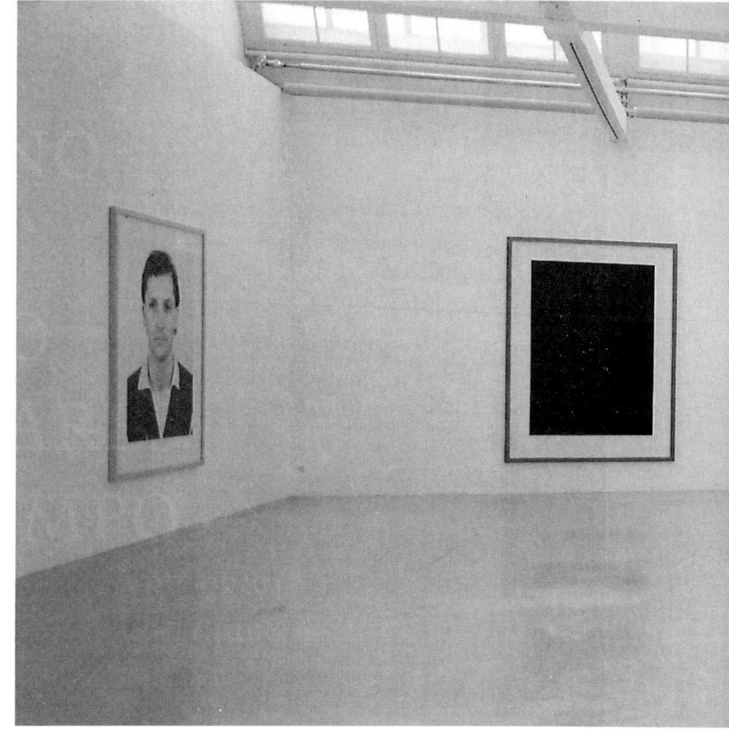

des Originalnegativs ein sorgfältig komponiertes Bild von klarer, erfassbarer Gestalt. Die Faszination durch die wissenschaftliche Präzision ist dabei genauso gross wie durch das Motiv, das durch fast alle Zeiten und Kulturen zu den magischen Bildern der Menschheit gehört. Es zeigt sich, dass der aktuellste Stand der Technik dem Bild nichts von seiner Magie genommen, sie im Gegenteil sogar noch gesteigert hat. Die Schönheit und Attraktivität der «Sterne» entfalten sich zwischen Naturschauspiel und Malerei, gleichmässigen, flächigen *all-over-Strukturen* und dramatischen Wolkenballungen, dem Chaos unendlich komplexer Systeme und der Harmonie der Komposition.

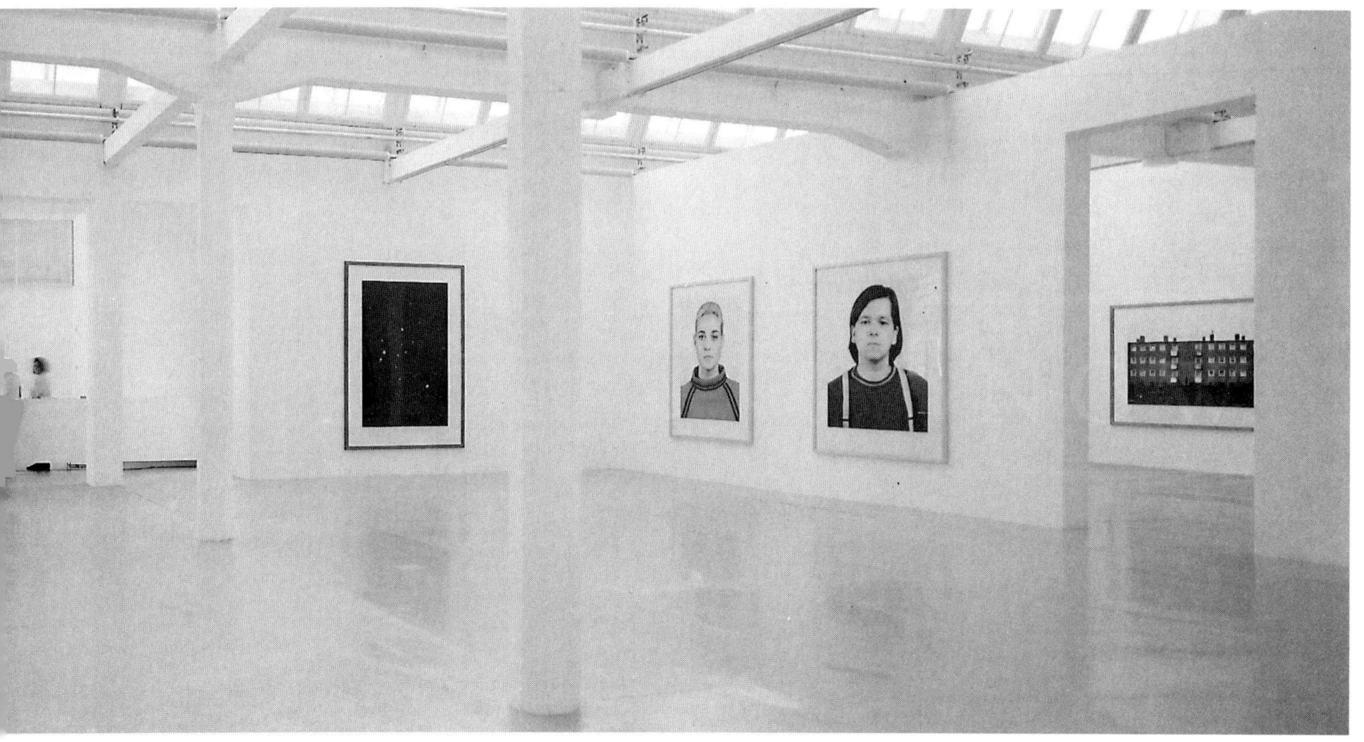

THOMAS RUFF – AUSSTELLUNG/EXHIBITION, KUNSTHALLE ZÜRICH, 1990.

Die «Sterne» sind formaler und abstrakter als die Portraits, dafür zeigen sie deutlich, dass es Ruff, auch in Opposition zu der zum Klischee verkommenen «Selbstverwirklichung im Freiraum der Kunst», um eine nüchtern-wissenschaftliche Einstellung zum Bildermachen geht. Die von Ruff angestrebte Anonymität ist keineswegs die einer «Kopiermaschine» (Chevrier), sondern die Kunstgeschichte lehrt uns, dass dies das Ziel vieler Künstler war und ist. Man denke hierbei aus neuerer Zeit an Arp, Mondrian, Ad Reinhardt, On Kawara, Andy Warhol oder Gerhard Richter, doch liesse sich diese Liste beliebig verlängern. Wollte man in der ersten Jahrhunderthälfte noch «parallel zur Schöpfung» arbeiten, so betrachten die Künstler heute die unendliche Fülle der uns überall umgebenden vorgefertigten Bilder ebenso als Teil des Lebens wie die Künstler zuvor die Natur. Mit den «Sternen» gelingen Ruff durch die Verbindung von Natur mit einer künstlerischen Meta-Struktur, von der kollektiven Bildwelt mit neuester Technik Bilder von malerischer, metaphorischer und romantischer Kraft.

1) Art as Art: The selected writings of Ad Reinhardt, New York 1975, S. 51—52.
2) Theodor W. Adorno, Ästhetische Theorie, Frankfurt am Main 1970, S. 402—403.
3) Theodor W. Adorno, Über Tradition, in: Ohne Leitbild, Frankfurt am Main 1973, S. 40.
4) European Southern Observatory (La Silla, Anden).

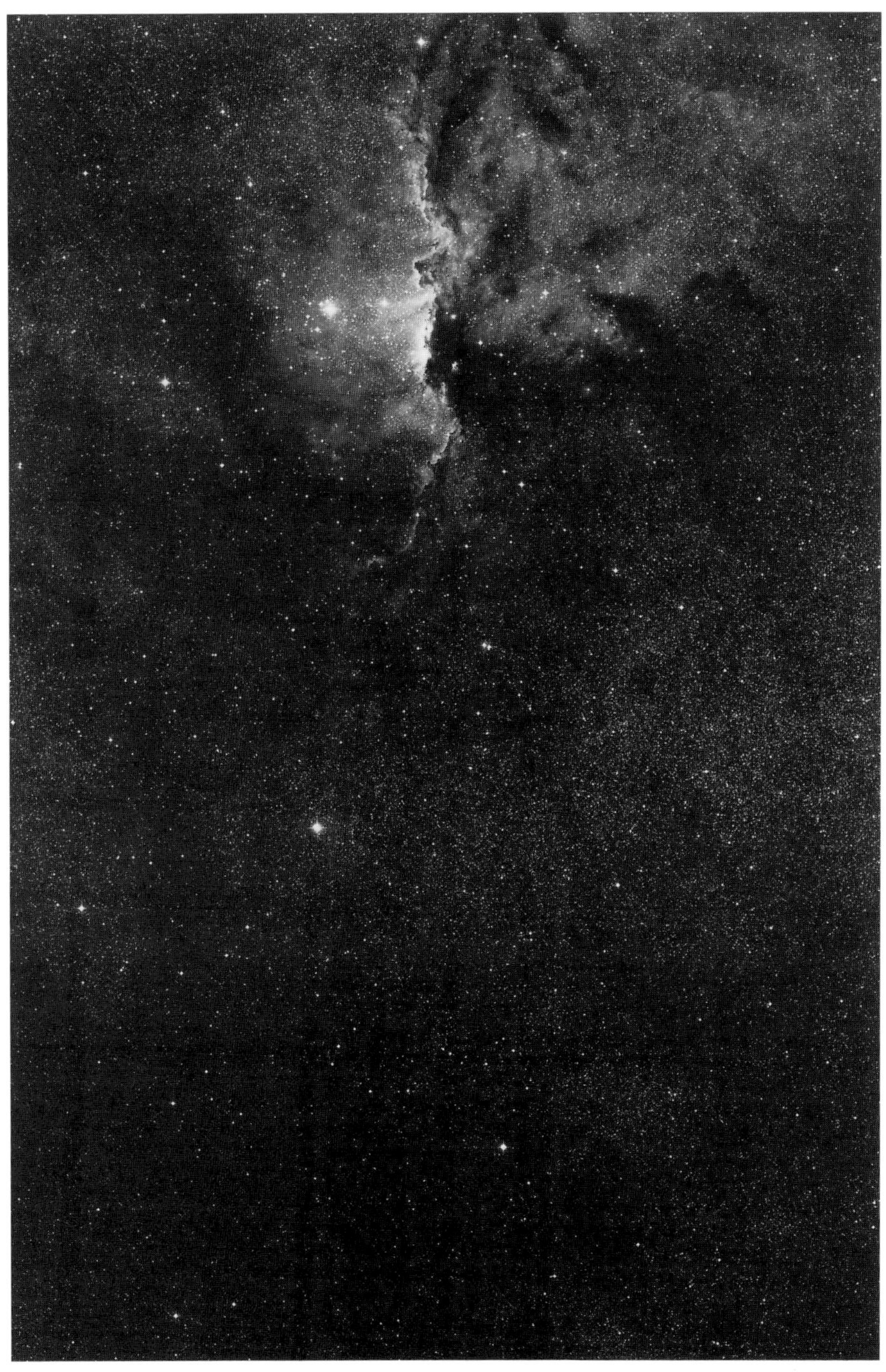

THOMAS RUFF, 16H 30M/−50°, 1990, 252 x 180 cm/99¹/₄ x 70⁷/₈". (PHOTO: ESO)

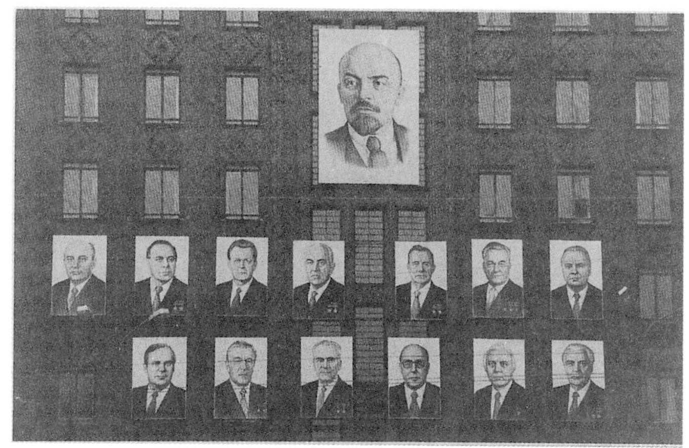

THOMAS RUFF, ZEITUNGSPHOTO 010, 1990,
C-print, 26,5 x 42,4 cm/NEWSPAPER PHOTOGRAPH 010, 1990, C-print, 10^{1}/$_{2}$ x 16^{5}/$_{8}$".

JÖRG JOHNEN

STREET AND

ON THE WORK OF THOMAS RUFF

INTERIOR

11. PAINTING AS CENTRAL, FRONTAL, REGULAR, REPETITIVE

21. THE EASIEST ROUTINE TO THE DIFFICULTY

23. THE EXTREMELY IMPERSONAL WAY FOR THE TRULY PERSONAL

24. THE COMPLETEST CONTROL FOR THE PUREST SPONTANEITY

Ad Reinhardt[1]

The response to Thomas Ruff's work ranges from international acclaim to helpless apology and polemical criticism. The reason is simple: the beauty of the pictures elicits instant fascination of a complexity that can hardly be elucidated with feuilletonist means and naive arguments, while criticism automatically surrenders differentiation and precision. Despite or even because of Walter Benjamin's cryptic observations and Susan Sontag's erudite causerie, it looks as if we have yet to be enlightened on the essence of photography. The result: significant artistic developments on the one hand, bewildered searching on the other.

Telling evidence of the kind of criticism bestowed on Ruff so far can be gleaned from the fact that Jean-François Chevrier (in *Galeries Magazine,* April/May

1990) and Klaus Ottmann (in *Flash Art,* Oct. 1990) both use the same portrait in support of their outrageous and false arguments. The choice of portrait insinuates that Ruff shoots only archetypal young Germans with blonde hair. Chevrier claims that Ruff's portraits are mechanical, pure signs of conventional identity, without history, and tautological. Ottmann, blandly misreading the unswerving modernity of Ruff's portraits, accuses him of "anti-modern, nationalist aesthetics," while Chevrier, finding the portraits too modern, would like to see a little more nostalgia. The following essay seeks to repudiate these arguments, to clarify Ruff's attitude and the significance of his work, and to correct a few common prejudices regarding the non-expressive, pictorial approach in art.

Ruff's portraits hark back to the Renaissance. It was then, for the first time, that the artist was expected to render the world with utmost scientific

DR. JÖRG JOHNEN is an art historian and has a gallery in Cologne.

precision. Leonardo da Vinci dismantled, examined, and drew things with cool detachment. His studies of nature formed the basis of his artistic output. Ruff applies the same treatment to our contemporary world, but with two fundamental differences. For one thing, he leaves precise observation up to the camera by employing the latest technology. The mechanization of observation is reflected in the studio setting, the stereotypical frontality of the model, and the "even, ideal, abstract light" (Chevrier) that is almost like scientific illumination of an object.

The second difference follows from the first. Painters of the Renaissance were restricted to portraying the rich and powerful, due not only to social circumstance but also to the extremely elaborate, time-consuming process of "hand-made" production. Ruff's work, however, is embedded in a potentially unrestricted, democratic context governed only by artistic choice. He has therefore been able to produce close to one hundred portraits of people whose faces, in former times, would not have been considered important enough for public portrayal.

Ruff's portraits form a significant advance over the melancholy black-and-white portraits in which the subject is clearly removed to the past. His use of color skillfully avoids posed cheeriness, decorative clichés, and facile effects. The frontality of his models, their expressionless faces, and the lighting create a setting that yields a second, higher organization of pictorial elements. The fascination of the portraits does not lie in the beauty of the models but in the beauty of formalized surfaces, lines, colors, and structures. Both levels – the realism of the faces and the aesthetic composition of formal elements – retain a mutually enhancing validity. The aesthetic, formal level lends the pictures the status of artworks and informs them with a generally valid, public dimension; the faces add content, commitment, richness, and comprehensibility to the formal level. Ruff has succeeded in combining the freedom of artistic means – exploited in the West to the point of hollow virtuosity – with the social realism of the East. One is reminded in this regard of Gerhard Richter and Jeff Wall.

The size of the pictures, often found irritating, is another means of intensifying not only their formal and technical brilliance, but also the material presence and sensuality of the faces. Skin, hair, colors, lines, surfaces, and structures acquire an aesthetic independence in the "scientific" realism of the photographs. Ruff takes great pains to prevent a hard medicinal edge from creeping into the clarity and precision of his photographs, retaining a certain painterly softness so that the portrait is neither distorted into ugliness nor euphemistically embellished.

The size of the portraits is also a means to foil the intimacy of the interior. The dimensions of the street become part of the picture so that inside and outside begin to interact. Like Jeff Wall with his illuminated display cases, Ruff reinforces the aesthetics of the street through the neutral white background of his portraits and their size, which demands distance. (The colored backgrounds of his earlier portraits still permitted the idea of an interior.) The portraits, and also the photographs of houses, stars, and newspapers acquire impact and meaning by acting out the tension between outside world and inside room, between public and private space. This synthesizing effect is illustrated by the fact that the clarity, brilliance, and beauty of the pictures is sustained even in close-up viewing. Many people are shocked by Ruff's use of the portrait, a genre ordinarily defined by its intimacy and personal closeness, as a means of transferring the public sphere, the faces of strangers, into interior spaces.

Ruff never loses sight of the balance among the constituent elements of his pictures. He selects models intuitively, always finding faces that show a certain self-confident stylization that might be called modern without being subject to short-lived fashionable trends. The stylization is limited, however, to emphasizing the individuality of the subject, rather than glossing over the individual as in the overstated, caricaturing, and typifying methods of conventional advertising. Criticism of this kind, voiced for instance by Klaus Ottman, is a product of pompous and sloppy jounalese rather than thorough and serious study of the artist's oeuvre. The blind equation of blond hair and realism with Nazi ideology leads to the unfortunate conclusion that Ottmann has no visual education. Ruff's portraits clearly seek to transcend national and archetypal norms. Not shallow folksiness but a new brand of international individualism informs the self-stylization of these young men and women.

Without sociological intent, the 90-odd portraits made so far present an image of a new generation of young people whose clothing and expression clearly set them off against their predecessors. Although the faces are expressionless, they impart a life-affirming attitude.

Ruff lets his models decide what they want to wear and how they want to look. No powder or makeup is applied for the camera. Nothing is beautified. The artist wants to exercise complete detachment. The face, the hair, the skin – everything is captured with the greatest remove so that it may speak for itself, in profound contrast to advertising where everything is oriented towards the product. Behind objectivity lies the wish to overcome stagnant, conventional formulae.

Ruff's portraits provide an opportunity to observe faces at leisure that are otherwise in constant motion. Artistic means, coupled with a photographically precise materiality, produce a complete stillness of image, reminiscent of paintings by Vermeer, which allows details to become pure form without resorting to euphemistic or decorative effects. Ruff pulls these faces out of the flow of time and arrests them in a motionless present. Stillness is the agent of their beauty. It transforms the model into artistic form. The result is beauty without idealization, typification without conformity to the standards of fashion and advertising.

A vital distinction between Ruff's portraits and, for instance, Dürer's similarly frontal SELF-POR-TRAIT, 1500, (Alte Pinakothek, Munich) lies in the extreme dynamism of life. Dürer's self-portrait also stops time, and his understated expression shows a startling resemblance to the facial expressions of Ruff's subjects, but today Ruff has to react to a far more complex, chaotic, and universal agitation. His stillness is therefore more rigorous, colder, and more mechanical than Dürer's. Increasing velocity has also accelerated the velocity of the artistic aver-age. The reproducibility of the setting is a logical reaction to increased acceleration, and it unites the

classical demand for stillness with the dynamics of modern life without succumbing to nostalgia. To this end, Ruff has created a construction that grants the individual unconditional personal autonomy for the split-second that he shoots the picture.

Ruff does not travel around the world hunting for photographic motifs. He is more like an artist in his studio. In his work, he unites the characteristics of scientist, photographer, and painter. It is not the journalist's but the artist's eye that guides his choice of models, most of whom are from his own world. He considers his working methods appropriate in this context because he shares a similar social and cultural background with his subjects, to whom the ubiquitousness of pictures and the presence of the camera have also become second nature. Confront-ing people of the Third World with such photo-graphic methods would seem out of place to him. This is not a question of exclusion, but rather the self-imposed restriction of a conscientious artist. Ruff's work rests on his knowledge of the signifi-cance of aesthetic form and has nothing to do with the uninhibited journalistic use of the camera that points at any stranger's face.

Ruff's photographs are always pictures about pic-tures whether he wields the camera or not. They are pictures of people and also pictures about the genre of the portrait. In addition, Ruff takes his models out of their natural environment and dynamic and places them in an artificial setting that raises the issues of mass-produced portraiture and the mechanical rôle of the camera. The frontality, the lighting, the white background, and the expressionless faces establish a reproducible meta-level, which is not only an expres-sion of asceticism in the face of today's endless, haphazard stream of portraits, but also its essence. This explains why the unspectacular normality of these portraits is so disturbing. They are so much like the portraits we see all the time, except that they do not show the least originality or expression, found even in the most banal passport pictures. Such artis-tic, formal, rigorously sustained normality and still-ness turn these portraits into ur-images. "The artist executes a minimal transition, not a *maximale creatio ex nihilo*. The differential of newness is the locus of productivity. Through the infinitesimal size of this decisive difference, the single artist proves to be the executor of a collective objectivity of the spirit."[2]

This meta-level might be compared to Josef Alber's square or Ad Reinhardt's cross. Chevrier calls it ahistorical but it is not the superficial reproduction of a sociological context but rather reflection upon it by artistic, formal means. "Historical consciousness is distilled in inevitable reflection upon what is possible and what is no longer possible, in clear management of techniques and materials and the harmony of their relationships."[3]

The artistic, formal finish of Ruff's meta-level clearly underscores both the individual's character as well as the lines, planes, and colors that visually constitute this character on the picture surface. The technical precision of the photography and the prints is the handcrafted, material consequence of unswerving logical consistency and by far the most striking articulation of the formal idea.

In STARS, detachment is taken a step further. Ruff has discovered a motif that opens up endless avenues for his scientific approach. With scant means, he transforms a scientific photograph into an artwork that unites conceptual, pictorial, and painterly aspects. STARS describe an arc from outer space to painting, from science to magic, from cool New York appropriation art to German Romanticism.

To a certain extent, STARS reflect on the production of pictures today. Existing material, in this case negatives from the *ESO Atlas,*[4] is placed in a wider context by the artist. The material is processed only as required for the expanded context. In STARS, this means cropping the picture. Out of the chaos of the night sky and the mechanically selected section of the original negative, Ruff creates pictures of clear, comprehensible composition. The fascination of scientific precision vies with that of the motif, which has been a source of magical images for mankind through all epochs and cultures. State-of-the-art technology does not detract from the picture's magic; it even enhances it. The beauty and appeal of STARS unfold between the drama of nature and painting, between even, planar, all-over structures and dramatic accumulations of clouds, between the chaos of infinitely complex systems and the harmony of composition.

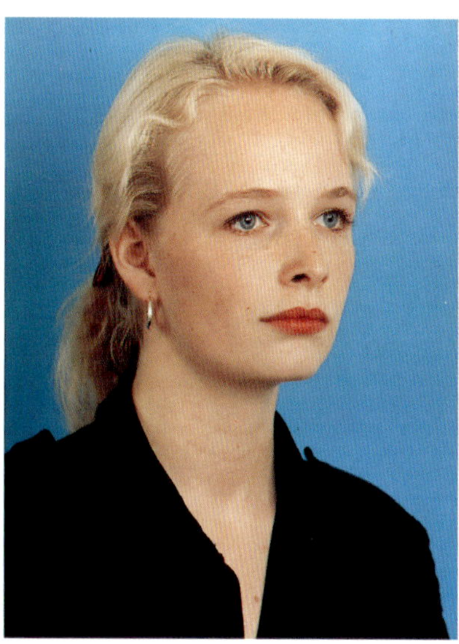

The STARS pictures are more formal and more abstract than the portraits; they clearly show Ruff's unemotional, scientific approach to the making of pictures, in opposition to the cliché of "finding oneself in the unrestricted space of art." The anonymity intended by Ruff has nothing to do with the "copying machine" (Chevrier); the tradition is of long standing in art history. Think of Arp, Mondrian, Ad Reinhardt, On Kawara, Andy Warhol, or Gerhard Richter – to mention just a few. While artists in the first half of this century still sought to work "parallel to God's creation," artists today treat the abundance of prefabricated images as part of life just as artists formerly treated nature. In STARS, Ruff blends nature with an artistic meta-structure, collective imagery with state-of-the-art technology, and thus succeeds in creating images of painterly, dramatic, and romantic impact.

(Translation: Catherine Schelbert)

1) *Art as Art: The Selected Writings of Ad Reinhardt,* New York, 1975, pp. 51–52.
2) Theodor W. Adorno, *Ästhetische Theorie,* Frankfurt am Main, 1970, pp. 402–403.
3) Theodor W. Adorno, "Über Tradition" in: *Ohne Leitbild,* Frankfurt am Main, 1970, p. 40.
4) European Southern Observatory (La Silla, Anden).

NORMAN BRYSON and TREVOR FAIRBROTHER

THOMAS RUFF: SPECTACLE AND SURVEILLANCE

"The hardest part of surveillance is judging what the photos show and mean." (The New York Times) Thomas Ruff began making giant-size photographs with the generic title *Portrait* five years ago. Now that the novelty has worn off we can approach them more objectively. We can also see them in relation to his more recent subject matter: the images in which the human body or face is noticeably absent (streets, factory buildings and stars) and the rephotographed newsprint pictures featuring people or their things processed as "news" or "human interest" items. Ruff's program begins to suggest the sliding of a colossal zoom lens as it tracks from an unfathomable dispersion of heavenly bodies, to faces that seem plucked from the proverbial crowd, to illusory reproductions from our image-bank. Even though his images have banal connotations (and exert a collective monotony) they project the authority of scientific information, for each one delivers its information with a greater fidelity to detail than we might expect, and

presents it on a different scale from the thing represented. But at the same time the works have a populist ring since they render universal subjects in a state of shiny shop-window perfection: the sheer volume of detail and apparently flawless finish in Ruff's work satisfies popular expectations of "high art."

The passage of a few years permits an amplification of what has already been said about the *Portraits*. We can more confidently rehearse how they are "like" and "not like" photographs by his teachers the Bechers, or enormous painted heads by Chuck Close, or such non-art manifestations as passport pictures and photo-booth portraits. We can construct for them and place them in a historical context of art predicated on objectivity. However, the *Portraits* remain fresh and compelling as contemporary art just because there is little to say about them that doesn't immediately strike one as obvious. In fact they seem to have been calculated to be easy, unpretentious and even superficial – and this disguise is quite an achievement.

Ruff's comment that these works do not interpret the sitter seems at first ridiculous, especially in light of the fact that he calls them *Portraits*. His suggestion that portraiture and photography can be equated because they reproduce only the surfaces of things seems naive. However, when we connect these opin-

TREVOR FAIRBROTHER works at the Museum of Fine Arts, Boston.
NORMAN BRYSON is Professor of Fine Arts at Harvard University. His most recent book, *Looking at the Overlooked: Four Essays on Still Life Painting,* was published in 1990 by Reaktion Books, London.

ions to his stated goal of imitating conventional photography it is reasonable that his art should derive a peculiar power from its unabashed embrace of the surfaces that make up the conventional.

The *Portraits* derive a discomforting aspect from the tension between allure and boredom that they engender. However, familiarity begins to dissipate the mood of indifference and neutrality that they initially project. Even though the titles seldom name the sitters and the people present no smiles to the viewer (thereby breaching the main behavioral convention of Fuji/Polaroid snapshot etiquette), the people in the portraits are nonetheless rather sweet. They are not trying to be anything that they are not, and so they are comfortable with themselves. There are no frozen, tensed-up facial expressions. Since they are fresh and clean it seems unlikely that they have gone to be photographed at the end of their day. The sitters reflect the conventions of portraiture in this sense of being well-turned-out for the event. Moreover, the photographs themselves are thoroughly traditional in being lovingly crafted in a conventional work-intensive studio set-up. The lens's narrow depth of field brings maximum sharp detail to the head and reduces the background to a soft shadowless colorless blank.

Scale gives the subjects and the artworks themselves the power to allure; but it also makes them vulnerable and ready specimens for inspection. Since the photographs are large enough to allow us to count hairs, we are also in the position to pass vicarious judgements on the personal, from dandruff to sex appeal. Relations between the viewer and the viewed are reduced to realpolitik. The sitter has the privilege of being in the picture, enlarged to a towering status, and we have the power of looking back, getting intrusively close, cataloguing how and why we are different. The enormous scale of the finished product destroys all chances of the *Portraits* ever being mistaken for the conventional: bigness problematizes their conventionality by seeming to show it as it might appear under a magnifying glass, or rendered as a headline in capital letters.

The *Portraits,* it turns out, are as unified a group as the *Stars.* Since we all spend our lives engrossed by the specifics of individual faces this point is easily

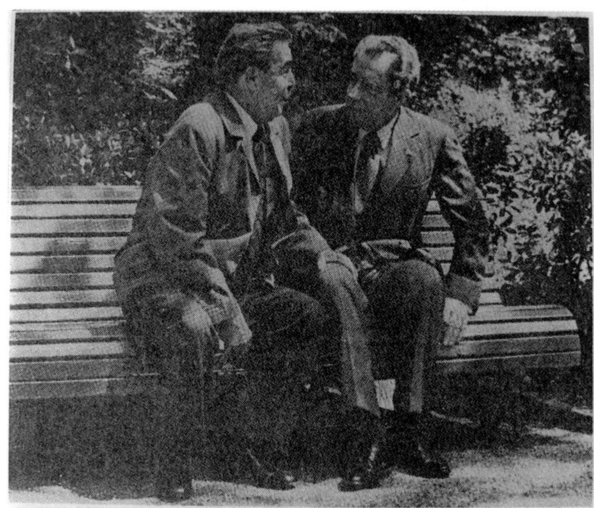

THOMAS RUFF, ZEITUNGSPHOTO 020, 1990, C-print, 23,1 x 28 cm/NEWSPAPER PHOTOGRAPH 020, 1990, C-print, 9 x 11".

missed. In fact the basic similarities of the people will become increasingly apparent as their time and looks recede into a period phenomenon, for Ruff chose only people of his own generation (in their mid to late twenties) from his own milieu in and around the Düsseldorf Academy. There is little evidence that the people in the *Portraits* have been touched or marked by anything difficult in their lives. His decision to photograph adults that are still young in this way becomes more interesting with time. It may eventually explain why the photographs induce in us a liberating freedom to look while instilling on a visceral level an awareness of the power relations implicit in the looker's gaze.

Ruff's portraits remind us that from its beginnings in the nineteenth century, photography has been deployed by a society increasingly interested in surveying the bodies of its citizens. The aims of that surveillance have been many – we need not consider them monolithic. Photography has clearly been crucial to forensics (mapping the physiognomies of lawbreakers and the scenographies of crime), to medicine (mass X-rays, body scans, visual probes), to the management of populations (whether on the epic scale of Sanders' *Menschen des 20. Jahrhunderts* or on the bureaucratic scale of the passport and the identity card), and to the safeguarding of property (the

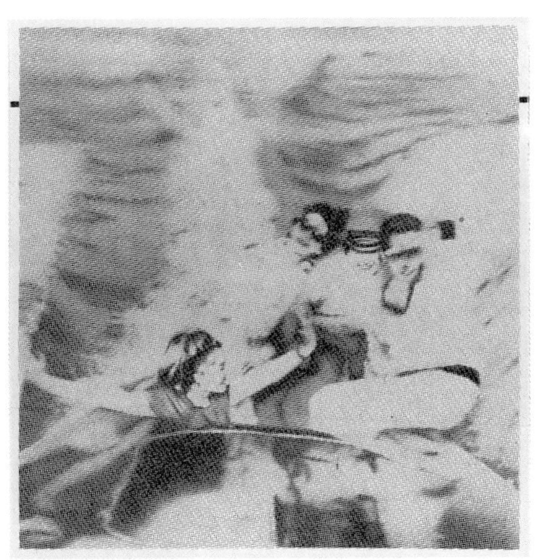

THOMAS RUFF, ZEITUNGSPHOTO 021, 1990,
C-print, 16 x 19,5 cm/
NEWSPAPER PHOTOGRAPH 021, 1990,
C-print, 6¹/₄ x 7⁵/₈ ".

cameras that watch us in banks, supermarkets, malls, subways, freeways, atria, the corridors of hospitals, airports, apartment buildings). Ruff's portraiture arrives at a moment when the lenses of the social panopticon no longer inspire outright fear, as they did in George Orwell, but have been generalized, naturalized, and more or less accepted as routine. The sitters in Ruff's portraits will have been surveyed many times in their young lives; the viewers who look at them in museums may themselves be on camera.

Ruff's sitters are not addressing the camera with any particular branch of surveillance in mind, just its average or typical form. They wear the countenance expected of them by authority at large. Foucault said that in the nineteenth century prisons came to resemble factories, factories came to resemble school-rooms, schoolrooms came to resemble prisons. In the same way, in our time the face needed by the state has come to resemble the face required by a job application form, a reception desk, a library card, a driver's license. Ruff repeats what all these have in common: frontality, clear illumination, the *gravitas* that comes from eliminating from the face whatever is transient and incidental (expression, context, interaction) in favor of what is more useful to authority, the face's permanent and central form. The sitters are captured in the moment of interpellation, when they become subjects of authority in the widest sense. But what is interesting is that their faces are not ground down by this gaze of power. On the contrary, they remain intact and undamaged.

The eye of Big Brother in *1984* aimed to intimidate and subjugate. Yet Ruff's sitters have ways of

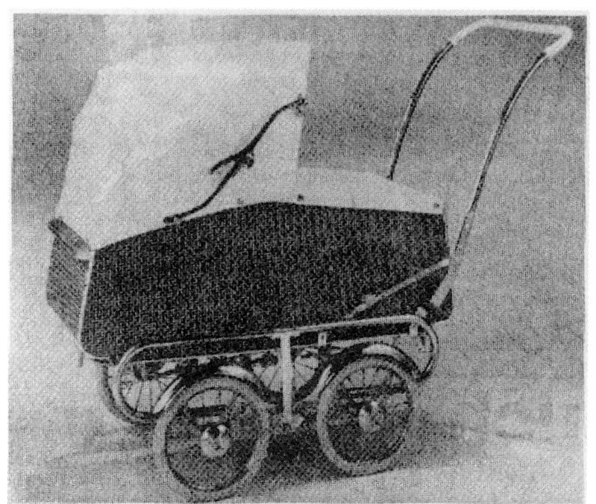

THOMAS RUFF, ZEITUNGSPHOTO 068, 1990,
C-print, 19,6 x 19,1 cm/
NEWSPAPER PHOTOGRAPH 068, 1990,
C-print, 7³/₄ x 7¹/₂ ".

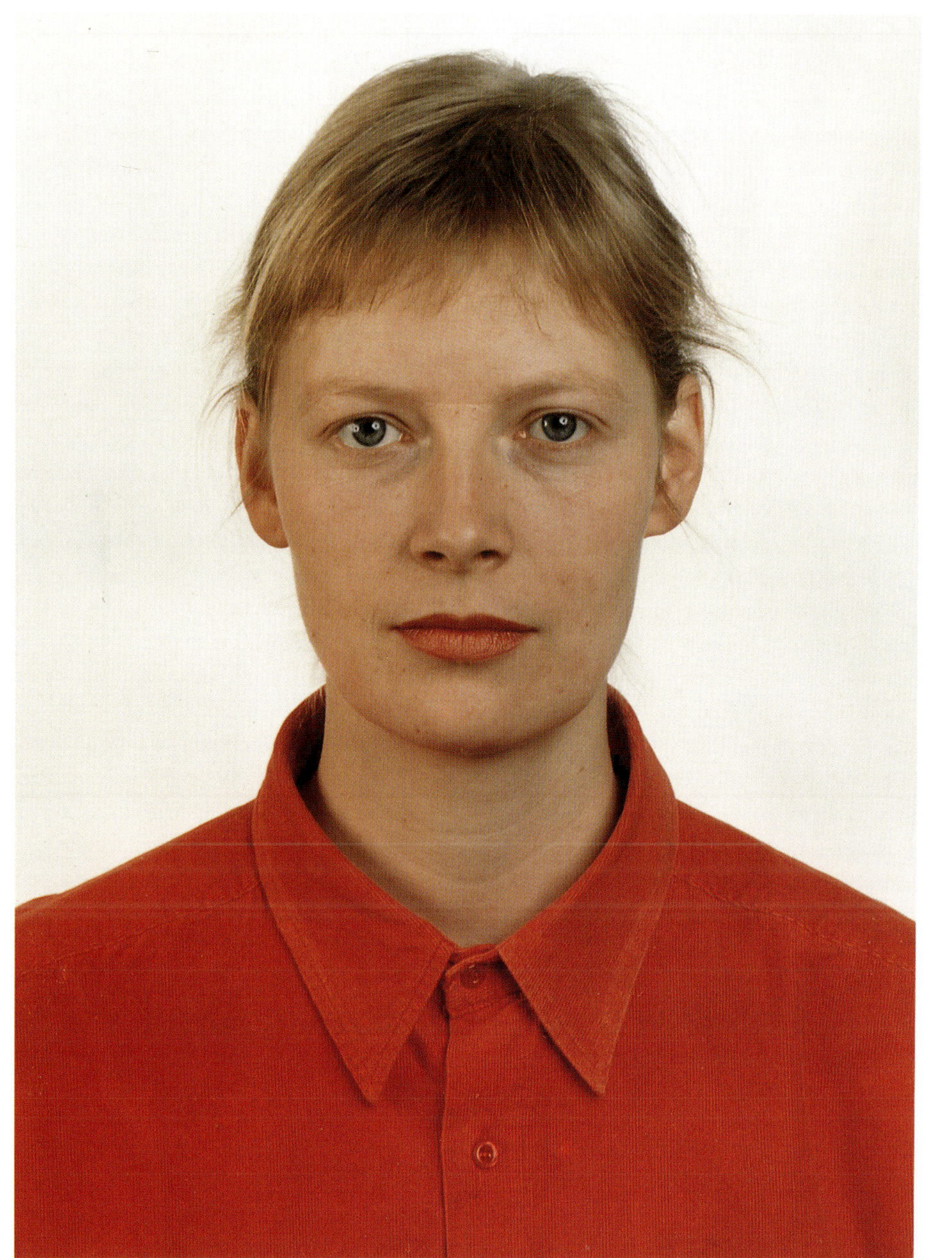

THOMAS RUFF, PORTRAIT, 1990, 210 x 165 cm/82⅝ x 65".

managing this kind of gaze, even of taming it. One recalls that the eye of Big Brother looked out on a society short on consumer goods; it surveyed a landscape of shortages and queues (after all, Düsseldorf is not so far from the old border with the East). Ruff's young people have grown up in a world where increase of surveillance has been matched by increase of production. What authority has shaped – the society of surveillance – runs up against what the economy has shaped – the society of consumption and spectacle. At grassroots level this means that, in however modest a way, each citizen has the capacity and the skills to join the general spectacle and to project out from his or her own body an image personally styled and designed. Ruff's art students may have more dash than cash, and some are better at it than others, but every one of them knows how to nuance a haircut or an earring or a collar.

Ruff's *Portraits* look so contemporary, so much of our time, because they locate so precisely the forces that move through the faces and the subjectivities of people living in a society in love equally with spectacle and with surveillance. At their most genial they convey the kind of balance needed to stay sane on the cusp between them. In Ruff's other series there is more imbalance. For instance, the interference patterns caused when images that belong to the private domain (a view of a pram, an album snapshot of friends having fun in a speedboat) are shunted over to the public domain (becoming newsprint pictures). Or when images belonging pre-eminently to the public domain (shots of space launches and satellites, or of political leaders) are relayed through the newspaper to the breakfast table. There should be a sort of symmetry and balance to newspaper photography; the official story is that the newspaper is a two-way street between public and private spheres. But Ruff is interested in the distortions that emerge when one is mapped in terms of the other. The pram looks disastrous, like the one on Eisenstein's Odessa steps *(Battleship Potemkin);* the speedboat party looks eerie; the *newsprint portrait* starts to look cadaverous. In the mismatch between public and private – between the close-up and the long-shot of the social lens – there arise aberrations, fantoms, a general weirdness that comes from neither sphere in itself,

but simply from the glitch between them. Again, Ruff gets exactly right the confusions of a period when the great Enlightenment division of the world into public and private spheres has run aground (for instance on "the personal is the political," and "the political unconscious"). The newspaper, traditional vehicle of information for the Enlightenment, is found not so much to mediate between the two spheres as confound them, leak one into the other, contaminating both. Ruff's *Portraits* owe their effect of classicism – and the sheer appeal – to the serene equipoise they are able to suggest between the private person and authority's public gaze. His *Newsprint Series* shows the two going out of alignment, with the private and the public radically out of phase. In pinpointing that, too, Ruff defines very sharply confusions in our present construction as social subjects that no-one else seems able to get a handle on.

In the society of surveillance, these are basic survival skills: the sitters share a general urban lore of how to manage the social gaze, how to play with it, how to reverse its lines of force so that authority's snoopy voyeurism rebounds through the subject's gentle exhibitionism. There is no need to try anything outrageous. That is what the antics of the photobooth are about: sitting there, waiting for the flash that always comes at the wrong moment, the subject can at last take a carnival revenge on the state's stupid eye, trying out on it every possible grimace, even giving it the backside (this has been known to happen). Ruff's sitters do not need extreme measures to subdue the Cyclops; their generation is cleverer than that. Like Odysseus, they say out loud "I am no-one (special)"; and at the same time, through what mirrors have taught them, they whisper "but I am someone special, all the same." These are the children, the latest generation, of surveillance and spectacle c o m b i n e d . They have grown up within these great social forces. And they know the trick of staying calm under the double pressure: you just have to turn one social force (the spectacle) against another (surveillance). No need to be distorted in either direction: to cope, you have neither to be abject (a mug shot) nor mutinous (the photobooth), you just have to stay cool.

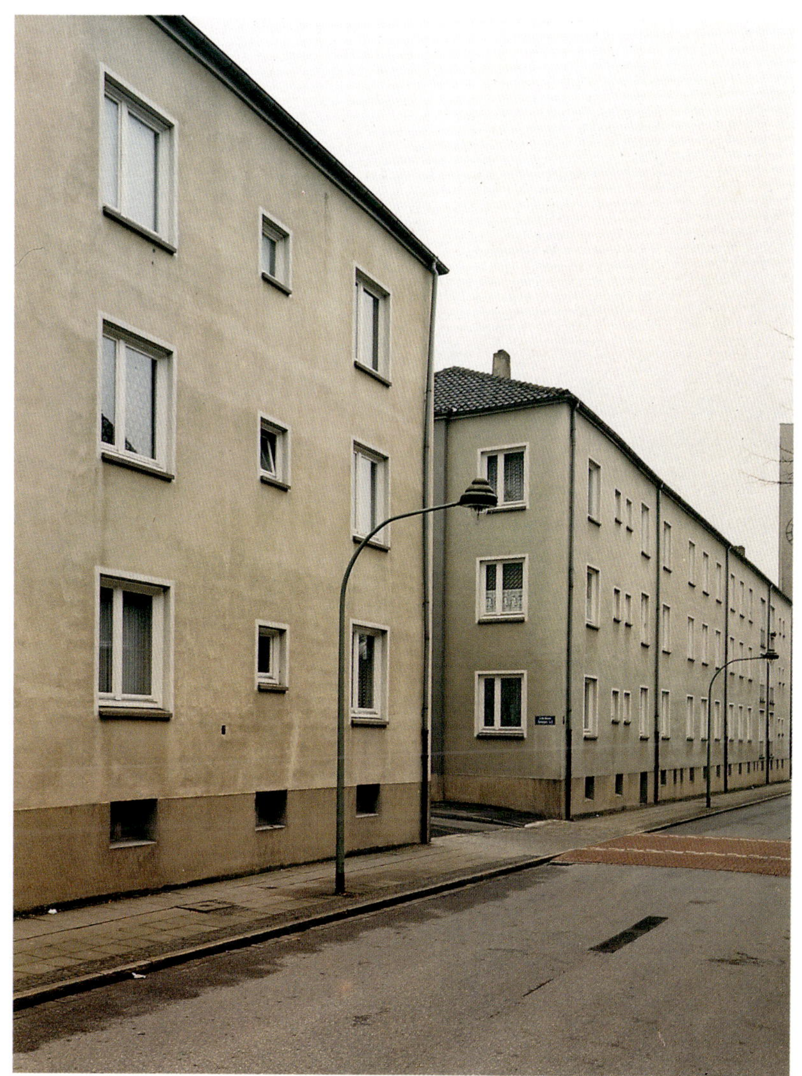

THOMAS RUFF, HAUS NR. 7 I, 1988, 230 x 185 cm / BUILDING NO. 7 I, 1988, 90¹/₂ " x 72⁷/₈ ".

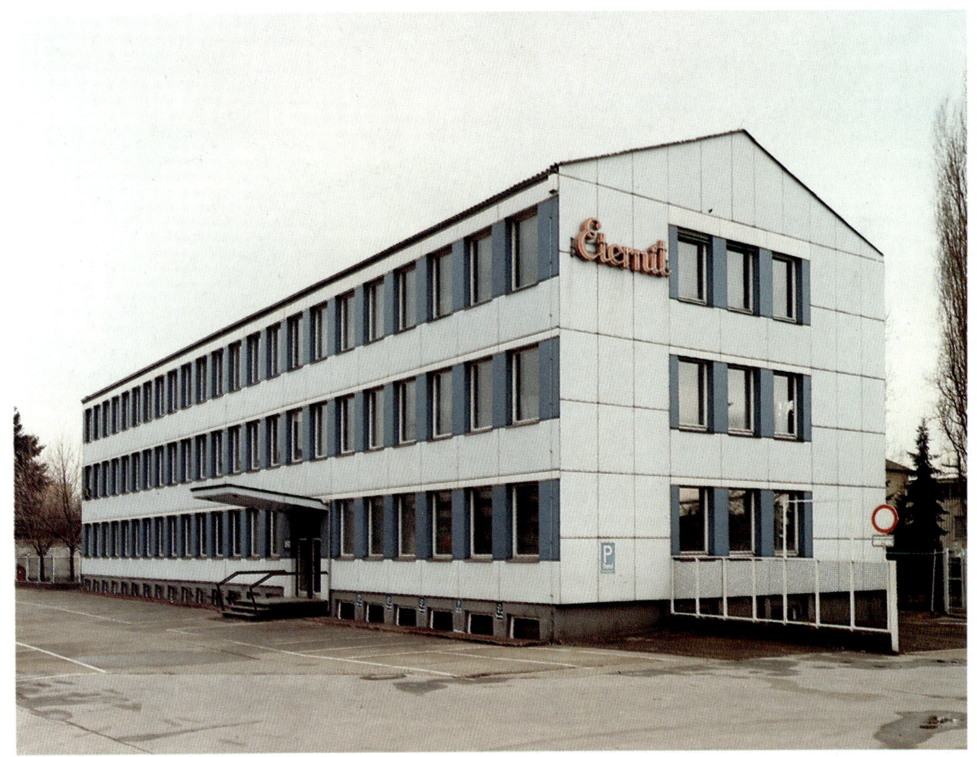

THOMAS RUFF, HAUS NR. 11 III, 1990, 190 x 240 cm / BUILDING NO. 11 III, 1990, 65 x 94¹/₂".

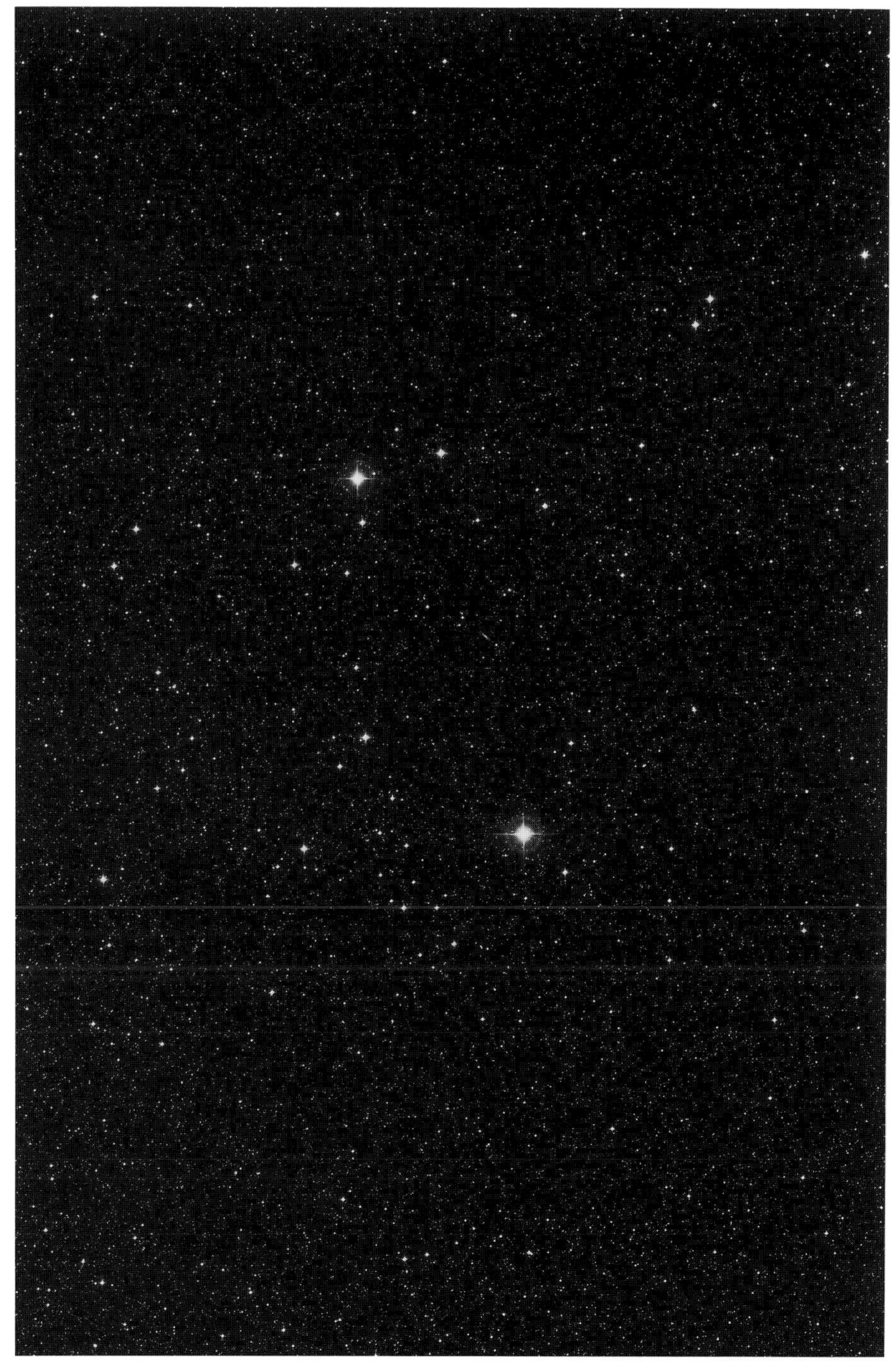

THOMAS RUFF, 11H 12M/–45°, 1989, 260 x 188 cm/102²/₃ x 74". (PHOTO: ESO)

NORMAN BRYSON und TREVOR FAIRBROTHER

THOMAS RUFF: SPEKTAKEL UND ÜBERWACHUNG

«Der schwierigste Teil der Überwachung besteht im Beurteilen, was die Photos zeigen und was sie bedeuten» (The New York Times). Vor fünf Jahren begann Thomas Ruff mit seinen Photos im Riesenformat unter dem generellen Titel *Portrait*. Nachdem inzwischen der Überraschungseffekt des Neuen abgeklungen ist, zeigen sie sich in einem objektiveren Licht. Und sie lassen sich nun auch in Bezug zu seinen neueren Themen setzen: Bilder, bei denen in auffälliger Weise menschliche Körper oder Gesichter fehlen (Strassen, Fabrikgebäude und Sterne), sowie reproduzierte Pressephotos von Personen oder Dingen, die als «Neuigkeiten» oder «menschliche Belange» gehandelt werden. Ruffs Programm wirkt wie das Hinundhergleiten eines riesigen Zoomobjektivs zwischen der unergründlichen Streuung von Himmelskörpern und Gesichtern, die aus der sprichwörtlichen Menge herausgelöst wurden, sowie imaginären Reproduktionen aus unserem Bilder-Fundus. Obwohl die Bilder banalen Inhalts sind (und eine kollektive Monotonie ausstrahlen),

beanspruchen sie doch die Autorität wissenschaftlicher Information; denn jedes einzelne vermittelt seine Information mit unerwarteter Detailtreue und in vom Original abweichendem Format. Zugleich haben die Arbeiten jedoch einen populistischen Beiklang, weil sie universelle Themen in einem Zustand strahlender Schaufenster-Perfektion darstellen: Die blosse Grösse des Details und die augenscheinlich makellose Oberfläche von Ruffs Arbeiten erfüllen populäre Erwartungen an die «hohe Kunst».

Nachdem ein paar Jahre verstrichen sind, lassen sich die bereits getroffenen Aussagen über die *Portraits* erweitern. Es ist nun leichter zu überblicken, inwieweit sie «wie» oder «nicht wie» Photos seiner Lehrer, der Bechers, sind, wie die riesigen gemalten Köpfe von Chuck Close oder wie Ausserkünstlerisches, zum Beispiel Pass- oder Automaten-Photos. Wir können sie in einen objektiv fundierten kunsthistorischen Kontext einordnen. Dennoch bleiben die *Portraits* als zeitgenössische Kunst frisch und aufregend, denn es gibt kaum etwas über sie zu sagen, was einem nicht unmittelbar einleuchtete. Tatsächlich scheinen sie leicht und unprätentiös, ja oberflächlich angelegt zu sein – und dieser Schein ist eine ganze Menge.

Ruffs Behauptung, seine Arbeiten seien keine Interpretation seiner Modelle, scheint zunächst lächerlich, zumal da er sie als *Portraits* bezeichnet.

TREVOR FAIRBROTHER arbeitet im Museum of Fine Arts in Boston.

NORMAN BRYSON ist Professor für Kunstgeschichte an der Harvard University, Boston. Sein neuestes Buch, *Looking at the Overlooked: Four Essays on Still Life Painting,* erschien 1990 bei *Reaktion Books,* London.

Sein Argument, dass Portraitkunst und Photographie gleichwertig seien, weil sie nur die Oberfläche der Dinge wiedergeben, mutet naiv an. Doch wenn wir diese Äusserungen mit seinem erklärten Ziel der Imitation von konventioneller Photographie verknüpfen, dann leuchtet es durchaus ein, dass seine Kunst besondere Kraft zieht aus dem unverfrorenen Zugriff auf jene Oberflächen, die das Konventionelle ausmachen.

Aus der Spannung zwischen Anreiz und Langeweile, die sie verbreiten, erwächst den *Portraits* eine gewisse Unbehaglichkeit. Doch Vertrautheit zerstreut jene Indifferenz und Neutralität, die sie anfangs ausstrahlen. Wenngleich die Titel nicht die Namen der Modelle nennen und die Leute den Betrachter nicht anlächeln (womit die wichtigste Konvention der Fuji- und Polaroid-Schnappschüsse durchbrochen ist), wirken die Leute im Portrait doch recht angenehm. Sie versuchen nicht, irgend etwas vorzugeben, was sie nicht sind, und so sind sie im Einklang mit sich selbst. Es gibt keine erstarrten, angespannten Gesichtsausdrücke. Da die Modelle frisch und sauber aussehen, sind sie wohl nicht am Ende eines Arbeitstages zum Photographieren gekommen. Insofern widerspiegeln die Modelle die Konvention, sich für ein Portraitphoto ordentlich herzurichten. Ausserdem zeugen die Photos selbst von traditioneller Sorgfalt: in einem konventionellen, arbeitsintensiven Studio-Aufbau sind sie handwerklich-akkurat ausgeführt. Die geringe Tiefenschärfe verleiht einerseits dem Kopf maximale Detailgenauigkeit und reduziert andererseits den Hintergrund zu weicher, farb- und schattenloser Leere.

Das Grossformat verleiht den Gegenständen und den Werken selbst grosse Anziehungskraft. Doch zugleich macht es sie auch verletzlich, liefert sie dem prüfenden Betrachterblick aus. Da die Photos so gross sind, dass man Haare zählen kann, versetzen sie uns auch in die Lage, die Person abzuschätzen, von den Schuppen bis zum Sex-Appeal. Die Beziehungen zwischen dem Betrachter und dem Betrachteten sind zur Realpolitik reduziert. Das Modell hat den Vorteil, ins Bild gesetzt zu werden, vergrössert auf imposantes Format, und wir haben die Macht, den Blick zu erwidern, in zudringliche Nähe zu

rücken und zu registrieren, inwiefern und warum wir anders sind. Das Riesenformat des Endprodukts macht jede Möglichkeit zunichte, die *Portraits* im konventionellen Sinne misszuverstehen: Die Grösse problematisiert ihre Konventionalität, indem sie scheinbar vorführt, wie das Portrait unter dem Vergrösserungsglas aussähe oder als Schlagzeile in Grossbuchstaben.

Es zeigt sich, dass die *Portraits* eine ebenso einheitliche Gruppe sind wie die *Sterne*. Da wir alle unser Leben lang von den Besonderheiten bestimmter Gesichter in Anspruch genommen sind, wird dieser Punkt leicht übersehen. Tatsächlich werden die fundamentalen Ähnlichkeiten der Personen um so augenfälliger, als Alter und Aussehen auf einen bestimmten Zeitabschnitt beschränkt sind, denn Ruff wählte nur Mitglieder seiner eigenen Generation (alle zwischen Mitte und Ende zwanzig) aus seiner eigenen Düsseldorfer Kunststudenten-Szene. Und es gibt in den *Portraits* kaum Hinweise darauf, dass die Personen in ihrem Leben bereits mit grossen Schwierigkeiten zu kämpfen hatten. Seine Entscheidung, Erwachsene zu photographieren, die in diesem Sinne also noch jung sind, wird mit der Zeit immer interessanter. Sie erklärt vielleicht, warum die Photos uns eine befreiende Unbefangenheit des Blicks gewähren und zugleich unterschwellig die Wahrnehmung jener Machtverhältnisse erlauben, die dem Betrachter-Blick innewohnen.

Ruffs *Portraits* erinnern uns daran, dass die Photographie seit ihren Anfängen im 19. Jahrhundert einer Gesellschaft diente, die sich in zunehmendem Masse für die Überwachung ihrer Mitglieder interessierte. Die Gründe dafür waren zahlreich, wir brauchen sie hier nicht im einzelnen zu nennen. Eine wichtige Rolle spielte die Photographie in der Kriminalistik (Darstellung der Physiognomie von Gesetzesbrechern und Rekonstruktion von Verbrechen), in der Medizin (Massen-Röntgen, Durchleuchtung, Sondenuntersuchung), für die Verwaltung der Bevölkerung (sei es in der Epenhaftigkeit von Sanders' *Menschen des 20. Jahrhunderts* oder zu bürokratischen Zwecken wie Pass und Personalausweis) sowie für die Sicherung von Eigentum (Kameras, die uns in Banken, Supermärkten, Geschäftspassagen, Untergrundbahnen, auf Autobahnen und Plätzen, in den Gängen von Krankenhäusern, Flughäfen und Wohnhäusern überwachen). Ruffs Portrait-Photographie taucht zu einem Zeitpunkt auf, wo die Linsen des sozialen Panoptikums keine lähmende Angst mehr auslösen wie bei George Orwell, sondern als etwas Allgegenwärtiges, Natürliches, ja mehr oder weniger als Routine akzeptiert werden. Ruffs Modelle sind sicherlich schon oft in ihrem jungen Leben überwacht worden; und der Betrachter seiner Photos im Museum wird vielleicht selbst von einer Kamera aufgenommen.

Ruffs Modelle schauen in die Kamera, nicht so, als hätten sie es mit einer bestimmten Art von Überwachung zu tun, sondern eher mit deren durchschnittlich-typischen Form. Sie tragen eine Miene zur Schau, wie sie die offizielle Autorität im allgemeinen von ihnen erwartet. Foucault hat darauf hingewiesen, dass im 19. Jahrhundert Gefängnisse anfingen, wie Fabriken auszusehen, Fabriken wie Schulzimmer und Schulzimmer schliesslich wie Gefängnisse. Desgleichen verlangt der Staat uns heute ein Gesicht ab, das aussieht wie die Gesichter auf Bewerbungs- und Anmeldungsformularen, auf dem Büchereiausweis und auf dem Führerschein. Ruff wiederholt, was allen diesen Bildern gemeinsam ist: Frontalansicht, eindeutige Ausleuchtung, die *Gravität,* die dadurch entsteht, dass alles Zufällige und Vorübergehende (Ausdruck, Kontext, Wechselwirkungen) ausgeschaltet wird zugunsten der gleichbleibend-zentralen Gesichtsform, mit der die Verwaltung am meisten anfangen kann. Das Modell ist im Augenblick jenes Eingriffs aufgenommen, der es zum verwalteten Gegenstand im weitesten Sinne macht. Interessanterweise werden die Gesichter aber dennoch unter diesem Blick der Macht nicht zerrieben. Im Gegenteil, sie bleiben intakt und unzerstört.

In Orwells *1984* sollte das Auge des Grossen Bruders einschüchtern und unterwerfen. Doch Ruffs Modelle haben die Möglichkeit, diesen Blick in den Griff zu bekommen, ja zu bändigen. Erinnern wir uns, dass das Auge des Grossen Bruders auf einer Gesellschaft ruhte, der es an Konsumgütern fehlte. Es überwachte eine Landschaft der Mängel und Warteschlangen. (Düsseldorf ist übrigens gar nicht so weit entfernt von der alten Grenze zum Osten.) Ruffs junge Leute sind in einer Welt aufgewachsen, in der der zunehmenden Überwachung ein Produktionszu-

wachs gegenüberstand. Was die Autorität hervorgerufen hat – eine Überwachungs-Gesellschaft –, steht gegen das, was die Wirtschaft zeugte – eine Konsum- und Spektakel-Gesellschaft. Fürs gemeine Volk bedeutet dies, dass jeder Bürger, wenn auch in bescheidenem Masse, doch immerhin die Möglichkeit und die Mittel hat, beim allgemeinen Spektakel mitzumischen und aus seinem eigenen Körper eine persönlich entworfene und gestaltete Erscheinung zu machen. Ruffs Kunststudenten mögen weniger Geld als Geist haben, und einigen geht es da vielleicht besser als anderen, aber jeder von ihnen weiss etwas mit einer Frisur, einem Ohrring oder einer Halskette anzufangen.

Ruffs *Portraits* wirken so zeitgenössisch, ja zeitgemäss, weil sie so präzise jene Kräfte lokalisieren, die sich in den Gesichtern niederschlagen, sowie die Subjektivitäten von Mitgliedern einer Gesellschaft, die das Spektakel und die Überwachung gleichermassen liebt. In ihren besten Momenten halten sie jene Art von Balance, die es braucht, um auf dem schmalen Grat dazwischen den Verstand zu wahren. In den anderen Serien Ruffs herrscht mehr Ungleichgewicht. Beispielsweise das Konfliktmuster, wenn Bilder aus dem Privatbereich (die Aufnahme von einem Kinderwagen, ein Schnappschuss von Freunden, die sich in einem Schnellboot vergnügen) in den öffentlichen Bereich verlagert werden (indem Zeitungsphotos daraus werden). Oder wenn Bilder, die hauptsächlich dem öffentlichen Bereich angehören (Aufnahmen von Raumschiffen und Satelliten oder von Politikern), in Form von Zeitungsphotos auf dem Frühstückstisch landen. Der Zeitungs-Photographie fehlen gewissermassen Symmetrie und Gleichgewicht. Offiziell gilt die Zeitung als Zweibahnstrasse zwischen öffentlichem und privatem Bereich. Doch Ruff interessieren die Verdrehungen, die entstehen, wenn das eine im Sinne des andern abgebildet wird. Der Kinderwagen sieht gerade so verhängnisvoll aus wie der auf den Treppen von Odessa in Eisensteins Film *Panzerkreuzer Potemkin;* die Schnellboot-Partie wirkt unheimlich; das *Portrait* in der Zeitung sieht plötzlich leichenhaft aus. Im Aufeinanderprallen von Öffentlichem und Privatem – von Nahaufnahme und Totale der sozialen Optik – entstehen Irrungen und Zerrbilder, etwas rundum Wunderliches, das kei-

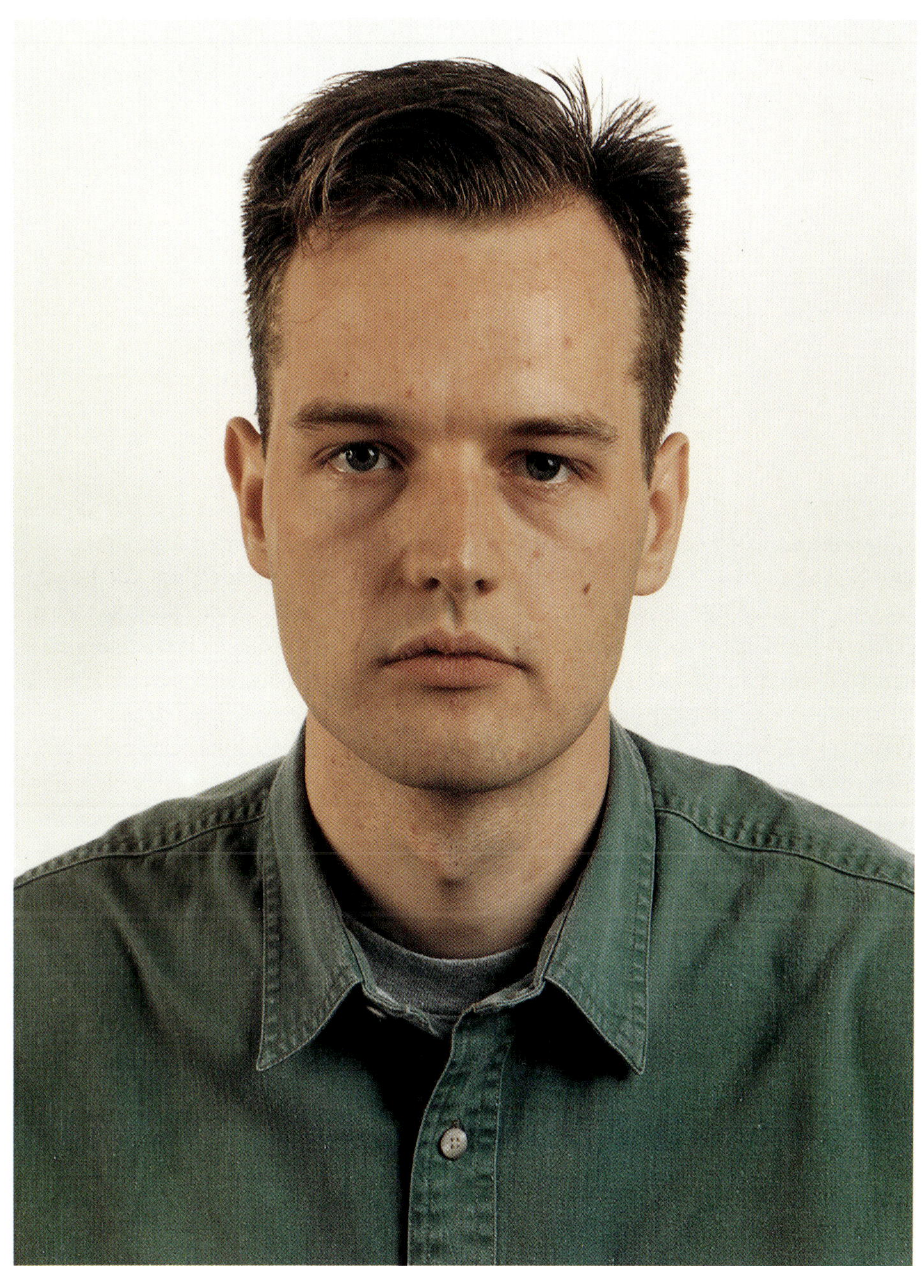

THOMAS RUFF, PORTRAIT, 1990, 210 x 165 cm/82⁵/₈ x 65".

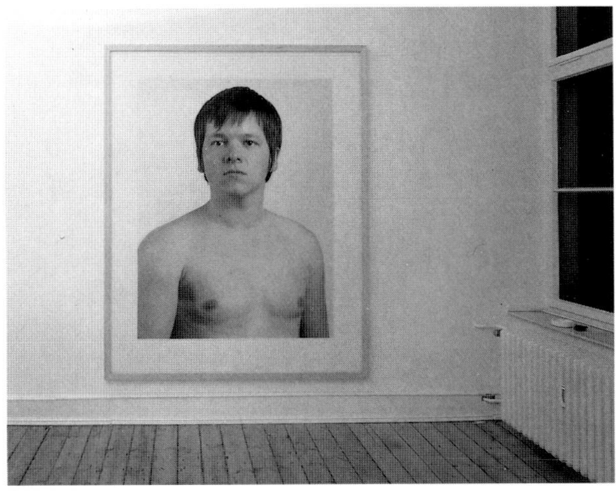

nem der beiden Bereiche an sich entstammt, sondern aus der Vermengung beider hervorgeht. Auch hier trifft Ruff wieder präzise die Wirren einer Zeit, in der die Einteilung der Welt in öffentliche und private Sphäre, wie die Aufklärung sie vornahm, nicht mehr greift («das Politische im Persönlichen» und «das politisch Unbewusste» zeigen es zum Beispiel). Die Zeitung, traditionelles Informationsmittel der Aufklärung, ist nicht sosehr Mittler zwischen beiden Sphären, sondern vermengt sie, lässt sie einander durchdringen und gewissermassen ansteckend aufeinander wirken. Ruffs *Portraits* verdanken ihre klasizistische Wirkung – und schiere Anziehungskraft – der ausgewogenen Balance, die sie zwischen der Privatperson und dem Blick der öffentlichen Autorität einzuhalten vermögen. Seine *Pressephoto-Serie* zeigt, wie die beiden aus dem Gleichtritt geraten, wie Privates und Öffentliches radikal auseinanderfallen. Indem Ruff auch diesen Punkt beleuchtet, zeigt er sehr deutlich die Konfusion in unserem gegenwärtigen Dasein als gesellschaftliche Subjekte auf, die scheinbar niemandem ausgeliefert sind.

In einer überwachten Gesellschaft sind dies fundamentale Überlebens-Strategien: Die Modelle verfügen über ein allgemeines urbanes Wissen, wie man mit dem gesellschaftlichen Blick umgeht, damit spielt und seine Kraftlinien umleitet, so dass der gierige Voyeurismus der Autorität abprallt am sanften Exhibitionismus des Subjekts. Es gibt überhaupt keinen Grund für irgendeinen gewaltsamen Ausbruch. Deshalb auch das Fratzenschneiden in den Photo-Automaten: Während man dasitzt und auf den Blitz wartet, der immer im falschen Augenblick kommt, kann man zumindest flappsige Rache am blöden Auge des Staates nehmen, indem man jede nur denkbare Grimasse ausprobiert, ja selbst dem Objektiv den Rücken kehrt (soll schon vorgekommen sein). Ruffs Modelle bedürfen keiner extremen Massnahmen, um die Zyklopen zu bezwingen. Ihre Generation weiss es besser. Wie Odysseus sagen sie laut: «Ich bin niemand (Besonderer)»; und gleichzeitig flüstern sie, was der Spiegel ihnen zeigt: «Aber trotzdem bin ich jemand Bestimmter.» Sie sind die Kinder, die jüngste Generation von Überwachung und Spektaktel i n   e i n e m . Sie sind mit diesen mächtigen sozialen Zwängen aufgewachsen. Und sie wissen, wie man unter zweifachem Druck ganz ruhig bleibt: Man braucht einfach nur den einen sozialen Zwang (das Spektakel) gegen den andern (die Überwachung) auszuspielen. Keine Verrenkung in irgendeine Richtung: Um die Lage zu beherrschen, braucht man weder unterwürfig zu sein (Verbrecher-Photo) noch aufmüpfig (Photo-Automat) – sondern einfach cool zu bleiben.   *(Übersetzung: Nansen)*

Edition for Parkett Thomas Ruff, 1991

I.

HD	107 869
SAO	203 427
α 2000	$12^h\ 23^m\ 47.7^s$
δ 2000	$-30°\ 20'\ 07''$
Const	Hydra
$\mu(\alpha)$	+ 0.001
$\mu(\delta)$	− 0.01
V	6.60
B − V	1.1
M_v	− 0.1
Spec	K2 III
RV	+ 69
d (pc)	220 s
Notes	m

II.

NGC	5927
α 2000	$15^h\ 28.0^m$
δ 2000	$50°\ 40'$
Const	Lupus
Diam	12.0
V	8.33
B − V	1.31
Spec	G2
d (kpc)	7.4
RV	− 78
M_v	7.77
$(B − V)_0$	0.76
Class	8
[Fe/H]	− 0.30

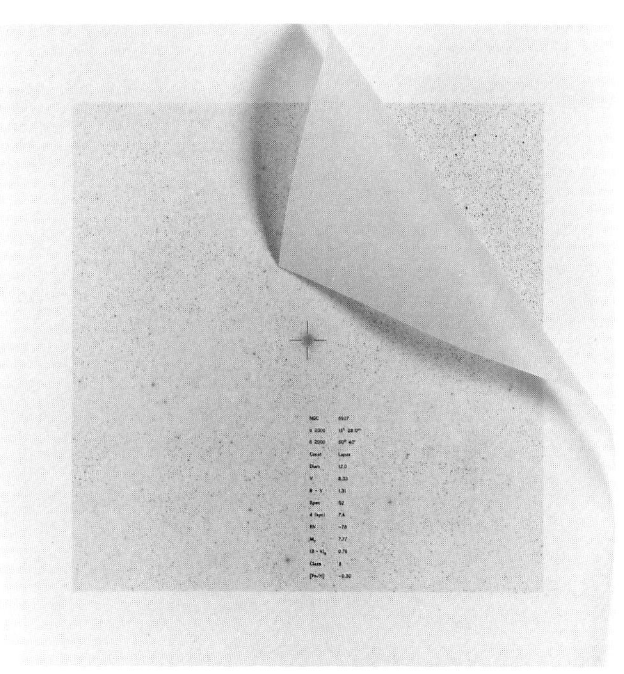

Zwei C-Prints, 50 x 50 cm,
in Transparentpapierhüllen. Die astronomischen Daten sind
beidseitig auf den Hüllen in Siebdruck aufgedruckt.
Auflage von je 50 Photos, numeriert und signiert.

Two C-prints, $19\frac{1}{2}$ x $19\frac{1}{2}''$,
in transparent paper wrappers. The astronomic data are
silk-screened on the front and back of the wrappers.
Edition of 50 photos each, numbered and signed.

I.

II.

The invisible Dragon:

On Beauty I

IT WOULD BE NICE IF SOMETIME A MAN WOULD COME UP TO ME ON THE STREET AND SAY, "HELLO, I'M THE INFORMATION MAN, AND YOU HAVE NOT SAID THE WORD 'YOURS' FOR THIRTEEN MINUTES. YOU HAVE NOT SAID THE WORD 'PRAISE' FOR EIGHTEEN DAYS THREE HOURS AND NINETEEN MINUTES."

EDWARD RUSCHA, *INFORMATION MAN*

HE FOUND IT WAS AS EASY TO HURL BEAUTY AS ANYTHING ELSE.

PATTI SMITH ON ROBERT MAPPLETHORPE

I was, to be honest, daydreaming through the waning moments of one of those dread university symposia on the subject of "what's happening now," vaguely formulating strategies for avoiding punch and cookies, when I found myself addressed by a graduate student who rose to his feet and, at considerable length, demanded my opinion as to what "The Issue of the Nineties" would be. Snatched from my reverie, I said, "Beauty. The issue of the nineties will be beauty," because I wished it so. And also, just to see what would happen.

And what happened, of course, was nothing. Silence prevailed. The word just hovered in that sleek, institutional space — amazing and alien — like a

Pre-Raphaelite dragon aloft on its leather wings. The earnest symposiands knew the word, had certainly read it, but, clearly, had never before heard it spoken in a "serious" contemporary context. It had probably come up casually, in its gender-sensitive diminutives of approbation and disapprobation (as in "Well, at least it's handsome," or "It's too pretty"), but, in the institutional discourse to which they were accustomed, the concept was, for all intents and purposes, linguistically invisible, bereft of any entourage of terminology. Which was, of course, my point, or, at least, my drift. And drift it did.

They knew, I assumed, that for several centuries subsequent to the rise of easel painting, a loose, protean collection of tropes and figures signifying "the beautiful," had been the primary modality of appeal between the image and its beholder — that these devices had provided the image's primary claim to being looked at. And, probably, had they thought about it, they would have acknowledged that, if one considers works of art as rhetorical instruments rather than philosophical entities, these attributes of the beautiful serve two rather important functions in the transaction between the image and the beholder. Firstly, they enfranchise the beholder by exhibiting markers that designate a territory of shared values. Secondly, these attributes valorize the content of the image which, given its argumentative intention, is, by definition, problematic.

In this fashion, the vernacular attributes of "beauty" have traditionally served to revise the beholder's concept of what is "beautiful" — have functioned as the *pathos* which recommends the *logos* and

---

DAVE HICKEY is freelance writer who lives in an apartment on the lower left-hand corner of the United States.

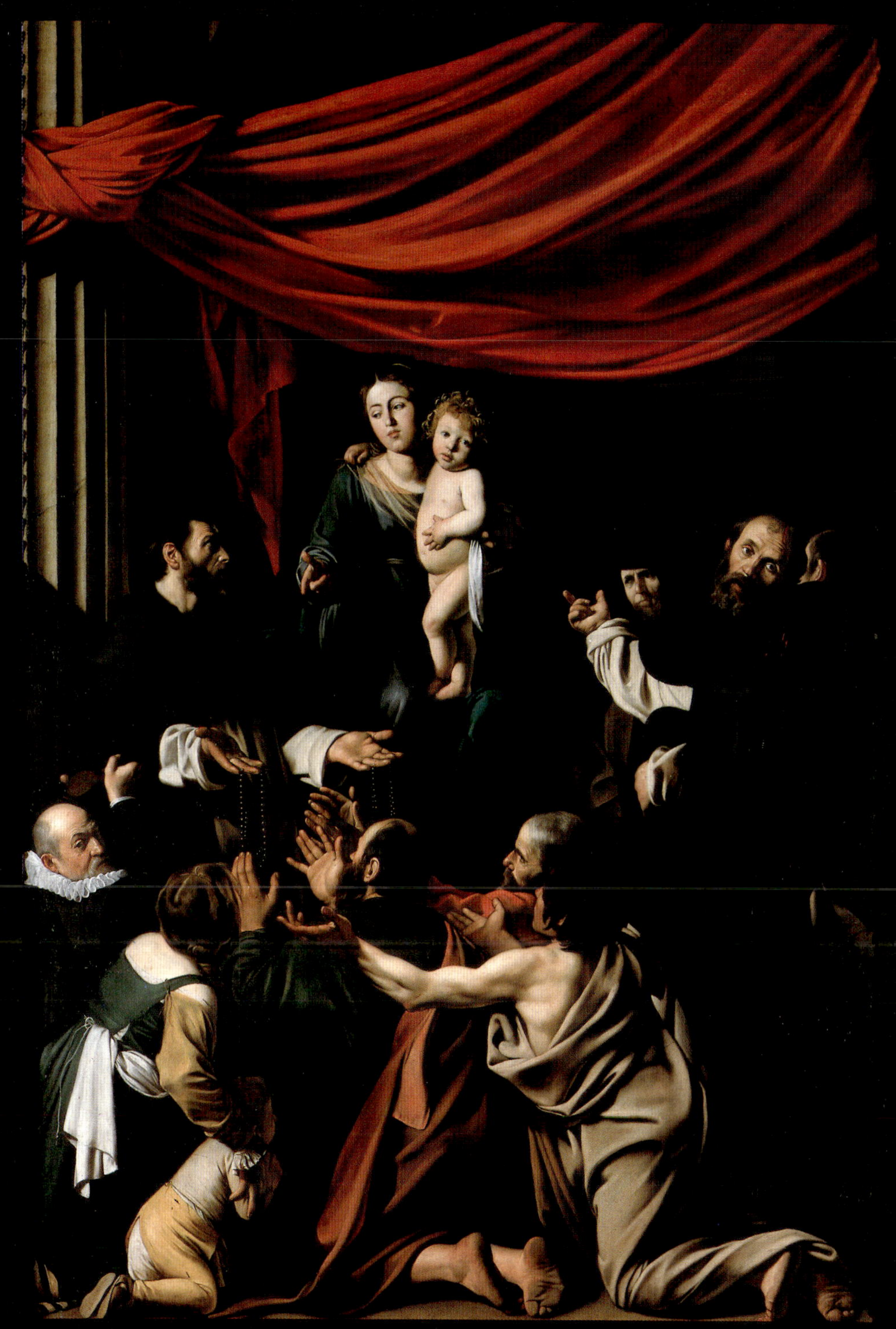

CARAVAGGIO, ROSENKRANZ-MADONNA, 1606/07,
Öl auf Leinwand, 364 x 249 cm/
MADONNA OF THE ROSARY, 1606/07, oil on canvas, 143³/₈ x 98".
(KUNSTHISTORISCHES MUSEUM WIEN)

ethos of visual argumentation to our attention. Thus Caravaggio, at the behest of his masters, would deploy the exquisite hierarchal drama of *The Madonna of the Rosary* to lend visual appeal and corporeal authority to the embattled concept of the intercession of the priesthood — and succeed. For the history of beauty is largely the history of arguments won, of successful visual litigation in which the problematic relationship between content and beholder has been neutralized, leaving only the mechanisms of the argument visible. Thus when we see *The Madonna of the Rosary* in Vienna, we are most likely unconcerned with the intercession of the priesthood, but we need to acknowledge that, had Caravaggio not, at least temporarily, won his suit, the painting would probably not be there for us to see. We are a litigious civilization and we do not like losers.

Back in the American midwest, however, my earnest symposiands considered "beauty" a loser, and proved profoundly disinclined to consider its contemporary relevance. And I — after broaching the issue on several subsequent occasions, in similar contexts and with similar results — finally, and perhaps belatedly, began to perceive vested interests at work. In my view, when an entire category of cultural dispute disappears, it is reasonable to assume that this disappearance is in the best interest of some very powerful institutions.

For three hundred years the idea of beauty has been the keystone of our cultural vernacular, the lover's machine-gun, and the last redoubt of the disenfranchised. Now, like Banquo's ghost, it is the invisible constituent in all our discourse about contemporary art, no longer required to recommend images to our attention: a task, it is generally assumed, which has now been admirably usurped by the benign context of therapeutic institutions — galleries, magazines, and museums — whose very existence testifies to the fact that "looking at art is good for you," and whose very walls and pages recommend works of art to our attention without their having to resort to any acknowledgement and enfranchisement of a beholder. Furthermore, the task of the contemporary artist, as validated by the priestly intercession of the therapeutic institution, is presumed to be the critique of centrality, and so

the attributes of the beautiful, which concern themselves with the celebration of problematic content to the secular beholder, are de facto irrelevant.

The consequences of this presumed irrelevance, however, seem to me to be far-reaching and potentially disastrous, and the most glaring evidence of this peculiar myopia can be seen in the radical discontinuity between serious criticism of historical and contemporary art. At a time when easily sixty percent of the historical criticism being written concerns itself with the influence of taste, patronage, and the canons of acceptability imposed upon the images a culture creates, the bulk of contemporary criticism resolutely ignores the possibility that every form of refuge has its price. It satisfies itself with grumbling about the "corruption of the market," and presumes the transactions of value imposed by other modalities of cultural patronage to be disinterested, taste-free, and therefore morally and intellectually benign.

The cultural ramifications of this sort of demented innocence are particularly egregious in the United States, whose cultural institutions in the last thirty years have undergone a massive sea change. From the almost exclusively private and mercantile system of marketing and disseminating contemporary art which existed in 1960, the cultural situation in the United States has evolved into a system of interlocking patronage, not unlike that of France in the early 19th century, with powerful mercantile, governmental and academic constituencies vying for power — each with its own cultural agenda and each with its own canon of acceptability with regard to the kinds of images and activities they empower. Without some rudimentary discussion or analysis of the "beautifuls" — that is, of the competing rhetorics of valorization and enfranchisement — we have next to no chance of understanding the way institutions and the works they sanction cause and effect one another. Which is no small blind spot in our speculation on contemporary culture.

As luck would have it, while I was in the midst of fretting about these concerns, and finding no one to fret with, circumstance provided me with a sterling occasion for further alienation in the form of the controversy over the museum exhibition of Robert Mapplethorpe's photographs of erotic subjects. The

American art community, of course, ever ready to play the ravaged virgin, responded by pulling together in defense of "free expression" and all of the perks and privileges it had acquired over the last thirty years. Robert, of course, died, thus robbing us of the one voice of sanity we might have heard. And no one considered for a moment what an incredible rhetorical triumph the entire affair signified. A single artist with a single group of images had managed to overcome the moral isolation, the gentrification, and the mystification, which surround the cult of the therapeutic institution, and directly threaten those in power with his celebration of marginality.

For it is not the c o n t e n t of Mapplethorpe's images which make them dangerous, it is their direct appeal to the beholder. It is exactly their beauty, or more precisely, their courageous appropriation of a Baroque vernacular of the beautiful, which predates and, in a cultural sense, outperforms the formal, critical and covertly transcendental canon of beauty espoused by the therapeutic institution. This canon presumes that looking at art is somehow redemptive by definition, that it is "good" for us, r e g a r d l e s s of and, ultimately, in spite of, whatever specific "good" the individual work or artist might urgently propose to us. And perhaps it is "good" for us to look at *The Madonna of the Rosary* with no concern for Caravaggio's counter-reformation politics, and "good" for us to look at a Sir Thomas Lawrence portrait without responding to his identification of romantic heroism with landed aristocracy, but it is insane and morally ignorant to expect, or even desire, a beholder to confront Robert Mapplethorpe's passionate, partisan, and political celebrations of marginality and not respond to the s u b j e c t and argue the argument which deals so intimately with trust, pain, love, and the giving up of the self.

But this is exactly what was expected and desired. The argument was immediately shifted onto the grounds of "free expression." And the defense of the museum director in Cincinnati, who was prosecuted for exhibiting the images, was conducted almost completely in terms of the redemptive nature of formal beauty. The sophisticated beholder, the jury was told, responded to the elegance of the form regard-less of the content. In other words, the old elitist masculine hierarchy of taste and transcendence was firmly slammed back into place in defense of (and, ultimately, in contempt of) eloquent works of art that totally demolish its premises. In this area, I think, you have to credit Senator Jesse Helms, who, in his antediluvian innocence, at least saw what was there and understood what Robert was proposing and took it, correctly, as a direct, effective, and powerful challenge to everything he believed in. The senator may not know anything about art, but rhetoric is his business and he did not hesitate to respond to the challenge as best he could.

So it was not the content. While the Mapplethorpe controversy was raging, Francis Bacon's retrospective was packing them in at the L.A. County Museum and Joel Peter Witkin was exhibiting in institutional serenity — because Bacon's and Witkin's images speak a language which is profoundly tolerable to the status quo. They mystify Mapplethorpe's content, aestheticize it, personalize it, and ultimately further marginalize it as "artistic behavior" with signifiers that denote angst, guilt, and despair. It is not p o r t r a y a l that destabilizes, it is p r a i s e . Nor is it criticism of centrality that changes the world. Criticism of the mainstream enobles the therapeutic institution's apparent role as shadow government and disguises its unacknowledged mandate to neutralize dissent by first ghettoizing it, and then mystifying it. Confronted by images like Mapplethorpe's which totally outflank its umbrella of entitlement by virtue of their direct appeal to the beholder, the therapeutic institution is immediately disclosed for what it is: the moral junkyard of a pluralistic civilization.

But the vernacular of beauty, in its democratic appeal, remains a potent instrument for change in this civilization. Mapplethorpe uses it, as does Warhol, as does Ruscha, to engage individuals within and without the cultural ghetto in arguments about what is good and what is beautiful. And they do so without benefit of clergy, out in the street, out on the margin where we might, if we are lucky, confront that "information man" with his reminder that we have not used the word "praise" for eighteen days, three hours and nineteen minutes.

DER UNSICHTBARE DRACHE

Über die Schönheit I

ES WÄRE DOCH NETT, WENN IRGEND-
WANN AUF DER STRASSE EIN MANN AN
MICH HERANTRÄTE UND SAGTE: HALLO,
ICH BIN DER *INFORMATION MAN;* SEIT
DREIZEHN MINUTEN HABEN SIE DAS
WORT «DEIN» NICHT MEHR GEBRAUCHT.
DAS WORT «VERHERRLICHUNG» HABEN
SIE VOR ACHTZEHN TAGEN, DREI STUN-
DEN UND NEUNZEHN MINUTEN ZUM
LETZTEN MAL VERWENDET.

EDWARD RUSCHA, *INFORMATION MAN*

IN SEINEN AUGEN KONNTE MAN SCHÖN-
HEIT GENAUSO GUT EXPLODIEREN
LASSEN WIE ALLES ANDERE.

PATTI SMITH ÜBER ROBERT MAPPLETHORPE

Während eines dieser grässlichen Universitäts-Sym-
posien zum «aktuellen Zeitgeschehen» döste ich so
vor mich hin und versuchte mir ein paar Strategien
zurechtzulegen, wie ich die anschliessende Stehparty
umgehen könnte; da sprach mich ein Student an. In
beträchtlicher Grösse baute er sich vor mir auf und

fragte, worum es meiner Meinung nach in den 90er
Jahren gehe. Aufgeschreckt aus meinen Träumen,
sagte ich: «Schönheit. In den 90er Jahren geht es
um die Schönheit», denn das wünschte ich mir. Und
ausserdem wollte ich sehen, welche Reaktion das
auslöst.

Die Reaktion war natürlich gleich null. Stille
allenthalben. Das Wort hing in diesem geleckten
Instituts-Raum, wunderlich fremd wie ein präraffae-
litischer Drache hoch in den Lüften auf ledernen
Schwingen. Den ernsthaften Symposium-Teilnehmern war das Wort nicht unbekannt, sicher hatten sie
es schon mal irgendwo gelesen, aber ganz bestimmt
noch nie zuvor in einem «seriösen» zeitgenössischen
Kontext vernommen. Wahrscheinlich war es hier
und da einmal aufgetaucht im Zusammenhang mit
feministischer Sprachkritik, als geschlechtsspezifi-
sche Verniedlichung von Billigung und Missbilli-
gung (z.B. «Na, wenigstens ist es ansehnlich» oder
«Nein, ist das hübsch»). Doch im institutionellen Diskurs, an den sie ja gewöhnt waren, war der Begriff ein
linguistisches Nichts, bar jeder terminologischen
Anbindung. Das genau war natürlich das Ziel meines
Schlags, und der hatte gesessen.

Sie wussten wohl, dass nach dem Aufkommen der
Staffelei-Malerei Jahrhunderte lang eine lose Sammlung von Formen und Inhalten zur Darstellung des

---

DAVE HICKEY ist freischaffender Kritiker in Los Angeles,
wo er «im untersten linken Rand» der USA ein Appartment
bewohnt.

«Schönen» das wichtigste Bindeglied zwischen Bild und Betrachter gewesen war, ja dass darin überhaupt der wichtigste Grund lag, ein Bild zu betrachten. Und wenn sie sich darüber Gedanken gemacht hatten, mussten sie eigentlich auch zu der Erkenntnis gekommen sein, dass, wenn man ein Kunstwerk nicht als philosophisches Gebilde betrachtet, sondern als rhetorisches Instrument, diese Attribute des Schönen zwei recht wichtige Funktionen in der Vermittlung zwischen Bild und Betrachter erfüllen. Erstens beziehen sie den Betrachter mit ein, indem sie Eigenschaften vorführen, die einen Bereich gemeinsamer Wertvorstellungen markieren. Und zweitens werten diese Attribute den Inhalt eines Bildes auf, das, sofern es streitbare Absichten birgt, als problematisch gilt.

In diesem Sinne haben die typischen Attribute von «Schönheit» traditionell dazu gedient, des Betrachters «Schönheits»-Begriff zu überprüfen, sie funktionierten als Pathos, das uns für Logos und Ethos der visuellen Darstellung zugänglich macht. So bediente sich Caravaggio, auf Geheiss seiner Lehrer, des subtil hierarchischen Dramas der *Rosenkranz-Madonna,* um dem umstrittenen Konzept von der Fürbitterrolle der Geistlichkeit optische Anziehungskraft und physische Präsenz zu verleihen, und zwar mit Erfolg. Denn die Geschichte der Schönheit ist weitgehend die Geschichte gewonnenen Streits, erfolgreichen visuellen Kampfes, in dem die problematische Beziehung zwischen Inhalt und Betrachter aufgehoben wurde und nur die Mechanismen der Auseinandersetzung sichtbar blieben. Wenn wir also die *Rosenkranz-Madonna* in Wien sehen, bleiben wir von der Fürbittproblematik der Geistlichkeit mehr oder weniger unberührt; aber wenn Caravaggio seinen Kampf nicht wenigstens zeitweise gewonnen hätte, könnten wir das Bild jetzt wahrscheinlich nicht betrachten. Wir sind eine streitliebende Zivilisation, und wir mögen keine Verlierer.

Doch zurück in den amerikanischen Mittelwesten: Meinen ernsthaften Symposium-Teilnehmern dort galt die «Schönheit» als Verlierer, und sie zeigten eine tiefe Abneigung dagegen, sich über deren Bedeutung für die Gegenwart den Kopf zu zerbrechen. Ich hingegen sprach das Thema später noch mehrmals bei verschiedenen Gelegenheiten,

in ähnlichem Zusammenhang und mit vergleichbarem Ergebnis an und stellte schliesslich fest – ein bisschen spät vielleicht –, dass da handfeste Interessen am Werk waren. Ich denke, wenn eine ganze Kategorie des kulturellen Diskurses einfach verschwindet, liegt der Verdacht nahe, dass dieses Verschwinden im Interesse irgendwelcher äusserst mächtigen Institutionen liegt.

Dreihundert Jahre lang war die Idee der Schönheit Markstein unserer Kultur, des Liebhabers stärkste Waffe und letzte Zuflucht der Entrechteten. Jetzt ist sie wie Banquos Geist unsichtbarer Bestandteil unseres gesamten Diskurses über zeitgenössische Kunst, der uns nicht mehr die Bilder nahebringen muss: ein Aufgabe, die jetzt statt dessen nach allgemeiner Auffassung vortrefflich vom wohltätigen Kontext therapeutischer Institutionen – Galerien, Zeitschriften und Museen – erfüllt wird, deren blosse Existenz beweist: «Kunst angucken ist gut für dich», und deren Wände und Seiten uns Kunstwerke offerieren, ohne auf irgendeine Anerkennung oder die Rechtfertigung seitens des Betrachters angewiesen zu sein. Ausserdem soll die Aufgabe des zeitgenössischen Künstlers, abgesegnet durch die priesterliche Vermittlung der therapeutischen Institution, eine Kritik der Zentralität sein, und deshalb sind die Attribute des Schönen, die sich mit der Zelebrierung problematischer Inhalte für den weltlichen Betrachter beschäftigen, de facto irrelevant.

Die Konsequenzen dieser mutmasslichen Irrelevanz scheinen mir jedoch ebenso weitreichend wie potentiell zerstörerisch zu sein, und den schlagendsten Beweis für diese seltsame Kurzsichtigkeit liefert die radikale Zusammenhanglosigkeit zwischen der seriösen Kritik historischer und zeitgenössischer Kunst. Zu einer Zeit, in der gut und gern sechzig Prozent der historischen Kritik sich mit dem Einfluss von Geschmack, Mäzenatentum und den Regeln der Akzeptanz für die Bilder einer Kultur beschäftigen, ignoriert die grosse Masse der zeitgenössischen Kritiker entschlossen die Möglichkeit, dass jede Form von Rückzug ihren Preis hat. Sie begnügen sich damit, über die «Korruption des Marktes» zu nörgeln und geben sich der Vorstellung hin, die durch andere Modalitäten der Kulturförderung in Gang gesetzten Wert-Transaktionen seien uneigennützig und geschmacksneutral und aus diesem Grunde moralisch wie intellektuell gerechtfertigt.

Die kulturellen Verzweigungen dieser Art von wahnhafter Unschuld haben in den Vereinigten Staaten ein enormes Ausmass; die amerikanischen Kultureinrichtungen haben in den letzten dreissig Jahren einen massiven Wandel erlebt. Vom fast ausschliesslich privat-merkantilen System zeitgenössischer Kunst-Vermarktung und -Vermittlung um 1960 hat sich die kulturelle Situation in den Vereinigten Staaten zu einem System engverquickter Protektion entwickelt, vergleichbar etwa dem französischen System zu Beginn des 19. Jahrhunderts. Mächtige Kunden aus Handels-, Regierungs- und Akademikerkreisen streben nach Einfluss – jeder mit seinem eigenen kulturellen Instrumentarium und Massstab, je nachdem welche Vorstellungen und Aktivitäten ihr Machtbereich umfasst. Ohne eine wenigstens bruchstückhafte Diskussion oder Analyse der verschiedenen Art und Weisen von «schön» – das heisst, der konkurrierenden Bewertungs- und Rechtfertigungs-Rhetorik – haben wir kaum eine Chance, zu verstehen, wie Institutionen und die von i h n e n sanktionierten Werke einander gegenseitig bedingen und auslösen. In unserer Spekulation über die zeitgenössische Kultur ist das ein wahrlich nicht unbeträchtlicher blinder Fleck.

Doch wie es manchmal so kommt, als ich mich gerade über diese Dinge ärgerte, aber keinen fand, mit dem ich mich hätte ärgern können, da spielte mir der Zufall eine echte Chance zur weiteren Vereinsamung zu, und zwar in Form des Streits über die Museums-Ausstellung mit Robert Mapplethorpes erotischen Photographien. Die amerikanische Kunstgemeinde, immer bereit, die entehrte Jungfrau zu spielen, rückte natürlich geschlossen zur Verteidigung der «Ausdrucksfreiheit» sowie all der in den vergangenen dreissig Jahren errungenen Rechte und Privilegien an. Robert aber starb und raubte uns genau jene Stimme des gesunden Menschenverstandes, die wir gehört hätten. Und keinem fiel auf, was für ein unglaublicher rhetorischer Triumph die ganze Sache war. Ein einzelner Künstler hatte es mit einer einzigen Werkgruppe geschafft, jene moralische Isolation, jene Veredelung und Mystifizierung zu überwinden, die den Kult der therapeutischen Insti-

tution umgeben, und mit seiner zelebrierten Marginalität unmittelbar die Mächtigen zu bedrohen.

Denn nicht der *I n h a l t* der Bilder von Mapplethorpe macht sie gefährlich, sondern ihre unmittelbare Wirkung auf den Betrachter. Gerade ihre Schönheit, oder, genauer gesagt, die unverblümte Aneignung eines barocken Schönheitsbegriffs, nimmt ja jenes kritisch-formale und verborgen transzendente Schönheitsprinzip, dem sich die therapeutische Institution verschrieben hat, vorweg, ja überflügelt es in kulturellem Sinne. Dieses Prinzip geht davon aus, dass das Betrachten von Kunst per definitionem gewissermassen befreienden Charakter hat, dass die Kunst «gut» für uns ist, *u n g e a c h t e t* – und letztendlich trotz – all dessen, was der einzelne Künstler oder das einzelne Werk uns an speziellem «Gut» offeriert. Und vielleicht ist es «gut» für uns, die *Rosenkranz-Madonna* zu betrachten, ohne uns um Caravaggios gegenreformatorische Interessen zu kümmern, ja vielleicht ist es gut für uns, Sir Thomas Lawrence's Portrait anzusehen, ohne an seine Gleichsetzung von romantischem Heroismus und Landadel zu denken. Aber es ist ebenso unsinnig wie moralisch ignorant, zu erwarten oder auch nur zu wünschen, man könnte Robert Mapplethorpes leidenschaftlich-kämpferische und politische Inszenierung von Marginalität betrachten, ohne auf das *T h e m a* zu reagieren, indem man sozusagen die Tatsache wegdiskutiert, dass es hier um so intime Dinge wie Vertrauen, Schmerz, Liebe und Selbstaufgabe geht.

Doch genau das wurde erwartet und verlangt. Das Problem wurde sofort zu einer Frage der «Ausdrucksfreiheit» umgemünzt. Und die Verteidigung des Museumsdirektors in Cincinnati, den man wegen der Ausstellung der Bilder angeklagt hatte, berief sich fast ausschliesslich auf die Rechtfertigung durch formale Schönheit. Der gebildete Betrachter, so hiess es vor Gericht, lasse sich von der Eleganz der Form beeindrucken, unabhängig vom Inhalt. Mit andern Worten, man bemühte wieder die alte, elitär-männliche Hierarchie von Geschmack und Transzendenz zwecks Abwehr (und eigentlich Verachtung) eloquenter Kunstwerke, die deren Prämissen vollends aus den Angeln heben. Insofern gebührt dem Senator Jesse Helms Achtung, der in vorsintflutlicher

Unschuld wenigstens registrierte, was er vor sich hatte, der begriff, was Robert da zeigte, und es zu Recht als direkten, schlagkräftigen Angriff auf alles sah, was ihm heilig war. Der Senator mag zwar nichts von Kunst verstehen, aber Rhetorik ist sein Geschäft, und er zögerte nicht, den Angriff mit allen ihm zur Verfügung stehenden Mitteln zu parieren.

Es war also nicht der Inhalt. Während der Streit um Mapplethorpe tobte, wanderten die Leute scharenweise ins L. A. County Museum zur Francis Bacon-Retrospektive, und auch Joel Peter Witkins stellte in musealem Frieden aus; denn sowohl Bacons als auch Witkins Bilder sprechen eine Sprache, die dem Status quo in nichts zuwiderläuft. Mapplethorpes Inhalt wird bei ihnen mystifiziert, ästhetisiert, personalisiert und letztlich marginalisiert als «künstlerische Haltung»; aus ihren Bildern sprechen Angst, Schuld und Verzweiflung. Nicht die *Darstellung* wirkt zersetzend, sondern die *Verherrlichung*. Auch die Kritik der Zentralität verändert die Welt nicht. Mainstream-Kritik adelt die augenfällige Rolle der therapeutischen Institution als Schattenkabinett und verschleiert deren unausgesprochenen Auftrag, abweichendes Denken zu neutralisieren, indem sie es zunächst ins Getto abdrängt und schliesslich mystifiziert. Ist die therapeutische Institution konfrontiert mit Bildern wie die von Mapplethorpe, die mit ihrer unmittelbaren Wirkung auf den Betrachter den vorgeschobenen Anspruch der Institution einfach umgehen, dann zeigt sie sich augenblicklich als das, was sie tatsächlich ist: die moralische Müllhalde einer pluralistischen Gesellschaft.

Doch die Sprache der Schönheit bleibt in ihrem demokratischen Anschein ein potentes Mittel zur Veränderung in dieser Gesellschaft. Wie Warhol und Ruscha benutzt Mapplethorpe es, um den Einzelnen innerhalb und ausserhalb des Kultur-Gettos in eine Auseinandersetzung darüber zu verwickeln, was gut ist und was schön. Und diese Künstler tun das ohne geistlichen Segen, draussen auf der Strasse, am Rande, dort wo wir mit etwas Glück dem *Information Man* begegnen, der uns daran erinnert, dass wir das Wort *Verherrlichung* seit achtzehn Tagen, drei Stunden und neunzehn Minuten nicht mehr gebraucht haben.

(Übersetzung: Nansen)

Interview with James Rosenquist

PAUL TAYLOR: Even in the '90s Pop Art and Pop artists are at the cutting edge of the art world's diplomatic corps. You have just returned from a show in the USSR.
JAMES ROSENQUIST: I had a big exhibition in Moscow, in the central hall of artists called the Tretyakov Gallery, in February. It was a tremendous amount of work. Thousands of people came, thousands. At the opening, the place was jammed.

PT: Was there much written about it there?
JR: Oh yes. People wrote poems about it. Andrei Vosnesewski wrote a piece. They all thought I was very optimistic. They loved it. A lot of the art students know a great deal about what's going on in New York now. How they find out, I don't know. There's nothing in the newspapers or journals. Whatever material they get from the West is handed around, shuffled around and read. The thrust of my show was that everything there was painted from a paintbrush and oil paint. I didn't have any high technology or anything like that. It was more carpentry than high tech. I wanted to be on an equal level with the Soviets. I didn't want to appear chauvinistic, like I was bringing any fancy, high-falutin' thing there that they couldn't possibly ever have.

PT: Let's move along to Paris, to quite a change of scene. The USSR is embracing some aspects of American art. Paris, meanwhile, is laying claim to being the art capital of Europe. There was a highly publicized gesture of hostility to American art in that city last year, and your work was at the center of it.
JR: I read some articles about it in some magazines. What happened was that the atmosphere in Paris just before the art fair was very anti-American and very bitter about the art market. The general attitude was that prices were high and false and the people who were responsible for this were the New York art dealers and a few New York collectors. So at Leo Castelli's booth at FIAC, someone came in and slashed a Lichtenstein painting. While he was being tackled, the stand was left unattended, and another guy came in and slashed my painting, really slashed it up. Castelli didn't press charges, and later Leo got a letter from the people who slashed it, saying something like "We have done this ghastly, terrible thing and we thank you for not pressing charges. But you must realize our role and our importance" – which was all nuts, totally crazy. They said to Leo, "Isn't it true that art should be freedom, that art can be anything, that art can be this gesture?" So their art is slashing. It's destruction. They're claiming that. But there was a lot of bad feeling before that.
The problem is that the real truth isn't available to the Parisians – they're on the wrong side of the pond. They don't know the grass roots or what really happens. Of course, I know that a lot of things are wrong here, things that happened in the Eighties. The Eighties will be a very interesting time to try to put one's arms around and write about. Some of the aspects are that a lot of artists managed to sell a lot of work without actually working very hard. It was easy, so

PAUL TAYLOR is the editor of *Post-Pop Art,* MIT Press, 1989.

easy that things would just slip out of their mouths, like porridge. That went for the artists and the dealers who never, ever knew about any hardships or any hard times. After things happened to them, they didn't do anything with their careers. Also, there was a lot of manipulation by people who thought that art is an investment, like real estate. But unlike real estate, a painting doesn't need a tax stamp on it, it doesn't have a deed, it doesn't have to be registered. Yet some of the paintings went for real estate prices. A picture, rolled up in a tube and shipped around the world, represents a sizable amount of money without needing any record. So certain collectors who I don't want to name who are on the boards of the various museums got the museums to have shows of this work and made the prices go up, and then they sold them again, and profited by them. This is like insider trading.

PT: But these are quite common charges, Jim. Are you talking about anyone in particular?
JR: You can tell who the people are. Maybe it's not so bad. The bad part is that these collectors actually sold right away. So it was very obvious. There's nothing wrong with promoting paintings. But then they just dump them. What's disturbing is someone who buys fifteen paintings and then just sells them, that's damaging. And when those paintings come on the market, they make a false market, low or high, and that's terrible. Panza owned eight or ten of my paintings years ago. Now I don't think anyone owns more than about six. It sounds funny, but I'm happy about that.

PT: Are you saying that there should be hardship involved in the making of art?
JR: No. Listen, suffering doesn't make great art. But if a youngster sells well and has a tremendous curve, and then something goes wrong – s/he doesn't really know what – that's the hard part.

PT: So hardship comes after success?
JR: I hate the idea of an artist's spirit being destroyed without being kindled. Over 35 or 40 years I've seen very good artists have hardships which include short lives and, as a result, we are not entitled to all the wonderful things that they produce. I'm thinking of Oyvind Fahlstrom, Jean Michel Basquiat, Keith Haring, and an artist who just died – Oli Sihvonen – who was 61 and quite an interesting painter. But anything that dampens someone's spirit is terrible. So to survive a period of not selling works or having a hard time is important.

PT: Would you compare yourself to these artists of the Eighties? In your case, of course, there were a few years of training and schools and hardship, but yours was nevertheless a quick success story of the kind you're criticizing.
JR: I always had a totally different background. When I was a little boy, when I looked around and thought of anyone as an artist, they were always a commercial artist, and any other inspiration they had was really like a private, mystical hobby, something very exotic, very strange. I was intrigued by that, and when I won a scholarship to the Art Students' League of New York and met the old timers, they might have been fashion illustrators for the *New York Times* or doing something for TV, but they were all privately on to their own thing in their own studios. By contrast, everything in the Eighties looks, almost, like commercial art. Nothing is un-public, everything is for sale. You should have been here at the Friday Night Club where they had artists get together. In those days, there was almost an underground of art, which made it mystical, unusual, quite elite, really, out of nothing. Maybe people didn't want to sell it. So when I stopped doing billboards, I got a studio and I didn't care about selling my paintings. I didn't make things to sell.

PT: It happened to you, all the same.
JR: But seriously, I didn't make things to sell. I wasn't sure of myself, and my paintings were my companions. I was very aware of what I wanted to leave as a painting and not destroy. With one part of my brain, I could paint anything backwards with my eyes closed. I could paint any kind of advertisement that would sell something because I had years of experience of doing it. I could make something that would sell a product and make money for somebody. But art for me is something different from that. Instead, I thought about my existence in this society,

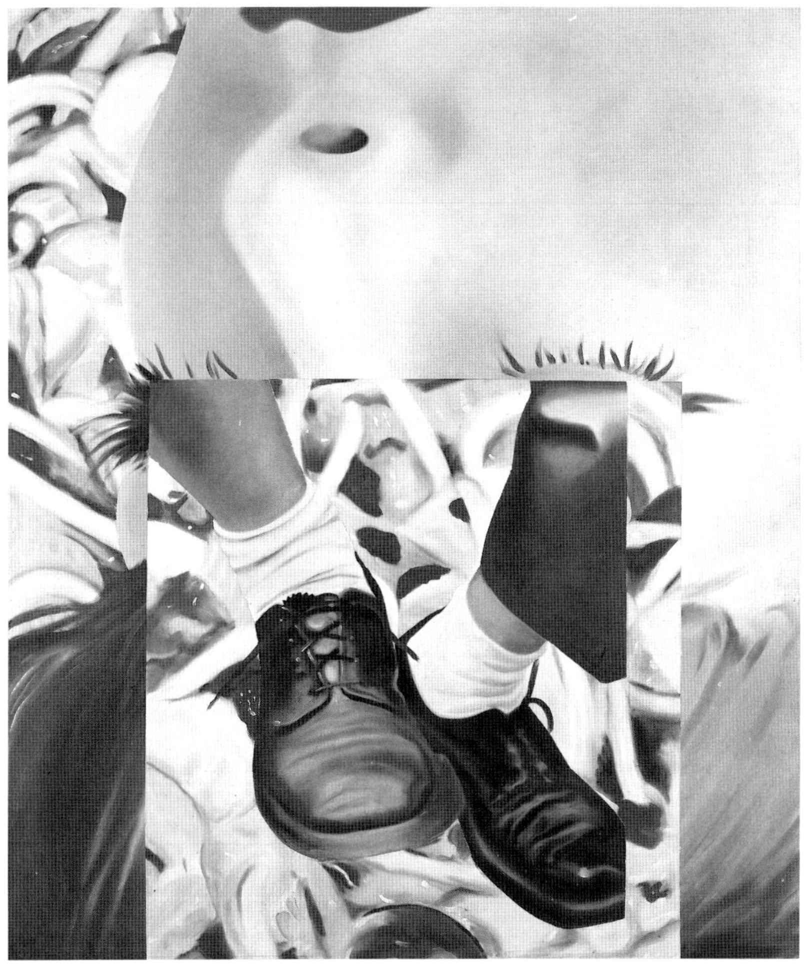

within the tremendous atmosphere of advertising in this country – on radio, television, magazines and everything else. You really feel an absence of that in the Soviet Union, or even just a few years ago in certain European countries where there wasn't much media and where the atmosphere is not loaded up with commercialism, as it is in America. Here, the atmosphere urges everyone to go buy, buy, buy a Chevrolet, go and buy. When I look at television in Florida, everything is displaced by advertising – seri-

als, news, everything is jammed up. Anything of culture, even on the Public Broadcasting Service, is so little. Then they have quiz programs, all for goods, goods, all this consumer glop.

So that's something that I had been immersed in since I was little and I really began to resent it. And I thought, "Here I am, painting these big, ugly billboards in Times Square for the movies, the products and this and that, and I'm working hard to convince people to buy this and that. How can I use the same

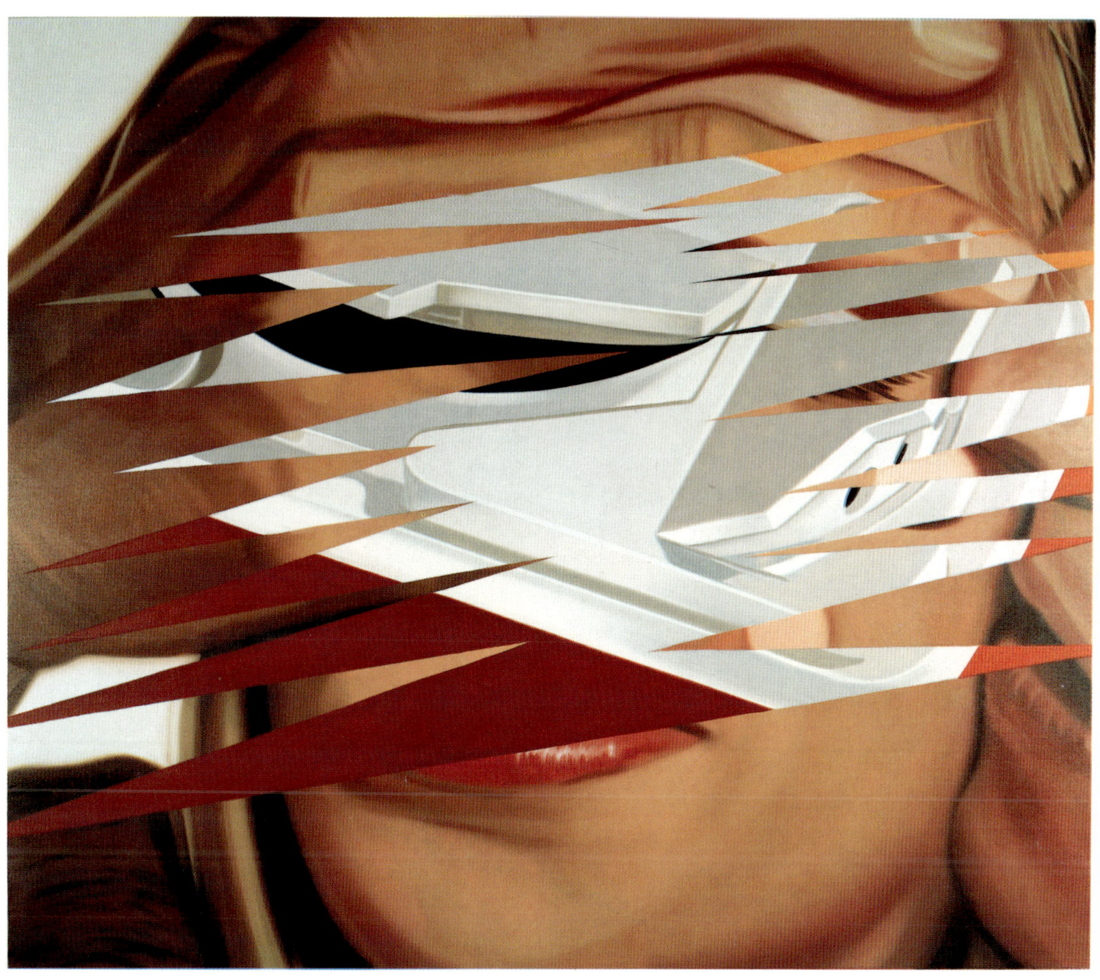

energy to do something different?" I didn't think of using any labels, like Andy Warhol did. I thought of things in general terms.

PT: Having mentioned Warhol, I guess you're aware that he refers to you in his Diaries as, simply, "the best," and out of all of the artists in your early Sixties Pop milieu, you and Warhol were the ones who came from commercial art.
JR: Roy Lichtenstein was a drafting guy. He's very exciting. I haven't seen him work but apparently he always uses mechanical tools. Then there's Bob Rauschenberg who could always make a dollar. Jasper Johns too – that coffee can with those paint brushes sticking out of them – before they were bronzed they were in Bonwit Teller's windows. They were just paintbrushes.
In addition to the commercial thing, I was trying to be cool, not hot. In other words, I didn't want to use brand names, I wanted to use big, expansive, vacuous pictures. I was interested in the *Nouvelle Vague* cinema

119

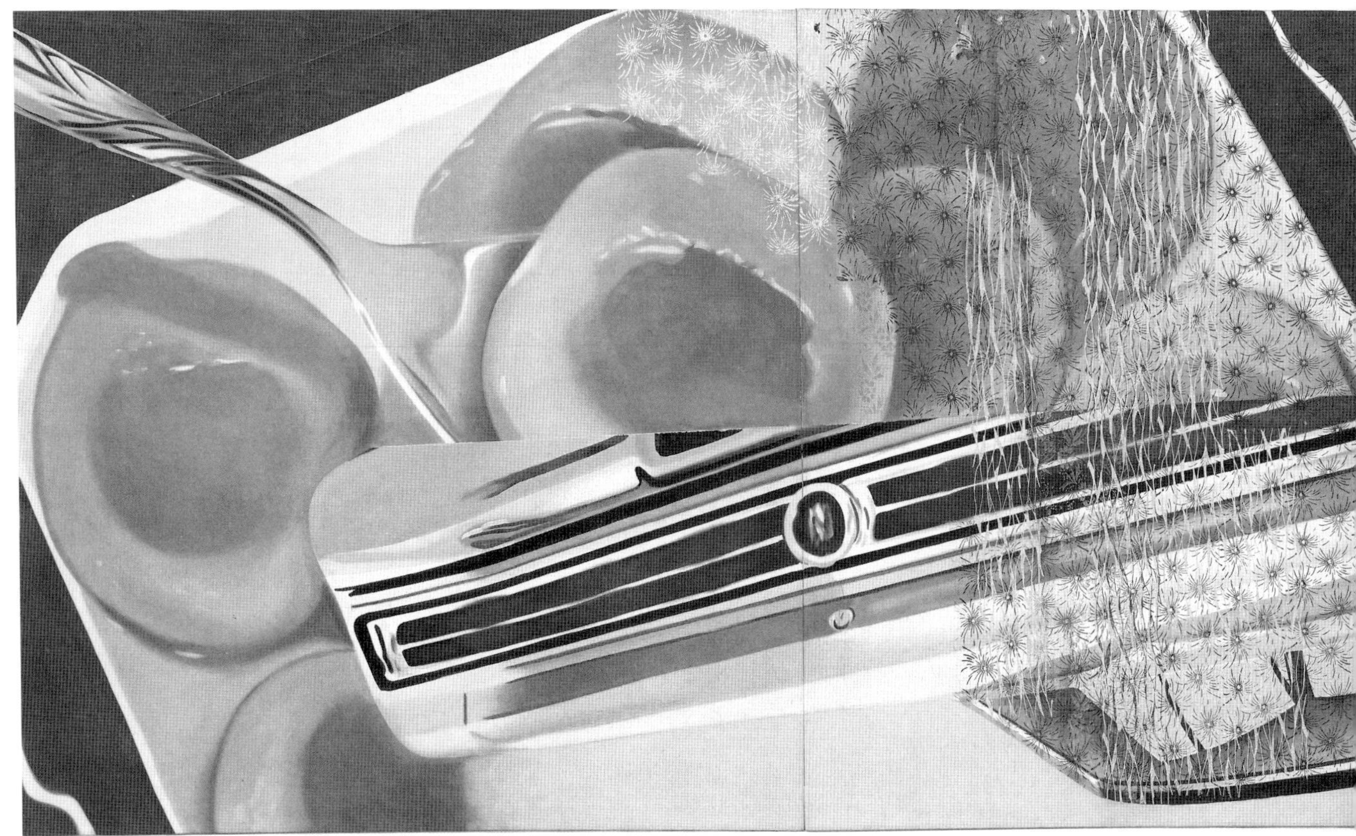

in France where the director was the producer and acted in it and was a one-man band. I was interested in time and remembering. I was influenced by existentialism and was interested in the absence of recent memory and the study of memory as a person grows older. I was interested in color – I wasn't interested in vivid colors – I was interested in tinting grays into pinks and colors and all kinds of delicate things that nobody had ever done before.

PT: In the Seventies, everything seemed to change in your work.

JR: Wait on a minute. In 1965 I did F-III, this total wrap-around large painting for Leo's little gallery on 4 East 77 Street. Then in '66 I was influenced very much by Eastern philosophy and I was trying to do a show that was like a gallery stroll where you came in through a painting and out through a painting and you walked around through a circle of experiences

that were all quite unusual. In 1967 I launched into walk-through paintings which were shown in Paris and Venice. Anyway, hardly anyone has seen those. Then in 1969–70 I did rooms that had dry-ice fog in them and the paintings sort of disappeared into the ice fog. Then in '71 I had the accident.

PT: Afterwards, your technique seems to have changed, and your imagery too. The images within your pictures became sharper, and they relate to one another differently. Your images were spliced and dovetailed together instead of being collaged beside one another. Your shapes, instead of being boxy, became elongated and serpentine.

JR: It's hard to describe. When I was trying to figure out a new space in a painting, I did this painting STAR THIEF and I cut the image into shards and realized that I could still identify an image even if it was cut into shards, and I could still reveal something else through that so that the mind could see both things. It

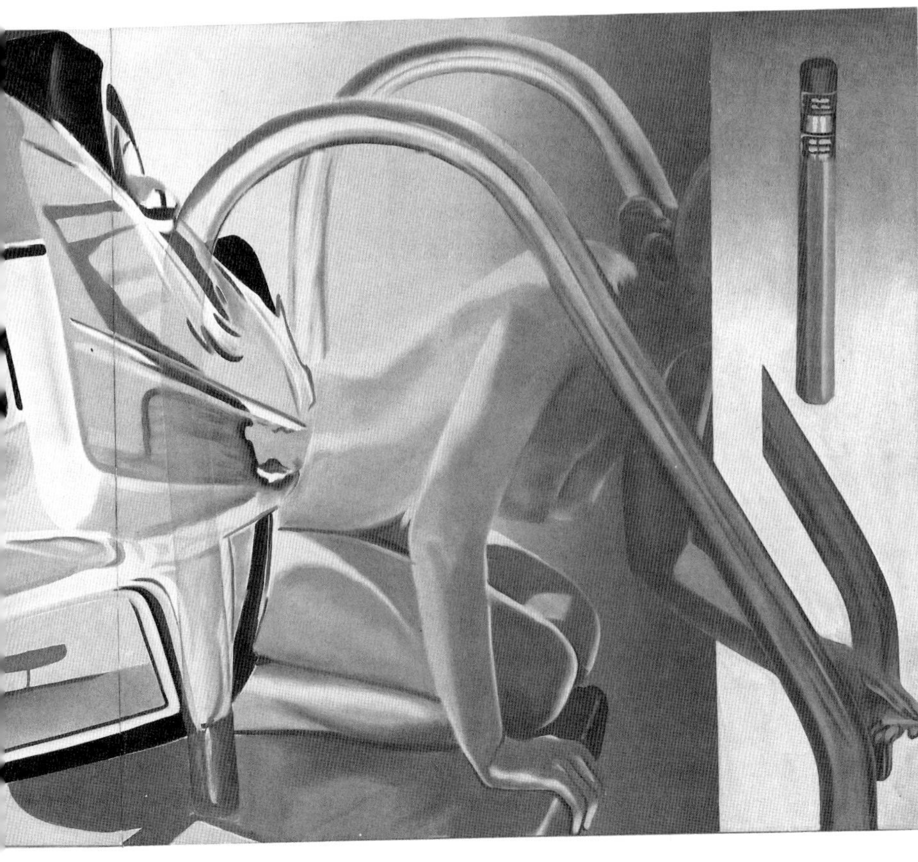

was a trick to make more space available in the painting – more space to paint in another idea, another attitude. I'm still working on that.

PT: By contrast, your work since the Sixties has consistently dealt in images of women, faces in particular, but also fingernails and feet. It could be said that you are ultimately a painter of women.

JR: The reason for that is that women wear lipstick and nailpolish that's supposed to attract someone. I am reminded of wild animals – their teeth, nails, hair – and when I look at women I see that they're still animals underneath all that makeup. In other words, while we humans are still evolving, we're still animals. What inspires artists? It's perception and snapping back to reality after dreaming.

PT: Is that to say that women are your inspiration? Do your women represent your sexual desire?

JR: No. Nor am I slicing up women, as has been said. That doesn't appeal to me. What it really is, is looking at someone and wondering about who they really are. That's the attraction to women. What insidious demon is behind that makeup? There are paintings of men too, and in those, the images of neckties and suits go on and on.

PT: Bearing in mind the reception given your work in both Moscow and Paris, do you think you've become an American symbol? Have your paintings become the billboards that you used to paint?

JR: I don't know what I'm taken for. I know I was the first person to introduce things on a large scale – before Oldenberg and Lichtenstein. Even the big paintings at the Louvre were always out the window aperture. Pollock's space either stayed on the surface or went way back. But it was not in your face and it was not disturbing. That's my work – it's in your face.

PAUL TAYLOR

Interview mit James Rosenquist

PAUL TAYLOR: Sogar in den 90er Jahren ist die Pop Art und sind die Pop-Künstler das Aktuellste innerhalb des diplomatischen Kunst-Korps. Du kehrst gerade von einer Ausstellung aus der Sowjetunion zurück.

JAMES ROSENQUIST: Ich hatte im Februar eine grosse Ausstellung in der Zentralhalle der Künstler in der Tretyakov-Galerie in Moskau. Dahinter steht ein gewaltiger Aufwand. Tausende von Besuchern kamen, und an der Eröffnung herrschte ein Riesengedränge.

PT: Wurde viel über die Bilder geschrieben?
JR: O ja. Es gab Leute, die verfassten sogar Gedichte. Andrei Vosnesewski schrieb ein Theaterstück. Sie fanden alle, meine Kunst sei voller Optimismus, und das gefiel ihnen sehr. Viele der Kunststudenten sind ziemlich gut informiert darüber, was in New York läuft. Ich habe keine Ahnung, wie sie das herausfinden. In den Zeitungen und Zeitschriften jedenfalls steht nichts. Alles, was sie an Informationen aus dem Westen ergattern können, wird herumgereicht und gelesen.

Der springende Punkt bei dieser Ausstellung ist, dass ich alles mit Pinsel und Ölfarbe gemalt hatte, ohne spezielle Geräte oder ausgeklügelte Techniken. Es steckt mehr Handwerk dahinter als High Tech. Ich wollte mich auf demselben Niveau wie die Russen bewegen, kein Chauvinist sein, der mit phantastischen, prätentiösen Dingen auffährt, die sie möglicherweise nie haben würden.

PAUL TAYLOR ist Publizist in New York.

PT: Reden wir als Szenenwechsel ein wenig über Paris. Die Sowjetunion bedient sich gewisser Aspekte der amerikanischen Kunst, wohingegen Paris den Anspruch erhebt, die europäische Kunstmetropole zu sein. Letztes Jahr gab es in dieser Stadt einen, in der Öffentlichkeit stark beachteten Vorfall, eine feindliche Geste gegen die amerikanische Kunst, wobei Deine Arbeit im Mittelpunkt stand.
JR: Ich habe in einigen Zeitschriften darüber gelesen. Tatsache ist, dass vor der Kunstmesse eine ausgesprochen antiamerikanische Stimmung in Paris herrschte und eine gewisse Verbitterung hinsichtlich des Kunstmarktes zu verspüren war. Man war überzeugt, dass die Preise künstlich hochgetrieben würden und die Verantwortlichen dafür unter gewissen New Yorker Kunsthändlern und Sammlern zu suchen seien. An Leo Castellis Stand an der FIAC beschädigte dann jemand ein Bild von Lichtenstein. Während der Mann festgenommen wurde, blieb der Stand für einen Moment unbeaufsichtigt, ein zweiter Typ tauchte auf und zerschnitt ein Bild von mir, schlitzte es richtiggehend auf. Castelli klagte nicht auf Schadenersatz. In der Folge schickten ihm diese Typen einen Brief, in dem ungefähr folgendes stand: «Wir haben diese entsetzliche Tat begangen, und wir danken Ihnen dafür, dass Sie auf Schadenersatz verzichten. Sie müssen sich jedoch unserer Rolle und der Bedeutung dieser Tat bewusst sein.» – Eine total verrückte Sache. Sie sagten zu Leo: «Stimmt es nicht, dass Kunst Freiheit bedeuten sollte, dass Kunst irgend etwas sein kann, dass auch diese Tat Kunst sein kann?» Ihre Kunst heisst also Bilder aufschlitzen. Ein reiner Akt der Zerstörung. Sie nehmen das für sich in Anspruch, doch da stecken doch eine Menge schlechter Gefühle dahinter.

Das Problem liegt darin, dass die Pariser nicht gewillt sind, die Wirklichkeit objektiv zu sehen. Sie leben auf der falschen Seite des Teiches; sie kennen die Hintergründe nicht, und sie haben keine Ahnung, was bei uns tatsächlich geschieht. Ich bin mir bewusst, dass in Amerika vieles nicht stimmt; ich denke dabei an Vorfälle, die sich in den 80er Jahren ereignet haben; diese Zeit wird viel interessanten Schreibstoff abgeben! Ein Aspekt ist der, dass es vielen Künstlern gelang, gut zu verkaufen, ohne hart dafür gearbeitet zu haben. Es war einfach, so einfach, dass sie ihre Bilder nur so aus dem Ärmel schütteln konnten. Damit meine ich jene Künstler und mit diesen auch Kunsthändler, die noch nie in ihrem Leben hart arbeiten mussten oder harte Zeiten durchgemacht haben. Sie liessen es geschehen, und sie arbeiteten nicht an der Weiterentwicklung ihrer Arbeit. Ein anderer Aspekt ist die Manipulation durch Leute, die Kunst als Investition betrachten, wie Immobilienbesitz. Doch ein Bild hat keine Parzellennummer, muss nicht ins Grundbuch eingetragen werden. Gewisse Bilder wurden tatsächlich für horrende Preise verkauft, die denen von Immobilien entsprechen. Ein in einer Rolle verpacktes Bild, das um die Welt geschickt wird, stellt einen relativ grossen Geldbetrag dar, der nirgendwo registriert werden muss. Gewisse Sammler also, die ich nicht namentlich erwähnen will, sitzen im Vorstand verschiedener Museen und erreichen, dass diese Museen Ausstellungen mit gewissen Künstlern organisieren; die Preise werden hochgetrieben, die Bilder wieder verkauft, und die Sammler machen einen Riesenprofit. Das funktioniert wie ein Insidergeschäft.

PT: Das weiss man doch. Von wem sprichst Du genau?
J R: Du weisst, wen ich meine. Vielleicht ist es gar nicht so schlimm. Doch tragisch an der Sache ist, dass die betreffenden Sammler die Bilder auf der Stelle weiterverkauft haben; offensichtlicher geht es nicht. Gegen die Vermarktung von Bildern spricht nichts, es sei denn, sie werden zu Schleuderpreisen abgesetzt. Beunruhigend wird es, wenn jemand fünfzehn Bilder erwirbt und sie sofort weiterverkauft. Das hat negative Auswirkungen, denn wenn diese Bilder dann auf den Markt kommen, stimmt der Preis nicht mehr; er ist entweder zu hoch oder zu tief, und das ist katastrophal. Vor Jahren besass Panza acht oder zehn meiner Bilder. Gegenwärtig kenne ich niemanden, dem mehr als sechs Bilder von mir gehören. Es mag seltsam klingen, aber ich bin froh darüber.

PT: Willst Du damit sagen, dass Kunst machen mit leiden verbunden sein soll?
J R: Nein. Weisst Du, wenn ein Künstler leidet, macht er keine gute Kunst. Wenn jedoch ein sehr junger Künstler gut verkauft, Erfolg hat und irgend etwas läuft schief – er/sie kann sich nicht erklären was –, das ist hart.

PT: Zuerst Erfolg haben und dann Not leiden?
J R: Mir ist der Gedanke zuwider, dass das Feuer eines Talentes gelöscht wird, bevor es überhaupt entfacht ist. Während mehr als 35 Jahren habe ich sehr begabte Künstler erlebt, die nur Not gelitten haben – damit meine ich auch ihre kurze Lebensdauer –, und ich finde, dass wir kein Recht auf all die wunderbaren Dinge haben, die sie erschaffen haben. Ich denke dabei an Oyvind Fahlstrom, Jean Michel Basquiat, Keith Haring und an einen Künstler, der vor kurzem verstorben ist, an Oli Sihvonen; er war 61 Jahre alt und ein ganz interessanter Maler. Alles, was jemandes Stimmung trübt, ist schrecklich. Es ist also wichtig, dass ein Künstler auch harte Zeiten durchsteht und Zeiten, während derer er nichts verkauft.

PT: Würdest Du Dich mit den Künstlern der 80er Jahre vergleichen? Du hast Dich zwar während einiger Jahre ausbilden lassen und hast harte Zeiten erlebt, doch immerhin stellte sich der Erfolg rasch ein – eigentlich genau das, was Du kritisierst.
J R: Mein Background war von Grund auf anders. Wenn ich als Kind einem Künstler begegnete, dann waren das immer Werbegrafiker, Illustratoren, und was sie nebenher produzierten, war wie ein privates, geheimnisvolles Hobby, etwas Fremdartiges, Seltsames. Das faszinierte mich, und als ich ein Stipendium für die *Art Students' League* erhielt und all die ehemaligen Studenten kennenlernte, so waren das entweder Mode-Illustratoren, die für die *New York Times* arbeiteten, oder dann machten sie irgend etwas fürs Fernsehen; aber alle arbeiteten sie an ihren eigenen

Sachen in ihren eigenen Ateliers. Verglichen damit ist die Kunst der 80er Jahre geradezu kommerziell. Nichts ist nicht öffentlich, alles ist verkäuflich. Du hättest bei den Künstlertreffen im *Friday Night Club* dabeisein sollen. Damals gab es sozusagen einen Kunst-Untergrund, der die Kunst geheimnisvoll, unüblich, beinahe elitär erscheinen, sie sozusagen aus dem Nichts entstehen liess. Vielleicht wollten die Künstler gar nicht verkaufen. Als ich aufhörte, Reklametafeln zu malen, suchte ich mir ein Atelier, und es war mir völlig egal, ob meine Bilder verkauft wurden oder nicht. Ich machte nicht Kunst, um sie dann zu verkaufen.

PT: Du hast sie aber trotzdem verkauft.

JR: Ich meine es ernst. Ich unternahm nichts, um zu verkaufen. Ich fühlte mich verunsichert, und meine Bilder waren für mich eine Art Begleiter. Ich wusste genau, welche Bilder ich behalten und welche ich zerstören würde. Etwas in meinem Kopf ermöglichte es mir, mit geschlossenen Augen irgend etwas verkehrt rum zu malen. Dank meiner jahrelangen Erfahrung konnte ich jede Art von Reklame malen. Ich konnte etwas herstellen, das für ein Produkt warb und jemandem Geld brachte. Doch Kunst ist für mich etwas ganz anderes. Ich dachte indessen über meine Rolle in dieser Gesellschaft nach, in dieser allmächtigen Atmosphäre der Konsumpropaganda, die dieses Land beherrscht und über Radio, Fernsehen, Zeitschriften und andere Medien verbreitet wird. In der Sowjetunion spürt man dieses Nichtvorhandensein, so wie man es vor einigen Jahren noch auch in gewissen europäischen Ländern spürte, in denen die Medienlandschaft dünn gesät und die Atmosphäre nicht so kommerzgeladen war wie in Amerika. Hier dreht sich alles nur um Konsum: kaufe, kaufe, kaufe einen *Chevrolet,* geh und hol ihn Dir. Wenn ich in Florida fernsehe, realisiere ich, wie die Werbung alles verdrängt – Serien, Nachrichten, einfach alles wird von Werbung unterbrochen. Kultursendungen – sogar auf dem öffentlichen TV-Kanal – sind absolut unbedeutend. Und dann werden auch noch diese Quiz-Sendungen ausgestrahlt, und immer nur geht es um Konsum und nochmals Konsum – ein nicht enden wollender Konsumtrip. Von Kind an war ich daran gewöhnt; mit der Zeit begann ich, mich darüber zu ärgern. Ich sagte mir: «Hier bin ich nun, male diese grossen, hässlichen Reklametafeln, die am *Times Square* für Kino, Konsumprodukte und andere Dinge werben, und ich strenge mich an, die Leute davon zu überzeugen, dies und jenes zu kaufen. Wie könnte ich dieselbe Energie für etwas anderes einsetzen?» Ich hatte nicht vor, Markenzeichen zu verwenden, so wie es Andy Warhol tat. Es ging mir um allgemeine Dinge.

PT: Du erwähnst Warhol. Wahrscheinlich weisst Du, dass er Dich in seinen Tagebüchern als ganz einfach «der Beste» bezeichnet. Von all jenen aus dem Pop Art-Milieu der frühen 60er Jahre kamt Ihr, Du und Warhol, von der kommerziellen Kunst her.

JR: Roy Lichtenstein war einer, der skizzierte und reinzeichnete. Ein bemerkenswerter Künstler. Zwar habe ich ihn nie arbeiten sehen, doch man sagt, er verwende mechanische Geräte. Und dann ist da ja noch Robert Rauschenberg, der jederzeit verkaufen konnte. Auch Jasper Johns – ich denke da an die Kaffeedose mit den Malpinseln; bevor sie bronziert wurden, verzierten sie bei *Bonwit Teller* die Schaufenster. Es waren ganz gewöhnliche Malpinsel.

Ich versuchte, bei dieser Kommerzsache eine gewisse Distanz zu wahren, mich nicht in etwas hineinzusteigern. Anders gesagt: ich wollte keine Markenzeichen verwenden, ich wollte grosse, ausladende, leere Dinge in den Bildern verwenden. Die französischen *Nouvelle Vague-Filme* faszinierten mich: Regisseur, Produzent und Schauspieler in einer Person. Mich interessierte die Zeit, die Erinnerung. Ich war vom Existenzialismus beeinflusst, und mich interessierte die Absenz frischer Erinnerungen; ich wollte die Erinnerungen studieren von jemandem, der älter wird. Ich war fasziniert von Farben – nicht von grellen Farben –, ich wollte Rosa und andere Farben mit Grau schattieren und viele heikle Dinge versuchen, die niemand je zuvor gemacht hatte.

PT: In den 70er Jahren schien sich Deine Arbeit in jeder Beziehung zu verändern.

JR: Da muss ich überlegen. 1965 malte ich für Leo Castellis kleine Galerie an der 77. Strasse dieses monumentale Bild mit dem Titel F-111. 1966 beeinflusste mich die östliche Philosophie stark, und ich versuchte, eine einem Galerienrundgang vergleichbare Ausstellung zu konzipieren. Man steigt in ein Bild ein, steigt aus einem Bild heraus und macht während des Rundgangs verschiedene, ziemlich ungewöhnliche Erfahrungen. 1967 begann ich, begehbare Bilder zu machen; sie wurden in Paris und Venedig ausgestellt, doch kaum jemand hat sie gesehen. 1969–70 inszenierte ich Räume mit Trockeneisnebel, unter dem die Bilder verschwanden. 1971 hatte ich dann den Unfall.

PT: Danach scheinst Du andere Techniken und eine neue Bildsprache angewandt zu haben. Die Motive in Deinen Bildern wurden schärfer, und ihr Verhältnis untereinander veränderte sich: Du hast sie zusammengefügt, fest miteinander verbunden, es waren keine nebeneinandergesetzten Collagen mehr. Die Formen glichen nicht mehr Schachteln, sondern wurden länger und schlangenförmig.

JR: Das ist schwierig zu beschreiben. Beim Versuch, einem Bild einen neuen Rauminhalt zu geben, machte ich STAR THIEF; ich zerschnitt das Bild in Fragmente und fand heraus, dass ich noch immer ein Bild darin sah, aber gleichzeitig noch etwas anderes zeigen konnte, und dass es möglich war, beides zu erkennen. Es handelte sich dabei um einen Trick, im Bild zusätzlichen Raum zu schaffen – mehr Raum, um andere Einfälle, andere Einstellungen zu malen. Ich arbeite immer noch daran.

PT: Seit den 60er Jahren hast Du immer wieder Frauen dargestellt, vor allem ihre Gesichter, doch auch ihre Fingernägel und Füsse. Eigentlich könnte man Dich einen Frauenmaler nennen.

JR: Der Grund dafür liegt darin, dass Frauen Lippenstift und Nagellack auftragen, um anziehend zu wirken. Sie erinnern mich dabei an wilde Tiere – ihre Zähne, Nägel, Haare –, und wenn ich solche Frauen betrachte, dann weiss ich, dass sie unter all ihrem Make-up Tiere geblieben sind. Anders gesagt: Wir Menschen entwickeln uns zwar ständig weiter, doch eigentlich bleiben wir animalisch. Wodurch werden Künstler inspiriert? Durch Wahrnehmung und die Tatsache, dass man nach dem Träumen in die Realität zurückgeholt wird.

PT: Heisst das, dass Dich Frauen inspirieren? Sind Deine Frauen Symbol Deines sexuellen Verlangens?

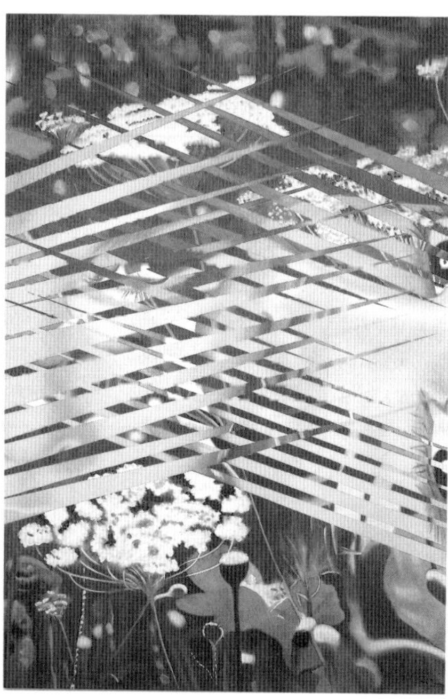

*JAMES ROSENQUIST, EAU DE MONET, 1984,
oil on canvas, 78 x 54"/Öl auf Leinwand, 198 x 137 cm.*

JR: Nein. Und ich zerstückle auch keine Frauen, wie behauptet wird. Das sagt mir nichts. Eigentlich geht es darum, die Leute anzusehen und sich zu fragen, wer sie wirklich sind. In diesem Sinn ziehen mich Frauen an. Welch heimtückisches Wesen verbirgt sich unter diesem Make-up? Ich habe auch Männerbilder gemalt, und in ihnen pflanzen sich Bilder von Krawatten und Anzügen fort.

PT: Nach der Art zu urteilen, wie Deine Ausstellungen in Moskau und Paris aufgenommen wurden, glaubst Du, dass Du ein Symbol für Amerika schlechthin geworden bist? Sind Deine Bilder zu den Reklameschildern geworden, die Du früher gemalt hast?

JR: Ich habe keine Ahnung, wofür man mich hält. Ich weiss, dass ich der erste Künstler war, der Dinge im Riesenformat präsentierte – vor Oldenburg und Lichtenstein. Sogar die grossen Gemälde im Louvre waren immer bloss Fensteröffnungen gewesen. In Pollocks Bildern bildete sich der Raum entweder *auf* der Oberfläche oder ging von ihr her zurück. Aber es sprang nicht ins Gesicht, und es war nicht beunruhigend. Das ist meine Arbeit – die springt ins Gesicht. *(Übersetzung: Brigit Wettstein)*

INSERT

LIZ

LARNER

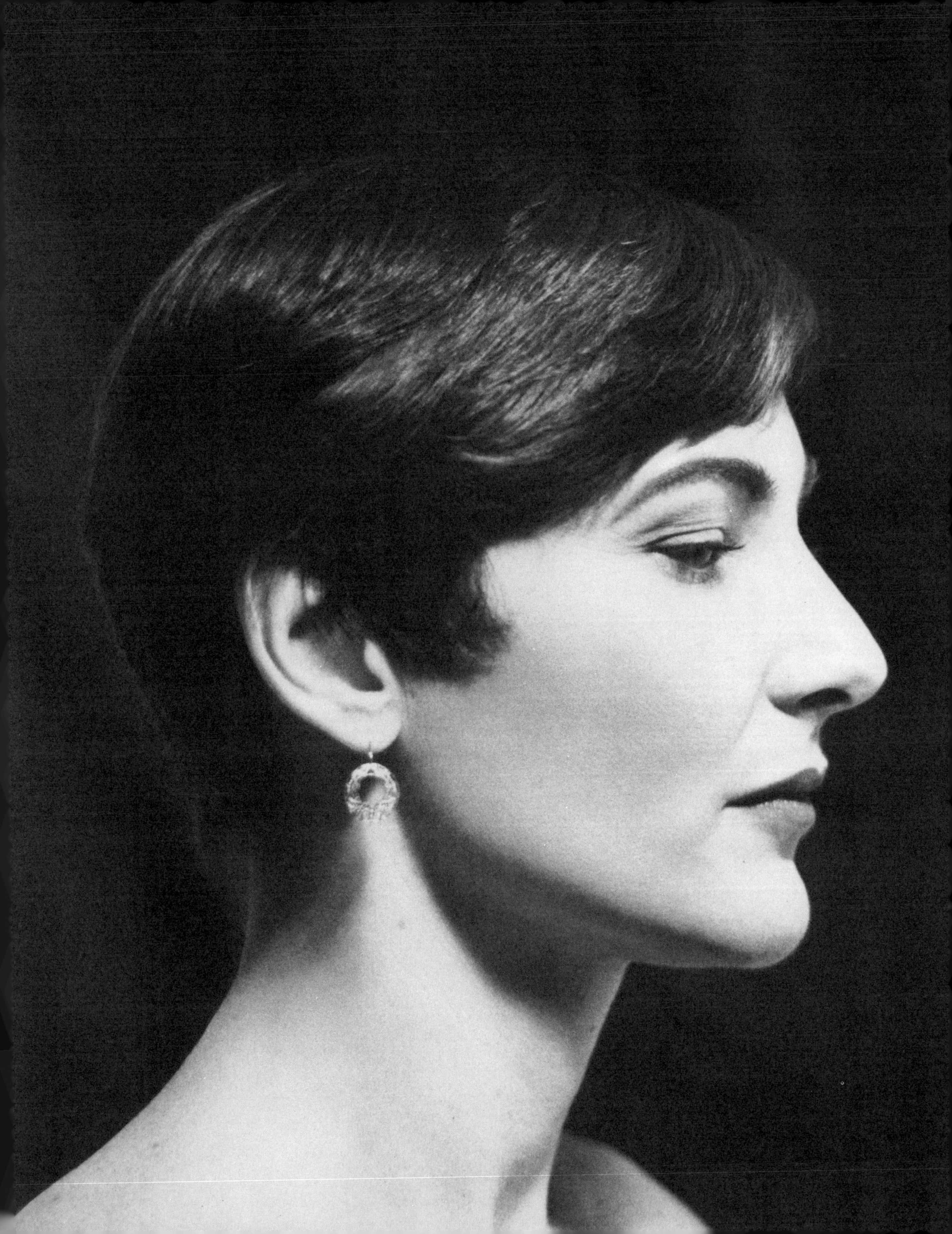

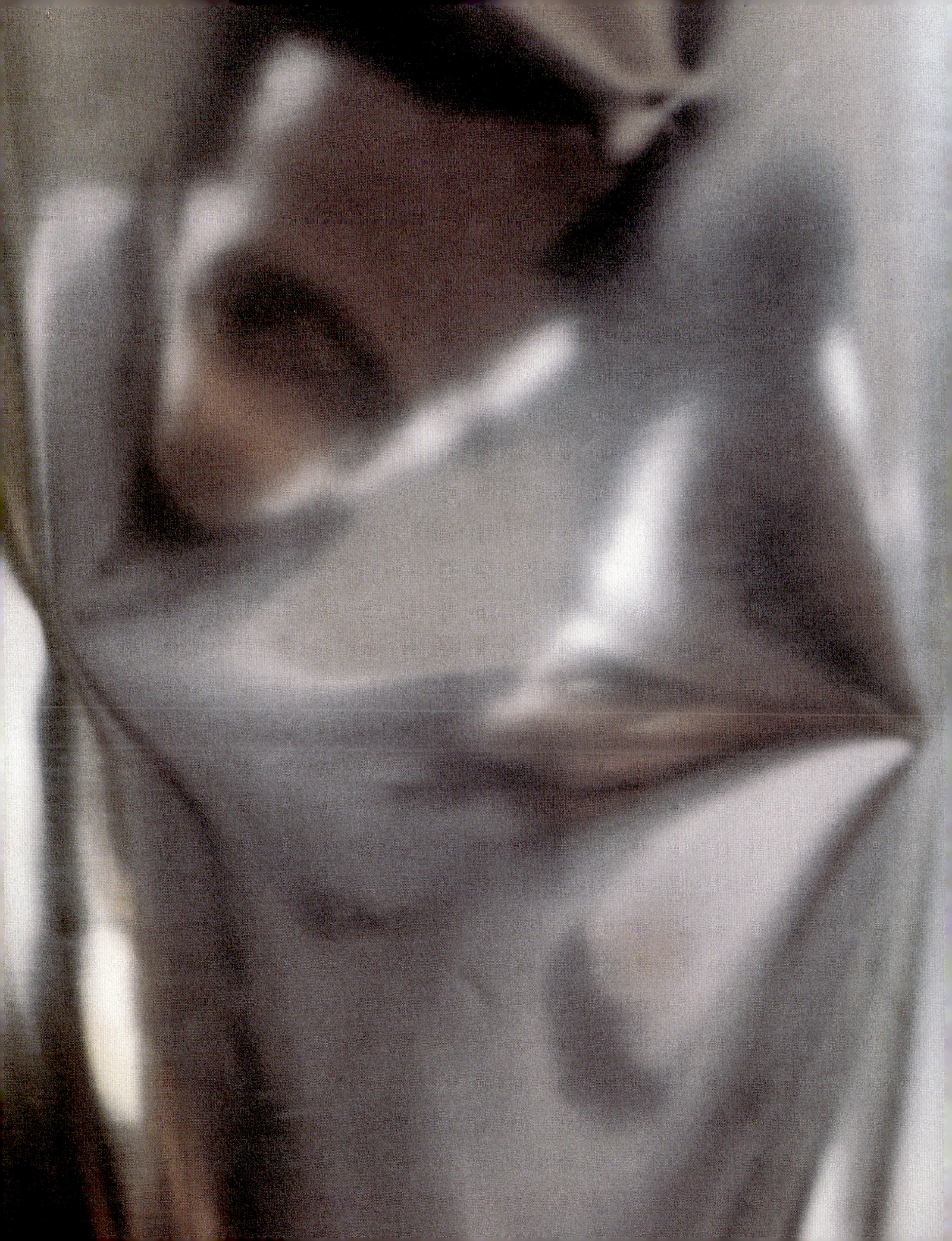

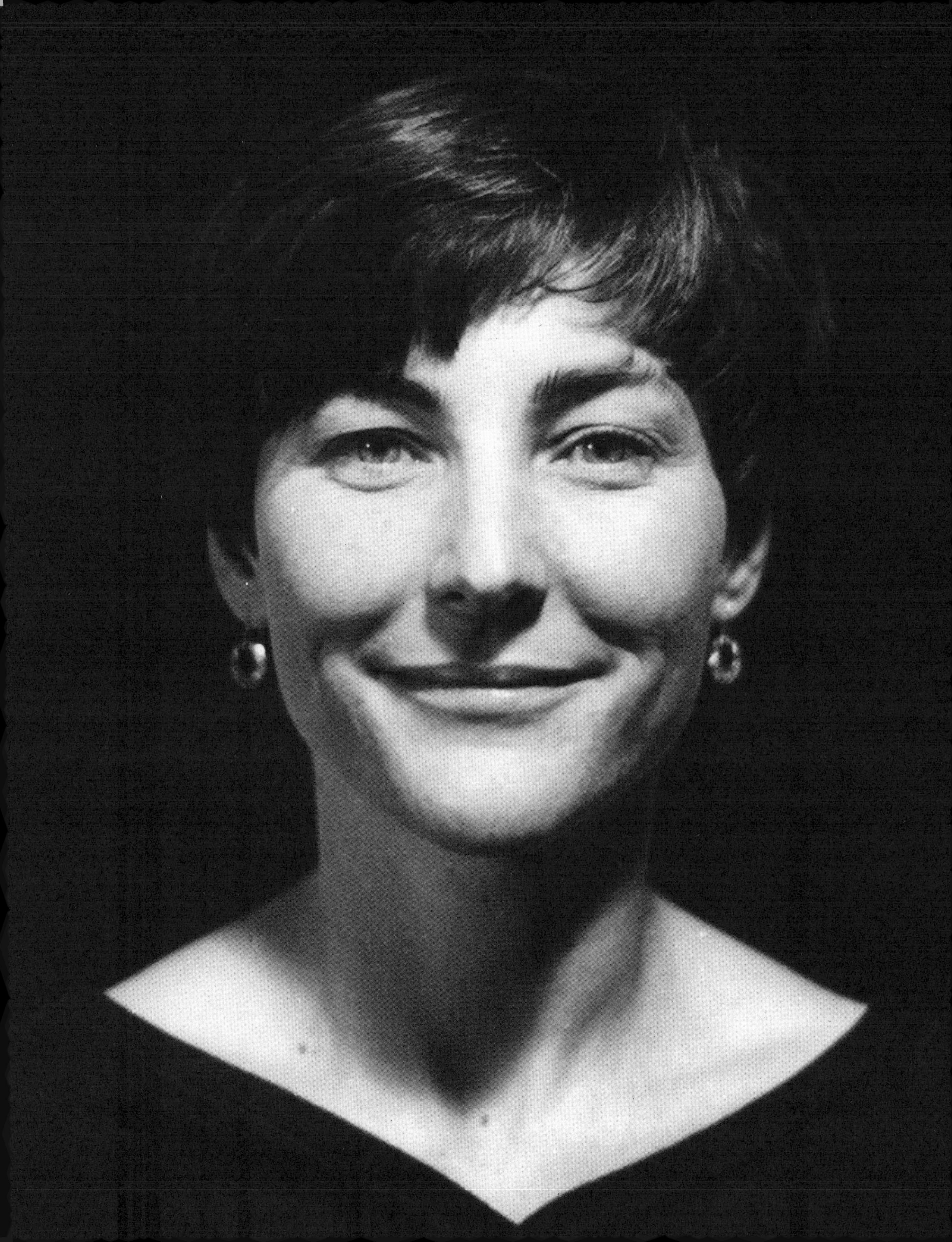

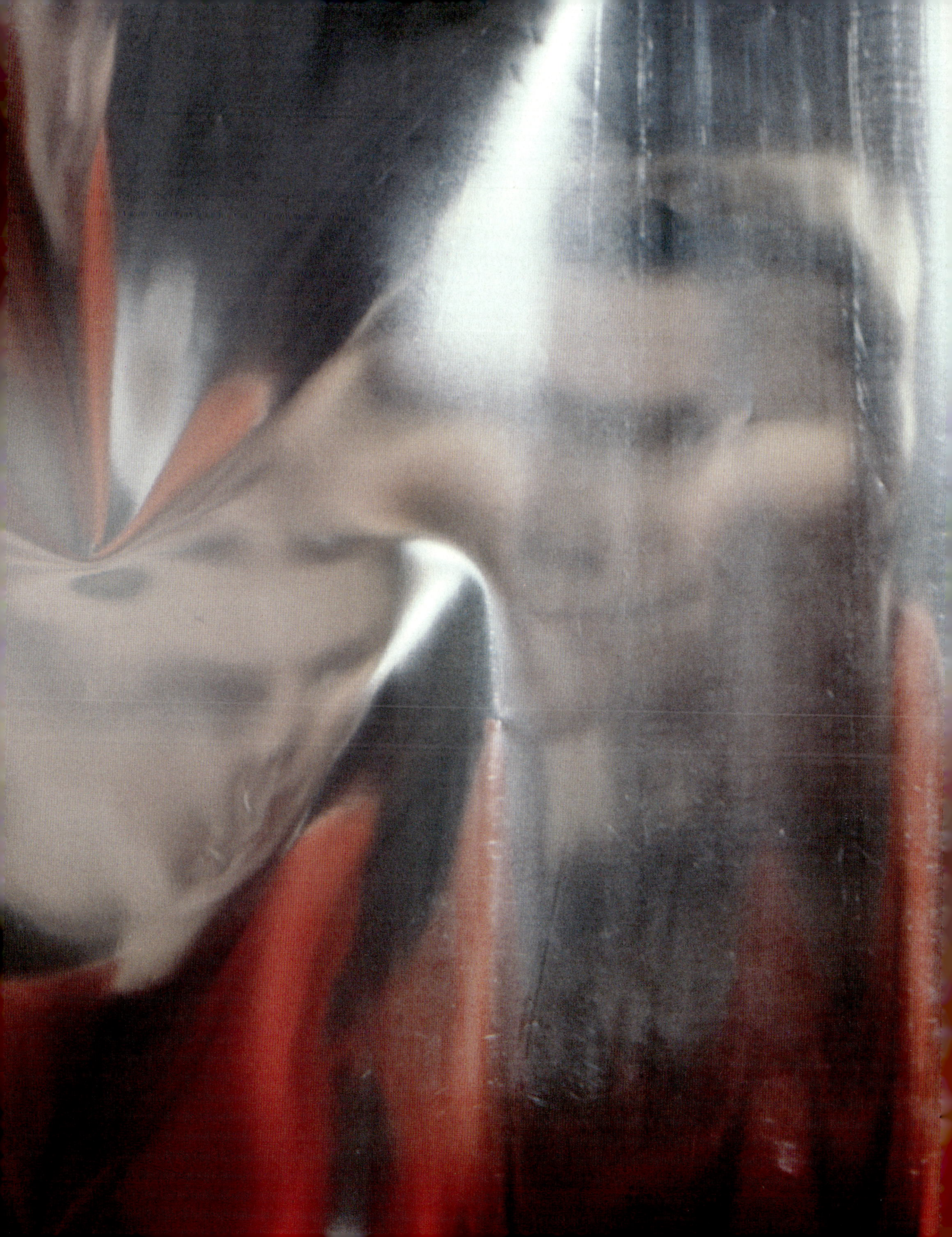

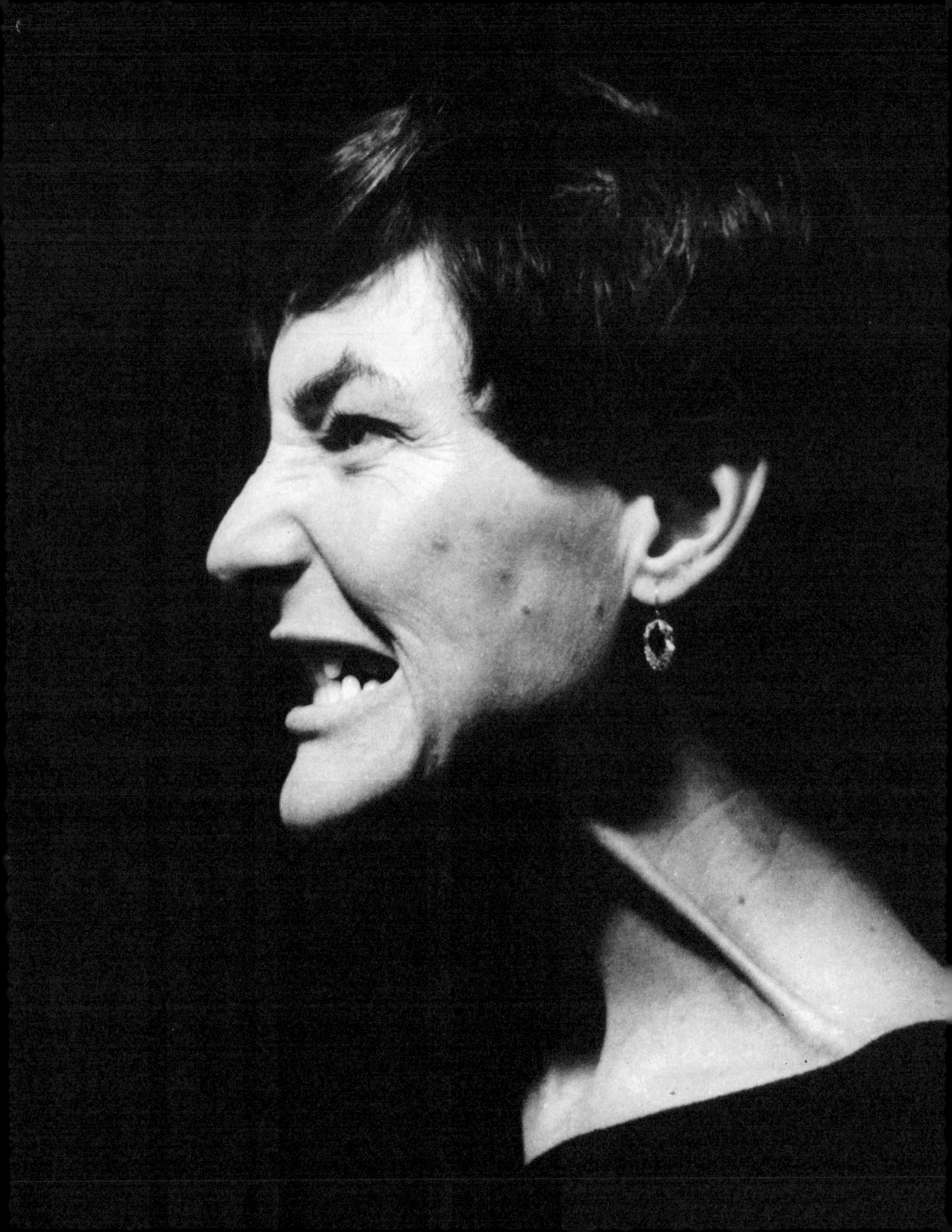

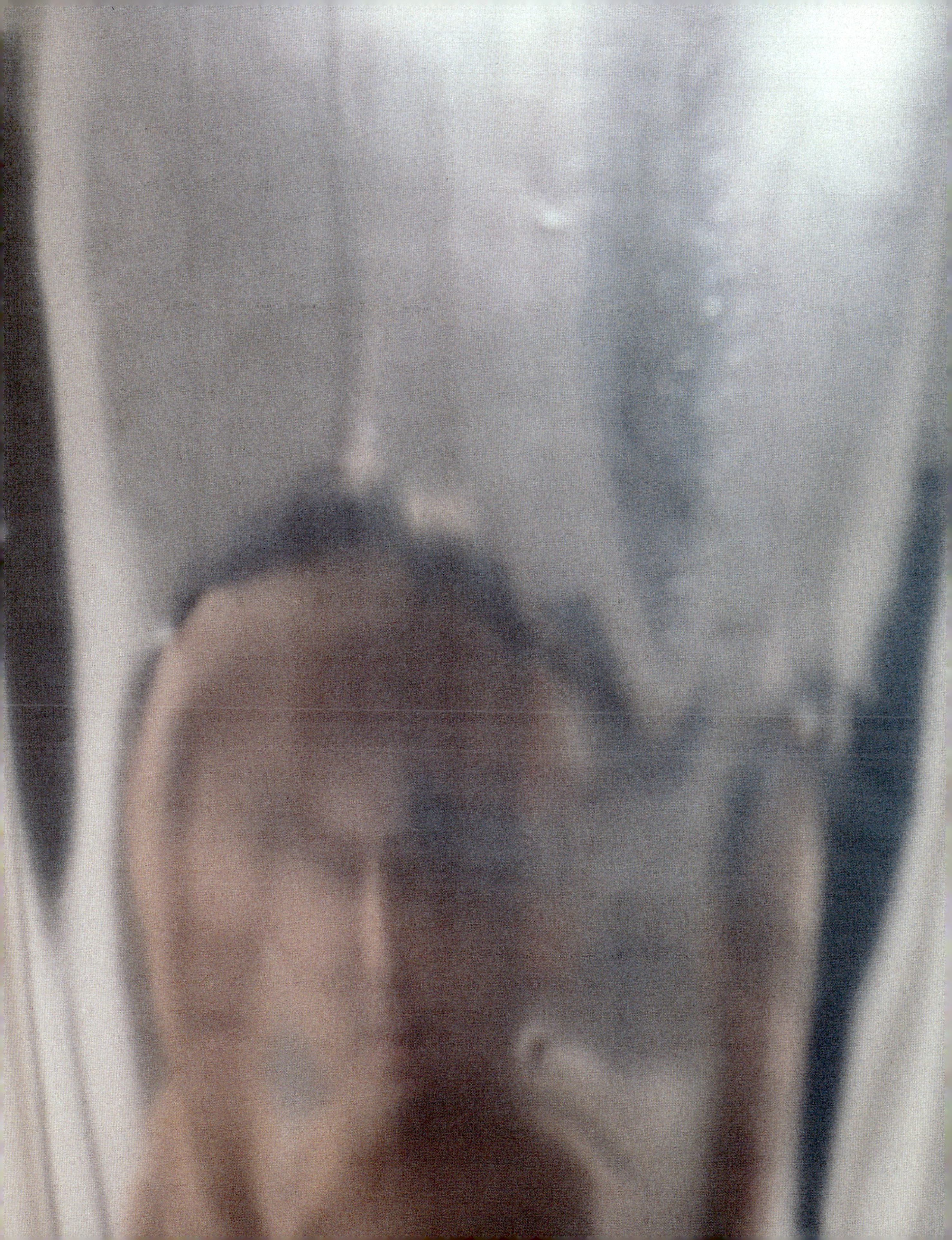

Ist David Lynch (wirklich) wichtig?

EINE PARKETT-UMFRAGE

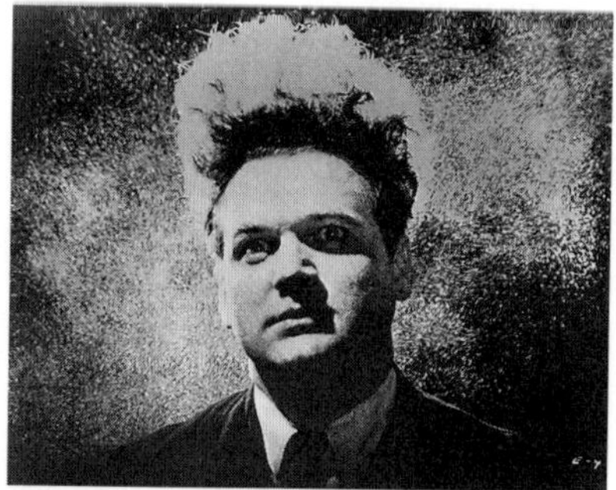

Die Redaktion dankt Jean-Pierre Bordaz und Miriam Wiesel für ihre redaktionelle Mitarbeit in Frankreich und Deutschland.

JEAN-CHRISTOPHE AMMANN ist Direktor des Museums für Moderne Kunst, Frankfurt am Main.

Blue Velvet hat mich beim ersten Mal ziemlich verwirrt. Zum einen war ich fasziniert, zum anderen empfand ich den Film als ein Machwerk: Die starken Vegrösserungen erinnerten mich an Werbung und die erotisch-perverse Geschichte an Anschauungsunterricht für Jugendliche, was es im Sex so für abseitige und gefährliche Bereiche gibt. Erst beim zweiten Mal wurde mir klar, dass David Lynch ein Meisterwerk geschaffen hatte, dass der ganze Film auf einer Metaebene abläuft – und Hinweise hierfür gibt es zur Genüge. Lynch war es gelungen, diese zweite Realität, also die Metaebene, als Realität zu zeigen, beide Ebenen gewissermassen transparent übereinanderzulegen.

Das wurde noch viel deutlicher in *Wild at Heart*. Hier entstand ein Film über den Film, in dem alle grossen Themen, die einst das Kino attraktiv, spannend machten, plötzlich auf die Zitatebene rutschten, allerdings enorm gekonnt und nicht, wie das bei Godard ja manchmal vorkommt, mit erhobenem Zeigefinger. In *Wild at Heart* reflektiert sich die Filmsprache selbst, geschmeidig und überraschend, in einer Weise, dass man sich selbst in seinen Gefühlen überrascht.

In *Blue Velvet* war es das provozierende, in gegenläufige Stränge strukturierte Thema als einziges Thema, in *Wild at Heart* ist es ein einziger Strang mit prototypischen Sequenzen aus vielen Themen. Der Film ist merkwürdig ungreifbar, die dicht verwobene Zweifachcodierung macht ihn abwesend und anwesend zugleich. Ich glaube, dass im Film der Wegfall der innovativen Sprache – eine der grossen Herausforderungen unserer Zeit – besser aufgefangen werden kann als in der bildenden Kunst. Vielleicht erscheint mir das auch nur so, weil ich über den Film weniger Bescheid weiss als über die Kunst. Parallel zum Wegfall der innovativen Sprachen verläuft die Ausblendung des Erotischen. Tritt es in Erscheinung, dann eben auch nur auf der Metaebene, aber nicht mehr, logischerweise, als ein persönliches Moment emotionaler Erfahrung.

Dennoch ist der Film offener, zugänglicher für Dinge, die in der Kunst schier unmöglich geworden sind. Die Position, aus dem Standpunkt der Metaebene zu operieren, hat zum einen mit Selektion, zum anderen mit sich selbst beobachtender, oft quälender Zensur zu tun. An die Stelle des Fliessens ist die, im Sinne von Lévi-Strauss verstandene, «Bricolage» getreten. Dass David Lynch in *Wild at Heart* trotz «Bricolage» den Fluss aufrechterhalten hat, ist ein grosses Verdienst und verweist auf die Möglichkeit des Films als Film. Sein Diskurs über das Erotische wird selbst erotisch.

David Lynch ist zweifelsohne ein Künstler, ein grosser Künstler. Ich glaube, er versucht zu erreichen, was Jeff Koons als bildender Künstler strategisch realisieren möchte. Deshalb bin ich gespannt auf den Film von Jeff Koons, *Made In Heaven*. Ich habe einige Standphotos gesehen, die einen explizit pornographischen Charakter besitzen. Gerade das interessiert mich. Jeff Koons hat sicher nicht die Absicht, einen pornographischen Film zu machen, aber er will die Voraussetzungen schaffen, in denen sogenannt pornographische, also *Hard Core*-Momente als beglückende und selbstverständliche Sequenzen in Erscheinung treten. Wenn ihm das gelingt, wäre er doch der erste Filmemacher, der dieses Paradox gelöst hätte. Ich kann mir vorstellen, dass seine Quasi-Naivität in der Lage ist, eine Art ritualisierte, wenn auch haarsträubend glaubwürdige Naivität herzustellen, in welcher die unermessliche Liebe den voyeuristischen Akt pornographischer Natur nicht nur zulässt, sondern geradezu bedingt. Ein Film, der wie ein Märchen funktioniert.

Der Erfolg von *Blue Velvet* und *Wild at Heart* zeigt, dass eine jüngere Generation ganz anders mit Bildern umgeht, als das bisher der Fall war: Zum Beispiel steht nicht das Produkt in einem Werbespot im Vordergrund, sondern der Spot selbst. Wer immer ins Kino geht, kann das am Grölen und Pfeifen feststellen, wenn man den Betrachter für dumm verkauft. David Lynch arbeitet konsequent und systematisch mit der Doppel-Codierung und schafft es, attraktive und spannende Filme zu machen.

■

ROBERT ROSENBLUM ist Kunsthistoriker und Kritiker. Er lehrt an der New York University.

Neulich hat mich jemand darauf hingewiesen, dass ich unlängst, als ich wahrscheinlich immer noch im Banne von *Twin Peaks* stand, an einer Dinnerparty bei Alex Katz bemerkt hatte, seine *Nachtbilder* erinnerten stark an David Lynch. Dass ich – oder irgend jemand anders – mich auf diesen für seine eindrücklichen, unheimlichen Filme bekannten Regisseur beziehe, um ein Bild zu beschreiben, ist ein sicheres Zeichen dafür, dass David Lynch eine persönliche Sphäre geschaffen hat, die das allgemeine Bewusstsein so nachhaltig beeinflusst hat, dass ihr mittlerweile eine weit über die Filme hinausgehende Bedeutung beigemessen wird. Ein solcher Tribut würde auch seinem grossen Vorgänger Alfred Hitchcock gebühren. Er hat mich einst dazu inspiriert, ein eigenartiges Gemälde von Gustave Caillebotte (ein 1880 entstandenes Interieur, das eine Frau zeigt, die mit dem Rücken zum Betrachter am Fenster steht und zu einem Hotelzimmer auf der anderen Strassenseite hinüberstarrt, während ihr Ehemann, der gerade etwas liest, sie augenscheinlich ignoriert) mit einem Standphoto aus einem seiner Thriller zu vergleichen, wo durch das Einfrieren eines ganz alltäglichen Augenblicks plötzlich eine unheilvolle Stimmung heraufbeschworen wurde. Hitchcocks Art, die finstere,

unheimliche Seite des amerikanischen Alltags aufzudecken, mag heute malerisch und altmodisch, wenn auch immer noch unverändert effektvoll wirken, wenn man sie mit Lynchs gekonntem Blosslegen der grotesken Kehrseite der amerikanischen Volksseele vergleicht. Wohl deshalb verwenden wir immer häufiger Lynchs Namen, um unsere Reaktion auf die merkwürdige Atmosphäre auszudrükken, die viele moderne Bilder hervorrufen. So mögen Katz' *Nachtbilder* auf den ersten Blick friedvoll und ruhig erscheinen, wenn wir jedoch Lynchs Filme gesehen haben, kann schon der Anblick eines hellerleuchteten Fensters im obersten Stockwerk eines Wohnblocks, das jemand mitten in der Nacht anstarrt, die heimtückischsten Szenarien heraufbeschwören. Und liegt nicht die Vorstellung nahe, Lynch könnte bei einem Bild von Eric Fischl Regie führen, das die gelassenen, hygienischen Gesichter von amerikanischen Teenagern zeigt, auf denen sich plötzlich psychisch-unterirdisch rumorende Erdbeben abartiger sexueller Begierden abzeichnen? Es ist offensichtlich, dass Lynch sich durch seine Leistungen als Filmemacher nicht nur einen Namen gemacht hat, sondern bereits zu einem stehenden Begriff geworden ist, der beschreibt, wie gruselig ein typisch amerikanischer Ort sein kann.

■

SHARON WILLIS hat umfassend über Film und Sexualität geschrieben. Sie unterrichtet an der Abteilung für Fremdsprachen, Literatur und Linguistik der Universität von Rochester und arbeitet zurzeit am Werk *Public Fantasies: Sexual and Social Difference in Contemporary Popular Cinema.*

David Lynchs Bedeutung liegt darin begründet, dass er die kollektiven gesellschaftlichen Phantasien unserer Kultur zum Ausdruck bringt. Durch seine Vorliebe für das Perverse und das Gewicht, das er dem Stil beimisst, hilft er mit, die gesellschaftlichen Rassen- und Geschlechterängste als private Phantasien zu tarnen, für die sich kein Zuschauer verantwortlich zu fühlen

braucht. Wieso, könnte man fragen, beginnt *Wild at Heart* damit, dass ein weisser Mann auf ungemein brutale Art einen Schwarzen umbringt? Und weshalb war die Rasse der ermordeten Figur für die unzähligen Kritiker, die sich mit dem Film befassten, durchwegs kein Thema? *Wild at Heart* besteht aus einer Reihe von Effekten – Schockeffekten und Gruseleffekten –, die als die persönliche Handschrift des Regisseurs betrachtet werden können. Die spektakulären pyrotechnischen Elemente des Films sorgen dafür, dass jeder Schlag, den uns die entsetzliche physische Gewalt versetzt, durch die aufdringliche Penetranz des «Stils», die Ironie und den etwas makabren Humor, die für Lynchs Werke so typisch sind, gedämpft wird. Ironie einerseits und Technik andererseits regulieren die emotionalen Schocks, die wir erleben. Da das Schockierende dieser brutalen Bilder hauptsächlich auf ihrer scheinbaren Echtheit beruht, sind wir versucht, einen Ableugnungsmechanismus in Gang zu setzen: «Ich weiss, dass dies nicht wirklich geschieht, aber ...» Wir werden durch perfekt fabrizierte Illusionen verführt. Doch die scheinbare Echtheit des verspritzten Bluts in der ersten Szene führt zu einer weiteren Verleugnung. Diese Sequenz lässt uns an Rassenkonflikte und die Angst und Wut weisser Menschen denken, doch unsere Gedanken werden durch die verführerischen technischen Zaubereien abgelenkt. Der Reiz solcher Bilder liegt in der Faszination, die «wirkliche» Effekte auf uns ausüben, und auch in ihrer Fähigkeit, jeden Gedanken an die realen sozialen Verhältnisse auszuradieren, die der durch sie heraufbeschworenen Gefahr und Angst zugrunde liegen. Lynchs Filme verführen uns nicht, weil sie Phantasien in Szene setzen, sondern weil bei ihnen die technische Inszenierung von Phantasien und nicht ihr Inhalt oder Kontext im Vordergrund steht.

■

LAURIE SIMMONS ist Künstlerin und lebt in New York.

Die ersten fünf Minuten von *Blue Velvet* enthalten alles, was für mich den Reiz von Lynchs Werken ausmacht. Man nimmt etwas Vertrautes, Behagliches, typisch Amerikanisches und dreht dann die visuelle Lautstärke höher. Das Ganze ist überhitztes Technicolor, jedes Einzelbild würde ein hervorragendes Standphoto abgeben. Jedes Detail ist perfekt, es riecht nach Gefahr und Versagen.

——

JEAN-PIERRE BORDAZ ist Kunstkritiker und Konservator im Musée National d'Art Moderne, Centre Georges Pompidou, in Paris.

In allen seinen Filmen – so auch in *Wild at Heart* – beruft sich Lynch auf Film- und Formgeschichtliches und stützt sich im Umgang mit dem Monströsen und Unheimlichen auf allfällige Vorläufer. *Eraserhead* ist in diesem Sinn exemplarisch; dort werden die beunruhigenden Atmosphären eines Murnau-Films, in bestimmten Szenen auch die Kompositionseffekte eines Majakowskij oder die etwas tragischen Schattenspiele, in die Boltanski seine kleinen Figuren einbaut, heraufbeschwört.

So unheimlich und so verinnerlicht Lynchs Bilder auch sein mögen: nie folgen sie dem Aufbau des Horrorfilms oder des Psycho Thrillers und nie sind sie formal in einem Stil verankert. Gleich zu Beginn befinden sich die Helden von *Wild at Heart* in einem – echter als in Wirklichkeit anmutenden – Dekor der amerikanischen Kleinstadt im Süden. Der Zuschauer wird zum Voyeur. Einen Handlungsablauf gibt es nicht; Lynch erzählt uns eine Minimalgeschichte ohne Anfang und Ende, die allein dank ihrem früheren Bestehen, mittels Träumen, Phantasien und Nachbildern, zum Ausdruck kommt. Deshalb kommt diese sehr zwanglose und freie Ästhetik erst dann wirklich zum Tragen, wenn sie von solchen gedanklichen Umwegen und vorstellbaren Erinnerungen gelenkt wird. Lynchs Bezugnahme zur Kunst ist meistens indirekt. Auf Umwegen greifen seine monströs-brutalen Bilder auf die starken Momente der amerikanischen Film- und Kunstszene zurück.

In *Wild at Heart* verpasst Lynch keine Gelegenheit, die Elemente des amerikanischen Kontexts – die traurigen, weiten Ebenen des Mittleren Westens, die minimalistische Geometrie der endlosen Autostrassen, Grenzen und Verkehrssignale, die schäbigen Motels – in ihrer ursprünglichen Formulierung wiederzugeben. Wenn sich im Liebesakt die Körper zu einem einzigen zusammenwinden, evoziert deren verzerrte Gymnastik Bellmers Puppen.

Das Alltägliche in seiner nackten Brutalität (Jean Genet) verbindet die Aussenseiter untereinander. Hat vielleicht das machtvolle und kranke Amerika heute in Lynch seinen romantischen Exorzisten gefunden?

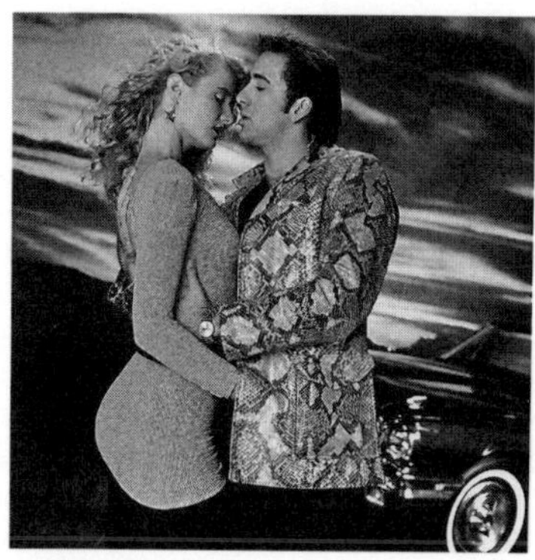

LULA AND SAILOR IN WILD AT HEART

DANIELA SALVIONI ist Direktorin der Galerie Stein Gladstone in New York.

Nachdem uns aus Europa beständig «Kunst»-Filme (von Godard, Tavernier, Fassbinder) vorgesetzt wurden, schien David Lynchs *Eraserhead* (1977) aus dem linken Feld zu kommen. Mehr als jeder andere Film war er ein Zeichen dafür, dass hinter den wichtigen Filmen der Gegenwart mehr stecken musste, irgend etwas, das gleichzeitig nicht in John Waters Kitschfilmen versandete. Während die Handlung aus einem Science-Fiction-Film stammen könnte – seltsame Wesen mit überraschend gewöhnlichen Problemen –, lässt die düstere Unterschwelligkeit, die Lynch ihr verleiht, die New Yorker Punks im Vergleich dazu menschliche Züge annehmen. *Blue Velvet* (1968) ist fast genau das Gegenteil. In diesem Film kommen völlig durchschnittliche Menschen in extreme, wenn auch nicht absolut unfassbare Situationen. *Wild at Heart* (1990) mit seinen übertriebenen, gestylten Charakteren und der banalen Handlung liegt irgendwo dazwischen. In jedem Film offenbart Lynch jedoch eine deutliche Affinität zu Fellini, indem er die Fremdartigkeit des Daseins – in seinem Fall ein weitaus makaberer Surrealismus – unterstreicht. Doch hiermit ist er ganz amerikanisch.

——

ROBERT FISCHER ist Kulturkritiker, er lebt und arbeitet in Zürich.

Clip-Kunst der globalen Vorstadt: Die Filme von Lynch interessieren mich einmal darum, weil sie sehr präzis die Änderungen im Umgang mit dem «Bewegten Bild» – *«the Moving Image»* als Überbegriff für Film, Fernsehen und Video – unter dem Einfluss von neuen visuellen Kommunikations-Technologien und innerhalb eines geänderten sozialen und urbanistischen Umfelds dokumentieren. Gehen wir einmal davon aus, dass die Wohnstruktur der post-industriellen Gesellschaft heute eine globale Vorstadt ist; ohne echte soziale, wirtschaftliche oder kultische Zentren mit dem Fernsehen als verbindendem Element. Die «geschichtslose» Vorstadt hat in den 35 Jahren, seit sie zunächst in den USA in Erscheinung getreten ist (auf dem europäischen Kontinent erst während der 60er Jahre), eine eigene Kultur entwickelt, in der das Einkaufszentrum und das Fernsehen die Angelpunkte sind. Die Kultur des «global suburb» hat indessen ihre spezifischen Motive entwickelt, die von diesen Angelpunkten bestimmt sind: in der Musik *(Heavy Metal)*, der Literatur (Stephen King oder die *Heroic Comics*), im Film *(Gore, Horror, Splatter)*. Die kulturellen Vorbilder der Vorstadt-Jugend – einer Jugend, die in den anonymen Schlafstätten geboren und aufgewachsen ist – weisen nun durchgehend einen regressiven Charakter auf: Es handelt sich um Gestalten aus einer fiktiven Vorgeschichte *(Conan),* Parallel-Geschichte

(Der Exorzist) oder Nach-Geschichte *(Starwars)*. Das kollektive Unbewusste der globalen Vorstadt hat auch bereits mythologisch Neu-Schöpfungen produziert (Freddy Krüger, *Leatherface* und die ungeformten Gestalten, für die es eben einen Exorzisten braucht). In dieser gesetzlosen, gewalttätigen – im wahrsten Sinn psychotischen – Welt überlebt nur der Stärkste (Schwarzenegger, Stallone) oder eventuell der Schlauste (Clint Eastwood oder Harrison Ford als Indiana Jones). Mit diesem kurzen Überblick über die Kultur der globalen Vorstadt haben wir die Motive aufbereitet, aus denen Lynch seine Fiktionen zusammenstellt. Der formale Aufbau bezieht sich auf die gleichen visuellen Signale wie Fernsehen, Comics, Rock-Stars, *Showbiz*, Werbungen, *Soaps, Sit-Coms & Game-Shows:* plakativ, effekthascherisch, wirkungsvoll, verzerrt, überdreht, brutal. Der visuelle Wortschatz ist weniger durch die traditionelle Filmphilologie als vielmehr durch die Clip-Ästhetik gegeben – die sich, wie ich meine, als die wahre Revolution der 80er Jahre in der visuellen Kommunikation etabliert hat. MTV hat am 1. August 1980 zu senden begonnen. Ich sehe *Wild at Heart, Blue Velvet* oder *Eraserhead* als *feature-length* Clip-Filme aus der globalen Vorstadt. Thema, erzählerische Struktur und formale Gestaltung sind der Ausdruck kultureller Werte, die sich nicht mehr an den von der bürgerlich-postindustriellen Grossstadt bestimmten *High-Culture* und Ansätzen orientieren. Wenn Lynchs Filme von den intellektuellen und Kultur-Flaneuren der historischen Zentren mit gemischten Gefühlen aufgenommen werden, mag das daran liegen, dass die meisten von ihnen die Global-Suburb-Kultur schlicht nicht kennen – wenn gar nicht ver-kennen.

———

BEAT STREULI ist Künstler. Er lebt und arbeitet in Düsseldorf; zur Zeit hält er sich in New York auf.

Wild at Heart, abgesehen von der komplexen Lynchschen Trickkiste für Cinéphile, ist in erster Linie einfach von schillernder Schönheit; eine Ode an Liebe und Sex, und – mit etwas

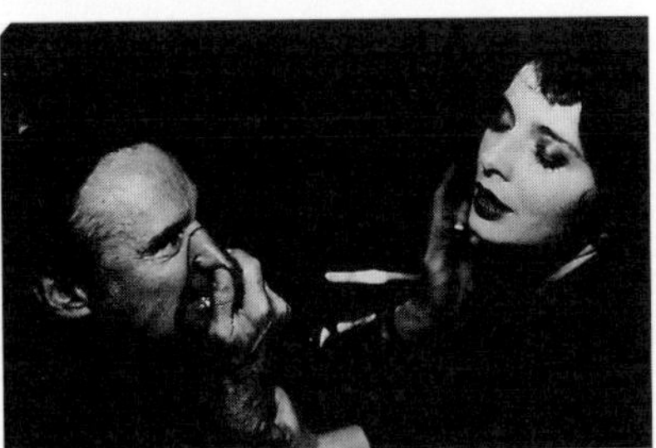

FRANK AND DOROTHY IN BLUE VELVET

Abstand – an die wollüstigen Qualitäten des Rauchens, denen hier endlich einmal wieder Recht und Geltung verschaffen wird.

Nun gehören Liebe und Zigaretten beide zu den Dingen, in deren Ermangelung man zeitweise alles mögliche unternimmt, um in ihren Besitz zu gelangen. Hat man sie, entsprechen sie eher selten den Erwartungen – sind ganz im Gegenteil erstrangige Ursachen für Leid, Herzflimmern und gar Tod: Genau das führt Lynch in cinémascopischer Breite vor. Und trotzdem schafft er eine der überzeugendsten aktuellen Hymnen an die Kraft der Liebe (und den Genuss des Rauchens …).

Die Gegensätze ziehen sich bis zur Implosion an, definieren sich erst gegenseitig – Liebe und Tod, Wunschvorstellungen und Realität. Die ununterbrochen vorgeführten Ideale von Glück, Schönheit und Erfolg sind nichts als unerfüllbare Klischees; *Wild at Heart* ist aus lauter Klischees zusammengebraut, insofern ein Märchen wie *Dick Tracy,* nur ohne dessen Distanz schaffende Karikierung. Und ohne Abgrenzungsmöglichkeit zu einer realeren Ebene passiert plötzlich der paradoxe Sprung dahin, wo «wahre Empfindungen» möglich und essentiell erscheinen.

Brennendes Verlangen, Sehnsucht nach Sehnsucht als schmerzhaft wirkliche Empfindungen in einer anästhesierten Welt, der Glaube an die Kraft des Wunsches, auch wenn alle Tatsachen dagegen sprechen: der (nicht nur) amerikanische Traum, in dem Wünschen erstaunlicherweise ab und zu wohl wirklich noch hilft, ist zwar nur mehr ein Klischee – aber gleichzeitig auch das Licht, das das ganze Desaster so schillern lässt, dass nicht mehr alles verloren erscheint.

LYNNE COOKE ist freischaffende Publizistin und Kuratorin. Zurzeit arbeitet sie an der *Carnegie International*-Ausstellung, die im Herbst 1991 in Pittsburgh eröffnet wird.

Jetzt, da David Lynch seine Filme nicht mehr an phantastischen oder historischen Schauplätzen, sondern an realen Orten spielen lässt, scheint er den paradigmatischen Schauplatz gefunden zu haben. Seine in *Dune* durch die unheimliche Breite des Themas erstickte und in *The Elephant Man* durch die Feinheiten des viktorianischen Tableaus beengte Vision erweitert sich nun, da er das kleinstädtische Amerika zum Inhalt seiner Filme macht. *Wild at Heart, Twin Peaks, Blue Velvet:* Bei jedem dieser Werke dient ein klassisches Genre als Vehikel für eine unerwartet vielfältige und beunruhigende Rekonstruktion einer biederen amerikanischen Realität, indem ihre intimen Merkmale und Eigentümlichkeiten fasziniert ausgekostet werden. Lynch schwelgt nicht einfach nur in der Verrücktheit, Perversion und Erregung, die sich unter ihrer traditionellen Oberfläche verbirgt, sondern durchleuchtet sie durch eine neue Metapher.

In Lynchs Welt verhilft die Natur nicht zu Genugtuung, Erlösung oder Auferstehung. Sie wird jedoch auch nicht, wie so oft, als feindliche Wildnis dargestellt. Das menschliche Eindringen in die Landschaft führt zu einer symbiotischen Beziehung, einer gegenseitigen Abhängigkeit, bei der jeder vom anderen lebt, was beiden Parteien genauso schadet wie nützt. Der Abszess oder Karbunkel tritt bezeichnenderweise in den Randzonen zutage – in der Sägemühle, wo eher gemetzelt denn produktiv gearbeitet wird, am Flussufer, wo Lauras Leiche angeschwemmt wird, auf dem verlassenen Feld, wo das abgetrennte Ohr entdeckt wird, am Rande der Wüste, wo die Landstrasse die unerwünschten Durchreisenden ausspuckt. In diesem Übergangsbereich zwischen den Vorposten des menschlichen Lebensraums und den kümmerlichen Überresten der Natur herrscht immer eine gespannte Atmosphäre und meist ein Zustand der Zerstörung. Indem er seine Aufmerksamkeit auf das Hinterland anstatt auf die Grossstadt oder die weit entfernte

Wildnis konzentriert, gelingt es Lynch, ökologische Probleme aufzuzeigen, Probleme, die genausoviel mit der Gesundheit des Geistes wie mit der des Planeten zu tun haben. Da in jedem funktionierenden Ökosystem auch Räuber und Parasiten ihren berechtigten Platz haben, muss, wer seine Funktionsweise verstehen will, die verschiedenen Abhängigkeiten und Wechselbeziehungen objektiv untersuchen. Wenn aber moralische Werturteile hier nicht am Platz sind, wie erkennt man dann, wo sich das Krankhafte manifestiert? Und welches ist die geeignetste Sprache, um dies zum Ausdruck zu bringen?

■

JEFF KOONS ist Künstler und lebt in New York.

Ich respektiere David Lynch sehr, weil er weiss, wie man rosa getönte Brillen gut trägt. Aber zu Ihrer Frage «Warum ist David Lynch wichtig?» fällt mir meine persönliche Philosophie ein: «Jeff Koons glaubt nicht an hochkultivierte oder wichtige Leute.»

■

KEN LUM ist Künstler in Vancouver.

Rücksicht auf Kinder ist wichtig
Gewalt in Amerika ist wichtig
Aids ist wichtig
Spazieren auf dem Mond ist wichtig
Der Regenwald am Amazonas ist wichtig
Japan ist wichtig
Die Unruhen in der Sowjetunion sind wichtig
Schutzräume sind wichtig
Der Holocaust ist wichtig
George Bush ist wichtig
Der Unterschied zwischen armen und reichen Nationen ist wichtig
Die Atombombe ist wichtig
Kultur ist wichtig

Eine Münze finden ist unwichtig
Die Viertelsfinale der nationalen Hockeyliga sind unwichtig
Die Mensa Society ist unwichtig
Glatzen sind unwichtig
Ein Fischmesser ist unwichtig

Künstlicher Torf ist unwichtig
Die amerikanische Videorecorder-Industrie ist unwichtig
Anastasia Tschaikowsky ist unwichtig
Die Abdankung Papst Johannes Paul I ist unwichtig
Lebensmittelfarbe ist unwichtig
Sich um der Sorgen willen sorgen ist unwichtig
Frühstück im Bett ist unwichtig
Kanada ist wichtig und unwichtig
Die Fussballweltmeisterschaft ist wichtig und unwichtig
Eine Notlüge ist wichtig und unwichtig
Der Wirtschaftsgipfel der sieben wichtigsten Industrienationen ist wichtig und unwichtig
Das Amt des Vize-Präsidenten der Vereinigten Staaten ist wichtig und unwichtig
Zhao Ziyangs Absetzung ist wichtig und unwichtig
Talk Radio ist wichtig und unwichtig
Das Mittagessen auslassen ist wichtig und unwichtig
Das Grippevirus ist wichtig und unwichtig
Gute Tischmanieren sind wichtig und unwichtig
Der Militärputsch auf den Fidschi-Inseln ist wichtig und unwichtig
Der Kaffeepreis ist wichtig und unwichtig
David Lynch ist wichtig und unwichtig

■

PETER EISENMAN wurde letztes Jahr von der Zeitschrift *Vanity Fair* zum «David Lynch der Architektur» ernannt.

Ich höre oft die Bemerkung «Ich komme nicht dahinter!», wenn von David Lynch die Rede ist – genau das ist es ja gerade. Lynch stellt die herkömmlichen Vorstellungen bezüglich Form und Erzählweise auf den Kopf. Er spielt mit Zeit, Raum, Farbe und Sequenz und zwingt uns so, auf eine neue Art zu sehen und zu hören. Das Beunruhigendste daran ist jedoch, dass er dies innerhalb von traditionellen Genres und Formen wie der Seifenoper oder dem Road Movie tut. Wir verbringen unser ganzes Leben damit, zu ler-

nen, wie man dahinter kommt. Lynch gewöhnt uns dies ab.

■

CARLO McCORMICK lebt und schreibt in New York City. Er ist stellvertretender Chefredakteur der Zeitschrift «Paper».

Es ist immer wieder erstaunlich, wenn ich, der ich ernsthaft versuche, keinen Geschmack zu haben – oder das zu haben, was andere möglicherweise als grauenhaft schlechten Geschmack bezeichnen würden –, etwas entdecke, das einen derartigen Widerwillen in mir weckt, dass ich es richtiggehend zu hassen beginne. Es gibt so viele schlechte Filme, von denen ich begeistert bin, und eine ganze Menge mittelmässiger Kunst, die ich interessant finde; woher kommt es dann, dass ich Lynch nicht ausstehen kann? Nein, nicht daher, dass seine Filme schlecht sind, sondern eher, weil sie schlechte Kunst sind.

Ich spreche hier nicht von Lynchs Versagen als Regisseur schlechter Filme – «schlecht» steht hier nicht für meine Meinung, sondern dafür, dass er sich filmischer Mittel und Standpunkte bedient, die bisher immer auf unbedarfte oder Low-Budget-Filmgattungen verwiesen haben wie etwa Werbefilme, Melodramen, Filme mit Monstern, Horror-, Phantasie-, Science-fiction-, Kriminalfilme, den *film noir* usw. Ich spreche auch nicht von seinem Versagen als Künstler, sondern ich spreche von seinem Versagen als schlechter Künstler. In dieser Hinsicht verkörpert Lynch einen kolossalen Affront – sowie eine ernste Gefahr – gegen meinen Glauben an unsere ungebrochene Fähigkeit und unser Vermögen, gesellschaftlich subversiv zu sein. Was mich an Lynch stört, ist nicht seine – verzeihliche – Mittelmässigkeit und auch nicht sein Kommerzialismus oder seine *Mainstream*-Oberflächlichkeit. Die kann man ja noch akzeptieren, ja, ist von den meisten Angestellten des Hollywood-Kinos eigentlich zu erwarten. Mich stört, dass er für seine aufgemotzte, gefälschte, kannibalistische Konfitüre das Gegenkulturelle vereinnahmt und kapitalisiert. In seiner dekadenten

Hypermaniertheit lauert das Grauen nicht mehr in der phobischen Dunkelheit des unbekannten Schrekkens, sondern präsentiert sich uns auf vulgäre Weise als eine vom Medien-Pasticcio und seelenlosen Spektakel überbelichtete Selbstparodie. Lynch fabriziert etwas vom Schlimmsten und Gefährlichsten, indem er weder die Realität noch die Fiktion, sondern etwas viel Kostbareres, Selteneres imitiert: des Aussenseiters subjektive, visionäre, anarchische Phantasievorstellungen von gesellschaftlich sanktionierten fiktiven Realitäten. Bei seinem falsch-persönlichen Filmschaffen handelt es sich um eine pure Schein-Verrücktheit, wo Brutalität und Hysterie durch eine künstlerisch aufgemachte Stilisierung und Kitsch-Ironie systematisch ihrer rohen Kraft entledigt werden. Die bei den grossen Meistern von «No-Budget»- und Undergroundfilmen – wie H. G. Lewis, Coreman und Woods – auf brillante Weise zum Ausdruck kommende Intensität und Expressivität von Übertreibung, Masslosigkeit und technischer Inkompetenz sind Lynch und seinem Publikum schlicht und einfach schnuppe. Es ist doch eine Schande, dass diese Extreme nun zu Lynchs eigenem Markenzeichen für schäbige, sinn- und schonungslose Gewalt verkommen sind, wo sie viel eher Seichtes, Halt- und Geistloses aufzeigen als das, was an unserer Welt unheimlich, grotesk und wahnsinnig sein kann. Noch viel beunruhigender aber als diese bedauerliche Tatsache ist die Möglichkeit, dass Lynchs Einfluss den einst unverfälschten und ungebändigten Bereich des Kinos unwiderruflich pervertieren und zähmen könnte.

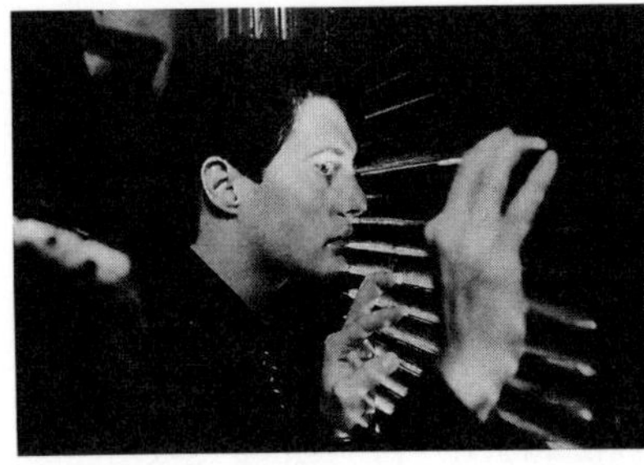

KATHY ACKERs neustes Buch *In Memoriam to Identity* kam letztes Jahr bei Grove Press heraus.

Vermutlich will man von mir wissen, ob Lynchs Werk eine wichtige Rolle in der amerikanischen Kultur spielt oder von Bedeutung für sie ist. Gegenwärtig wird die amerikanische Kultur, falls es solch einen ungewöhnlichen Nenner überhaupt gibt, durch Hollywood, McDonald's und all die anderen Auswüchse der multinationalen Konglomerate bestimmt.

Wenn Kultur das bedeutet, eben dieser gemeinsame Nenner, auf dem die Wirklichkeit mittels Eventualität konstruiert wird, all diese Eventualitäten, die im Traum, im sexuellen Verlangen, Begehren, in den Wunschvorstellungen – Offenbarungen von Ekstase erscheinen, wenn das also Kultur sein soll, dann gibt es wahrscheinlich keine eigenständige amerikanische Kultur mehr. Damit will ich nicht sagen, dass in den Vereinigten Staaten nicht so etwas wie Kunst und Kultur existiert. Auch wenn es momentan schlecht um unsere Kulturlandschaft bestellt ist, so haben sich, wie in dunkler Vorzeit, Stämme und Gemeinschaften gebildet, die alle ihre eigene Kultur pflegen und eine eigene Sprache sprechen. *Bikers, S/M Lesben, Chicanos, Rap-Poeten,* die (überwiegend weisse) New Yorker Kunstwelt – zahlreich sind sie, die Gruppen. Oft sprechen sie nicht die gleiche Sprache; so zum Beispiel kann sich die liberale New Yorker Linke nicht mit den Obdachlosen verständigen, denen zu helfen sie willens wäre – oder auch nicht. David Lynchs Arbeit hat ganz unbestritten Hollywoods Medienlandschaft sowohl im TV als auch im Filmbereich beeinflusst. Die Tatsache, dass ein derartiger Einfluss überhaupt möglich war, bedeutet, dass seine Arbeit, allem voran sein Zeitgeist, den Vorstellungen der Mächtigen entspricht. Die einzig interessante Frage jedoch ist, ob Lynchs Filme den Kunst- und Kulturausdruck der verschiedenen Gruppen und Gemeinschaften beeinflusst haben. Von mir aus kann die ganze amerikanische Big-Mac-Kultur zur Hölle gehen. *Eraserhead,* Lynchs Erstlingswerk, wurde zum wichtigen Kultfilm. *Blue Velvet,* den er später drehte, desgleichen, doch für ein grösseres Publikum und schwächer. Da die Regierung der Vereinigten Staaten totalitäre Züge anzunehmen scheint, ist die einzige Kunst, die jetzt zählt, jene, die zum Kult wird, und die einzige Kultur jene, die provinziell ist.

——

JEANNE SILVERTHORNE ist Künstlerin und Publizistin. Sie lebt in New York.

Twin Peaks brachte dem amerikanischen Fernsehen die Moral zurück. Cooper, ein exzentrischer, verweichlichter Macho-FBI-Agent mit gemässigter politischer Einstellung unternimmt den Versuch, die tief in Spiritualität und Materialität, Geist und Körper, Gnade und Gerechtigkeit, Zucker-Doughnuts und grosse Freiheit gespaltene amerikanische Seele zu heilen. Während er sich ein Stück runzelige Apple Pie in seinen schmalen Mund schiebt, erwägt er ganzheitliche Lösungen für eine schwarze Messe und wird beinahe mythisch-dichterisch: er nimmt zwar die Schwachen in Schutz, identifiziert sich jedoch als Missetäter; angesichts des Bösen weigert er sich, zweifellos unzulängliche Ethikvorstellungen preiszugeben. Und er anerkennt ein wichtigeres Gut als die Moral. Selbst soziologische Gedanken sind ihm nicht fremd; das «ehrwürdige» Amerika der WASP, das auf gutmütige Art und Weise versucht, sich die moderne Bedeutung von Rasse, Geschlecht und Klasse in seinem Streben nach einer kulturlosen, urzeitlichen Wahnvorstellung einzugestehen oder gar für sich in Anspruch zu nehmen. Er ist hinter Dobie Gillis her.

——

ANDREW ROSS unterrichtet Englisch an der Princeton Universität. Er ist Autor des in Kürze erscheinenden Buches *Strange Weather: Culture, Science and Technology.*

DIE EULEN SIND NICHT,
WAS SIE SCHEINEN
Beinahe seit ich zum ersten Mal den Vorspann von *Twin Peaks* gesehen habe, betrachte ich diese Serie über eine Holzfällerstadt im Nordwesten

der USA als eine Stellungnahme zu ökologischen und umweltpolitischen Fragen. *Twin Peaks* ist, so glaube ich, eines der ersten Beispiele für ökologische Theatralik, doch es wird gewiss nicht das letzte sein. Eine bleibende Auswirkung von *Twin Peaks* ist bestimmt das neue Bild der nördlichen Pazifikküste, das die Fernsehserie zu einer Zeit kreiert, da die Holzindustrie dieser Region durch brennende ökologische Fragen in Bedrängnis gerät. Die politischen Diskussionen, die in letzter Zeit über dieses Thema geführt werden, haben hauptsächlich den Schutz des Fleckenkauzes zum Inhalt (obwohl dies nur eine der vielen Tier- und Fischarten ist, die durch das Abholzen der alten Wälder bedroht sind). Diese Eulenart gerät nun in *Twin Peaks* immer stärker in Verruf, da Bob, das geheimnisvolle Mörderwesen, irgendeine Verbindung zu Eulen zu haben scheint, und da gemäss *Laura Palmers Tagebuch* (der kommerziellen Version) ihre psycho-sexuelle Geschichte durch imaginäre oder reale Angriffe von Eulen in Mitleidenschaft gezogen wurde. In Anbetracht der ökologischen Herausforderung, mit der sich die Holzindustrie gegenwärtig konfrontiert sieht, überrascht es kaum, dass *Twin Peaks* in einer Holzfällerstadt spielt, deren nähere Umgebung als Hort böser, bedrohlicher Kräfte, wahrscheinlich ausserirdischer Wesen, dargestellt ist, denen Eulen (und vielleicht sogar das Holzscheit der Log Lady) tatsächlich als telepathische Kommunikanten dienen könnten. Die Eulen, so wird mehrfach betont, «sind nicht, was sie scheinen» und könnten sich somit auch als positive Kräfte herausstellen. Dennoch erscheint die Natur hier, wie meist in Lynchs Werken, als darwinistisch, feindselig und bedrohlich für die Bewohner der Kleinstadt. Dies wird schon in der Vorspannsequenz angedeutet – durch die metonymischen Verbindungen zwischen den Vögeln, die rauhe Wirklichkeit der Industrie und der durch sie verursachten Umweltverschmutzung, das unerbittliche Schärfen der Sägezähne in der Sägemühle, das Bild der Kleinstadt, die durch eine rätselhafte, geheimnisvolle Umwelt bedrängt wird, die sublime Gewalt des Wasserfalls, den verhängnisvollen Sog der

Wasserstrudel und auch durch Badalamentis Titelmusik: Streichinstrumente, ein bekanntes Element aus dem Filmmelodrama, bilden hier den Vordergrund, darunter liegt eine Bassmelodie, die dem Ganzen einen unheilvollen Unterton verleiht.

Angesichts der «Bedrohung», welche die Umweltschutzbewegung für die in der Holzindustrie des Nordwestens beschäftigten Männer darstellt, kommt diese Geschichte für eine Kleinstadt, deren Holzwirtschaft durch Handlungen von lebenden und toten Frauen und mysteriöse Umweltmächte wie Eulen und Ausserirdische in eine Krise geworfen wird, wohl nicht überraschend. Es passt vielleicht auch ganz gut, dass gerade Josie, eine Asiatin, die Wirtschaft beherrscht und die Sägemühle zum Stillstand bringt, wenn man bedenkt, dass die Holzwirtschaft des Nordwestens durch das gewinnbringende Exportgeschäft schon seit Jahren vom asiatischen Markt abhängig ist. Josies Gesicht, das in den Spiegel starrt, während sie sich die Lippen schminkt, ist das allererste Bild, das die Kamera zeigt – eigentlich eine vollkommen unnötige Aufnahme, die jedoch mögliche Ursachen für die später in der Serie auftretenden Krisen erkennen lässt: Weiblichkeit, Fremdartigkeit und träumerischer Narzissmus (dieser träumerische Narzissmus ist für viele Frauengestalten in der Serie charakteristisch, besonders für Donna, die eigenwillige Romantikerin, und Audrey, den Dorfdrachen). Da eine Figur wie Josie in der Serie eine derart ausschlaggebende Rolle spielt, kann es nicht überraschen, dass sich die Rache der Männer langsam, aber sicher abzeichnet und vielleicht erst, wenn man über die blossen Tatsachen hinaussieht, in ihrem vollen Ausmass erkennbar wird, etwa so wie Hegels Eule der Minerva, die ihre Flügel erst bei Einbruch der Dunkelheit ausbreitet.

███

MANFRED STUMPF ist Künstler und lebt in Frankfurt.

Eraserhead war damals fast so eine Art Kultfilm, zumindest für die New Wave Generation. Es war einer der ersten Filme, die wieder in schwarzweiss

gedreht wurden und die Ästhetik der 20er und 50er Jahre simulierten. *Wild at Heart* spricht im Grunde ja das gleiche Publikum an: die älter gewordene New Wave Generation. Der Film geht um mit den persönlichen Mythen, den Kultfiguren der nahen Vergangenheit, die einem aus der Kindheit, aus der Jugend der Eltern noch lebendig geblieben sind, wie Elvis, Rock'n'Roll-Kult usw.

Lynch präsentiert uns die gesammelte Liebestragik der amerikanischen Welt durch den Filter der klassischen Rock'n'Roll-Ära, dem eigentlichen Höhepunkt der amerikanischen Gesellschaft. Es geht ihm dabei jedoch um die Maske, die Illusion von Wirklichkeit als einem formal-ästhetischen Mittel, um über die Wirklichkeit zu sprechen. Er hat einen Begriff von Mitteln.

Lynch bekennt sich zum Mythos. Er formuliert und schliesst damit gleichzeitig auch die Geschichte ab. In unserer Zeit geht es nicht um eine Neuformulierung, sondern um eine Aufarbeitung der gesamten, zum Teil sehr impulsiven Strömungen des 20. Jahrhunderts. Lynch betreibt eine Art kultureller Entsorgung und Wiederaufbereitung, man könnte sagen, er ist ein gutes Klärwerk. Sein Werk besitzt insofern keinen Innovationscharakter.

███

BRUCE JENKINS ist der Film- und Videokurator des Walker Art Centers in Minneapolis und Dozent für Kunstgeschichte an der Universität von Minnesota. Seine Artikel über Film sind in der Zeitschrift *October* und im *Millenium Film Journal* erschienen.

DAVID LYNCH:
AUSBLICKE VOM HERZEN
AMERIKAS

Seit er vor bald 15 Jahren mit dem erfolgreichen Nocturne-Film *Eraserhead* erstmals die öffentliche Aufmerksamkeit auf sich zog, führt David Lynch den amerikanischen Filmkritikern und Kinogängern die Grenzen der visuellen Ausdruckskraft mit einer für einen kommerziellen Film einzigartigen Sensibilität vor Augen. Seine Filme sind unheimliche, eindrückliche Erlebnisse voller Bilder (und Töne), die jeden Moment von der Leinwand herabzuspringen und die Zuschauer im Kinosessel körperlich anzugreifen drohen. Wie Kenneth Anger in seinem epochalen Werk *Scorpio Rising* feststellte, besitzt das Medium Film nicht nur wesenseigene Zauberkräfte, seine Eigenschaft als populäres Kulturinstrument erlaubt es ihm auch, die niedrigsten (und düstersten) Seiten der menschlichen Psyche direkt anzusprechen.

Twin Peaks, Lynchs Abstecher in die Welt der Fernsehserie, hat diese frevlerische (aber unterhaltsame) Kunst auch in die Wohnzimmer in ganz Amerika getragen. Lynch und sein Mitarbeiter Mark Frost, denen vom Fernsehen keinerlei Schranken auferlegt wurden, liessen die wilden Gestalten der Filme auf die kaffeetrinkende und kuchenessende Zuschauergemeinde los. Dabei gelang es ihnen, den Charakter der zur Hauptsendezeit programmierten Fernsehproduktionen um mindestens zwanzig Jahre weiterzuentwickeln: Von einer im wesentlichen in den 50er Jahren geprägten Vorstellung von Unterhaltung – *Dallas* und *Denver Clan* waren Produktionen, die auch an Vincent Minnellis schlechtestem Tag unter dessen Würde gewesen wären – bewegten sie sich zu einem Stil hin, der dem Zeitalter des Nachdenkens eher angemessen ist.

(Twin Cities, April 1991)

▬

VITO ACCONCI ist Künstler und lebt in New York.

Für mich stellen David Lynchs Filme Gelegenheiten dar für den Körper des Heimatlosen, des Ziellosen, den Pferde reitenden Körper in den US-Western. Gewisse Szenen sind Stationen einer Reise; in *Blue Velvet* sind es Dean Stockwell, der eine Lampenfassung als Mikrophon benutzt und zu Orbisons *In Dreams* synchron seine Lippen bewegt, und Isabella Rossellini vor dem Haus, splitternackt, während alle anderen Anwesenden bekleidet sind. In *Twin Peaks* ist es der Zwerg, der von seinem Stuhl aufsteht und über den Boden im Schachbrettmuster

tanzt. Bei diesen Stationen handelt es sich um Darbietungen von einigen Leuten im Film für andere Leute im Film und auch abwechslungsweise für uns Kinogänger; es ist so, als würden wir diesen anderen Leuten über die Schultern schauen. Der US-Western ist mit den High School-Aufführungen verkettet, und er ist in den amerikanischen Vorstädten beheimatet.

Die Darsteller kosten die Regeln der Darstellung aus, ob diese nun von ihnen selbst (der Darsteller als Folterknecht) oder von anderen (der Darsteller als Opfer) bestimmt wird; sie spielen ihre Rollen «bis ans bittere Ende», wie es Barbara Stanwyck in *Double Indemnity* ausdrückt. Der Westernheld, sich seiner selbst zu stark bewusst (im *Film Noir* ist er der Detektiv), der Westernheld, wissend, dass er die Hollywood-Version eines Westernheldes spielt: hier treffen sich *The Searches* und *Sunset Boulevard*. Es kommt vor, dass ich während eines David-Lynch-Films sage: «Oh come on», und zwar dann, wenn er oder jemand im Film sagt: «Oh wow!» – das Publikum reagiert mit unterdrücktem Lachen – und sagt sich: «Wie seltsam das Leben doch ist.» Es kann aber auch vorkommen, dass der Kommentator bei gewissen Szenen, wie beispielsweise den oben erwähnten, etwas verpasst und uns das Unheimliche ohne Vorwarnung überfällt; dann wird es tatsächlich unbehaglich, weil dieses Gefühl keinen Namen hat.

Ich denke da an diese Szene in *Blue Velvet* – zu kurz für eine Szene, eigentlich ist es nur eine Momentaufnahme –, die mir nicht aus dem Kopf gehen will (die mir, genauer gesagt, noch immer im Körper sitzt). Dennis Hoppers Gesicht wendet sich ab, dreht sich, weicht zurück; in einer Nahaufnahme folgt nicht etwa eine Andeutung, sondern eine deutliche Bekanntmachung: «Ich ficke alles, was sich bewegt.» – Schnitt, neue Einstellung, jemand bewegt sich, wir bewegen uns auch, vielleicht haben wir Angst, vielleicht jagen wir auch Angst ein.

▬

STEPHEN SARTARELLI ist Mitherausgeber des *Alea* Journal of Contemporary Poetry.

VERDORBEN BIS INS INNERSTE

Als ich letzthin eine schöne rote Birne in die Hand nahm und sie in zwei Hälften schnitt, um sie mit meiner Frau zu teilen, entdeckte ich zu meiner grossen Überraschung, dass die Frucht um die Kerne herum eine nahezu perfekte, von einem zähflüssigen Gel umhüllte Kugel gebildet hatte, die sauber vom ansonsten gesunden Fruchtfleisch abgetrennt war. Das klebrige Gebilde hatte sich offenbar irgendwie vor meinem Messer retten können, so dass es nun, als ich die beiden Birnenhälften voneinander löste, aus der einen Hälfte herausstak, abgesondert in einer separaten Realität, einem Avocadostein ähnlich. Ein merkwürdiger Anblick, nicht nur, weil die Birne von aussen makellos und recht appetitlich aussah, sondern auch, weil das Kerngehäuse einer reifen Birne, anders als das eines Apfels, abgesehen von einigen Fasern und Kernkapseln ganz zuinnerst, normalerweise in etwa aus derselben Substanz besteht und auch die gleiche Konsistenz aufweist wie das Fruchtfleisch.

«Hast du schon jemals so etwas Seltsames gesehen?» fragte ich meine Frau.

«Wirf es weg», sagte sie. *«Es sieht aus wie … David Lynch!»*

Eine Bemerkung, die noch treffender und scharfsinniger ist, als sie auf den ersten Blick erscheinen mag: Neben der Abnormität der Mutation selbst wirkt auch die Tatsache, dass sie sich unter einer Oberfläche ereignet hat, die völlig harmlos aussieht (wie die «kleinen Hühnchen» in *Eraserhead*) oder gar ausgesprochen schön ist (wie das kleinstädtische Amerika in *Blue Velvet* und *Twin Peaks*), wie ein typischer Einfall von David Lynch. Eine glänzende, kirschrote Schale mit feinen gelblichen Schattierungen, die saftiges Fruchtfleisch überzieht: Gibt es eine bessere Verpackung für die tief im Innern lauernde Perversion? Könnte es nicht Isabella selbst sein? Oder Laura Dern? Oder gar Kyle McLaughlin?

Wir assen die Birne schliesslich. Sie war selbstverständlich köstlich.

▬

JOHN MILLER ist Künstler und Schriftsteller. Er lebt in New York.

Blue Velvet zog mich durch die nahezu vollkommene Synopsis seiner Zeitebenen in seinen Bann; seine Treibhaus-Erotik liess den Vorwurf, der Film sei frauenfeindlich, absurd erscheinen. *Wild at Heart* war völlig anders. Ich erlebte den Film von Anfang an als rassistisch und sexistisch; Lynch wirkte weniger wie ein radikaler Stilist, denn wie ein unbewusster Vertreter der Reagan-Bush-Ära. Trotzdem ist die totale Negativität von Lynchs trocken-humorigem Comic Strip *The Angriest Dog in the World* immer noch spürbar. Die Hauptrolle spielt ein Tier in einer Extremsituation: ein Hund, der so wütend ist, dass er sich nicht einmal mehr bewegen kann; ein Hund, der so fest an seiner Leine zerrt, dass sie ganz straff gespannt ist. Am Rande des Comic Strips spielen sich zwar einige kleinere Begebenheiten ab, doch der Hund bleibt immer der bewegungslose Mittelpunkt. Vom Pop-Standpunkt aus gesehen, kommt die Prämisse eines statischen Comic Strips dem Reduktivismus von Andy Warhols Film *Empire* nahe. Lynchs Hund soll eindeutig die selbstzerstörerische Wirkung von unterdrückter Wut zum Ausdruck bringen. Doch er könnte auch eine Art morbides Selbstporträt darstellen. Der Hund reisst an seinem Strick und weigert sich, sich zu bewegen. Er hat sich selbst «gelyncht» und könnte ebensogut tot sein.

■

CARL STIGLIANO ist Schriftsteller in New York.

Welche Adjektive mussten wir uns doch früher zur Schilderung eines Vorfalles ausdenken, und nun sagen wir einfach: «Also, heute morgen ging es in der «F»-Bahn geradezu David-Lynch-mässig zu.»
(«F»-Bahn ist die berüchtigtste U-Bahn-Strecke in New York. A. d. Ü.)

■

THIERRY GRILLET ist ein ehemaliger Schüler der Ecole Normale Supérieure in Paris und Produzent bei France Culture.

Gewalt – Sadismus, Masochismus und Opferzustand – sind im amerikanischen Film stets reichlich vertreten, und in den 70er Jahren sogar ein Hauptthema – man denke an Sam Peckinpahs *Straw Dogs,* an Scorsese und Robert de Niro in *Mean Streets.* Solche Formen von menschlicher Bedrohung widerspiegeln die verbreitete, sozial begründete Brutalität der amerikanischen Städte, die weitgehend aus einem historischen Missbehagen entstanden ist: als in den 70er Jahren die nackte Wahrheit über die Schaudertaten im Vietnamkrieg bekannt wurde (Bombardierung Vietnams 1968, My Lai Massaker 1969) und in der ganzen Nation eine Schockwirkung auslöste, sah Amerika seinen klimatisierten Traum einer liberalen, humanistischen Gesellschaft in die Brüche gehen. Diese Situation, in der eine puritanische Nation sich als kriegerische Zerstörungswelle erkennen musste, wurde symbolisch auf die Ebene sozialer Brutalität übertragen. So lässt sich die etwas messianische Form von Gewalt in *Taxi Driver* erklären, wo der Held im städtischen Dschungel seinen eigenen Krieg führt, oder die symbolische Gewaltanwendung in *Apocalypse Now,* wo kriegerische Brutalität in Stammesoder «kathartische» Gewalt umgewandelt, dargestellt wird.

Bei David Lynch zeigt sich aber eine stark verinnerlichte Gewalttätigkeit, deren Ursprung verlorengegangen ist. Das trifft insbesondere zu in *Eraserhead* mit seinen zu Beginn schauderhaften, von «beunruhigender Fremdheit» inspirierten Bildern. Das Kind, das dieses Paar zur Welt bringt, entspricht dem eigentlichen Alptraum des Ehemannes. Er ist es, der die Gewalttätigkeit des abnormen Säuglings masochistisch erduldet. In *Elephant Man* herrscht eine sozial bedingte, zur Abnormalität und Monstrosität erhobene Brutalität. In *Blue Velvet* ist Gewalt ebenfalls verinnerlicht, insofern als ja Isabella Rossellini das sadistische Spiel zwischen ihr und Dennis Hopper als zweideutige Lustquelle akzeptiert.

Manchmal ist Gewalt bei Lynch der Ursprung der uneingestandenen Lust, und damit ein Hinweis auf die Doppelseitigkeit der amerikanischen Nation, die sich selbst immer wieder im Licht von Gut oder Böse darstellt.

■

JEREMY GILBERT-ROLFE ist Künstler und Publizist in Los Angeles.

Ich kenne zwar David Lynchs Schaffen nicht besonders gut, doch soweit ich es beurteilen kann, ist er jemand, der mit der Poesie des spiessbürgerlichen Miefs arbeitet, eine Art Galsworthy der Lumpenbourgeoisie. Als Regisseur von *Blue Velvet* und *Twin Peaks* wäre er natürlich der ideale Mann für die Regie der *Nancy, Ronnie und Frank-Geschichte,* die hoffentlich bald einmal verfilmt werden wird. Ich glaube jedoch nicht, dass seine Filme viel mehr bewirken, als den Amerikanern genau das zu sagen, was sie hören möchten, nämlich, dass auf der Rückseite der amerikanischen Psyche und Gesellschaft eine Welt existiert, die sich um Sexualität und Ehrgeiz der krankhaften Art dreht. In Wirklichkeit dreht sie sich aber um Habgier und um Rassismus in all seinen Formen, die beide in Lynchs Werken nicht wirklich in Erscheinung treten. Seine Filme bleiben dem traditionellen und bestimmt entlarvenden Wahlspruch (oder Traum) Hollywoods treu, der besagt, dass die Welt ein – zwar nicht perfekter – Ort ist, wo jeder immer alles zu haben scheint, was er «braucht», und das Thema Rasse gar nicht oder nur unterschwellig vorhanden ist. Bei der «ausserirdischen» Figur in *Twin Peaks* wird die Idee des Fremden eher psychologisiert als politisiert, was in der amerikanischen Innen- und Aussenpolitik bestimmt nicht der Fall ist. Lynch ist wie Warhol und Galsworthy ein Künstler des Establishments, der banale Menschen darin bestärkt, sich über eine Banalität erhaben zu fühlen, die in Wirklichkeit ein Spiegelbild ihrer selbst ist, indem er ihnen sagt, ihre Welt sei rüde in einer Art, die ihnen behagt, und nicht niederträchtig in einer Weise, mit der sie sich nicht auseinandersetzen wollen.

PETER NAGY ist Künstler und lebt in New York.

David Lynchs Filme sind für mich wichtig, weil sie veranschaulichen, wie stark surrealistische Aspekte den amerikanischen Alltag infiltriert haben. Fellini gelang es mit *Giulietta degli Spiriti* und *La Dolce Vita,* den zeitgenössischen italienischen Realismus abzubilden, und auch Lynchs Stärke liegt darin, dass die meisten Absonderlichkeiten, die in *Wild at Heart* aufscheinen, aus unserem täglichen Leben gegriffen sind.

━━

CHRISTIAN BOLTANSKI ist Künstler und lebt in Paris.

Man sieht in diesem Film nur, was man wirklich sehen will. Seine Wahrheit ist die Wahrheit, die ich selbst darin gesehen habe. Was mich bei allen Filmen von David Lynch interessiert – besonders in *Wild at Heart* –, ist die Abwesenheit Gottes. Man hat David Lynch diese Frage gestellt, man hatte ihm gesagt: «Ihr Film hat weder Hand noch Fuss!» Er hat daraufhin geantwortet, das Leben habe noch weniger Hand und Fuss als sein Film.

Es stimmt, bei Lynch ist das Leben ein blosser Ablauf von Ereignissen ohne Folgen: ich denke zum Beispiel an die Szene mit dem Autounfall, der einfach so mitten in die tragischen Ereignisse hineingerät. Aber immer wieder erscheint diese Idee einer Welt ohne Ordnung, ohne Gut oder Böse, und eben: ohne Gott. *Wild at Heart* zeigt ein wichtiges aktuelles Problem, das eben durch die Abwesenheit Gottes gekennzeichnet ist, und wenn ich von «Gott» rede, so meine ich einen höheren Glauben. Die Konsequenzen dieses Films wirken wie eine Art grosses Durcheinander, das aus dieser Abwesenheit entsteht.

Blue Velvet hat mir unheimlich gefallen, denn dort ist es ein bisschen dasselbe – es gibt das Gute und das Böse eigentlich nicht. Der Schluss ist grossartig: man sieht den jungen Mann mit seiner Familie, der Grossmutter, der Schwiegermutter, und zugleich sieht man ein Vögelein, das einen widerlichen Wurm frisst. Dieser kleine Vogel ist wunderbar und kriminell zugleich, der junge Jeffrey hingegen träumt nur davon, die arme Dorothy zu schlagen. Der ganze Film scheint auf diesen jungen Mann konzentriert, der entdeckt, dass er das Dunkle in sich hat, wie eine Stadt, in der nichts läuft – diesen dunklen Teil, den wir alle in uns tragen.

Darin liegt auch die Stärke von David Lynchs Werken, da zeigt sich der grosse Unterschied zu anderen amerikanischen Filmen, in denen die Bösen immer von den Guten besiegt werden und stets das Leben überwiegt. Bei David Lynch hat jeder Mensch das Schlechte in sich. In *Blue Velvet* wird Dorothy gefoltert, aber das macht sie glücklich, und Lynch nimmt als Voyeur daran teil. Auch da wirkt er mit. Es ist nicht ein Film zum Fürchten, sondern ein Film, der einen anwidert, weil man die dunkle Seite in sich selbst entdeckt. *Salò* von Pasolini zeigt die Schönheit erst am Schluss. Man sieht Gefolterte, und zugleich andere Leute, die mit dem Fernrohr zuschauen ... und man wird selbst zum Voyeur, gerade wie in einem Film von David Lynch.

━━

RALF-RAINER RYGULLA, ehemals Verlagslektor, Anthologist, Diskjockey und Texter, ist heute Geschäftsführer einer Frankfurter Diskothek. Veröffentlichungen: *Fuck you, Underground Poems; Acid,* Neue amerikanische Szene (zus. mit R. D. Brinkmann) u. a.

Die Bilder von *Blue Velvet* und *Wild at Heart* erinnern mich eher an Russ Mayer als an ... sagen wir Ridley Scott. Das *B-Movie* Ambiente kommt harmlos daher, die vertraute Oberfläche ist konsumfreundlich glatt, es herrscht gutes Wetter wie in den unzähligen Billigproduktionen aus den staubigen Tälern um Hollywood. Aber das hämische Grinsen des Durchblickers, des Bescheidwissers lässt nicht lange auf sich warten. Der Moralist hebt selbstgefällig den Stein, und die Asseln und Würmer darunter winden sich und sondern Angstschleim ab. Das ist ein Ausgangspunkt für einen guten Film, und die beiden Filme sind gut, auf eine Weise, wie sie von einem grossstädtischen Publikum erwartet wird, *shocking* auf einem hohen Niveau, aber gerade dieses Niveau reicht nur für eine feuilletonistische Auseinandersetzung mit dem Genre des Menschlich-Gruseligen.

━━

DAVID LEVI STRAUSS ist Publizist und Kritiker. Er lebt in San Francisco.

Obwohl David Lynch erst fünf Filme und eine Fernsehserie gedreht hat, ist er bereits ein bedeutender Mainstream-Regisseur, keineswegs jedoch ein radikaler. Er zerrt und dreht nur etwas an den Konventionen herum, sorgfältig darauf bedacht, sie nicht an der Wurzel zu packen. Lynchs bezwingendste Leistung ist der Tanz zwischen Ironie und Manieriertheit, Feigheit und Vergessen. In seinen besten Zeiten (bei *Blue Velvet*) erinnert er mich an Michael Powell, so wie er 1960 war, doch das Beste an *Blue Velvet* war reiner Zufall. Mit Hopper und Lynch prallten zwei Welten aufeinander, und Hopper riss (zusammen mit Dean Stockwell) den Film an sich. In seinen schlechtesten Zeiten vertritt Lynch eine Art Junge Republikanische Postmoderne und steht damit in perfekter Übereinstimmung mit der Reagan-Bush-Pejorokratie und dem wachsenden amerikanischen Militär- und Sicherheitsstaat. Wenn Krieg die Gesundheit des Staats bedeutet, bedeutet Gewalt gegen Frauen dann die Gesundheit des Marktes? Der wütendste Hund der Welt zerrt ohnmächtig an seiner Leine und pisst sich selbst voll.

━━

ROB PRUITT und JACK EARLY sind Künstler und leben in New York.

David Lynch ist wichtig, weil er die Dinge wie eine Stubenfliege aus allernächster Nähe betrachtet und Dinge hört, die nur unser Chihuahuahündchen mit seinen riesigen, spitzen Ohren wahrnehmen könnte.

BARBARA BLOOM ist Künstlerin und lebt in New York und Berlin.

DIE BANALITÄT DES BÖSEN

Vielleicht gelingt es mir, die Stimmung jener Jahre zu beschreiben, wenn ich erzähle, dass kein einziger Besuch bei meiner Schwiegermutter stattfand, ohne dass ich die Augen nicht von einem gerahmten Gedicht, einem sogenannten Haussegen, der in der Eingangshalle ihres Hauses in Hartford, Connecticut, hing, abgewendet hätte.
Gott segne alle Winkel dieses Hauses
Die Schwelle möge nur dem Glück
Einlass gebieten
Gesegnet seien Heim und Herd
Gesegnet sei jeder Ruheplatz

Gesegnet sei das kristalne Fenster welches das Strahlen der Sterne hereinlässt
Gesegnet sei jede Türe, die sich Fremden wie auch Verwandten weit öffnet.
Dieser Spruch erzeugte bei mir Gänsehaut, war das doch genau die Art von «ironischem Detail», worauf sich die Reporter nach einem Leichenfund stürzen würden. In meiner Nachbarschaft in Kalifornien liess niemand die Türen segnen, die Freunden und Verwandten offenstanden. Paul und Thommy Scott Ferguson hiessen die beiden Fremden, die an Ramon Novarros Türe im Laurel Canyon klingelten. Der Fremde, der an der Türe von Rosemary und Leon LaBianca in Los Feliz

läutete, hiess Charles Mason. Es gibt Fremde, die klopfen an die Türe und erfinden einen Grund, hereingelassen zu werden: Wegen einer angeblichen Panne beispielsweise wollen sie ihrer Garage telefonieren. Andere wiederum öffnen einfach die Türe und spazieren herein, und man begegnet ihnen dann in der Eingangshalle. Ich kann mich erinnern, dass das einmal vorkam; ich fragte den Mann, was er wolle. Wir sahen einander einen Augenblick, der eine Ewigkeit zu dauern schien, an, als plötzlich mein Mann auf der Treppe erschien. *«Chicken Delight»,* sagte er schliesslich, doch wir hatten kein *Chicken Delight* bestellt, und er hatte auch keins dabei.

Aus *White Album* von Joan Didion

«Ich hab' was geträumt in derselben Nacht, in der wir uns das erste Mal getroffen haben.
Ich hab' geträumt von unserer Welt
Aber in dieser Welt war es dunkel, weil es keine Rotkehlchen gab.
Die Rotkehlchen waren das Sinnbild für Liebe.
Und eine ziemlich lange Zeit war da nichts anderes als diese Dunkelheit.
Und dann auf einmal kamen Tausende von Rotkehlchen plötzlich angeflogen
Und auf ihren Flügeln brachten sie dieses blendende Licht der Liebe mit.
Und es schien so, als ob diese Liebe
Das einzige sei was wirklich wichtig ist in dieser Welt.
Und so war es.
Ich glaube, das heisst,
Erst wenn die Rotkehlchen kommen wird alles gut.»
– Sandy Williams, *Blue Velvet.*

Er sah keinen Grund, weshalb der Teufel alle wohlklingenden Melodien haben sollte.
– Reverend Rowland Hill

«Das habe ich getan»,
sagt mein Gedächtnis.
«Das kann ich nicht getan haben»,
sagt mein Stolz und bleibt unerbittlich.
Endlich – gibt das Gedächtnis nach.
– Friedrich Nietzsche,
Jenseits von Gut und Böse.

«Die Ozonschicht verglüht.
Eines schönen Morgens
Wird die Sonne aufgehen
Und wie ein Röntgenstrahl
Ein grosses Loch in die Erde brennen.»
– Lula, *Wild at Heart*

«Die ganze Welt ist herzverrückt und hirnverbrannt.»
– Lula und Sailor, *Wild at Heart*

Das ist alles, was wir vom Menschen erwarten können.
Diesseits des Grabes:
Das Gute an ihm ist – zu wissen, dass er schlecht ist.
– Robert Browning,
The Ring and the Book

Denn an sich ist nichts weder gut noch schlecht;
Das Denken macht es erst dazu.
– William Shakespeare, *Hamlet*

Wie weit die kleine Kerze Schimmer wirft!
So schein die gute Tat in arger Welt.
– William Shakespeare,
Der Kaufmann von Venedig.

«Es ist eine fremde, seltsame Welt, nicht wahr?»
– Sandy und Jeffrey, *Blue Velvet.*

PHILIP BROPHY ist Filmemacher und Schriftsteller in Melbourne.

DAVID UND TIM

Zwei Jungen, die in der Schule nebeneinander sitzen. Der eine blättert in einer *Marshall Cavendish Pictorial History of Art.* Er heisst David Lynch.

Der andere ist dabei, das *Reader's Digest Book of Great People* auseinanderzunehmen. Er heisst Tim Burton.

David bricht die Schule ab, erhält Geld vom American Film Institute, um damit einen Film zu drehen über einen Typen, der sein Haar wie David Thomas kämmt, und der beim Anblick seines eigenen Spermas in Ohnmacht fällt: *Eraserhead.* Tim dreht seine ersten

Trickfilme in den Disney Studios. David schiebt Cocteau für eine Weile beiseite, stöbert ein paar Jacques-Tourneur-Streifen auf und stösst sogar auf einige Hammer & AIP Poo-Filme; er mischt tüchtig und dreht *The Elephant Man.* Tims Schulden bei Disney sind endlich abbezahlt. Er darf *Frankenweenie* drehen – ein Kurzfilm über ein Kind, das seinen toten Bullterrier für einen wissenschaftlichen Versuch wieder lebendig werden lässt.

David wendet sich erneut den Intellektuellen zu und lässt das barbarische England zugunsten seriöser Science Fiction fallen. Dabei lernt er die Spielregeln im Umgang mit den Hollywood-Tycoons in der verdorbenen Atmosphäre der Aufnahmestudios. Frank Herbert, H. R. Giger... und Sting? Der Film erhält den Titel *Dune*. Tim, der ein bescheidenes Budget einhalten muss, dreht ein anspruchsloses postmodernes Meisterwerk mit dem äusserst beliebten Samstagmorgen-Kindershow-Star Pee Wee Herman. Als Jeff Koons Pee Wees Vorgarten sieht, meint er, es sei Kunst.

In der Zwischenzeit entdeckt David, dass die Sandwürmer in *Dune,* die ihn ein Vermögen gekostet hatten, unbewusst die Traumfabrik Hollywood symbolisieren. Er entschliesst sich, auf das Spiel einzusteigen, und hält sich an die unfehlbare Formel, Schleimiges mit surrealistischer Verfremdung zu mischen. *Blue Velvet* wird von den Kritikern gelobt und als postmoderner Kitsch missverstanden, doch was soll's. Tim macht sich gar nichts aus Davids Slum-Kultivierung; er leiht sich Davids Surrealismus aus, vermischt ihn mit Ed Roth und *Mad* und bringt *Beetlejuice* mit grossem Werbeaufwand in die Kinos. David geht auf Nummer sicher und spielt damit, sich selbst zu spielen, und spuckt *Wild at Heart* aus. Eine Schein-Hommage an *Niagara* von George Stevens, *The Fugitive Kind* von Sidney Lumet und *Written on the Wind* von Douglas Sirk. Tim wird grossunternehmerisch und überzeugt Jack Nicholson, Jack zu spielen und ihn schlecht zu spielen, und spuckt *Batman* aus. Eine Schein-Hommage an *Iron Man* von Stan Lee und *Dark Night* von Frank Miller.

Auf seinem Höhenflug entdeckt David das Fernsehen und vollbringt Wunder, indem er Leute, die nie fernsehen, vor den Fernseher lockt, um sich seine Serie anzuschauen – und sie glauben macht, er habe das Fernsehen mit *Twin Peaks* erfunden. Auf seinem Tiefflug kehrt Tim in Pee Wees Vorgarten zurück und lässt Johnny Depp in *Edward Scissorhands* Hecken schneiden.

Daheim in seinem herrschaftlichen Landsitz entspannt sich David zur Musik der *Cocteau Twins* auf CD. Eine Zeichnung von Robert Wilson ziert die Wand. Daheim in seinem herrschaftlichen Landsitz entspannt sich Tim bei der Durchsicht seiner in Schachteln geordneten DC-Kreditkartenbelege. Auf dem Sofa liegt ein zerfledderter TV Guide.

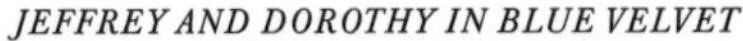

STEPHEN COX ist Bildhauer in London.

Ich reiste ans andere Ende der Welt, um Twin Peaks zu sehen.

(Übersetzung aus dem Deutschen: Irene Aeberli, Brigit Wettstein.)

(Übersetzung aus dem Französischen: Mariette Müller.)

JEFFREY AND DOROTHY IN BLUE VELVET

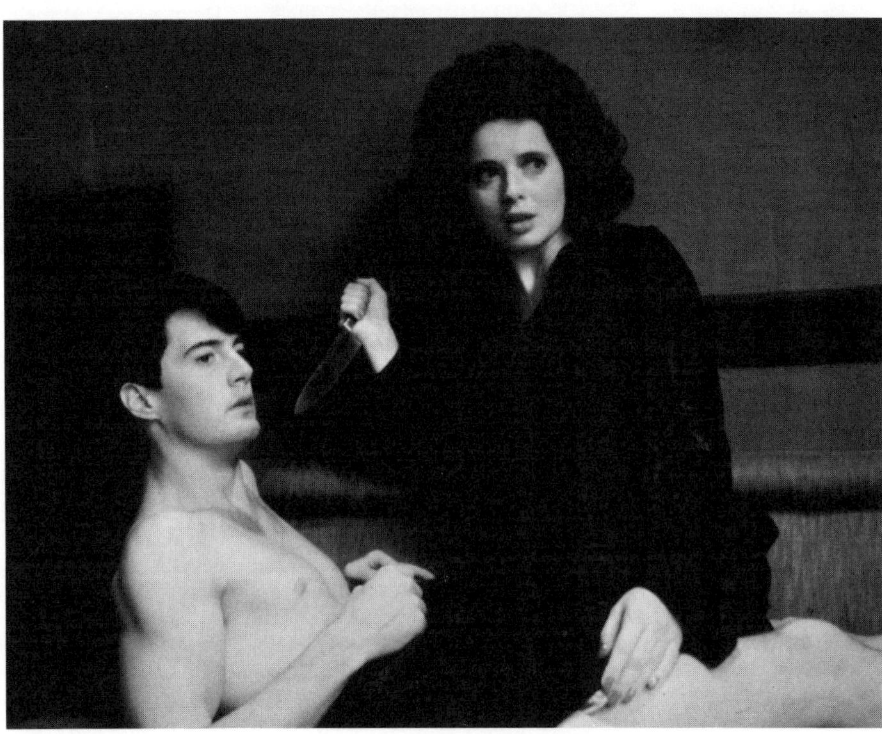

(Why) Is David Lynch Important?

A PARKETT INQUIRY

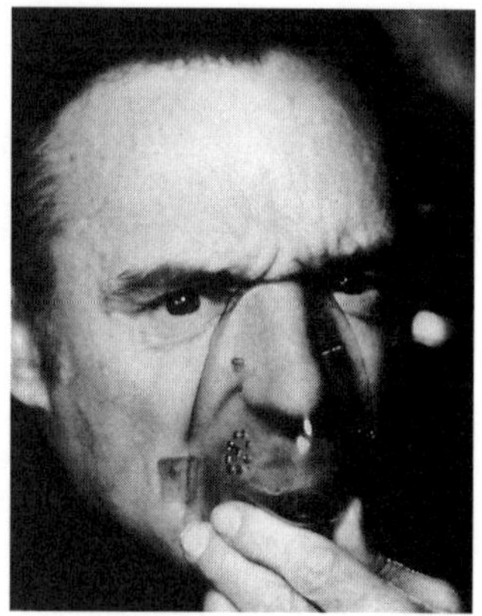

FRANK IN BLUE VELVET

The editors wish to thank Jean-Pierre Bordaz and Miriam Wiesel for their editorial contributions to the inquiry from France and Germany.

JEAN-CHRISTOPHE AMMANN is the director of the Museum of Modern Art in Frankfurt am Main.

The first time I saw *Blue Velvet,* it threw me off. It fascinated me, but it also seemed contrived. The extreme close-ups reminded me of commercials, and the erotically perverted plot was like an educational guide to the perils and aberrations of sex. It took a second viewing, however, to realize that David Lynch had created a masterpiece; there is ample evidence for a meta-level that runs through the entire film. Lynch has succeeded in presenting this second reality, this meta-level, as reality by transparently superimposing the two levels.

His meta-filmic treatment is even more apparent in *Wild at Heart.* This is a movie about a movie in which all the great themes that once drew the crowds suddenly shift to the level of quotation with extreme finesse and not, as in some of Godard's films, with a wagging finger. The film language in *Wild at Heart* is self-referential, supple, and so startling that sometimes one's own feelings even come as a surprise.

Blue Velvet consists of many disturbing strands, all on one theme, that run counter to each other: *Wild at Heart* pursues one single strand with proto-typical sequences on many different themes. The film is strangely elusive;

the densely interwoven dual code makes it both absent and present at once.

I think that the loss of innovative language – one of the great challenges of our times – can be more easily parried in film than in the fine arts. The loss of innovative language goes hand-in-hand with the fade-out of eroticism. Eroticism appears only on a meta-level, if at all, and of course, no longer as a personally defined emotional experience. Even so, films are more receptive, more accessible, to things that have become virtually impossible in art. Operating from a meta-stand-point entails selection on the one hand, and self-observing, agonizing censor-ship on the other. The flow has been replaced by what Lévi-Strauss calls "bricolage." David Lynch's ability to sustain the flow despite bricolage is a great achievement and underscores the potential of film as film. His discourse about eroticism is itself erotic.

David Lynch is undoubtedly an artist, a great artist. I think his objec-tives in film are similar to Jeff Koons's strategy in the fine arts. This makes me extremely curious about the film Koons is planning to make, *Made in Heaven.* The few stills I saw of it were explicitly pornographic – a very inter-esting point, because Jeff Koons cer-tainly had no intention of making a pornographic film. His objective was

to explore the parameters that would allow so-called pornographic (hard-core) elements to appear as delightful and self-evident sequences. If he suc-ceeds, he would indeed be the first film-maker to resolve this paradox. I can imagine that his quasi-naiveté is capable of producing a kind of ritual-ized naiveté of hair-raising credibility, in which infinite love not only allows but positively fosters the voyeuristic and pornographic act. The film would function like a fairytale.

The success of *Blue Velvet* and *Wild at Heart* indicates that we are dealing with a new generation and a very different approach to images, demonstrated, for instance, by the fact that interest in commercials as such has eclipsed the products they advertise. Go to the movies and listen to the boos and laughter when a commercial tries to take the audience for a ride. David Lynch consistently and systematical-ly exploits a duality of code and still manages to make alluring, thrilling films.

——

ROBERT ROSENBLUM is an art historian and critic who teaches at New York University.

I was recently reminded that not long ago, and probably still under the spell of *Twin Peaks,* I commented during a dinner party at Alex Katz's that his NIGHT PAINTINGS looked "very David Lynch." That I, or anybody else, would reach for the name of this unforgettable, eerie movie director in order to describe a painting is a sure sign that David Lynch has mapped out a personal territory cutting so deeply into the public experience that we recognize it as existing far outside the world of his films. It's a tribute that could be paid as well to his great ancestor, Alfred Hitchcock, who once inspired me to compare an odd painting by Gustave Caillebotte – a domestic interior of 1880 that shows a standing woman, back to us, peering out the window to a hotel room across the street while her husband, reading, apparently ignores her – to a still from a Hitchcock thriller, where the pinpointing of the most prosaic moment could suddenly be fraught with a sinister potential. Of course, Hitchcock's unveiling of the dark and scary side of Americana may now seem quaint and archaic, if still indelibly powerful, when compared to Lynch's disclosure of the grotesque underside of grass-roots American surfaces. That may be the one reason why we begin to reach for his name to update our responses to the strange vibrations many recent paintings set into motion. So it is that Katz's NIGHT PAINTINGS may look placid and uneventful on the face of things, but after our exposure to Lynch's films, the record of one lit window in the upper storey of an apartment house stared at in the middle of the night may be enough to set into motion the most stealthy scenario. And couldn't we find Lynch directing a painting by Eric Fischl in which the placid, hygienic faces of American teenagers unexpectedly register subliminal earthquakes of warped sexual appetites? It's clear that apart from his own achievement as a filmmaker, Lynch has become the most useful of household words to describe, among other things, how creepy a place as American as cherry pie can be.

<hr>

SHARON WILLIS teaches comparative literature, French, women's studies, and film at the University of Rochester. She is currently working on *Public Fantasies: Sexual and Social Difference in Contemporary Popular Cinema.*

If David Lynch is important, it is because his work reads the collective social fantasies of our dominant culture. Its premium on the perverse, coupled with its emphasis on style, helps to disguise social anxieties about race and gender as private fantasies, and therefore as something for which no spectator feels responsible. Why, we might ask, does the recent *Wild at Heart* open with a white man's extraordinarily brutal murder of a black man? And why was the race of this murdered character consistently overlooked in the enormous critical attention the film received? *Wild at Heart* is composed of effects – shock effects and "weird" effects – and these are taken as the director's personal signature. In the film's spectacular pyrotechnics, every shock of horrific physical violence is cushioned by the explicit obtrusiveness of "style," and by the irony and slightly "sick" jokes so characteristic of Lynch's work. Irony, on one level, and technology, on another, regulate the affective shocks we undergo. Since most of the shock of these violent images has to do with their verisimilitude, we are lured by a structure of disavowal: "I know this isn't real, but nevertheless..." We are seduced by the manufacture of perfect illusions. But in the verisimilitude of brains spilled on the floor in the opening scene is another disavowal. This sequence reminds us of race, racial conflict, and white people's anxiety and rage, but only to deflect our attention through the lure of technical wizardry. The pleasure of such images, then, has to do with our fascination with "real" effects, and their ability to cancel out any reference to the social world from which they nevertheless borrow their charge of danger and anxiety. Lynch's films seduce us not because they stage fantasies, but because they emphasize the technical staging of fantasy, rather than its content or context.

<hr>

LAURIE SIMMONS is an artist who lives in New York.

The first five minutes of *Blue Velvet* have everything I'm drawn to in David Lynch's work. Take something comforting, familiar, essentially American, and turn up the controls, the visual volume. It's overheated technicolor and every frame would make an exquisite still. Every detail is picture-perfect and it reeks of danger and failure.

<hr>

JEAN-PIERRE BORDAZ is an art critic and curator at the Musée d'Art Moderne, Centre Georges Pompidou in Paris.

All Lynch's films contain references to cinematic and artistic history, and *Wild at Heart* is no exception. On each occasion, Lynch adapts his treatment to the type of strangeness or monstrosity he is portraying. Thus *Eraserhead* recreates the disturbing atmosphere of a Murnau film while some of the scenes evoke the compositions of Mayakovsky or the tragic undertones of the shadow world in which Boltanski encloses his little figures. Lynch's images have become increasingly frightening and interiorized, but they never conform to the generic codes of horror or fantasy. They are never formalized, fixed within a set style. At the beginning of *Wild at Heart* the protagonists are seen in a hyper-realistic small southern town. We become voyeurs. Lynch has voided the film of narrative, or rather the story he tells is minimal, almost without a beginning or an end. Its expressive force derives solely from a prior existence which manifests itself through dreams and recurring images. Its free aesthetic only comes into its own when shaped by the meanderings of thought and the limits of figuration. There is always an element of distance in Lynch's dealings with art, and it is no doubt in his images of violence and monstrosity that he comes closest to other powerful works of American cinema and art.

In each scene of *Wild at Heart,* Lynch reintroduces the elements of the American landscape – the sad grand plains of the mid-West, the minimalist geometry of endless roads, frontiers and signs, the sordid motels – in their original, unadulterated form. In the act of love, bodies bend and merge with a gymnastic suppleness recalling Bellmer's doll. Daily life, with all its violence and brutality (Genet), is what bonds these marginals. It is as if present-day America, a land both strong and ailing, had found in Lynch its exorcist, an exorcist and romantic.

———

DANIELA SALVIONI is the director of SteinGladstone, New York.

After a steady diet of "arty" European films (all of Godard, Tavernier, Fassbinder), David Lynch's *Eraserhead* (1977) seemed to come out of left field. More than any other movie it signalled that there was something worthwhile beyond high modern film, which at that same time did not devolve into John Water's campiness. If its plot is not uncommon to science fiction movies – odd-looking beings having surprisingly normal problems – Lynch's dark undertones made it resonate downtown as punk with a human face. *Blue Velvet* (1986) is much its inverse; here, ordinary characters are set in extreme, albeit not entirely inconceivable, situations. *Wild at Heart* (1990) falls somewhere in between with exaggerated, highly stylized characters acting out a banal plot. In each case, however, Lynch displays a clear affinity with Fellini in underscoring the strangeness of life, though his is a far more Gothic surrealism – but, then, he is an American.

———

ROBERT FISCHER is a cultural critic who lives and works in Zurich.

Lynch's films interest me because they present a very precise documentation of what is happening to the moving image under the influence of new visual communication technologies and in a transfigured social and urban context. To begin with, the inhabitants of postindustrial society live in a global suburb that no longer has any real social, economic, or cultic centers; tele-

vision is the unifying element. Since their rise in the United States 35 years ago (in Europe they date from the '60s), the suburbs have developed a culture of their own based on shopping malls and television, which have generated the motifs that characterize global suburbia's music (heavy metal), literature (Stephen King or *Heroic Comics),* and films (horror, blood, and gore). Young people born and raised in anonymous bedroom suburbs have reverted to regressive cultural models: figures from a fictional pre-history (Conan), a parallel history *(The Exorcist)* or a post-history *(Star Wars).* The collective subconscious in the global suburb has already produced mythological neo-creations (Freddy Kruger, Leatherface, and inchoate figures that have of course to be exorcised). In this lawless, violent – quite literally psychotic – world, only the fittest (Schwarzenegger, Stallone) or possibly the cleverest (Clint Eastwood or Harrison Ford as Indiana Jones) survive. This brief survey of culture in the global suburb suffices to bring out the motifs upon which Lynch bases his fictions. Formally, he also exploits all the sloganizing, gimmicky, effective, distorted, overstated, and brutal visual signals that typify television, comics, rock stars, showbiz, commercials, soaps, sit-coms, and game shows. His work is not couched in the visual vocabulary of traditional film philology but rather in clip-aesthetics, which, I think, constitutes the real revolution of the '80s in visual communication: MTV started broadcasting on August 1, 1980. To me, *Wild at Heart, Blue Velvet,* or *Eraserhead* are feature-length clip films of the global suburb. Subject matter, narrative structure, and formal design express cultural values that are no longer subject to the laws of high culture as defined by bourgeois, postindustrial urban society. If the intellectual and the cultural flaneurs in historical centers approach Lynch's films with mixed feelings, it may well be because they are simply ignorant of the global suburb and its culture, or, indeed, actively ignore it.

———

BEAT STREULI is a Düsseldorf-based artist who presently lives in New York.

Apart from Lynch's complex bag of tricks for movie buffs, *Wild at Heart* is simply a film of shimmering beauty; an ode to love and sex, and – with a certain remove – to the sybaritic pleasures of smoking which have finally come into their own again.

Now love and cigarettes both qualify as things in life for which you will sometimes go to extraordinary lengths to get if you don't have them. But once you have them, they rarely live up to expectations – in fact, they are primary causes of suffering, heartburn, and even death. This is exactly what Lynch demonstrates in cinemascopic breadth, at the same time creating one of the most compelling contemporary hymns to the power of love (and the joy of smoking . . .)

Opposites – love and death, wishful thinking and reality – attract and define each other to the point of implosion. The endlessly flaunted ideals of happiness, beauty, and success are nothing but unobtainable clichés; *Wild at Heart* is pure cliché, a fairytale like *Dick Tracy,* but without the detachment of caricature. Unable to remain aloof, we are forced to make a sudden paradoxical leap into a realm where true feelings seem possible and essential.

Burning desire, longing for longing as painfully real sensations in an anesthetized world, faith in the power of wishes even in the face of opposing fact: the (not exclusively) American dream, in which, amazingly enough, wishing sometimes still works, is just another cliché but at the same time its light casts a strange glimmer over the whole disaster in such a way that not everything seems lost anymore.

———

LYNNE COOKE is a writer and curator currently working on the forthcoming *Carnegie International* to be held in Pittsburgh in the fall of 1991.

As legendary and historical settings are replaced with regional environs, David Lynch seems to have found his paradigmatic site. Smothered by the gargantuan scope of the subject in *Dune* and, conversely, almost hemmed in by the niceties of Victorian tableaux drama in *The Elephant Man,* Lynch's vision expands assuredly when it turns to small-town America. *Wild at Heart, Twin Peaks, Blue Velvet:* in each case a classic genre provides the vehicle for an unexpectedly rich and haunting reconstruction via a fascinated savouring of the intimate details and peculiarities of homespun America. Far more than simply revelling in the craziness, perversion and disturbance below its conventional surfaces, Lynch examines it by way of a fresher metaphor. In his world, nature provides no point or restitution, release, or resurrection. Nor is it accorded the equally familiar role of hostile wilderness. Human incursions into the landscape result in a symbiotic relationship, an interdependence in which each feeds off the other to their mutual disadvantage as much as to their advantage. Thus it is literally on the fringes – at the mill which is the site of carnage rather than of productive work, on the river bank where Laura's body is washed up, in an abandoned field where the severed ear is espied, on the edges of the desert where the highway disgorges its unwanted transients – that the abcess or carbuncle is typically located. This crossover area between the outposts of human habitation and the vestigial remnants of nature is always fraught, and generally a scene of destruction. By focussing on the hinterland over the metropolis or the remote wilderness, Lynch is able to pose the problems in terms of an ecology, an ecology that has as much to do with the health of the mind as with that of the planet. And, since in any viable ecosystem predators and parasites have their necessary place, anyone who seeks to understand its workings must explore these dependencies and interrelationships dispassionately. If ethical judgments have no function here, how is the place where a pathology manifests itself determined? And what are the most appropriate terms to use in accounting for it?

JEFF KOONS is an artist and lives in New York.

I respect David Lynch very much because he knows how to wear rose colored glasses well. But your question: "Why is David Lynch Important?" brings to mind one of my own personal philosophies, that is "Jeff Koons doesn't believe in sophisticated or important people."

KEN LUM is an artist and lives in Vancouver.

Respecting children is important
Violence in America is important
AIDS is important
Walking on the moon is important
The Amazon rainforest is important
Japan is important
Civil unrest in the Soviet Union is important
Shelter is important
The Holocaust is important
George Bush is important
The difference between rich and poor nations is important
The atomic bomb is important
Electricity is important
Culture is important

Finding a penny is unimportant
The National Hockey League Quarterfinals is unimportant
The Mensa Society is unimportant
Male baldness is unimportant
A fish-knife is unimportant
Artificial turf is unimportant
The American videocassette recorder industry is unimportant
Anastasia Chaikovsky is unimportant
The abdication of King Edward VIII is unimportant
Food coloring is unimportant
Worrying for the sake of worrying is unimportant
Breakfast in bed is unimportant
Canada is important and unimportant
The World Cup of Soccer is important and unimportant
A white lie is important and unimportant
The Group of Seven economic summit is important and unimportant
The Vice-Presidency of the United States is important and unimportant
The deposition of Zhao Ziyang is important and unimportant
Talk radio is important and unimportant
Skipping lunch is important and unimportant
The common cold is important and unimportant
Proper dinner etiquette is important and unimportant
The military coup in Fiji is important and unimportant
The price of coffee is important and unimportant
David Lynch is important and unimportant

PETER EISENMAN was dubbed "The David Lynch of Architecture" last year in *Vanity Fair.*

I often hear people say about David Lynch, "I don't get it!" – that is precisely the point. Lynch disturbs the conventional expectations between form and narrative. He blurs time, space, color and sequence so that we can no longer see and hear in the same way. But what is the most disturbing of all, he does this within traditional genres and forms; the soap opera, the road movie, and so on. All our lives are spent learning how to get it: Lynch un-learns us.

CARLO McCORMICK lives and writes in New York City. He is Associate Editor of Paper Magazine.

As one who actually tries to have no taste, or what many might call acutely bad taste, it's always surprising when I happen to find something that truly offends me enough to hate it. There are so many bad films that I adore, and so much mediocre art that I find interesting, so why is it then that I cannot stand Lynch? It's not because his films are bad, but rather because they are bad art.
   Lynch's failures, either as a director of bad movies – "bad" here connoting not my opinion but his own adoption of cinematic devices and attitudes historically relegated to low-budget, lowbrow, or hierarchically B-grade film

genres such as horror, melodrama, exploitation, fantasy, monster, sci-fi, crime, noir and mondo – or as an artist, are not the issue; however his failure as a bad artist is. In this way Lynch represents a monumental affront, as well as a serious threat, to my faith in our own continued ability and capacity to be socially subversive. My problem with Lynch is not his mediocrity, which is forgivable, nor his commercialism and mainstream superficiality, which is acceptable and even to be expected in most Hollywood corporate employees such as he; it is his co-opting, capitalizing and colligating of the counter-cultural into his own campy, counterfeit, cannibalistic confiture. Within his decadent hypermannerism, horror no longer lurks in the phobic darkness of unknown terror, but parades vulgarly before us as a self-parody under the over-exposing lights of media pastiche and soulless spectacle. Lynch perpetrates the worst, most dangerous kind of fabrication, impersonating neither reality nor fiction but something far more precious and rare: the subjective, visionary, idiosyncratic and anarchic outsider's fantasies of socially sanctioned fictional realities. In his faux-personal filmmaking, weirdness is strictly token, while brutality and hysteria are systematically sapped of their raw power by artsy stylization and kitsch irony. The intensity and expressiveness of exaggeration, excess and technical incompetence so brilliantly evident in the best underground and no-budget masters – such as H. G. Lewis, Coreman and Woods – is entirely lost on Lynch and his audience. It is a shame that these extremes have now merely become Lynch's own brand of cheesy, senseless ultra-violence, where they seem far more indicative of what is shallow, gratuitous and inane than of what can be scary, grotesque and insane about this world we live in. Beyond this lamentable fact, however, is the much more worrisome possibility that Lynch's impact will irrevocably pervert and tame that once pure and savage realm of cinema.

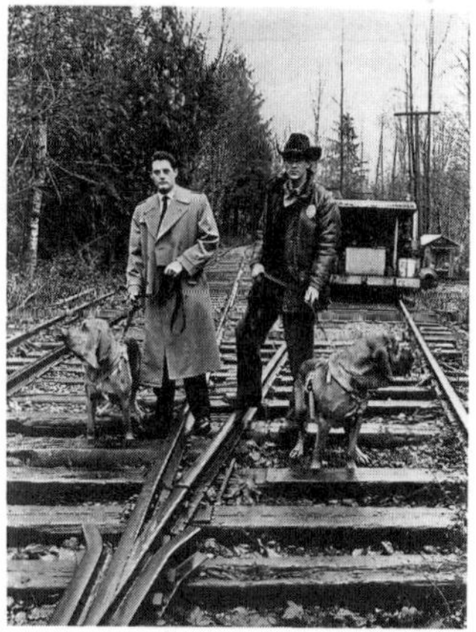

STILL FROM TWIN PEAKS

KATHY ACKER's most recent novel, *In Memoriam to Identity,* was published last year by Grove Press.

I presume that I am being asked whether Lynch's oeuvre is important to or in our American culture. At this moment, American culture, if there is such a single community, is defined by Hollywood, McDonald's, and the other appearances of the multi-nationals.

If culture is that discourse, that community discourse, which attempts to construct actuality through possibility, those possibilities announced in dreams, sexual longings, desire, fantasies, all the revelations of ecstasy – if culture is this, there is possibly no more single American culture.

That is not to say that there is no such thing as art and culture in the United States. Even if our landscape at this moment seems to resemble that of the Dark Ages, there are, as in the medieval Dark Ages, tribes and communities that each possess their own language and culture. Bikers, S/M lesbians, Chicano, rap poets, the New York art world (quite white)... the tribes are many. The languages of these tribes often do not overlap; for example the liberal left in New York City cannot communicate to the homeless whom they may or may not want to help.

Concerning David Lynch's work: It is undeniable that in TV and in film

Lynch has made an impact on media-Hollywood culture; that he has been allowed to make such an impact is also a sign that his work, at least his zeitgeist, fits in with the demands of the reigning powers. But whether Lynch's oeuvre has affected the arts and cultures of the various communities and tribes is the only interesting question. Because, for me, the MacDonald's culture of the United States can go to hell.

Eraserhead, Lynch's first film, had a strong cult following; *Blue Velvet,* a later film, a larger but a weaker one. Given the United States' government's turn toward totalitarianism, the only art that now matters is that which has a cult following and the only culture, that which is provincial.

—

JEANNE SILVERTHORNE is an artist and writer who lives in New York.

Twin Peaks brought morality back to American TV. An eccentric centrist effeminately macho FBI agent Cooper attempted to heal the deep schism in the American psyche, between spirituality and matter, mind and body, mercy and justice, sugar doughnuts and the great outdoors. Shoving sclerotic apple pie past a stiff upper lip, he contemplated holistic solutions to a *noir* mess. He was mythical: though protecting the vulnerable he identified with the transgressor; he refused to abandon an ethic clearly inadequate in the face of evil. And he recognized a greater good than morality. He was also sociological; "decent" WASP America goodnaturedly trying to acknowledge, even enlist, the modern forces of race, gender, class in his pursuit of a dark primeval hallucination. He was Ahab after Dobie Gillis.

—

ANDREW ROSS teaches English at Princeton University and is the author of the forthcoming *Strange Weather: Culture, Science and Technology.*

THE OWLS
ARE NOT WHAT THEY SEEM

Almost from the first time I saw the

opening credits of *Twin Peaks,* I have been inclined to watch this show about a Northwestern logging town as a commentary about environmental and ecological questions. If *Twin Peaks* is one of our first examples of ecological camp, as I think it is, then it surely will not be the last. One of the enduring effects of *Twin Peaks* is surely its influential reshaping and reimagining of the Pacific Northwest at a time when urgent ecological questions are being asked about the timber economy of that region. Recent political debate about these issues has centered on the protection of the northern spotted owl (although it is only one of the many animal and fish species threatened by the clearcutting of old-growth forests). It is this owl which increasingly got a bad press in *Twin Peaks* since Bob, the mystery killer entity, seems to be associated with the owls in some way, and since, according to *Laura Palmer's Diary* (the commercial version), Laura's own psycho-sexual history was haunted by attacks by owls, imaginary or otherwise. In the light of the current ecological challenge to the timber industry, it is hardly surprising that *Twin Peaks* takes place in a lumber town where the surrounding environment is depicted as harboring threatening, evil forces, likely aliens, for whom owls (and perhaps even the Log Lady's log) may indeed be serving as telepathic communicants. The owls, we are repeatedly told, "are not what they seem," and may on the other hand turn out to be benign agents in the narrative. Nonetheless, the environment is one in which Nature, in Lynch's work generally, is seen as Darwinian, hostile, and complicit with the threat to human life in a small town. This is evocatively suggested by the opening credit sequence – the metonymic links there are between the birds, the brute facticity of industry and its pollution, the inexorable sharpening of the teeth in the sawmill, the shot of a small town beseiged by the shrouded, secretive environment, the sublime violence of the waterfall and the ominous undertows concealed in the eddies, all reinforced by Badalamenti's theme music, where the strings on top are a familiar referent from film melodrama, and the bass melody below is a sinister undertone.

In the light of the ecology movement's "threat" to the male workforce of the Northwestern logging industry, it is perhaps no surprise to come across this story about a small town whose lumber economy is thrown into crisis by actions involving women, both alive and dead, and by mysterious environmental forces that involve owls and aliens. Perhaps it is also fitting that it is Josie, an Asian woman, who has power over the economy, and who halts the mill, since the Northwestern timber industry has been dependent on the Asian market for its highly profitable export business over the last decade. It is Josie's face, staring into a mirror as she applies her lipstick, that composes the very first shot in the pilot – a completely gratuitous shot, but one which suggests an origin for many of the resulting crises in the show: femininity, foreign-ness, and dreamy narcissism (dreamy narcissism being the mold for many of the other female characters in the show, especially Donna, the willful romantic, and Audrey, the village vixen). With a figure like Josie in charge of so many determinants of the show, it is no wonder that the masculine revenge of the show will be slow but sure, and perhaps only fully apparent after the fact, rather like Hegel's Owl of Minerva which only spreads its wings at dusk.

<hr>

MANFRED STUMPF is an artist who lives in Frankfurt am Main.

Eraserhead was something of a cult film, at least for the New Wave generation. It was one of the first films to revert to black-and-white cinema and to simulate the aesthetics of the '20s or the '50s. *Wild at Heart* basically appeals to the same audience: now an older New Wave generation. It treats of personal myths, of the cultural figures we remember from our own childhood or from our parents' past, like Elvis, rock 'n' roll...

Lynch presents us with the accumulated tragedy of love in an American world through the filter of the classical rock 'n' roll era, which is, in a sense, the climax of American civilization. But it is the mask that attracts him, the "illu-

sion of reality" – a formal, aesthetic means of speaking about reality, which he uses with unadulterated mastery.

Lynch accedes to myth, thereby formulating and, at the same time, finalizing history. In our age, it is not a matter of reformulating, but of processing the trends of the 20th century, including today's highly impulsive ones. Lynch engages in a kind of cultural disposal and reprocessing; in this sense he is an effective purification plant, rather than an innovator.

<hr>

BRUCE JENKINS is the film and video curator at the Walker Art Center in Minneapolis and a lecturer in art history at the University of Minnesota. His writings on film have appeared in *October* and *Millenium Film Journal.*

A VIEW
FROM THE HEARTLAND

Since his emergence nearly a decade and a half ago with the success of the midnight movie *Eraserhead,* David Lynch has represented for American film critics and filmgoers alike the limits of visual expressiveness, of a singular sensibility enacting its will within a mainstream movie. His films are, after all, creepy and intense experiences filled with imagery (and sounds) that threaten at any moment to pierce the screen and physically assault us in our seats. As Kenneth Anger had discovered in his epochal *Scorpio Rising,* the film medium not only possesses innate incantory powers, but its status as popular culture allows it to speak directly to the baser (and darker) side of the human psyche.

Twin Peaks, Lynch's detour into episodic television, has extended this transgressive (but entertaining) enterprise into living rooms across the country. Untamed by television, Lynch and collaborator Mark Frost unleashed upon a normal coffee-drinking, pie-chomping community the array of wildmen who had peopled his films. And in the process they advanced the look of primetime programming by at least two decades from an essentially 1950's notion of spectacle – their predecessors *Dallas* and *Dynasty* mired in a mise-en-scène unworthy of Vincent Minnelli on an off day – to a style more consonant with an era of reflection.   *Twin Cities, April 1991*

■

VITO ACCONCI is an artist who lives in New York.

I think of David Lynch's movies as occasions for the homeless body, the wandering body, the body-on-horseback in the American United States Western. Certain scenes – in *Blue Velvet*, Dean Stockwell lip-synching Roy Orbison's *In Dreams* using a light-fixture as a microphone; Isabella Rossellini naked outside the house, everyone else clothed; the *Twin Peaks* dwarf leaving his chair to dance over the checkerboard floor – are stopping places on a journey. The stops are performances, enacted by some people in the movie in front of other people in the movie, and then in turn for us – the movie-goers – as if we're watching over those other people's shoulders. The American United States Western is combined with the American United States highschool play; the American United States Western is domesticated into the American United States suburb.

The performers live up to the rules of performance, whether these are determined by himself/herself (the performer is a torturer) or by others (the performer is a victim); the performers play out the rules to "the end of the line," as Barbara Stanwyck says in *Double Indemnity*. The Westerner too conscious of himself/herself (the Westerner transformed into the *film noir* detective), the Westerner aware of himself/herself as a Hollywood version of a Westerner: the juncture of *The Searches* with *Sunset Boulevard*.

Sometimes, during a David Lynch movie, I say "Oh come on;" it's when he (or someone in the movie) is saying "Oh wow" – the commentary that snickers with the audience and says "Oh gosh, isn't life weird." But sometimes, other times, as in those scenes mentioned above, the commentator misses something, and the weirdness comes on unannounced, and then it's really weird, because it has no name.

And then there's the scene – too short to be a scene, really, it's only an "instant" – that I can't get out of my head (more precisely, out of my body): We're back in *Blue Velvet;* Dennis Hopper's face turns, swings, moves into camera view; his face is close, his voice is close, but this is a bulletin, not an intimation: "I'll fuck anything that moves" – there's a cut, the scene changes, someone's moving, and so are we, and we might be scared, and we might be scary, too.

■

STEPHEN SARTARELLI is the co-editor of *Alea,* a journal of contemporary poetry and writing.

ROTTEN TO THE CORE

Taking in hand a handsome red pear the other day, and slicing it down the middle in order to share it with my wife, I found, to my great surprise, that at the core, around the seeds, the fruit had formed a near perfect sphere enveloped in a viscous gel and cleanly separate from the otherwise healthy pulp. In fact that gooey ball had somehow escaped my knife, so that when I parted the two halves of the pear, there it was, sticking out of one half, discrete in its separate reality, like an avocado pit. An odd sight, not only because on the outside the pear was immaculate and quite appetizing, but because usually the core of a ripe pear, unlike that of an apple, is of more or less the same substance and consistency as the pulp, except for those last few fibers and seed casings at the very center.
"Now isn't that the strangest thing you've ever seen?" I said to my wife.
"Take it away," she said. "It looks like . . . David Lynch!"
A comment even more apt and penetrating than may at first appear: for in addition to the strangeness of the mutation itself, the fact that it had occurred beneath a surface so innocuous in appearance (like the "little chicken" in *Eraserhead),* or even downright beautiful (like Small Town America in *Blue Velvet* or *Twin Peaks),* seemed like pure Lynch. A bright cerise-red skin with fine yellow shades encasing a luxuriant pulp: what better vessel for the perver-

sion lurking within? Might it not be Isabella herself? Or Laura Dern? Or even Kyle McLaughlin?
We did end up eating the pear. And it was, of course, delicious.

■

JOHN MILLER is an artist and writer who lives in New York.

Blue Velvet captivated me by offering an almost perfect synopsis of its times; with its hothouse eroticism, the charge that it exploited women seemed preposterous. *Wild at Heart* was entirely different. From the very outset it struck me as an undertaking which was both racist and sexist; Lynch came to appear less a radical stylist than an unwitting paragon of the Reagan/Bush era. Nonetheless, the utter negativity of Lynch's deadpan comic strip "The Angriest Dog in the World" still holds up. It features a certain animal-as-extremist: a dog so angry it can't even move, a dog straining on its leash so hard that it's completely taut. If minor events occur on the cartoon's periphery, this dog remains its immobile center. In Pop terms, the premise of a static comic strip approximates the reductivism of Andy Warhol's film *Empire*. Obviously, Lynch's dog is meant to parody the selfdestructiveness of unexpressed rage. But it also suggests a kind of morbid self-portrait. Pulling to the end of its tether, it refuses to budge. Having "lynched" itself, the dog might just as well be dead.

■

CARL STIGLIANO is a writer who lives in New York.

What adjectival efforts were required to characterize a situation before we were able to say for example, "It got very David Lynch on the 'F' train this morning."

■

THIERRY GRILLET, a former student of the Ecole Normale Supérieur, is a producer at France Culture.

Violence – sadism, masochism, victims – is a staple theme of American cinema, particularly in the '70s. Sam Peckinpah's *Straw Dogs* and the films Scorsese made with de Niro *(Mean Streets)* are notable examples. These films reflect the urban, social violence resulting from the historic crisis that ensued when Vietnam made the air-conditioned dream a nightmare with its terrible vision of absolute violence: revelations of the carpet bombing of 1968 and the My Lai massacres of 1969 had America in a state of shock. The trauma felt by this Puritan nation when it saw itself in the role of murderer was symbolically transposed into scenes of social violence: the "Messianic" violence of *Taxi Driver,* whose hero wages his own private war in the urban jungle, and the symbolic violence manifest in *Apocalypse Now,* in which an attempt is made to redeem warlike violence as tribal or "cathartic" violence.

In Lynch's films, however, violence is internalized, its source has been lost. The nightmarish violence of *Eraserhead* is inspired by a "disturbing strangeness"; the baby born to the couple embodies the husband's nightmare. It is he who masochistically experiences the violence of this monstrous nursling. In *Elephant Man,* social violence is elevated to the level of abnormality, monstrosity. In *Blue Velvet,* the violence is again interiorized, since the sadistic interplay between Dennis Hopper and Isabella Rossellini is for the latter a source of ambiguous pleasure.

This taboo pleasure in violence apparent in Lynch's films reflects the dual nature of the American nation, which regularly represents itself in terms of good and evil.

—

JEREMY GILBERT-ROLFE is an artist and writer who lives in Los Angeles.

I don't really know David Lynch's work very well but as far as I can see he is a person who works with the poetics of suburban sleaze, sort of a Galsworthy of the *lumpenbourgeoisie.* As the director of *Blue Velvet* and *Twin Peaks* he should of course be the obvious choice to direct the I-hope-soon-to-be forthcoming *Nancy and Ronnie and Frank Story.* But I don't think that in the end the work does much more than tell Americans what they already want to hear, namely that the underside of the American psyche and of American society is a world which revolves around sex and ambition of a deformed sort. In actuality, however, it revolves around greed and the deformations of racism – neither of which really appear in Lynch's works, which cleave to the traditional, and surely very revealing, Hollywood device (or dream) of a world which, though flawed, is a place where everyone always seems to have all that they 'need,' and where the notion of race is absent or blurred. In the 'alien' character in *Twin Peaks,* the notion of the foreign is psychologized rather than politicized as it most certainly is n o t in the domestic politics or foreign policy of the United States. Like Warhol and Galsworthy, Lynch is an artist of the Establishment, who helps the banal to feel superior to a banality which is in fact a mirror image of themselves, and does so by telling them that their world is naughty in the way they want it to be naughty rather than evil in a way that they are quite unwilling to confront.

—

PETER NAGY is an artist who lives in New York.

For myself, David Lynch's films are important because they illustrate how aspects of surrealism have infiltrated the daily lives of Americans. Just as Fellini pictured a contemporary Italian realism with *Juliet of the Spirits* and *La Dolce Vita,* Lynch's strength is in the fact that much of the weirdness in *Wild at Heart* is taken from our everyday lives.

—

CHRISTIAN BOLTANSKI is an artist and lives in Paris.

What we see in a film is what we need to see. The truth is the truth we saw. What interested me in David Lynch's films, and particularly in *Wild at Heart,* is the absence of God. Someone mentioned this to Lynch. They said "So, your film has neither a beginning nor an end?" He replied that his film has more of a beginning and an end than life does.

It's true that Lynch sees life as a random set of events: take that out-of-the-blue car crash scene, with all those tragic events in the middle.

And the world always seems to be without order, without either good or evil and, above all, contrary to the believer's view, without God. *Wild at Heart* articulates a crucial modern problem: the absence of God, and by "God" I mean some supreme belief. This absence is what is responsible for the chaos shown in the film.

I loved *Blue Velvet* because in that film – and this is much the same thing – there isn't really any good or evil. The ending is remarkable, with the young man surrounded by his family, his grandmother and his mother-in-law, and that little bird we see eating some repulsive worm. This little bird, which is quite marvellous, is at the same time a criminal. As for young Jeffrey all he can think of is beating wretched Dorothy. The whole film seems to be summed up in this young man who discovers the darkness inside himself, like a town where nothing happens, that dark place we all have within us.

That is the beauty of David Lynch's films, and what makes them so different from other American films where the good guys always overcome the bad and life always prevails. Each character has blackness within. In *Blue Velvet,* Dorothy is tortured, but she is happy to be, and Lynch himself is involved as a kind of voyeur. He is active there, too. The film does not frighten, it disgusts, because it shows us our own dark side. What makes Pasolini's *Salò* beautiful is its ending. We see people being tortured and at the same time other people watching through binoculars – voyeurs, just like ourselves, like the voyeurs we become in a film by David Lynch.

—

STEPHEN COX is a sculptor who lives in London.

I crossed continents to watch *Twin Peaks.*

RALF-RAINER RYGULLA, former editor, anthologist, disc jockey, and copywriter, is currently the manager of a disco in Frankfurt. His publications include *Fuck You, Underground Poems* and *Acid, Neue Amerikanische Szene* (with R. D. Brinkmann).

The images in *Blue Velvet* and *Wild at Heart* remind me more of Russ Mayer than, for instance, of Ridley Scott. The Grade-B-movie ambience seems harmless enough, the surface has the usual consumer-friendly gloss, and the weather is good as in the hundreds of cheapies that come off production lines in the dusty valleys around Hollywood. But the supercilious sneer of the know-it-all insider soon cracks the veneer. The moralist righteously grabs the first stone and the wood lice and worms underneath squirm, excreting slime in an agony of fear. This is a point of departure for a good film, and both films are good in a way that meets the expectations of a cosmopolitan audience; high-class shock, so high class, in fact, that it's just good enough for the feuilletonist treatment of commerce in human horror.

———

DAVID LEVI STRAUSS is a writer and critic who lives in San Francisco.

David Lynch is an important mainstream director (after only four movies and a TV series), but not a radical one, by any means. He only bends and tweaks conventions, careful never to disturb their roots. The most compelling Lynch spectacle is the dance between irony and camp, cowardice and oblivion. At his best *(Blue Velvet),* Lynch reminds me of Michael Powell in 1960, but the best of *Blue Velvet* was an accident. Hopper and Lynch were two worlds colliding, and Hopper (with Dean Stockwell) took over the movie. At his worst, Lynch represents a kind of Young Republican postmodernism, perfectly in sync with the Reagan/Bush pejorocracy and the expanding U.S. military/security state. If war is the health of the state, is violence against women the health of the market? The

Angriest Dog in the World strains impotently against his leash, and pisses all over himself.

———

ROB PRUITT and JACK EARLY are artists who live in New York.

David Lynch is important because he sees things very closely like a house fly and hears things only "Chicken," our chihuahua with big pointy ears, could hear.

———

PHILIP BROPHY is a filmmaker and writer who lives in Melbourne.

DAVID AND TIM

Two kids in school, sitting next to each other. One kid is flicking through a *Marshall Cavendish Pictorial History of Art*. His name is David Lynch. The kid next to him is defacing the *Reader's Digest Book of Great People*. His name is Tim Burton.

David leaves school and gets money from the American Film Institute to make a movie about a guy who combs his hair like David Thomas and who would faint at the sight of his own sperm, *Eraserhead*. Tim goes on to try his hand doing animation over at the Disney studio. David leaves Cocteau alone for a moment and catches a few Jacques Tourneur flicks. Even happens across some Hammer & AIP Poe movies. Mixes them up for *Elephant Man*. Tim's dues at Disney are finally paid off. They let him make *Franken-weenie* – a short about a kid who revives his dead bull terrier for a science project.

David gets back to the high brow and drops the horror of Gothic England for the wonder of serious sci-fi. He also learns about shooting big bucks in the studio crap game. Frank Herbert, H. R. Giger... and Sting? They call it *Dune*. Tim sticks to a low budget and makes a humble pomo masterpiece with the help of a very popular Saturday morning kid's show host – Pee Wee Herman. Jeff Koons sees Pee Wee's front garden and calls it art.

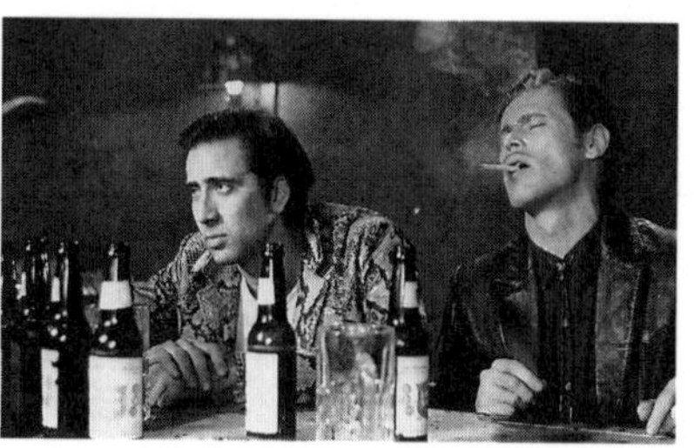

Meanwhile, David discovers that the sand worms he spent millions on for *Dune* were subconscious symbols of the Hollywood movie system. He decides to play from the inside. Comes up with no-can-fail formula of mixing sleazy pulp with neo-surrealist alienation. *Blue Velvet* is lauded and generally misconceived as postmodern camp, but what the heck. Tim couldn't give two bits for David's arthouse slumming and scoops up huge dollops of David's surrealism, mixes it up with Ed Roth and *Mad* magazine and splashes *Beetlejuice* across cinemas.

On a roll, David plays it safe by playing at playing David and throws up *Wild At Heart*. Phantom credits to George Stevens's *Niagara*, Sidney Lumet's *The Fugitive Kind* and Douglas Sirk's *Written On the Wind*. On a roll, Tim goes mega-corporate, gets Jack Nicholson to play Jack playing Jack badly and throws up *Batman*. Phantom credits to Stan Lee's *Iron Man* and Frank Miller's *Dark Night*.

Flying high, David hits TV and performs magic by getting people who never watch TV to watch it – and believe that David invented the medium with *Twin Peaks*. Flying low, Tim goes back to Pee Wee's front garden and gets Johnny Depp to trim the hedges for *Edward Scissorhands*.

Back in his stately manor, David relaxes by listening to the *Cocteau Twins* on CD. A Robert Wilson sketch adorns the small wall. Back in his stately manor, Tim relaxes by reading his boxed set of EC reprints. A defaced TV Guide lies crumpled on the sofa.

———

BARBARA BLOOM is an artist who lives in New York and Berlin.

THE BANALITY OF EVIL

It will perhaps suggest the mood of those years if I tell you that during them I could not visit my mother-in-law without averting my eyes from a framed verse, a "house blessing," which hung in a hallway of her house in West Hartford, Connecticut.

God bless the corners of this house,
And be the lintel blest –
And bless the hearth and bless the
   board

And bless each place of rest –
And bless the crystal windowpane
   that lets the starlight in
And bless each door that opens wide,
   to stranger as to kin.

This verse had on me the effect of a physical chill, so insistently did it seem the kind of "ironic" detail the reporters would seize upon, the morning the bodies were found. In my neighborhood in California we did not bless the door that opened wide to stranger as to kin. Paul and Thommy Scott Ferguson were the strangers at Ramon Novarro's door, up on Laurel Canyon. Charles Mason was the stranger at Rosemary and Leno LaBianca's door, over in Los Feliz. Some strangers at the door knocked, and invented a reason to come inside: a call, say, to the Triple A, about a car not in evidence. Others just opened the door and walked in, and I would come across them in the entrance hall. I recall asking one such stranger what he wanted. We looked at each other for what seemed a long time, and then he saw my husband on the stair landing. "Chicken Delight," he said finally, but we had ordered no Chicken Delight, nor was he carrying any.

From *The White Album* by Joan Didion.

"I had a dream. In fact it was the night I met you.
In the dream, there was our world,
And the world was dark because there weren't any robins.
And the robins represented love. 162/4
And for the longest time there was just this darkness.
And all of a sudden, thousands of robins were set free
And they flew down and brought this blinding light of love.
And it seemed like that love,
Would be the only thing that would make any difference.
And it did. So I guess it means,
There is trouble til the robins come."
      – Sandy Williams, *Blue Velvet*

"It is a strange world." "Isn't it?"
      – Sandy and Jeffrey, *Blue Velvet*

There is nothing good or bad,
But thinking makes it so.
      – William Shakespeare, *Hamlet*

"The ozon layer's burning up.
One of these mornings,
The sun is gonna come up
And burn a hole clear through the planet
Like an electrical X-ray."
      – Lula, *Wild at Heart*

He did not see any reason why the devil should have all the good tunes.
      – Reverend Rowland Hill

"This whole world's wild at heart and weird on top."
      – Lula and Sailor, *Wild at Heart*

How far that little candle throws his beams!
So shines a good deed in a naughty world.
      – William Shakespeare,
The Merchant of Venice

That's all we may expect of man, this side the Grave:
His good is – knowing he is bad.
      – Robert Browning,
The Ring and the Book

"I have done that"
Says my memory.
"I cannot have done that"
Says my pride, and remains adamant.
At last – memory yields.
      – Friedrich Nietzsche,
Beyond Good and Evil

LULA AND BOBBY PERU IN WILD AT HEART

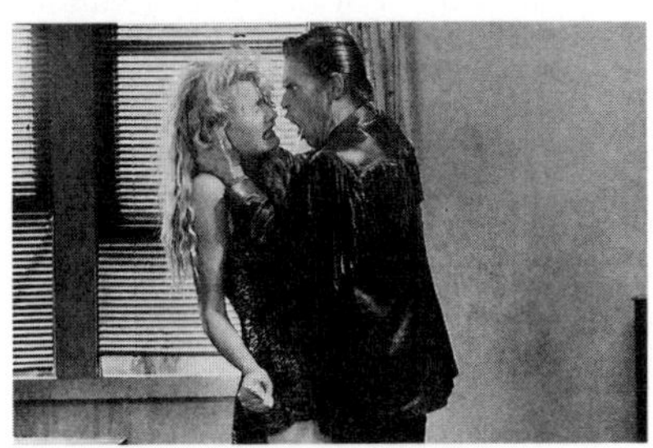

Translation from the German:
Catherine Schelbert.
Translation from the French:
Charles Penwarden.

CUMULUS

From America

IN EVERY EDITION OF PARKETT, TWO CUMULUS CLOUDS, ONE FROM AMERICA, THE OTHER FROM EUROPE, FLOAT OUT TO AN INTERESTED PUBLIC. THEY CONVEY INDIVIDUAL OPINIONS, ASSESSMENTS, AND MEMORABLE ENCOUNTERS – AS ENTIRELY PERSONAL PRESENTATIONS OF PROFESSIONAL ISSUES.

Our contributors to this issue are <u>CLAUDE RITSCHARD</u>, who is a curator at the Musée d'Art et d'Histoire in Geneva and <u>MICHAEL CLEGG</u> and <u>MARTIN GUTTMANN</u>. They are both artists and live in New York.

CLEGG & GUTTMANN

When the cold war started, many oppositions which were created by, supported by, or presupposed the existence of two large, and mutually hostile, groups of nations – one composed of liberal democracies, the other of socialist states – became absolute. The mode in which these pairs of concepts ceased to function as opposites varies from case to case: sometimes we began to see more than just two possibilities; in other cases, we began to find that the two possibilities were not mutually exclusive after all. A prominent member of the second type in this fresh graveyard of binary oppositions is the pair comprised of social realism and the avant garde – at least in the way that they were presented and nurtured during the high periods of the cold war. With these two opposed concepts becoming increasingly obsolete, we may now begin to form new ideas about how high art may approach a non-specialized audience.

To be sure, both the doctrine of the avant garde and the theory of social realism were created well before the cold war; in the thirties, the ideology of the two camps was already fully articulated, and their adherents were militant and many. But while the sense that these two concepts were mutually exclusive existed even then, the existence of cultural programs other than the two with which we are concerned made the relationship between social realism and the avant garde to be one that cannot be characterized as an opposition par excellence. There was Brecht, there was Breton, and there was Adorno – to name a few prominent theoreticians whose views were neither Greenbergian nor Lucasian. And of course there are many others who were located outside the intellectual Left.

After the war – we are told – the communist bloc conception of a revolutionary social realist art lost its vitality and authenticity. As we have no real information as to whether this is true or not, let us stop talking about it altogether. But what we do know for a fact is that in the West the fear of degeneration into social realist or political kitsch (to use a term that was widespread in the seventies) was so contagious amongst artists that the observer of the art of the sixties and seventies will scarcely be able to find any trace of politics there – no Vietnam, no race riots, no mass mobilization. One day in the very near future, the strangeness of this fear will become evident. No amount of talk of "politics through the reform of the poetic language" will excuse these omissions once the opposition – between this incredibly interesting and ambitious project and a responsiveness to the political context – will cease to have the hold it once had on the minds of an entire era.

Beuys was somewhat of an exception in this fearful crowd. Perhaps it was his preoccupation with his own self-styled shamanism that enabled him to use art to mobilize people outside the designated art institutions; or rather, perhaps it was in spite of this magical thinking that he could create situations in which direct political action seemed to be elaborated by its artistic underpinnings, and where the residues of political action could be tamed to become the content of his assemblages. Now, maybe Beuys' insensitivity to those who participated in his projects flawed some of them considerably: it is rather clear that his projects didn't work the way they should have; namely, that the political constant wasn't constituted through the specific and local, but rather through a mighty message delivered from above. But the possibilities whose existence were proven by Beuys are ever more inspiring. Somehow, they seem to liberate us, to help us prepare for art in the new era of global opposition between North and South.

As you may have noticed, we have refrained from defining either social realism or the avant garde. The closest we have come to characterizing the two was through the remarks that social realism attempts to appeal to, and mobilize, a non-specific public, and that the avant garde concerns itself with the reform of the poetic language. These remarks are, of course, far from satisfactory for those who wish to understand what was specific in the work produced by artists who subscribed to these cultural problems. But for our present purposes, these vague characterizations will do. Our programmatic remarks are oriented primarily towards praxis and not towards historical analysis.

Think about being asked to do a project for the front line. Maybe you would refuse such a project, thinking that there, there are more important things than art at stake. Or else you might feel that you are sufficiently involved already and sufficiently opinionated about the war to accept the proposition and use it for political ends. Such a project is likely to implicate you further in the war. The project itself may have some direct relevance to the events taking place on the battlefield; people may use it for hiding or fighting. Such a project cannot be directed towards people who have the time to look at it at their leisure; it may actually be dangerous to do so. And assuming that your projected public will include people from both sides of the front line, you certainly cannot take the unanimity of your public for granted. These conditions then, are likely to dissuade you from being either excessively didactic, or excessively poetic: your main resources are what is concrete and specific; any generalized approach is flat and irresponsible. Doing an effective project under such circumstances can, of course, be very difficult. But, in fact, it will probably not be much more difficult than doing any other type of project that doesn't use the closedness of the designated arts institutions as a shield or shelter. Any artist, then, for whom the openness of the work of art is not a negotiable issue, may find, generally, that working outside is like working under the conditions of war.

Als der kalte Krieg begann, wurden viele Gegensätze kategorisch, die durch die Existenz zweier grosser, verfeindeter Lager – liberale Demokratien hier, sozialistische Staaten dort – entstanden, unterstützt oder provoziert worden waren. Doch von Fall zu Fall funktionierten diese Konzept-Paare nicht mehr als Gegensätze: Manchmal sahen wir einfach mehr als zwei Möglichkeiten; in anderen Fällen entdeckten wir, dass die beiden Möglichkeiten sich nicht gegenseitig ausschlossen. Ein eklatantes Beispiel für die zweite Version auf diesem frisch angelegten Friedhof der Gegensatz-Paare ist der Widerspruch von sozialistischem Realismus und Avantgarde – zumindest wie er auf dem Höhepunkt des kalten Krieges dargestellt und geschürt wurde. Nachdem nun diese gegensätzlichen Konzepte immer obsoleter werden, können wir vielleicht damit beginnen, uns etwas Neues zu der Frage auszudenken, wie die hohe Kunst auf ein nicht spezialisiertes Publikum zugehen könnte.

Sowohl die Doktrin der Avantgarde als auch die Theorie des sozialistischen Realismus sind ja schon vor dem kalten Krieg entstanden. In den 30er Jahren war die Ideologie der beiden Lager bereits voll ausformuliert; ihre Anhänger waren militant und zahlreich. Obwohl damals schon die Vorstellung herrschte, dass die beiden Konzepte einander ausschliessen, zeigten die gleichfalls vorhandenen, davon abweichenden Kulturprogramme, dass die Beziehung zwischen sozialistischem Realismus und Avantgarde durchaus nicht als eine ausschliesslich gegensätzliche gelten musste. Da war Brecht, da war Breton, und da war Adorno – um nur ein paar prominente Theoretiker zu nennen, deren Ansichten sich weder mit denen von Greenberg noch von Lukács deckten. Und natürlich bewegten sich noch viele andere, die ausserhalb der intellektuellen Linken anzusiedeln waren.

Nach dem Krieg hat das kommunistische Block-Konzept einer revolutionären sozialistisch-realistischen Kunst angeblich seine Lebendigkeit und Authentizität verloren. Da wir keine handfesten Informationen darüber haben, ob das nun stimmt oder nicht, wollen wir lieber überhaupt nicht mehr darüber reden. Mit Sicherheit wissen wir aber, dass im Westen die Angst vor einem Abgleiten in sozialistischen Realismus oder Polit-Kitsch (um einen in den 70er Jahren kursierenden Ausdruck zu gebrauchen) unter den Künstlern dermassen verbreitet war, dass in der Kunst der 60er wie auch der 70er Jahre kaum eine Spur von Politik zu finden war – kein Vietnam, keine Rassenunruhen, keine Massenmobilisierung. Eines nicht mehr fernen Tages wird sich zeigen, wie abwegig diese Angst war. Kein noch so ausgedehntes Gerede von der «Politik der Reform der dichterischen Sprache» wird diese Versäumnisse entschuldigen, wenn erst der Gegensatz – zwischen diesem unglaublich interessanten und ehrgeizigen Vorhaben einerseits und der tatsächlichen Empfänglichkeit für den politischen Kontext andererseits – uns nicht mehr so im Bann hält wie einst das Denken einer ganzen Ära.

Beuys war gewissermassen eine Ausnahme in dieser verängstigten Menge. Vielleicht war es die Beschäftigung mit seinem selbstgezimmerten

Schamanentum, die seine Kunst auch Menschen ausserhalb der festgelegten Kunstinstitutionen erreichen liess. Oder vielleicht konnte er auch einfach nur trotz seines magischen Denkens Situationen schaffen, in denen die direkte politische Aktion sich aus ihrem künstlerischen Material herauszuschälen schien und wo die Filtrate politischer Aktion sich zum Inhalt seiner Assemblagen fügten. Doch Beuys' Unsensibilität den Teilnehmern seiner Aktionen gegenüber hat wohl so manchen gebeutelt. Zweifellos haben seine Projekte nicht so gewirkt, wie sie sollten; vor allem kam die politische Konstante nicht durch die jeweilige Situation ins Spiel, sondern durch eine mächtige Botschaft von oben. Doch die Möglichkeiten, von denen Beuys bewiesen hat, dass es sie gibt, sind um so anregender. Irgendwie scheinen sie uns zu befreien, uns vorzubereiten auf eine Kunst in der neuen Ära eines weltweiten Nord-Süd-Gegensatzes.

Sie werden bemerkt haben, dass wir auf eine Definition sowohl des sozialistischen Realismus als auch der Avantgarde verzichtet haben. Charakterisiert haben wir die beiden allenfalls durch die Feststellung, daß der sozialistische Realismus ein unspezifisches Publikum zu erreichen und zu mobilisieren sucht, während die Avantgarde sich mit der Reform der dichterischen Sprache beschäftigt. Das ist natürlich für jene völlig ungenügend, denen es um ein Verständnis der Besonderheiten im Werk von Künstlern geht, die sich mit diesen kulturellen Problemen identifiziert haben. Doch für unsere augenblickliche Fragestellung reicht diese vage Charakterisierung aus. In unseren programmatischen Anmerkungen geht es hauptsächlich um die

Praxis und nicht um eine historische Analyse.

Stellen Sie sich vor, sie sollten ein Projekt für die Front entwerfen. Das würden Sie vielleicht ablehnen, weil Sie der Meinung sind, dass es da nun wirklich Wichtigeres gibt als Kunst. Oder Sie finden, dass Sie sich bereits genug mit dem Krieg beschäftigt und eine ausreichende Meinung gebildet haben, um auf den Vorschlag einzugehen und ihn zu politischen Zwecken zu nutzen. Solch ein Projekt zieht Sie möglicherweise weiter in den Krieg hinein. Das Projekt selbst hat vielleicht eine gewisse Bedeutung für das, was auf dem Schlachtfeld vor sich geht. Man nutzt es möglicherweise als Versteck oder Kampfmittel. Solch ein Projekt kann man nicht für Leute machen, die die Zeit haben, es mit Musse anzusehen; das kann sogar gefährlich werden. Und wenn wir mal annehmen, dass Ihr Publikum aus Leuten beiderseits der Front besteht, kann man sicher keine Eintracht voraussetzen. Diese Bedingungen werden Sie sicherlich davon abhalten, weder extrem didaktisch noch extrem poetisch zu sein. Ihre wichtigsten Quellen sind das Konkrete und Bestimmte; jede Verallgemeinerung wäre platt und unverantwortlich.

Unter solchen Umständen ein wirkungsvolles Projekt zu entwerfen kann natürlich ganz schön schwierig sein. Aber tatsächlich dürfte es nicht schwieriger sein als irgendeine andere Arbeit, die sich nicht der Abgeschlossenheit klar umrissener Kunstinstitutionen als Schutzschirm bedient. Und so wird jeder Künstler, der Wert legt auf die Offenheit des Kunstwerks, feststellen, dass die Arbeit ausserhalb der schützenden Grenzen so ist, als arbeitete man unter Kriegs-Bedingungen.

(Übersetzung: Nansen)

CUMULUS

Aus Europa

IN JEDER AUSGABE VON PARKETT PEILT EINE CUMULUS-WOLKE AUS AMERIKA UND EINE AUS EUROPA DIE INTERESSIERTEN KUNSTFREUNDE AN. SIE TRÄGT PERSÖNLICHE RÜCKBLICKE, BEURTEILUNGEN UND DENKWÜRDIGE BEGEGNUNGEN MIT SICH – ALS JEWEILS GANZ EIGENE DARSTELLUNG EINER BERUFSMÄSSIGEN AUSEINANDERSETZUNG.
In diesem Heft äussern sich CLAUDE RITSCHARD, Kuratorin am Musée d'Art et d'Histoire in Genf, sowie MICHAEL CLEGG und MARTIN GUTTMANN. Sie sind beide Künstler und leben in New York.

CLAUDE RITSCHARD

Weg der Schweiz: die Genfer Strecke Morschach–Brunnen. Der Weg – die Spur

Dieses Jahr begeht die Schweizerische Eidgenossenschaft das Jubiläum ihres 700jährigen Bestehens. Als es darum ging, wie man diesen nationalen Geburtstag feiern könnte, kam man auf die Idee, rund um den Urner See einen WEG DER SCHWEIZ anzulegen, gilt doch der Vierwaldstätter See (der Urner See ist ein Teil von ihm) als Wiege des Landes, seit sich infolge politischer Unruhen im 19. Jahrhundert als Gründungsmythos die Sage von den drei sich gegen das Habsburgerreich auflehnenden Schweizern durchgesetzt hatte – zu der sich schon sehr bald jene von Wilhelm Tell gesellte. Um diesen ideologisch auserlesenen Ort, wo sich als historisch apostrophierte Spuren häufen (Tellskapelle, Schillerstein), führte nun aber kein durchgehender Verkehrsweg. Der Weg der Schweiz lag nicht bereits als kontinuierliche Strecke vor; heute setzt er sich aus älteren Abschnitten und aus Teilstrecken zusammen, die für das Jubiläum vor kurzem erschlossen worden sind. Das Konglomerat, aus dem er konkret besteht, ist auch ein ideologisches: Jedem Schweizer Kanton wurde ein Abschnitt auf diesem Weg zum Bau nach eigenem Gutdünken, zur Gestaltung und Wartung zugeteilt. Die Länge der einzelnen Abschnitte entspricht proportional der Bevölkerungszahl des jeweiligen Kantons; ihre Anordnung stimmt mit der chronologischen Reihenfolge des historischen Beitritts jedes Kantons zur Eidgenossenschaft überein. Angesichts der Tatsache, dass die neue Route über das Jubiläumsjahr 1991 hinaus fortbestehen wird, stellt der Weg der Schweiz eine gewollte, nachhaltige Veränderung des Gebiets dar.

Genf nimmt – fast am Ende der Schleife — zwei der siebenunddreissig Kilometer ein, welche die ganze Rundreise misst. Das Genfer Projekt ist die Verwirklichung eines Gegenvorschlags, um den man den Architekten Georges Descombes angegangen hat,

"

nachdem der von der Genfer Kantons-
regierung durchgeführte Wettbewerb,
bei dem nur *Repräsentations*-oder *monumentale Zelebrierungsprojekte* eingereicht
wurden, gescheitert war.

Georges Descombes' Vorhaben ent-
wickelte sich aus einer gemeinsamen,
namentlich zusammen mit André
Corboz und Maurice Pianzola reali-
sierten Beschäftigung mit der Geolo-
gie, der Geographie, der faktischen
Geschichte, der Sozialgeschichte, der
Fauna und der Flora. Im Gespräch und
durch den Ideenaustausch mit drei
Künstlern hat dann diese Forschungs-
arbeit Gestalt gewonnen. Die drei
ausgewählten Gesprächspartner sind
Richard Long, Max Neuhaus und Carmen Perrin. Gleich zu Beginn wurde
die Richtung, welche die Arbeit nehmen sollte, mit den deutlichen Worten
festgelegt: «nichts hinsetzen, was sich
nicht bereits auf dem Weg befindet»,[1]
und die Frage «Welche Bedeutung
kann heutzutage die Erstellung eines
Wegs haben?»[2] wies den Fortgang,
drückt sie doch aus, dass die Gestaltung
einer Gegend nicht bloss als technischer, sondern vielmehr als *kultureller*
Akt verstanden wird. «Das Thema des
Projekts» war also, um wieder Georges
Descombes' Worte zu gebrauchen,
«nicht mehr eine Geburtstagsfeier oder
das Vorstellen eines Kantons, sondern
der Weg selbst».[3] Um die Problematik
des Wegs fassbar zu machen - inexi-
stent, wird dieser nicht als eigentlicher
Gegenstand des Projekts angelegt -
setzte man eine Reihe von partiell in
die lokale Ordnung eingreifenden *Stö-
rungen* ein. Sie sollen den Emotionen
des Wanderers, der den Weg begeht,
frische Kraft verleihen.

In diesem facettenreichen Studium
des Wegs hat Richard Long, wie es
seine Gewohnheit ist, die Rolle des

Gehers übernommen. In sechs Stunden lief er die insgesamt siebenunddreissig Kilometer ab und notierte
dabei jede, die unscheinbarste wie die
auffälligste Begebenheit, einen Vogel-
ruf genauso wie eine Hochzeit. Auf die
dem Unternehmen zugrundeliegende

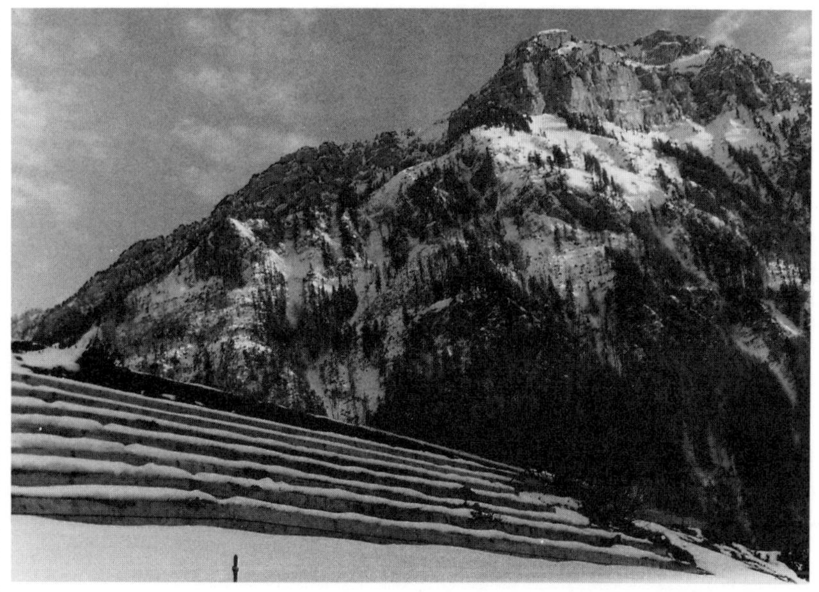

GEORGES DESCOMBES, TREPPEN ZWISCHEN DER ALTEN EISENBAHNLINIE UND DEM WEG/
STAIRS BETWEEN THE OLD RAILROAD LINE AND THE PATH.

700-Jahr-Feier der Eidgenossenschaft
reagierte er, indem er längs seines Wegs
sieben Haufen aus je hundert Steinen
errichtete. Von dieser Markierung, die
mittels des Symbols Raum und Zeit
verknüpft — die 700 Jahre materiali-
sierten sich in den Stein für Stein
abgezählten Tumuli —, bleibt nichts
Sichtbares übrig. Die Steine sind wieder zerstreut oder von der Vegetation
überdeckt, einem Zufall des Geländes
anheimgefallen. Doch was bleibt, ist
die graphische Spur dieser Erfahrung,
sind die als eine Art Zeichnung angelegten Notate, die der zurückgelegten
Strecke erst ihren Sinn gegeben
haben.[4]

Max Neuhaus wirkt auf den dichte-
sten Teil des Waldes ein, den das Genfer
Wegstück durchquert. An jener Stelle
des Pfades ist die Sicht verdeckt; sie
wird versperrt durch die Architektur
der schlanken, doch eng zusammenge-
drängten Baumstämme. Diese Störung

der auf solch einem Spaziergang vor-
rangigen Wahrnehmung — das Sehen —
gleicht er durch die akustische Wahrnehmung aus. Durch einen künstlichen
Ton, der aus verschiedenen von ihm
selbst an Ort aufgenommenen und syn-
thetisch verarbeiteten Tönen herrührt,
Geräusche der Natur und der Zivilisation (die Autostrasse ist nahe), die auf
ausgeklügelte Weise von einer weder
sicht- noch lokalisierbaren Lautspre-
chergruppe verbreitet werden, lenkt
Max Neuhaus unsere Aufmerksamkeit
auf den Wald. Diese Wiederholung von
Tönen, die zwar an unser Ohr gedrun-
gen sind, denen wir aber kein Gehör
geschenkt haben, lässt die ganze

Umgebung erklingen; es ist ein Klang, der sich nicht aufdrängt, der einen vielmehr die Ohren spitzen lässt und der den Wunsch weckt, dieser «Musik» des Waldes habhaft zu werden.

Carmen Perrins Arbeit deckt ein erdgeschichtliches Phänomen dieses Gebiets auf. Das erste Wegstück, das vor dem von Max Neuhaus gestalteten

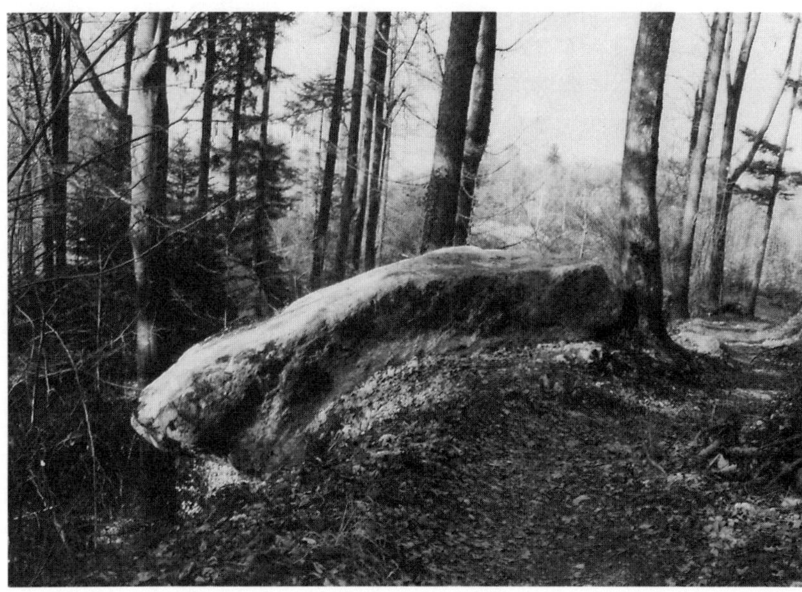

Waldteil liegt, führt durch ein welliges Terrain mit steilen Böschungen, die gänzlich mit Brombeergestrüpp, Buschwerk und Bäumen bedeckt sind. Dieses hügelige Relief ist durch erratische Blöcke bedingt, die der Gletscher bei seiner Ausdehnung einst in grosser Zahl hierher verfrachtete. Von jener gigantischen Klimaveränderung und geologischen Umwälzung aber tritt nichts mehr zutage; der Wald hat sich das neue Relief als Gerippe einverleibt. Carmen Perrin nun hat beschlossen, an sechs Stellen des Wegs einzelne Blöcke hervorzuholen. Durch langwieriges, an die Wurzeln rührendes Reinigen werden die Felsen von der

Vegetation befreit und die Moränenschichten, auf denen sie noch immer lagern, freigelegt. Die Blöcke werden dabei nicht etwa in ihren ursprünglichen Zustand gebracht, sondern der Wahrnehmung erschlossen, die man von ihrem Abenteuer, ihrem Alter, den ihre Haut zeichnenden Narben und Brüchen, Spuren ihres langsamen Sturzes, haben kann. Die Blöcke erweisen sich als Zeugnisse des hohen Alters der Erde – und sie bewegen sich noch immer auf eine weitere Transformation dieser Landschaft zu. Sie holen die zwei Extreme der Zeit, die zwar messbar, mit unserem Erlebten aber in keinem Zusammenhang stehen, in die Gegenwart. Deshalb ist die Tatsache, dass diese Protokollierung vergänglich ist, dass die zeitintensive Säuberung nur für einen Augenblick sichtbare Wirkung zeigt, bis Moos und Brombeerranken sich erneut durchsetzen, ohne Belang. Indem Carmen Perrin den Menschen den geologischen Kräften gegenüberstellt, von denen dieser

eine bloss momentane Intuition erlangen kann, steht ihr Tun vielmehr im richtigen Verhältnis von Zeitrechnung des Menschen zu Zeitrechnung der Erde.

Die Eingriffe von Georges Descombes sind in zwei Fällen sehr verborgen, in den beiden anderen deutlicher sichtbar. Bei den zwei ersten wirkt er unauffällig auf schon vorhandene Objekte ein. Eine Mauer, die sich neben dem ehemaligen Hotel Axenstein befindet und die der Erweiterung der Strasse weichen sollte, beschliesst er zu erhalten. Er nimmt eine minimale Restauration vor, bei der die Struktur der Mauer nicht angetastet wird. Er versucht einen Rauhputz herzustellen, der möglichst dem ehemaligen Mörtel entspricht. Eine zweite Aktion betrifft den Weg selbst, den er vom Kies und dem unechten Steingrund befreit, die ihm im Lauf der Zeit beigefügt worden sind. Durch diese Säuberung gibt er ihm seinen Waldwegcharakter zurück.

Kreativ greift er zu Beginn der Strecke ein, wo er einen Niveauunterschied des Geländes zwischen dem Weg und dem Geleise einer ehemaligen Touristenbahn mit einem Treppenlauf aus niedrigen, eine Spannweite von hundert Metern aufweisenden Holzstufen überwindet. Sie sind, paradoxerweise, aufgrund ihrer Ausdehnung sowohl Sitzreihen als auch eine Treppe. Holzbretter halten die Erde terrassenförmig zurück, wobei die Terrassen bereits von Gras überwachsen sind. In einigen Jahren werden nur noch diese Abstufungen, die wie Furchen aussehen, welche die Kühe beim Beweiden von Steilhängen auf natürliche Weise ziehen, einen Hinweis geben.

Als letztes konstruiert er den Aussichtspavillon *Chänzeli*. Auf der vom einstigen Aussichtspunkt beibehaltenen Plattform errichtet er einen Rundbau, der von einer doppelten Lage Drahtgitter gebildet wird; der Weg geht mitten durch. Die Pavillonform bringt den Zentrumsbegriff ins Spiel, was noch dadurch verstärkt wird, dass eine in der Achse der Konstruktion wachsende Linde belassen wird. Die zwei Ebenen aus Drahtgewebe schillern doppeldeutig: Das Design des Pavillons und die Textur des verwendeten Materials vermitteln unmittelbar ein Gefühl von Transparenz, während das Gitter in Wirklichkeit das Auge irritiert. In die den See überragende Rundung ist eine weite Fensteröffnung eingelassen, welche «die Postkarte einrahmt»[5] und die seit dem 18. Jahrhundert betriebene Idealisierung der Natur und der Alpenlandschaft unterstreicht. Es ist, wie André Corboz sagt, der «Moment des beredten Ausrufs in der Prosa des Wegs».[6]

Der Genfer Abschnitt des Wegs der Schweiz ist das Ergebnis architektonischen und künstlerischen Handelns, dem nichts Spektakuläres anhaftet, dessen Wahrnehmung dem Wanderer im Gegenteil eine Wachsamkeit abverlangt, die jener der Schöpfer nicht nachstehen darf. Dieses Wegstück fixiert das Jahr 1991 nicht mittels Monumenten im künftigen Gewebe dieser Gegend; es verflechtet sich indessen mit der Erinnerung des Wegs. Die Strecke zeugt von einer politischen Haltung, was zugleich in der Ethik zum Ausdruck kommt, welche die Anwendung der Architektur geleitet hat, wie auch in der Philosophie des Handelns und in der Weise, wie die Strecke das «leere Zentrum» reflektiert, das der Vierwaldstätter See dar-

stellt — das historisch gesehen leere Zentrum, das von dem Augenblick an künstlich mit nationalistischer Ideologie angefüllt wurde, da der See zur Wiege der Eidgenossenschaft erkoren worden war. Der Weg der Schweiz von 1991 «nimmt einmal mehr den Mythos der Einigung auf»,[7] obgleich dieses ideologische Zentrum geographisch gesehen ein Gebiet der Durchreise ist, das heute gänzlich für den gewaltigen Transit auf Schiene und Strasse bestimmt ist. In bezug auf Gesellschaft, Kultur, Wirtschaft und Politik ist die Schweiz von 1991 noch immer ein zusammengeklebtes Gebilde, eine untergründig konfliktgeladene, künstliche Vereinigung von sehr verschiedenen Fragmenten. Das Feiern dieses Zusammenschlusses, ungeachtet der selbstkritischen Thematik Utopie, kann nur kontrapunktisch zu einem monumentalen Akt erfolgen. Die vielfältigen geologischen, historischen, ideologischen Schichtungen, welche die zwei kurzen Kilometer des

Genfer Wegs an den Tag bringen, sind in dieser Hinsicht Träger einer wirkungsvollen Botschaft.

(Übersetzung aus dem Französischen:
Irene Rey)

EINER DER FINDLINGE, DIE VON CARMEN PERRIN «GEREINIGT» WURDEN./
ONE OF THE ERRATIC BLOCKS "CLEANED" BY CARMEN PERRIN.

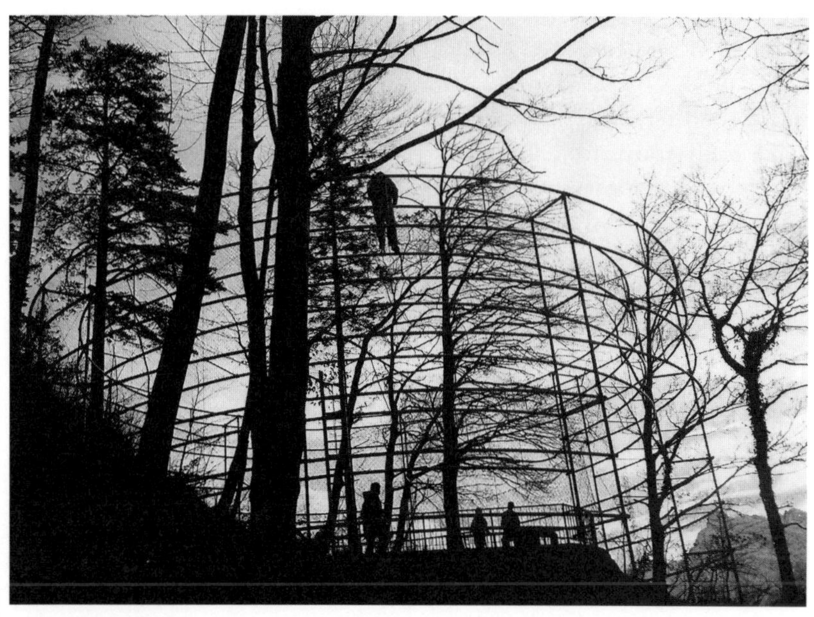

AUSSICHTSPAVILLON «CHÄNZELI» VON GEORGES DESCOMBES IM BAU./
GEORGES DESCOMBES' PANORAMA LOOKOUT, UNDER CONSTRUCTION.
(Seite/page 168)

1), 2), 3), 5), 6), 7) Zitiert aus Texten, die von François-Yves Morin, Georges Descombes und André Corboz stammen und die in einer Begleitpublikation zum Genfer Weg herauskommen werden.
4) Richard Longs graphische Aufzeichnung figuriert im gleichen Werk.

The Swiss Way:
The Genevan route from Morschach
to Brunnen. Pathway and Trace.

CLAUDE RITSCHARD

In 1991, Switzerland is celebrating the 700th anniversary of the founding of the Helvetic Confederation. To mark this event, a Swiss Way is being created around the Lake of the Four Cantons: since the nineteenth century, along with William Tell, the legend which recounts the defiance of the three Cantons of Uri, Schwyz, and Unterwalden of the Hapsburg Empire has been at the heart of the nation's founding myth. However, the "historic" relics (Tell's chapel, Schiller's stone) of this designated site do not offer a coherent progress around the lake. For the requirements of the anniversary celebrations, as no continuous route existed before the idea of the Swiss Way, one has been pieced together, combining old sections with newly opened ones to constitute an ideological collage. Each Swiss canton has been allotted a section of this pathway — the length of which is proportional to the population of the respective canton, sequence reflecting the chronological order of entry of each into the Confederation — which it is to build as it sees fit, taking responsibility for its layout and maintenance. The new pathway will endure well beyond 1991, the year of celebration, as an intentional, lasting modification of the territory.

Lying almost at the end of the loop, Geneva claims two of the thirty seven kilometers comprising the Swiss Way. Geneva's project is based on a counter-proposition, by the architect Georges Descombes, to the unsuccessful open competition held by the canton's State Council, the responses to which were all projects involving monumental representation and celebration.

Descombes' project is the result of a collective reflection (with André Corboz, Maurice Pianzola, and others) on the area's geology, geography, social history and historical events, fauna and flora. This process of deliberation led to a working dialogue with three artists, Richard Long, Max Neuhaus, and Carmen Perrin, with the guiding principle of "not putting in anything that was not already on the way."[1] To this was added the question: "What does it mean to make a pathway today?"[2] Land development was interpreted as a cultural as well as technical action: "The theme of the project was no longer the celebration of an anniversary or the presentation of a canton, but the pathway itself,"[3] (Georges Descombes). To make the problematic of the pathway comprehensible — the pathway would not exist unless it were built as the actual aim of the project —

the collaborators chose to modify the land by means of a series of subtle interventions which would provoke new experiences in the walkers using the Way.

In this group inquiry into the nature of the pathway, Richard Long's role was, as usual, that of the walker. He spent six hours traveling the thirty seven kilometers of the Way, noting every event, from the most subtle to the most obvious, from a bird's song to a wedding. Using the original idea of the celebration of the Confederation's 700th anniversary, he built seven piles, each of a hundred stones, at various stages of his course. Of these landmarks, which united space and time in a symbolic form — the seven hundred years were realized as tumuli whose stones were counted one by one — there are no obvious remains. The stones have been dispersed or covered by vegetation, recuperated by the aleatory workings of the land. What remains is the graphic trace of the experience, the annotations which chart the meaning of the walk.[4]

Max Neuhaus chose to make his contribution in the thickest part of the forest that crosses the Geneva Way. At this point, the view from the footpath is masked, cut off by the delicate but extremely dense architecture of the tree trunks. In place of sight — the sense which dominates any usual experience of the path — he substituted aural perception. An artificial sound, mixed with a synthetic combination of the noises of nature and civilization recorded there by Neuhaus and subtly diffused by a chain of speakers which

this gigantic climatic and geological shift; the forest has absorbed the new relief, making it its skeleton. At five separate points along the Way, Carmen Perrin chose to make certain blocks of stone newly apparent. Everything covering the rocks, including the very roots of the vegetation, was thoroughly stripped away, returning to view the

intuition can be but momentary.

Of the four interventions by Georges Descombes, two are rather discreet, and two more visible. In the first instance, Descombes worked on existing things. One, a wall beside what was formerly the Hotel Axenstein, was due to be demolished in order to widen the road. Descombes decided to pre-

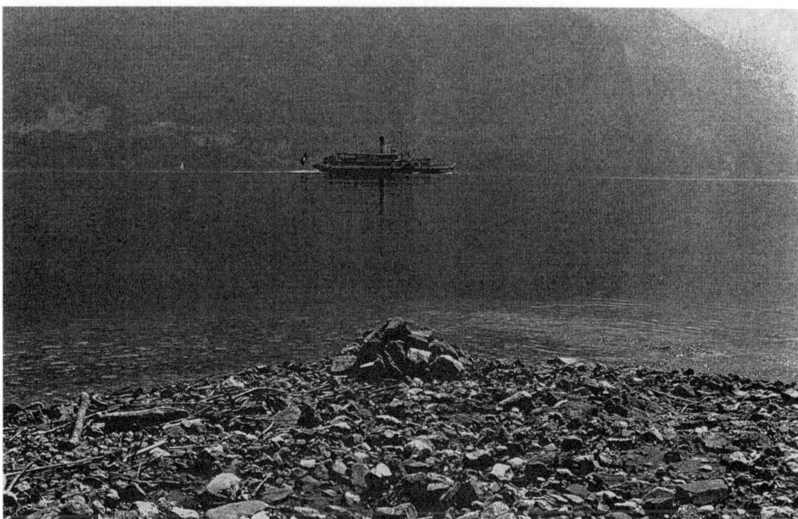

RICHARD LONG, 700 STONES FOR 700 YEARS, textwork, limited edition, Genève 1991/
700 STEINE FÜR 700 JAHRE, Textarbeit, limitierte Edition, Genève 1991.

we can neither see nor locate, draws our attention to the forest. This reminder of sounds we have heard but not listened to, draws focus to all the noises present in the environment, making one want to listen, to pick up the "music" of the wood.

Carmen Perrin's approach was to reveal an aspect of the area's geological history. On the first part of the pathway, before the forest, the terrain is particularly uneven and its escarpments are completely covered with brambles, bushes, and trees. These rugged slopes were produced when a large number of stone blocks were deposited at random by the movement of a glacier. They are now all that can be seen of the effects of

beds of moraine on which the boulders still rest. Rendered visible in this way, the rocks show their age, the scars and fractures on their surface which are the traces of their long, slow fall. They establish the conformability of time, whose extremes can be measured but which are not inscribed in our own experience. It is therefore of little importance that the effect of this cleansing process, which was itself so time-consuming, was visible only for a short moment, before the moss and brambles reclaimed the rocks. Carmen Perrin's action is modeled on the exact relation of earth time to human time, and sets the latter against the forces of geology, in relation to which man's

serve the wall and, without altering its structure, carried out minimal restoration work by preparing a roughcast resembling the old mortar. The second inconspicuous action involved clearing the actual pathway of the gravel and various stones that had accumulated there, thus revealing the original forest floor that forms the base of the path.

Of Descombes' two constructive interventions, one occurs at the beginning of the Way, where he filled in a hollow that separated the Way from the old tourist railway with a flight of low wooden steps covering some hundred meters. Given their depth, these steps are, paradoxically, as much terraces as stairs. The wooden risers hold back the earth in shelves, which are already covered with grass. In a few years, no doubt, all that will remain will be a series of horizontal grooves like those created by cows repeatedly grazing on sloping pastures.

Descombes' second intervention was to build a belvedere on the old viewing platform of Chanzeli. The edi-

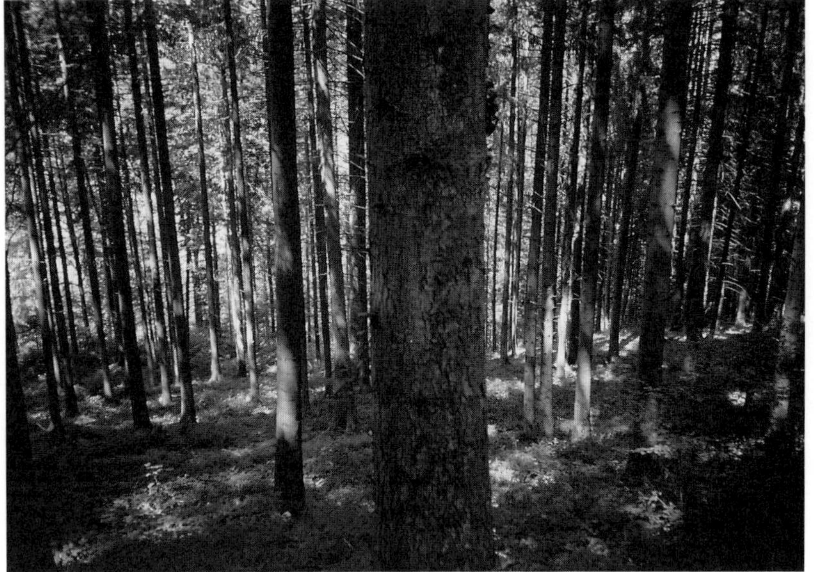

fice comprises two concentric circular trellises, and is bisected by the path. The form of this structure introduces the notion of a center, which is reinforced by the shape of the linden tree which has been allowed to remain at the center of the platform. The double layer of latticework sets up a permanent ambiguity between the transparency of the material and the slight visual blurring produced by the trellises. A huge aperture has been cut into the curve overlooking the lake, thus "framing the postcard,"[5] and emphasizing the way in which nature and the Alpine landscape have been idealized since the 18th century: "A moment of exclamatory eloquence in the general prose of the pathway,"[6] (André Corboz). There is nothing spectacular about the architectural and artistic works which constitute the Geneva section of the Swiss Way. On the contrary, they become apparent only if the walker accords the terrain the same quality of attention as the works' authors have done. Rather than being a series of monuments that mark the year 1991 and that will become part of the territory's future, they will take their place in the pathway's memory. In its architectural ethic and implicit philosophy of action, this work on the Geneva section attests to a political approach, a reflection on the "empty center" represented by the Lake of the Four Cantons — itself a historical void artificially filled up by nationalist ideology from the time that it was designated as the cradle of the Confederation. The Swiss Way of 1991 "is a new revival of the unificatory myth"[7] and yet this ideological center is a geographical passage, nowadays given over to a terrifyingly dense road and rail traffic. Socially, culturally, economically, and politically, the Switzerland of 1991 is still a patchwork, an artificial collage of highly diverse fragments ridden with unvoiced conflict. Even with the self-critical, idea of Utopia as its guiding theme, no celebration of this union would be feasible unless it actively avoided or countered this monumental notion. In this respect, the geological, historical, ideological, and other strata revealed by the two short kilometers of the Geneva Way carry their own telling message.

1–3, 5–7) Citations from the texts by François-Yves Morin, Georges Descombes and André Corboz to appear in the book accompanying the project: *Voie suisse, itinéraire genevois* with additional contributions by Hervé Gauville and Maurice Pianzola.
4) Richard Long's graphic annotations to his walk are reproduced in the same book.

(Translation from the French: Charles Penwarden)

BISHER ERSCHIENENE NUMMERN
BACK ISSUES

VERGRIFFEN / *OUT OF PRINT:* NO. 1 ENZO CUCCHI, NO. 2 SIGMAR POLKE, NO. 3 MARTIN DISLER, NO. 4 MERET OPPENHEIM, NO. 5 ERIC FISCHL, NO. 6 JANNIS KOUNELLIS, NO. 7 BRICE MARDEN, NO. 8 MARKUS RAETZ, NO. 9 FRANCESCO CLEMENTE

COLLABORATIONS

BRUCE NAUMAN
JEANNE SILVERTHORNE, PATRICK FREY, REIN WOLFS, CHRIS DERCON, ROBERT STORR
INSERT: **A.R. PENCK**
NANCY PRINCENTHAL: **SCOTT BURTON**
JEAN-PIERRE BORDAZ: **HANNE DARBOVEN**
BICE CURIGER: **MARIO BOTTA**

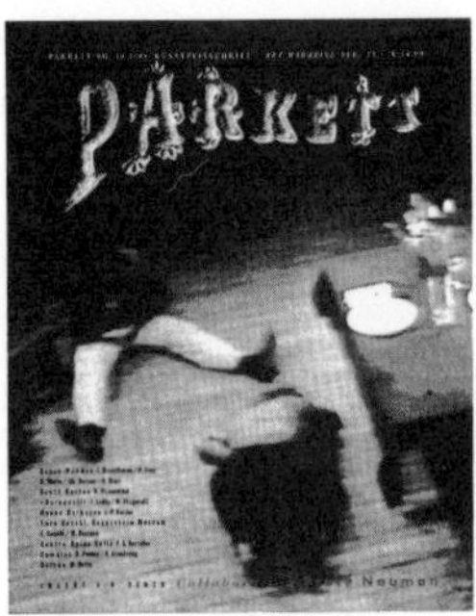

GEORG BASELITZ
REMO GUIDIERI, DIETER KOEPPLIN, ERIC DARRAGON, RAINER MICHAEL MASON, FRANZ MEYER, JOHN CALDWELL
INSERT: **BARBARA KRUGER**
GRAY WATSON: **DEREK JARMAN**
CAROL SQUIERS: **PHOTO OPPORTUNITY**
ROSETTA BROOKS: **TROY BRAUNTUCH**

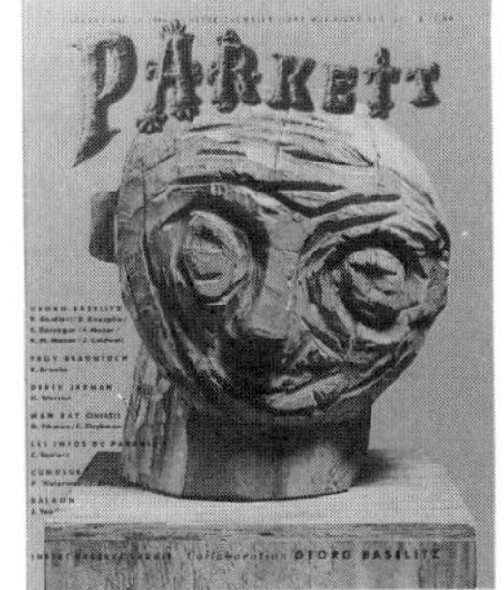

NO. 10   NO. 11

ANDY WARHOL
STUART MORGAN, GLENN O'BRIEN, REMO GUIDIERI, ROBERT BECKER
INSERT: **GÜNTHER FÖRG**
LYNNE COOKE: **BILL WOODROW**
AMINE HAASE: **JÜRGEN PARTENHEIMER**
PATRICK FREY: **REINHARD MUCHA**

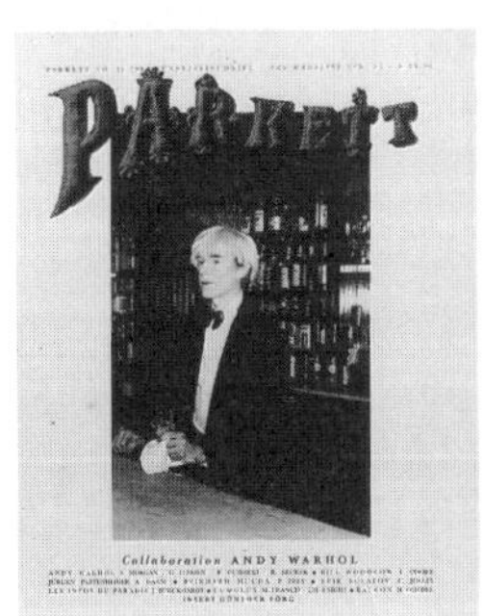

REBECCA HORN
BICE CURIGER, DEMOSTHENES DAVVETAS, MARTIN MOSEBACH, DANIEL SOUTIF
INSERT: **SIGMAR POLKE**
ALAIN CUEFF: **ALIGHIERO E BOETTI**
JEAN-PIERRE BORDAZ: **JENNY HOLZER**
JUTTA KOETHER: **KATHARINA FRITSCH**

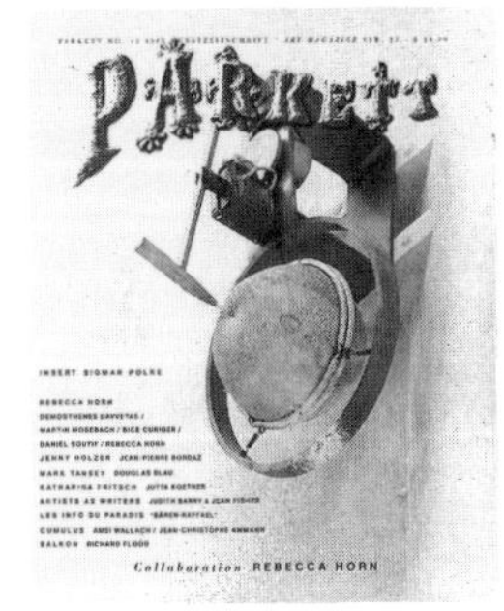

NO. 12   NO. 13

GILBERT & GEORGE
DUNCAN FALLOWELL, MARIO CODOGNATO, JEREMY COOPER, DEMOSTHENES DAVVETAS, WOLF JAHN
INSERT: **ROSEMARIE TROCKEL**
ROBERT STORR: **NANCY SPERO**
HAIM STEINBACH: **MANIFESTO**
JÖRG ZUTTER: **THOMAS HUBER**

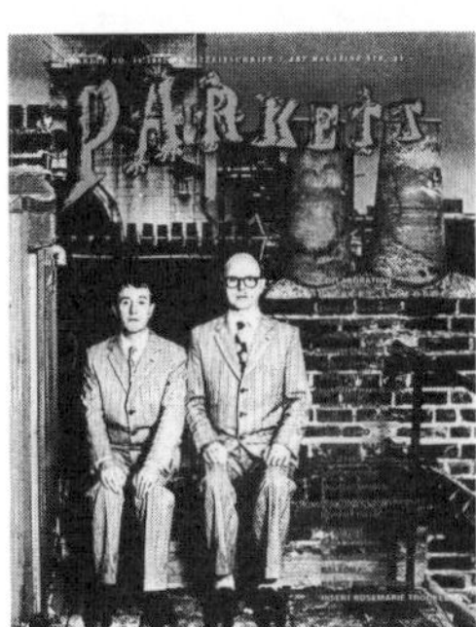

MARIO MERZ
MARLIS GRÜTERICH, JEANNE SILVERTHORNE, DEMOSTHENES DAVVETAS, HARALD SZEEMANN, DENYS ZACHAROPOULOS
INSERT: **GENERAL IDEA**
MAX KOZLOFF: **GILLES PERESS**
FRIEDEMANN MALSCH: **GEORG HEROLD**
BRUNELLA ANTOMARINI: **FRANCESCA WOODMAN**

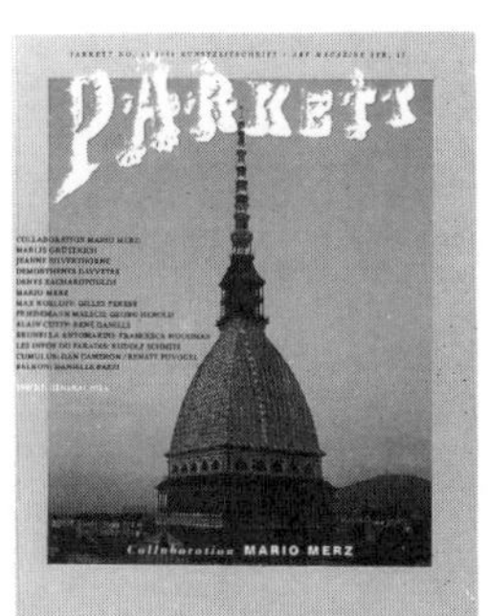

NO. 14   NO. 15

ROBERT WILSON
HANS-THIES LEHMANN, KLAUS
KERTESS, ELLEN LEVY, TREVOR
FAIRBROTHER, CHRISTINE
GRANDJEAN, JACQUELINE BURCK-
HARDT, BICE CURIGER
INSERT: **SHERRIE LEVINE**
NANCY PRINCENTHAL: **ALICE NEEL**
PETER HALLEY & JEREMY GILBERT
ROLFE: **BARNETT NEWMAN**
SYMMETRIEN – EINE UMFRAGE /
SYMMETRIES – AN INQUIRY

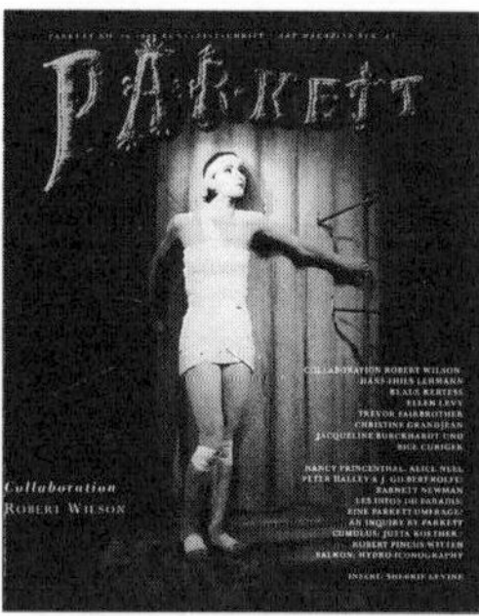

NO. 16 NO. 17

PETER FISCHLI /
DAVID WEISS
PATRICK FREY, GERMANO CELANT,
KAREN MARTA, BERNHARD
JOHANNES BLUME, JEANNE SILVER-
THORNE, SIDRA STICH
INSERT: **LOUISE BOURGEOIS**
MAX WECHSLER: **IMI KNOEBEL**
PAUL GROOT: **MATT MULLICAN**
KATHY HALBREICH:
WOOSTER GROUP

EDWARD RUSCHA
DAVE HICKEY, DENNIS HOPPER,
ALAIN CUEFF, JOHN MILLER,
CHRISTOPHER KNIGHT
INSERT: **BOYD WEBB**
JAN THORN-PRIKKER: **WOLS**
LYNNE COOKE: **TONY CRAGG**
BROOKE ADAMS:
JULIAN SCHNABEL
DER KÜNSTLER ALS EXEM-
PLARISCH LEIDENDER? EINE
UMFRAGE / THE ARTIST AS A
MODEL SUFFERER? AN INQUIRY.

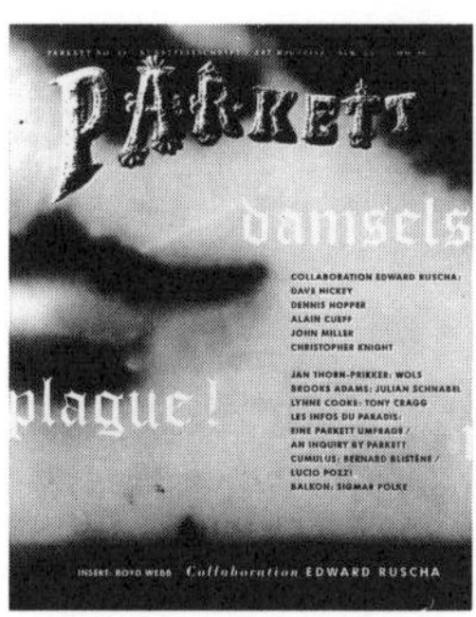 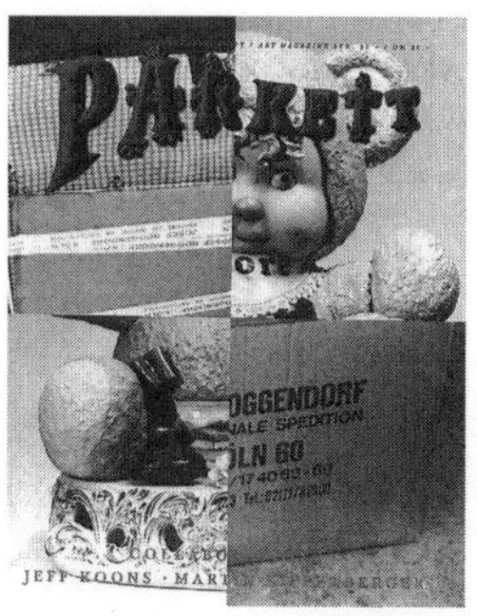

NO. 18 NO. 19

JEFF KOONS · MARTIN
KIPPENBERGER · KLAUS
KERTESS, BURKE & HARE, JEAN-
CHRISTOPHE AMMANN, GLENN
O'BRIEN, DIEDRICH DIEDE-
RICHSEN, PATRICK FREY, MARTIN
PRINZHORN / BICE CURIGER
INSERT: **ANSELM STALDER**. ANNE-
MARIE HÜRLIMANN: **BARBARA
BLOOM**. HANNA HUMELTENBERG:
THOMAS RUFF. FELIX-PHILIPP
INGOLD: **RÉMY ZAUGG**. JAN-THORN
PRIKKER: **GERHARD RICHTER**

TIM ROLLINS + K.O.S.
MARSHALL BERMAN,
TREVOR FAIRBROTHER,
STATEMENTS, DIALOGUE 5
INSERT: **ANDREAS GURSKY**
MICHAEL NASH: **BILL VIOLA**
STEPHEN ELLIS: **ROSS BLECKNER**
KLAUS KERTESS: **TRISHA BROWN**

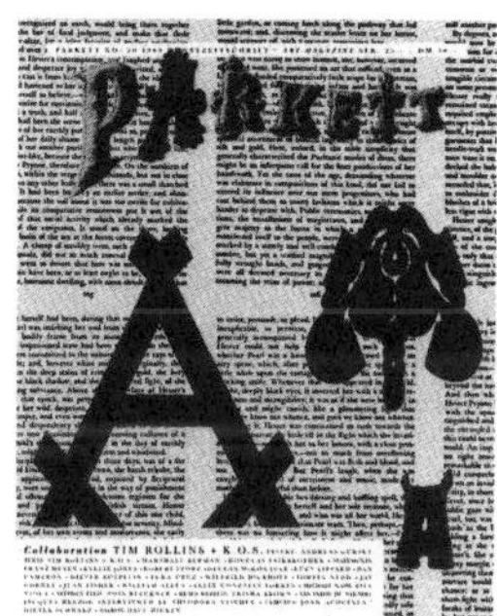 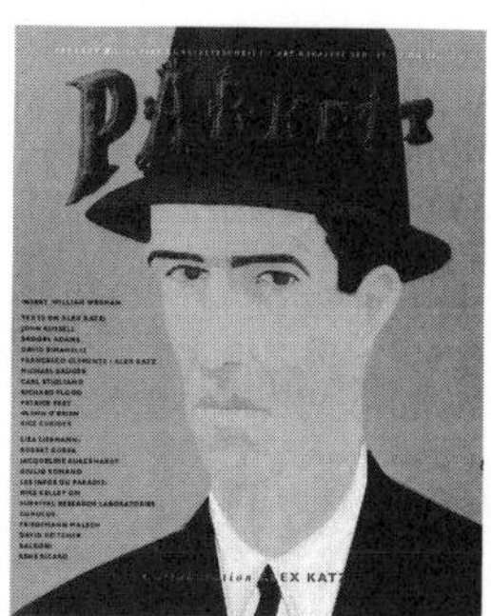

NO. 20 NO. 21

ALEX KATZ
JOHN RUSSELL, BROOKS ADAMS,
DAVID RIMANELLI, FRANCESCO
CLEMENTE, MICHAEL KRÜGER,
RICHARD FLOOD, PATRICK FREY,
CARL STIGLIANO, BICE CURIGER,
GLENN O'BRIEN
INSERT: **WILLIAM WEGMAN**
LISA LIEBMAN: **ROBERT GOBER**
JACQUELINE BURCKHARDT:
GIULIO ROMANO

CHRISTIAN BOLTANSKI
JEFF WALL
DIDIER SEMIN, GEORGIA MARSH
BÉATRICE PARENT, DAN GRAHAM
JEFF WALL, ARIELLE PÉLENC
INSERT: **CHRISTOPHER WOOL**
DIETER KOEPPLIN:
STEPHAN BALKENHOL
RENATE PUVOGEL:
DAN FLAVIN, DONALD JUDD
WERNER LIPPERT: **VARIOUS SMALL
FIRES IN THE GUTENBERG GALAXY**

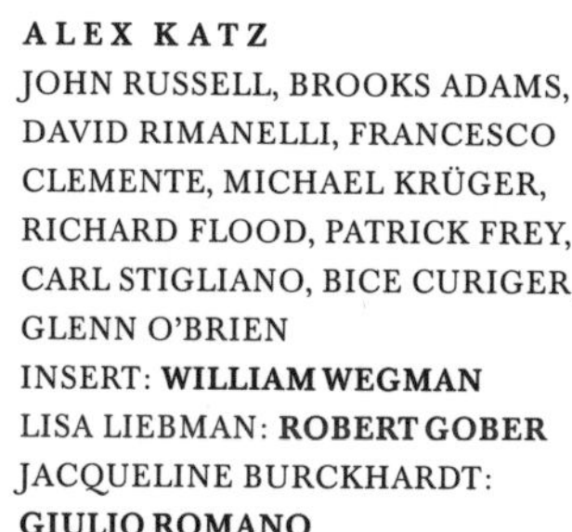 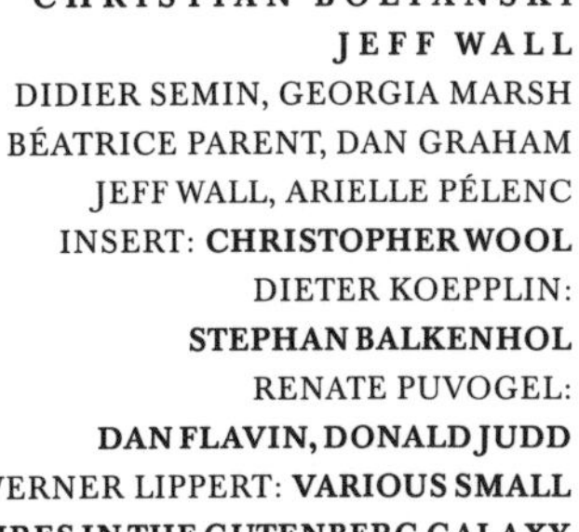 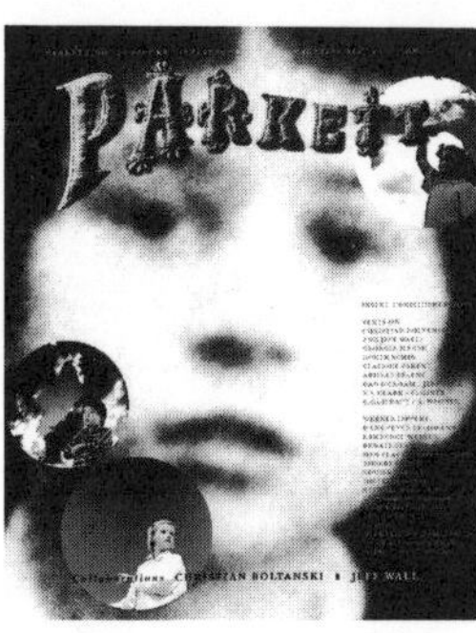 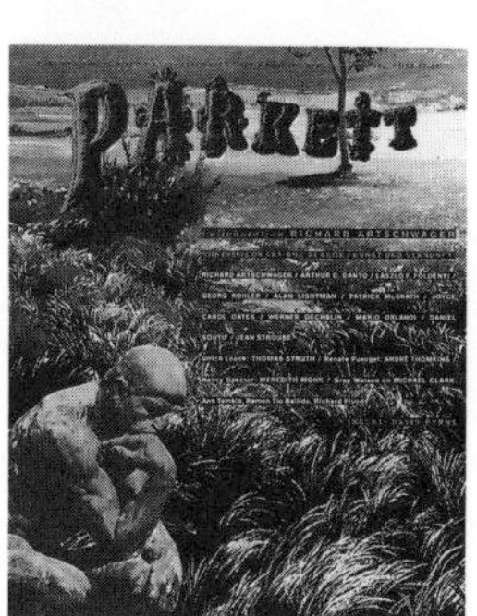

NO. 22 NO. 23

RICHARD ARTSCHWAGER
ARTHUR C. DANTO, GEORG
KOHLER, MARIO A. ORLANDO,
JOYCE CAROL OATES, WERNER
OECHSLIN, ALAN LIGHTMAN,
PATRICK McGRATH, DANIEL SOUTIF,
LASZLO F. FÖLDENYI, JEAN STROUSE
INSERT: **DAVID BYRNE**
RENATE PUVOGEL:
ANDRÉ THOMKINS
ULRICH LOOCK: **THOMAS STRUTH**
NANCY SPECTOR: **MEREDITH MONK**

ALIGHIERO E BOETTI
JEAN-CRISTOPHE AMMANN
GIOVAN BATTISTA SALERNO
RAINER CRONE & DAVID MOOS
FRIEDEMANN MALSCH
JEAN-PIERRE BORDAZ
ALAIN CUEFF
INSERT: **CINDY SHERMAN**
SHEENA WAGSTAFF:
SOPHIE CALLE
HERBERT LACHMEYER /
BRIGITTE FELDERER: **FRANZ WEST**
JUTTA KOETHER: **MIKE KELLEY**

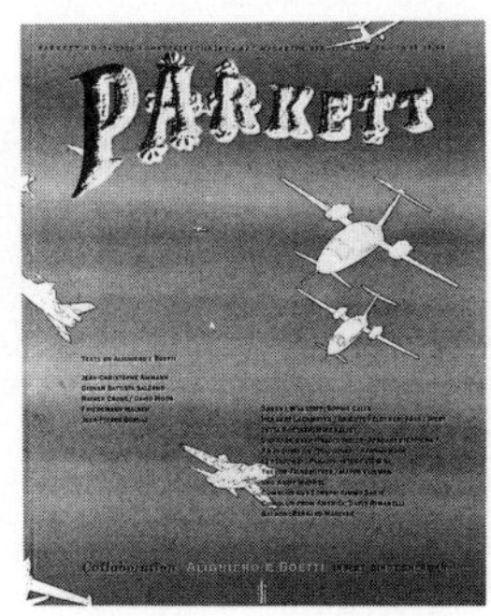

NO. 24

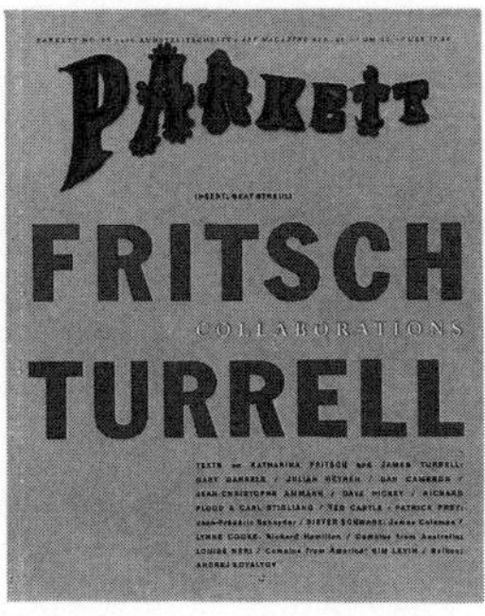

NO. 25

KATHARINA FRITSCH
JAMES TURRELL
GARY GARRELS
JULIAN HEYNEN, DAN CAMERON,
JEAN-CHRISTOPHE AMMANN,
DAVE HICKEY, RICHARD FLOOD &
CARL STIGLIANO, TED CASTLE
INSERT: **BEAT STREULI**
PATRICK FREY:
JEAN-FRÉDÉRIC SCHNYDER
DIETER SCHWARZ: **JAMES COLEMAN**
LYNNE COOKE:
RICHARD HAMILTON

GÜNTHER FÖRG
PHILIP TAAFFE
JOHN CALDWELL, CATHERINE QUELOZ
WILFRIED DICKHOFF
JEFF PERRONE, EDMUND WHITE
FRANCESCO PELLIZZI
G. ROGER DENSON
INSERT: **PETER GREENAWAY**
BICE CURIGER: **SIGMAR POLKE**
HANS-ULRICH OBRIST:
ROMAN SIGNER
DAVID LEVI STRAUSS:
JOSEPH BEUYS

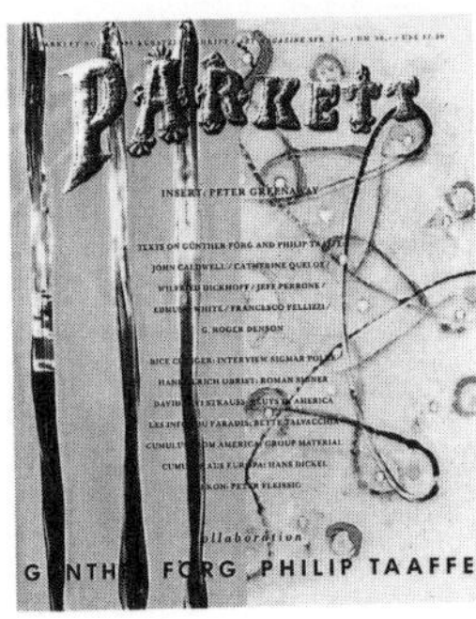

NO. 26

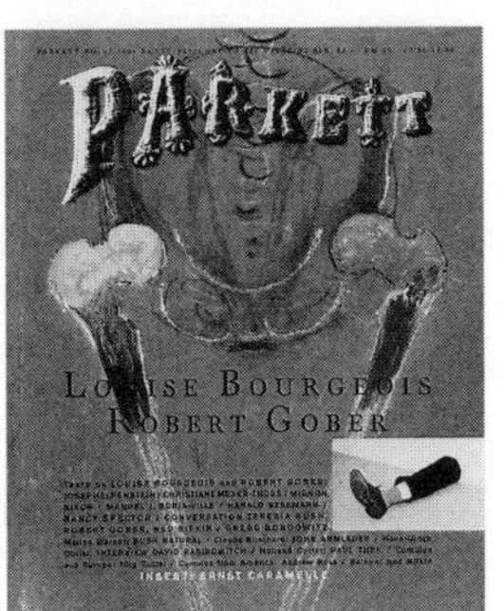

NO. 27

LOUISE BOURGEOIS
ROBERT GOBER
JOSEF HELFENSTEIN, CHRISTIANE
MEYER-THOSS, MIGNON NIXON,
MANUEL J. BORJA-VILLEL, HARALD
SZEEMANN, NANCY SPECTOR,
NED RIFKIN/THERESIA BUSH/
ROBERT GOBER, GREGG BORDOWITZ
INSERT: **ERNST CARAMELLE**
MARINA WARNER: **BUSH NATURAL/**
HAARE IN DER KUNST
CLAUDE RITSCHARD:
JOHN M ARMLEDER
HANS-ULRICH OBRIST:
DAVID RABINOWITCH

VORSCHAU / *PREVIEW*

NO. 29 SEPTEMBER 1991 COLLABORATIONS CINDY SHERMAN & JOHN BALDESSARI

BESTELLUNG FÜR ABONNEMENTE UND VORZUGSAUSGABEN

☐ Ich abonniere PARKETT für 1 Jahr und 4 Ausgaben, Versandkosten nicht inbegriffen, zum Preis von sFr. 80.– (Schweiz), DM 108,– (BRD), sFr. 92.– (übriges Europa) ab Nr. _______ (aktuelle oder kommende Ausgabe).

☐ Ich bestelle folgende noch erhältliche(n) PARKETT-Ausgabe(n) zu je sFr. 25.–/DM 30,–, zuzüglich Versandkosten: Nr. _________.

☐ Folgende Personen erhalten von mir als Geschenk ein PARKETT-Jahresabonnement für 4 Ausgaben zu sFr. 80.– (Schweiz), DM 108,– (BRD), sFr. 92.– (übriges Europa), Versandkosten nicht inbegriffen, ab Nr. _______ (aktuelle oder kommende Ausgabe) und werden von PARKETT mit einer besonderen Karte über mein Geschenk informiert:

Name: ________________________   Name: ________________________

Strasse: ______________________   Strasse: ______________________

PLZ/Stadt: ____________________   PLZ/Stadt: ____________________

Land: _________________________   Land: _________________________

☐ Als PARKETT-Abonnent(in) bestelle ich folgende noch erhältliche(n) VORZUGSAUSGABE(N) in der vom Künstler signierten und numerierten Auflage gegen Vorausbezahlung (zuzüglich Versandkosten).

Nr./Künstler: ____

____

☐ Mein Check über sFr./DM _______ liegt bei.   ☐ Die Rechnung schicken Sie bitte an mich.

Meinen Namen und Adresse habe ich auf der Rückseite notiert!

Datum: ______________________   Unterschrift: ______________________

ORDER FORM FOR SUBSCRIPTIONS AND DELUXE EDITIONS

☐ I subscribe to PARKETT for one year (4 issues) at SFr. 92.– (Europe), US$ 63.00 (USA, institutions: $ 73.–), DM 108,– (Germany), air mail postage not included, starting with issue no _______ (current or next issue).

☐ I order the following still available PARKETT-back issues at SFr. 25.– (USA $ 17.50), postage not included, No.: _________.

☐ Send the following person(s) a PARKETT subscription for one year (4 issues) at SFr. 92.– (Europe), US$ 63.00 (USA), air mail postage not included, starting with issue No. _______ (current or next). The person(s) will receive a special gift card in my name from PARKETT.

Name: ________________________   Name: ________________________

Street: ________________________   Street: ________________________

City: _________________________   City: _________________________

State, Zip: ____________________   State, Zip: ____________________

Country: ______________________   Country: ______________________

☐ As a subscriber to PARKETT I would like to order the following DELUXE EDITIONS signed and numbered by the artist (Prepayment, postage not included). Issue No./artist: ________________________

____

☐ I have enclosed a cheque for SFr./US$ _______.   ☐ Bill me.

My name and address are printed on the reverse side!

Date: ______________________   Signature: ______________________

PARKETT KUNSTZEITSCHRIFT / *ART MAGAZINE*

Name:

Vorname:

Strasse/Nr.:

PLZ/Ort:

Land:

«PARKETT»-VERLAG AG

Quellenstrasse 27

CH-8005 <u>Zürich</u>

Schweiz

PARKETT KUNSTZEITSCHRIFT / *ART MAGAZINE*

Name:

Address:

City:

Province/State:

Postal code/Zip code:

Country:

«PARKETT»-VERLAG AG

Quellenstrasse 27

CH-8005 <u>Zurich</u>

Switzerland

PARKETT KUNSTZEITSCHRIFT / *ART MAGAZINE*

NAME:

VORNAME:

STRASSE/NR.:

PLZ/ORT:

LAND:

«PARKETT»-VERLAG AG

QUELLENSTRASSE 27

CH-8005 ZÜRICH

SCHWEIZ

PARKETT KUNSTZEITSCHRIFT / *ART MAGAZINE*

NAME:

ADDRESS:

CITY:

PROVINCE/STATE:

POSTAL CODE/ZIP CODE:

COUNTRY:

«PARKETT»-VERLAG AG

QUELLENSTRASSE 27

CH-8005 ZURICH

SWITZERLAND

PARKETT-BÜCHER/*BOOKS*

___ Ex./*copies* BUSTERS BEDROOM, Rebecca Horn. Das Buch zum neuesten Spielfilm der Künstlerin, mit vierfarbigen Abbildungen und dem Text des Drehbuchs. Einleitung von Bice Curiger. Englisch, 152 Seiten mit 134 ganzseitigen Bildern aus dem Film, 29,5×23,5 cm, Hardcover / The book of the artist's latest feature film with color photographs and the complete screenplay. Introduction by Bice Curiger. English, 152 pages and 134 full-page color stills from the film, 9¼×11½", hardcover. sFr. 48.–

___ Ex./*copies* ALIGHIERO E BOETTI «My point of view» T-Shirt, (mark language: english, français, deutsch) sFr. 48.–

___ Ex./*copies* MERET OPPENHEIM by Bice Curiger. English, 275 pages, 1300 reproductions, 55 in colour, 21×28 cm. Texts by Bice Curiger, Lisa Liebmann, Jean-Christophe Ammann, Christiane Meyer-Thoss, Rudolf Schmitz, Meret Oppenheim and others. Softcover 48.–, Hardcover sFr. 98.–

___ Ex./*copies* ANNIE, GWEN, LILLY, PAM AND TULIP by Jamaica Kincaid and Eric Fischl, from the Artists/Writers series in association with the Whitney Museum of American Art, New York. In Slipcase, 24 p., 30×22 cm, 9 color ill. sFr. 35.–

___ Ex./*copies* ROBERT FRANK, «THE LINES OF MY HAND». Diese vollständig überarbeitete Neuauflage zeigt zum ersten Mal einen Überblick über das gesamte Werk des bedeutenden Fotografen. / *This completely revised and new edition shows for the first time a survey of the entire photographic work of Robert Frank.* 25×32 cm, 170 Seiten/*pages*, 120 ganzseitige Duotone-Abb./*full-page duotone reproductions.* 1988. sFr. 64.–

___ Ex./*copies* «EIN GESPRÄCH – UNA DISCUSSIONE» von Joseph Beuys, Jannis Kounellis, Anselm Kiefer, Enzo Cucchi. Neuauflage des zentralen Künstlergesprächs der achtziger Jahre. Deutsch-italienische Version. Herausgegeben von Jacqueline Burckhardt, 303 Seiten, 2. Auflage, 1988. *New edition of this fundamental artists debate in German and Italian.* sFr. 38.–

Datum/*date:* _______________ Unterschrift/*signature:* _______________

Änderungen vorbehalten / *Prices subject to change*   Zuzüglich Versandkosten / *Postage not included*

PETER BLUM EDITION
BOOKS

NEU / NEW

___ copies/Ex.	ERIC FISCHL	«Scenes and Sequences» by Eric Fischl, 58 full-page colour reproductions of monotypes, 35×48 cm, Text: E. L. Doctorow, 1988.	sFr. 450.–
___ copies/Ex.	HELMUT FEDERLE	«5+1», 6 essays on 6 etchings by D. Koepplin, D. Kuspit, E. Badura-Triska a. o., 67 p., hardcover, Deutsch/English (also available in a special edition)	sFr. 48.–
___ copies/Ex.	ALEX KATZ	«A Tremor in the Morning», poems with original woodcuts by Alex Katz, edition of 300, 1986.	sFr. 600.–
___ copies/Ex.	RONI HORN	«Island», 14 color repr., hardbound (also available in a special edition)	sFr. 48.–
___ copies/Ex.	ENZO CUCCHI	«La cerimonia delle cose», texts and poems in Italian and English (mit deutscher Übersetzung), with 18 reproductions, 1985.	sFr. 38.–
___ copies/Ex.	ENZO CUCCHI	«Sparire – Disappearing – Entschwinden», 1987.	sFr. 30.–
___ copies/Ex.	BRICE MARDEN	«Etchings to Rexroth with 36 poems by Tu Fu», 1987.	sFr. 125.–
___ copies/Ex.	BICE CURIGER	«LOOKS et tenebrae», texts on print portfolios by Cucchi, Disler, Chia, Penck, Winnewisser, Borofsky, Clemente, Baldessari and Fischl in English/German. All portfolios are reproduced, 1984.	sFr. 28.–
___ copies/Ex.	ANSELM STALDER	«Der Umfang des Fassungsvermögens» (The Limits of Perception), 64 full-page colour reproductions 1984.	sFr. 78.–

Date/Datum: _______________ Signature/Unterschrift: _______________

Prices subject to change / Änderungen vorbehalten   Postage not included / Zuzüglich Versandkosten

VORZUGSAUSGABEN

SPECIAL EDITIONS

Jede Nummer der Zeitschrift entsteht in Collaboration mit einem Künstler oder einer Künstlerin, die eigens für die Leser von PARKETT einen Originalbeitrag gestalten. Dieses Werk ist in der gesamten Auflage abgebildet und zusätzlich als limitierte und signierte Vorzugsausgabe erhältlich. Preisänderungen vorbehalten. Versandkosten nicht inbegriffen.

Each issue of the magazine is created in collaboration with an artist, who contributes an original work specially made for the readers of PARKETT. The work is reproduced in the regular edition. It is also available in a signed and limited Special Edition. Prices subject to change. Postage is not included.

Vergriffen / Out of print: No. 1 Enzo Cucchi, No. 2 Sigmar Polke, No. 3 Martin Disler, No. 4 Meret Oppenheim, No. 5 Eric Fischl, No. 6 Jannis Kounellis, No. 7 Brice Marden, No. 8 Markus Raetz, No. 9 Francesco Clemente, No. 10 Bruce Nauman, No. 11 Georg Baselitz, No. 12 Andy Warhol, No. 13 Rebecca Horn, No. 14 Gilbert & George, No. 15 Mario Merz, No. 17 Peter Fischli / David Weiss, No. 18 Edward Ruscha, No. 19 Martin Kippenberger, No. 19 Jeff Koons, No. 20 Tim Rollins + K.O.S., No. 22 Christian Boltanski, No. 23 Richard Artschwager, No. 26 Günther Förg, No. 26 Philip Taaffe, No. 27 Robert Gober

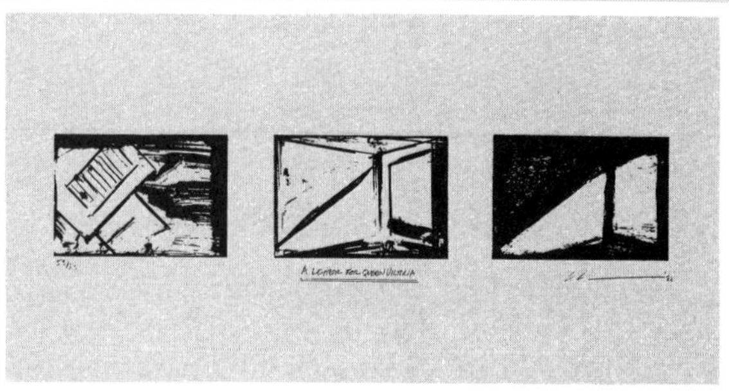

ROBERT WILSON
«A LETTER FOR QUEEN VICTORIA»
Lithographie auf Rives, 25,5 x 61 cm, Ed. 80. sfr. 800.–.
Lithography on Rives, 10 x 24 ", Ed. 80. US$ 640.

NO. 16

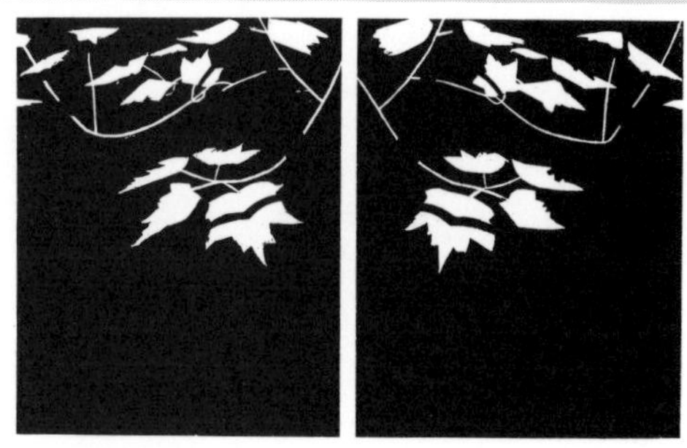

ALEX KATZ
«SCHWARZER BACH» 1989
Holzschnitt auf Goyu-Papier, 29,5x46cm. Ed.100 sfr. 950.–.
"BLACK BROOK", 1989
Woodcut on Goyu paper, 11⁵/₈ x 18¹/₈ ". Ed. 100. US$ 760.

NO. 21

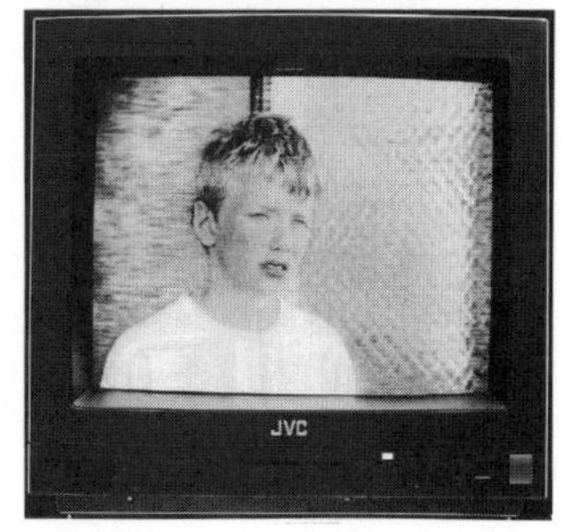

JEFF WALL
«JUNGE IM FERNSEHEN»,
(aus: Kampf gegen Wohnungs-Rausschmiss), 1989
Cibachrome print, 35 x 37cm, Ed.80, sfr. 800.–.
"BOY ON TV" (from: Eviction Struggle), 1989
Cibachrome print, 13³/₄ x 14¹/₂ ", Ed. 80, US$ 640.

NO. 22

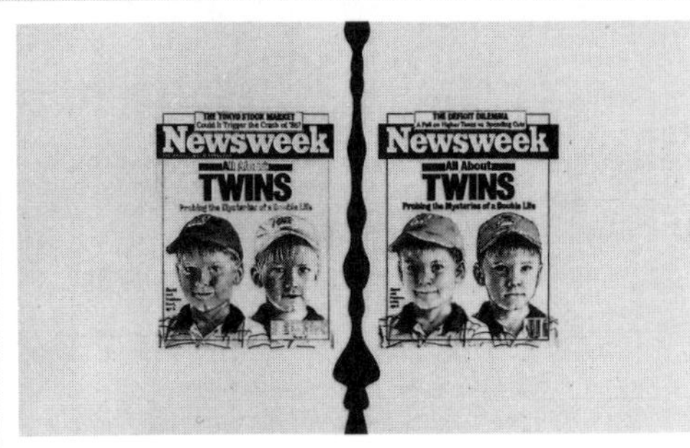

ALIGHIERO E BOETTI
«AUF DEN SPUREN DER GEHEIMNISSE EINES DOPPELLEBENS», 1990,
Lichtdruck (Granolitho), von Hand rot übermalt, 50 x 70 cm,
Ed. 100, sfr. 1200.–.
"PROBING THE MYSTERIES OF A DOUBLE LIFE", 1990
Collotype (Granolitho), overpainted by hand in red, 19⅝ x 27½ ", Ed. 100, US$ 960.

T-SHIRTS FOR PARKETT BY ALIGHIERO E BOETTI
IN VIER SPRACHEN / IN FOUR LANGUAGES

Zu bestellen beim Parkett-Verlag /
Order from Parkett Publishers
SFR. 48.–/US$ 38.

NO. 24

KATHARINA FRITSCH
«MÜHLE / MILL», «KRANKENWAGEN /
AMBULANCE», «UNKEN / TOADS».
Drei Single-Schallplatten / *Three single records*
Zusammen: Fr. 45.– / *For set of three: US$ 38.*

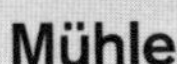

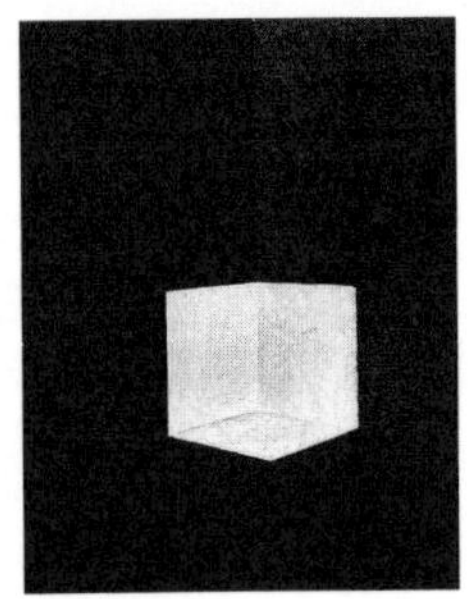

SQUAT

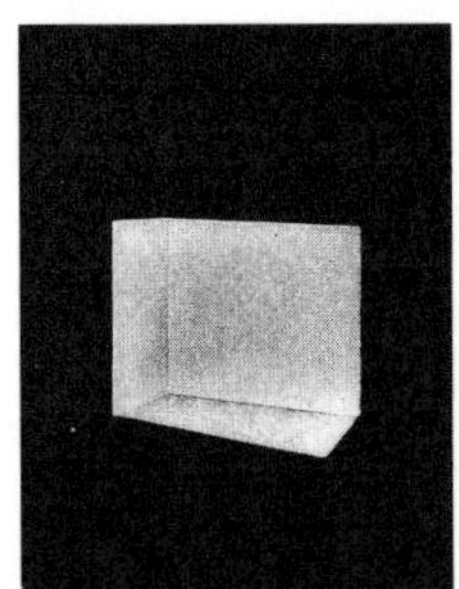

CARN

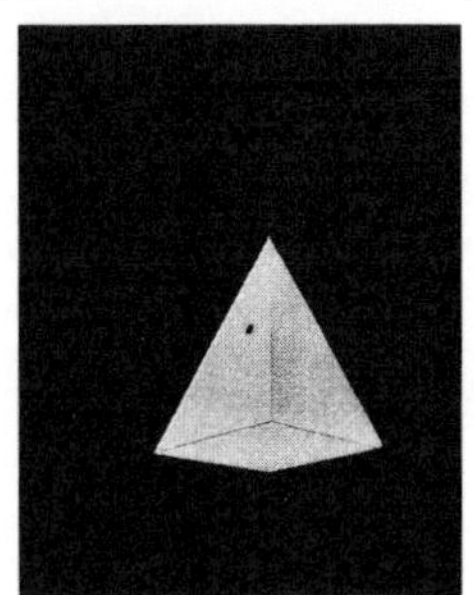

ALTA

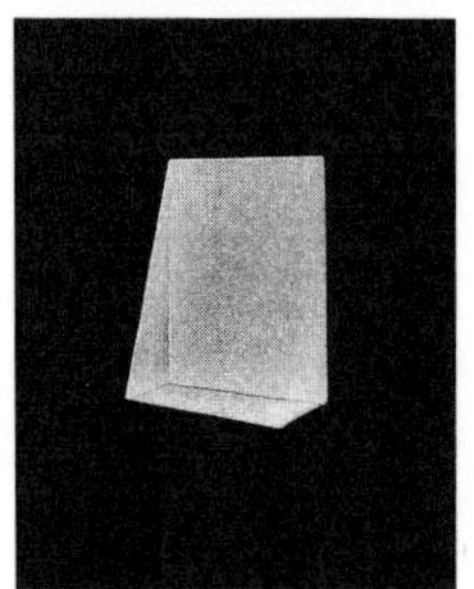

JUKE

JAMES TURRELL
«SQUAT», «JUKE», «CARN», «ALTA».
Vier Aquatinta-Editionen auf Zerkall 250 g, je 25,5 x 21 cm,
Ed. 40, sfr. 1200.– pro Aquatinta.
Four aquatint editions on Zerkall 250 g, each 10 x 8¼ ", Ed. 40, US$ 960. per print.

NO. 25

PARKETT 28 1991

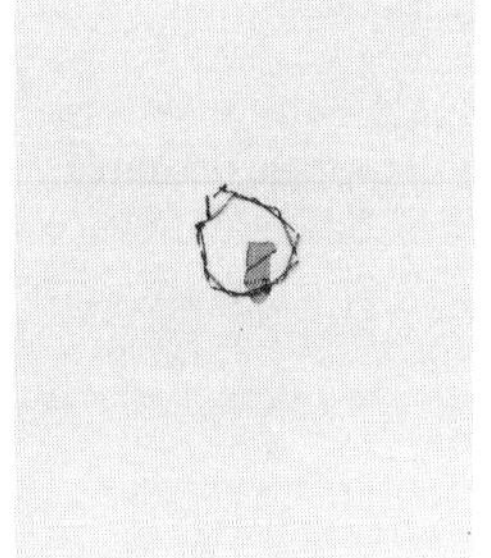

LOUISE BOURGEOIS
FLICKWERK, 1991,
Papier-Objekt aus bedrucktem und handgefärbtem Papier, von Hand
gerissen, durchlöchert und mit Faden genäht, 25,5 x 21 cm, in Zeitschrift
eingebunden, Ed. 75, sfr. 1800.–.
REPARATION, 1991,
fabrication of printed and handcolored paper, hand-torn, pierced and sewn
with thread, 10 x 8¹/₄", bound in the magazine, Ed. 75, US$ 1500.

NO. 27

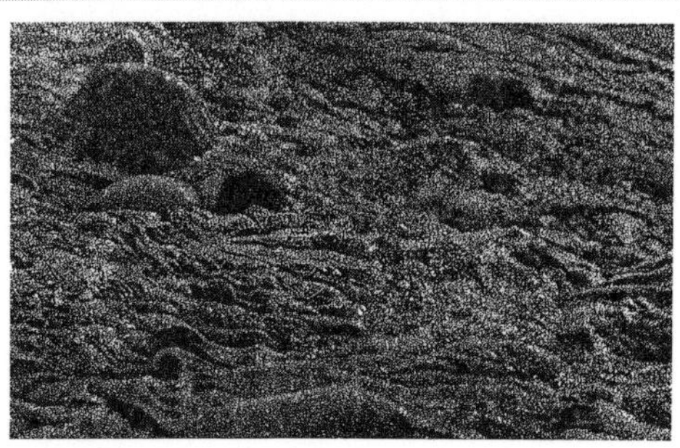

FRANZ GERTSCH
CIMA DEL MAR (Ausschnitt), 1990/91,
Holzschnitt (Kobalt-türkis und ultramarin, halb und halb) auf Heizoboro
Japanpapier, 25,4 x 41,6 cm, gefaltet, nicht eingebunden, numeriert und
signiert, Ed. 80, sfr. 1350.–.
CIMA DEL MAR (Detail), 1990/91
woodcut (cobalt turquoise and ultramarine, half and half) on Heizoboro
Japan paper, 10 x 16³/₈", folded, not bound in the magazine, signed and
numbered, Ed. of 80, US$ 980.

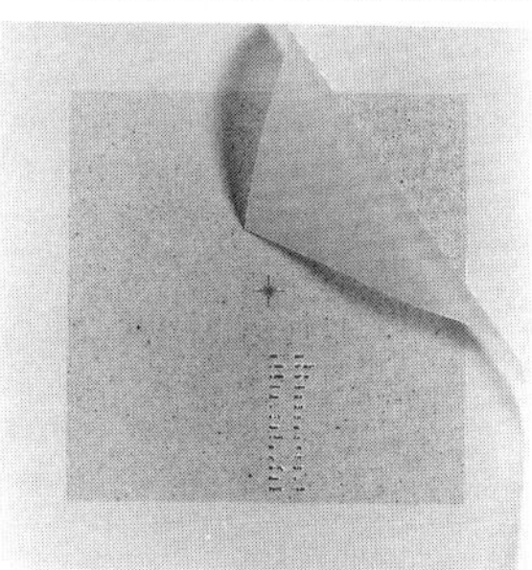

THOMAS RUFF
C-Prints (Photos: ESO), 1991, 50 x 50 cm, in Transparenthüllen, astronomische
Daten in Siebdruck beidseitig auf Hüllen aufgedruckt. Ed. je 50, sfr.1200.–.
C-prints (Photos: ESO), 1991, 19¹/₂ x 19¹/₂", in transparent paper, astronomic data
silk-screened on front and back of wrappers. Ed. of 50 each, US$ 900 per print.

NO. 28

PARKETT IN BUCHHANDLUNGEN / *BOOKSHOPS*

AUSKUNFT UND ABONNEMENTS / *INFORMATION AND SUBSCRIPTIONS*:

«PARKETT»-VERLAG AG, QUELLENSTRASSE 27, CH-8005 ZÜRICH, TEL. 01/271 81 40 FAX 272 43 01; SCHWEIZERSTRASSE 77, D-6 FRANKFURT 70, TEL. 069/61 64 22, FAX 62 09 03

PARKETT PUBLISHERS INC. 636 BROADWAY, NEW YORK, N.Y. 10012, PHONE 212/673-2660, FAX 673 2887

SCHWEIZ
VERTRIEB
B+I BUCH UND INFORMATION AG
OBFELDERSTR. 35
8910 AFFOLTERN a./A.
BASEL
W. JAEGGI AG
FREIESTR. 32
BERN
HANS HUBER AG, MARKTGASSE 59
SCHAFFHAUSEN
BÜCHER-FASS, WEBERGASSE 13
ST. GALLEN
BUCHHANDLUNG COMEDIA
KATHARINENGASSE 20
ZÜRICH
BUCHHANDLUNG ZUM ELSÄSSER
LIMMATQUAI 18
BUCHHANDLUNG CALLIGRAMME
HÄRINGSTR. 4
FOLIO BOOKS & LOOKS, WEITE GASSE 9
HEINIMANN & CO, KIRCHGASSE 17
BUCHHANDLUNG HOWEG
WAFFENPLATZSTR. 1
BUCHHANDLUNG AM KUNSTHAUS AG
RÄMISTR. 45
BUCHHANDLUNG KRAUTHAMMER
OBERE ZÄUNE 24
KUNSTKIOSK, LIMMATQUAI 31/HELMHAUS
ORELL FÜSSLI, PELIKANSTR. 10
SEC 52, JOSEFSTR. 52

DEUTSCHLAND
VERTRIEB
KARLHEINZ BIERSACK GmbH
ERNST-SACHS-STR. 6
POSTFACH 5666 + 5206
7750 KONSTANZ
BERLIN
BÜCHERBOGEN, AM SAVIGNYPLATZ
GALERIE 2000, KNESEBECKSTR. 56–58
WASMUTH GmbH & CO. HORDENBERGSTR. 9A
WERNER GmbH, EHRENBERGSTR. 29
BONN
CARL KAYSER, POSTSTR. 16
GALERIE PUDELKO, HEINRICH-VON-KLEIST-STR.
BREMEN
ANTIQUARIAT, BEIM STEINERNEN KREUZ 1
JOHS. STORM, LANGENSTR. 10
BREMERHAVEN
KABINETT FÜR AKTUELLE KUNST, KARLSBURG 4
DÜSSELDORF
M. + R. FRICKE, POSTSTR. 3
WALTHER KÖNIG, HEINRICH-HEINE-ALLEE 15
MÜLLER & TILLMANNS, NEUSTR. 38
FRANKFURT
HUGENDUBEL, STEINWEG 12
KARL MARX BUCHHANDLUNG, JORDANSTR. 11
PETER NAACHER, SCHWEIZERSTR. 57
SCHUMANN & COBET, BÖRSENSTR. 2–4
WALTHER KÖNIG, DOMSTR. 6

HAMBURG
H. VON DER HÖH, GROSSE BLEICHEN 21
SAUTTER UND LACKMANN
ADMIRALITÄTSSTRASSE 71/72
PPS, FELDSTR. / HOCHHAUS
HANNOVER
BUCHHANDLUNG IM SPRENGELMUSEUM
KURT-SCHWITTERS-PLATZ
HEIDELBERG
KUNSTHANDLUNG, W. WELKER
HAUPTSTR. 106
KIEL
GALERIE + EDITION KOCH, HOLSTENTÖRNPASSAGE
KÖLN
WALTHER KÖNIG, EHRENSTR. 4
MÜNCHEN
ILKA KÖNIG, AM KOSTTOR 1
H. GOLZ, TÜRKENSTR. 54
L. WERNER, RESIDENZSTR. 18
INT. BAHNHOFSBUCHHANDLUNG
BAHNHOFSPLATZ 2
MAX SUSSMANN GmbH, ARNULFSTR. 1/II
MÜNSTER
HEINRICH POERTGEN
HERDERSCHE BUCHHANDLUNG
HÖLTENWEG 51
NÜRNBERG
HEINRICH HUGENDUBEL, LUDWIGSPLATZ 1
OSNABRÜCK
H. TH. WENNER GMBH, GROSSE-STR. 69
SAARBRÜCKEN
BOCK & SEIP, FUTTERSTR. 2
STUTTGART
WENDELIN NIEDLICH, SCHMALESTR. 9
GALERIE VALENTIEN, KÖNIGSBAU
TÜBINGEN
HUGO FRICK, NAUKLERSTR. 7
WUPPERTAL
GRAEFF & HEINRICH, OBERGRÜNEWALDER STR. 13

OESTERREICH
VERTRIEB
LECHNER + SOHN
HEIZWERKSTRASSE 110
1232 WIEN
GRAZ
BUCHHANDLUNG GALERIE
VERLAG DROSCHL, BISCHOFPLATZ 1
INNSBRUCK
WAGNERSCHE UNIVERSITÄTSBUCHHANDLUNG
MUSEUMSTR. 4
LINZ
ALEX STELZER, HAUPTPLATZ 17
WIEN
JUDITH ORTNER, SONNENFELSGASSE 8
SHAKESPEARE & COMPANY
BOOKSELLERS, STEINGASSE 2

HOLLAND
DISTRIBUTION
IDEA BOOKS
NIEUWE HERENGRACHT 11
1011 RK AMSTERDAM

AMSTERDAM
ART BOOK, PRINSENGRACHT 645
ATHENAEUM NIEUWSCENTRUM
SPUI 14–16
NIJHOF & LEE, STAALSTRAAT 13 A
PREMSELA, VAN BAERLESTRAAT 78
VERBEELDING, UTRECHTSESTRAAT 40
ARNHEM
BRAND & BRAND & HENDRIKS
LOOIERSTRAAT 14
GRONINGEN
SCHOLTENS, GROTE MARKT 43–4
MAASTRICHT
ARCADIA, VRIJTHOF 29
ROTTERDAM
BOYMANS VAN BEUNINGEN MUSEUM
MATHENESSERLAAN 18–20
THE HAGUE
HAAGS GEMEENTE MUSEUM
STADHOUDERSLAAN 41

BELGIQUE
ANTWERPEN
BRAMANTE, KOEPORTBRUG 4
BRUXELLES
POST-SCRIPTUM, 37 RUE DES ÉPERONNIERS
GENT
COPYRIGHT, JAKOBIJNENSTRAAT 8

ESPAÑA
BARCELONA
NOA NOA, CENTRE CULTURAL DE LA FUNDACIÒ
CAIXA, PASSEIG DE SANT JOAN, 108
MADRID
LIBROS ARGENSOLA, ARGENSOLA 20
CENTRO REINA SOFIA, STA. ISABEL 52

FRANCE
DISTRIBUTEUR
HAZAN EDITION
35–37 RUE DE SEINE
75006 PARIS
AIX EN PROVENCE
LIBRAIRIE VENTS DU SUD
7, RUE MARECHAL FOCH
BORDEAUX
LIBRAIRIE DU MUSÉE CAPC
ENTREPÔT LAINÉ
LIBRAIRIE MOLLAT, 9–15 VITAL CARLES
LYON
LIBRAIRIE LE RÉVERBÈRE
4, RUE NEUVE
PARIS
LA HUNE, 170 BLVD ST-GERMAIN
«FLAMMARION 4», CENTRE GEORGES POMPIDOU
PLATEAU BEAUBOURG
LIBRAIRIE DU MUSÉE D'ART MODERNE
9, RUE FERRIÈRE
TOULOUSE
LIBRAIRIE OMBRES BLANCHES
50, RUE GAMBETTA

ITALIA
DISTRIBUZIONE
DIEST
VIA G. RENI 93
10136 TORINO
MILANO
MILANO LIBRI, VIA G. VERDI 2
ROMA
CENTRO DI
GALLERIA NAZIONALE D'ARTE MODERNA
VIA DELLE BELLE ARTI 131
FELTRINELLI, VIA DEL BABUINO 41
GALLERIA PRIMO PIANO, VIA PANISPERNA 203

PORTUGAL
LISBOA
COMICOS ESPAÇO INTER-MEDIA
RUA TENENTE RAUL CASCAIS 1B

SVERIGE
STOCKHOLM
BOK & BILD, KULTURHUSET, SERGELSTORG 3
NORDENFLYCHTSVÄGEN 70

GREAT BRITAIN
DISTRIBUTOR
CENTRAL BOOKS
99 WALLIS RD.
LONDON E9 5LN
LONDON
HAYWARD GALLERY BOOKSHOP, SOUTH BANK
ICA BOOKSHOP, NASH HOUSE
12 CARLTON HOUSE TERRACE
LIBERTY, BOOK DEPT., 210 REGENT STREET
NIGEL GREENWOOD BOOKS
4, NEW BURLINGTON STREET

USA
RETAIL TRADE SALES AND DISTRIBUTION
DISTRIBUTOR
D. A. P.
(DISTRIBUTED ART PUBLISHERS' CONSORTIUM)
636 BROADWAY, RM 1208
NEW YORK, NY 10012
BOSTON
RIZZOLI INTERNATIONAL BOOKSTORES
100 HUNTINGTON AVE.
BERKELEY
MOE'S BOOKS, 2476 TELEGRAPH
CHICAGO
MUSEUM OF CONTEMPORARY ART
237 EAST ONTARIO ST.
RIZZOLI INTERNATIONAL BOOKSTORES
835 N. MICHIGAN AVE.
COLUMBUS
WEXNER CENTER FOR THE ARTS
UNIVERSITY OF OHIO, 30 W. 15TH ST.

LOS ANGELES
ART CATALOGUES, 625 N. ALMONT DR.
MUSEUM OF CONTEMPORARY ART
152 N. CENTRAL AND 250 S. GRAND
BOOK SOUP, 8818 SUNSET BLVD.
RIZZOLI INTERNATIONAL BOOKSTORES
3333 BRISTOL AVE., COSTA MESA
NEW YORK
BOOKS AND COMPANY, 939 MADISON AVE.
JAAP RIETMANN, 134 SPRING STREET
MUSEUM OF MODERN ART, 11 W. 53RD ST.
PRINTED MATTER BOOKSTORE AT DIA,
77 WOOSTER ST.
RIZZOLI INTERNATIONAL BOOKSTORES
31 W. 57TH AND 454 WEST BROADWAY
ST. MARK'S BOOKSHOP, 12 ST. MARK'S PLACE
UNTITLED II INC., 680 BROADWAY
SAN FRANCISCO
SAN FRANCISCO MUSEUM OF MODERN ART
BOOKSHOP
VAN NESS AVE. AT MCALLISTER ST.
CITY LIGHTS BOOKSTORE, 2625 DURANT AVE.
SANTA MONICA
HENNESSEY + INGALLS BOOKS
1254 SANTA MONICA MALL
SEATTLE
ART IN FORM, 2237 2ND AVE.
ELLIOT BAY BOOKS, 1ST AND MAIN ST.S SOUTH
WASHINGTON
BOOKWORKS – WPA, 400 7TH ST. NW
NATIONAL GALLERY, 6TH STREET
AND CONSTITUTION AVENUE NW

CANADA
MONTREAL
ARTEXTE, 3575 ST. LAURENT
TORONTO
ART METROPOLE, 788 KING STREET WEST
ART GALLERY OF ONTARIO, BOOKSTORE
317 DUNDAS ST. WEST
VANCOUVER
ART GALLERY STORE, 750 HORNBY ST.

AUSTRALIA
DISTRIBUTOR
MANIC EX-POSEUR
WORLD TRADE CENTER
MELBOURNE 3005
THE ARTS BOOKSHOP, 1067 HIGH STREET
ARMADALE, VICTORIA 3143
VICTORIA
HARTWIGS BOOKSHOP
245 BRUNSWICK STR., VICTORIA 3182

NEW ZEALAND
DISTRIBUTOR
PROPAGANDA
44 COLLEGE HILL
AUCKLAND

JAPAN
TOKIO
EUROPA ART GMBH,
KAMIOGI 4-16-4
SUGINAMI-KU
ON SUNDAYS
3-7-6 JUNGUMAE
SHIBUYA-KU

E X H I B I T I O N S

B A S E L

| STAMPA | Spalenberg 2, Basel
Tel. 061/25 79 10 | *MARLENE DUMAS* | *4.6.–17.8.91* |

B E R N

| ERIKA + OTTO FRIEDRICH | Junkerngasse 39, Bern
Tel. 031/22 78 03 | *VACLAV POZAREK/FRANZ WEST*
ROSMARIE TROCKEL/WALTER DAHN | *25.5.–6.7.91*
14.9–26.10.91 |

G E N È V E

| GALERIE-FAUST | 25, Grand Rue, Genève
Tel. 022/28 18 50 | *ROBERT YARBER* | *6.6.-6.7.91* |
| DANIEL VARENNE | 15, chemin de Sierne, Genève
Tel. 022/84 15 93 / 84 15 97 | *IMPRESSIONISTS &*
20th CENTURY MASTERS | |

L U Z E R N

| MAI 36 Galerie | Maihofstrasse 36, Luzern
Tel. 041/36 44 70 | *JOHN BALDESSARI*
«LUZERN – TRANSIT?», PART I & II
MATT MULLICAN/LAWRENCE WEINER | *Mai/Juni 91*
Juli/August 91
Sept./Okt. 91 |

S T. G A L L E N

| WILMA LOCK | Schmidgasse 15, St. Gallen
Tel. 071/22 62 52 | *ACCROCHAGE (8 KÜNSTLER)*
SOMMERPAUSE
FRANZ WEST | *1.6.–6.7.91*
7.7.–30.8.91
ab 31.8.91 |

ZÜRICH

THOMAS AMMANN FINE ART	Restelbergstr. 97, Zürich P.O. Box 922, Tel. 01/252 90 52	*IMPRESSIONISTS &* *20th CENTURY MASTERS*	*by appoint-* *ment only*
MARC JANCOU	Rössligasse 8, Zürich Tel. 01/261 04 44	*PAULINE STELLA SANCHEZ* *GAIL FITZGERALD/CARL OSTENDARP* *JEFFREY VALLANCE*	*Juni 91* *Juli/August 91* *Sept. 91*
GALERIE LELONG	Predigerplatz 10–12, Zürich Tel. 01/251 11 20	*TÀPIES: DIE NEUEN BILDER*	*6.6.–27.7.91*
STORRER GALLERY ZURICH	Scheuchzerstr. 25, Zürich Tel. 01/362 73 14	*STEFAN KARLSSON: WANDOBJEKTE* *GALERIE GESCHLOSSEN* *PAUL ROTTERDAM:* *BILDER UND ZEICHNUNGEN*	*Mai/Juni 91* *Juli/August 91* *Sept./Okt. 91*
TURSKE & TURSKE	Seefeldstr. 227/229, Zürich Tel. 01/55 97 70	*JAMES TURRELL CYCLE PART 2:* *«UP IN SMOKE»*	 *16.6.–14.9.91*
ANNEMARIE VERNA	Scheuchzerstr. 35, Eingang Turnersteig, Zürich Tel. 01/361 90 70	*DAVID RABINOWITCH: SCULPTURE* *ROBERT WILSON:* *INSTALLATION & DRAWINGS*	*4.6.–14.9.91* *21.9.–9.11.91*
GALERIE WALCHETURM	Walchestr. 6, Zürich Tel. 01/252 10 96	*GALERIE: CANDIDA HÖFER* *SCHAUFENSTER: THOMAS STALDER* *GALERIE: JOSEF LECHNER* *SCHAUFENSTER: HANS-JÖRG KÜNG*	*9.5.–22.6.91* *9.5.–22.6.91* *27.8.–30.9.91* *27.8.–30.9.91*
JAMILEH WEBER	Hardturmstr. 110, Zürich Tel. 01/272 74 70	*ROBERT RAUSCHENBERG* *SEAN SCULLY*	*7.6.–20.7.91* *6.9.–19.10.91*
SUSAN WYSS	Militärstr. 90, Zürich Tel. 01/242 87 24	*MARIANNE EIGENHEER* *LAURIE ANDERSON*	*12.4.–25.5.91* *31.5.–13.7.91*

REBECCA HORN
BUSTER'S BEDROOM
a filmbook

«An explosion of love on every level. From butterflies to snakes to the inter-relationship of all the characters… It's about the hope, frustration, failure, despair of heterosexual love.»
(Donald Sutherland)

«A cinematographically designed filmbook based on the feature film by Rebecca Horn starring Donald Sutherland, Geraldine Chaplin, Amanda Ooms, Taylor Mead, David Warrilow, Valentina Cortese, Ari Snyder and Martin Wuttke.

The quixotic BUSTER'S BEDROOM is an homage to the paradoxical brilliance of Buster Keaton, the unsmiling sphinx of slapstick. Horn's characters, including the compelling O'Connor (Sutherland) and the masochistic Diana Daniels (Chaplin) are inmates of a Nirvana House, an otherworldly asylum for washed-up actors. There they are protected from the vicissitudes of the outside world by a cocoon of daily rituals and repetitions. They maintain a precarious existence between sanity and madness, discipline and hysteria, freedom and entrapment, life and death – the law of dynamics so central to Keaton's own films and to his tragi-comic life.

The intrusion of the reckless young Micha (Amanda Ooms), drawn to Nirvana House in her obsessive search for Buster Keaton, upsets the balance and wreaks havoc with the emotions and behaviour of the inmates in «an explosion of love on every level». O'Connor shifts his attention from the love-fixated Diana to the more promising prospect of the new «patient», Micha. Diana, consumed by jealousy, is driven to her death in her attempt to rid herself and her precious environment of the youthful intruder. Micha finally escapes O'Connor's clutches into the arms of Joe, an «extra» from the real world, involved momentarily in the internal machinations of Nirvana House.

As the central drama unfolds, the antics and intrigues of the other inmates reveal themselves, echoing the love of symmetries, elaborate mechanisms and absurdist logic that Rebecca Horn shares with Buster Keaton in the stirring struggle with the mad world of normality.

134 full page color plates from the film original shot by cinematographer Sven Nykvist, juxtaposed with the original screenplay by Rebecca Horn and Martin Mosebach. Introduction by Bice Curiger. 152 pages, 23×29 cm (9¼×11½″), hardcover, ISBN 3–907509-13-7, SFr. 48.–.

PARKETT-VERLAG AG, QUELLENSTRASSE 27, CH-8005 ZÜRICH
TEL. 41-1-271 81 40, FAX 41-1-272 43 01

PARKETT PUBLISHERS INC., 636 BROADWAY, NEW YORK, N.Y. 10012,
PHONE 212-673 2660, FAX 212-673 2887

SUSAN SONTAG / HOWARD HODGKIN
SO LEBEN WIR JETZT

«Diese Erzählung gehört bereits zu den modernen literarischen Klassikern.»
Sunday Times Magazine

Dieses Buch ist das Ergebnis einer einzigartigen Zusammenarbeit. «So leben wir jetzt» erschien erstmals 1986 als Kurzgeschichte in der Zeitschrift The New Yorker. Sie handelt von den Reaktionen einer Gruppe von New Yorkern, die erfahren, dass einer ihrer engsten Freunde an Aids erkrankt ist. Der Text kreist permanent um die Krankheit, ohne sie auch nur ein einziges Mal konkret zu benennen. Aus Ängsten, Zweifeln, Besitzansprüchen und Eifersüchtelei baut sich ein Beziehungsgeflecht auf, das die geistige Krise, die diese Krankheit auslöst, in ihrer Vielschichtigkeit widerspiegelt. Howard Hodgkin hat eigens zu diesem Text eine Serie von handkolorierten Stichen geschaffen.

«Ich weiss, dass seine Erkrankung für mich die Krankheit entmystifiziert hat, sagte Jan, ich fühle mich nicht mehr verängstigt, verfolgt, wie ich es war, ehe er krank wurde, als es immer nur Nachrichten über entfernte Bekannte gab, die ich nie mehr sah, nachdem sie krank geworden waren. Aber du weisst, dass du die Krankheit nicht kriegen wirst, sagte Quentin, worauf Ellen erwiderte, dass das für sie nicht der Punkt und vermutlich unwahr sei; mein Gynäkologe sagt, dass jeder gefährdet ist, der geschlechtliche Beziehungen hat, denn Sexualität ist eine Kette, die jeden von uns mit vielen anderen verbindet, und jetzt ist die Kette des Seins auch eine Kette des Todes geworden.»

Susan Sontag (geb. 1933) gilt als eine der renommiertesten Autorinnen Amerikas. Viele ihrer Bücher und Essays wurden auch ins Deutsche übertragen, u.a. der Band «Über Fotografie». Mit ihren Büchern «Krankheit als Metapher» und «Aids und seine Metaphern» hat sie einen entscheidenden Beitrag zur gesellschaftlichen Bewertung von Krankheit geleistet. Howard Hodgkin (geb. 1932) lebt als Maler in England. 1984 hat er Grossbritannien bei der Biennale in Venedig vertreten. Seine Werke finden sich in Sammlungen überall auf der Welt.

Deutsche Ausgabe, Klappenbroschur, Fadenheftung, 40 Seiten, 18.5 × 24.5 cm, mit vier, zum Teil mehrteiligen Ausklappbögen in Farbe.
Aus dem Amerikanischen von Karin Graf, ISBN 3-907509-16-1, ca. SFr. 34.–

PARKETT-VERLAG AG, QUELLENSTRASSE 27, CH-8005 ZÜRICH
TEL. 41-1-271 81 40, FAX 41-1-272 43 01
PARKETT PUBLISHERS INC., 636 BROADWAY, NEW YORK, N.Y. 10012,
PHONE 212-673 2660, FAX 212-673 2887

Artstudio

N° 20

Spécial
Roy Lichtenstein

Printemps 1991

●

N° 21

Le portrait contemporain

Été 1991

Revue d'Art Contemporain
Publication Trimestrielle

30, rue Beaubourg - 75003 Paris - Tél. : (1) 42.72.44.00

INTERNATIONAL CANDIDACY CALL

Fourth Session

Autumn 1991 (14.10 to 22.11), Winter and Spring 1992

Director: Pontus Hulten
Professors: Daniel Buren, Serge Fauchereau, Sarkis

Research center of contemporary art and on the interaction of art with other disciplines, the "Institut des Hautes Etudes en Arts Plastiques" invites 20 young artists — 20 to 30 years old — speaking french to participate to seminaries with international renowned personnalities.

Each yearly session is divided in three parts of six to eight weeks each on a general research theme.

The artists are chosen at the end of a dual assessment: upon presentation of their portfolio — application form to be asked in writing to the Institute and to send back before August the 24th — followed by an interview with the "Comité Scientifique", September the 23 or 24th 1991.

Those selected receive a scholarship and have at their disposal a collective studio to pursue their personal work.

Institut des Hautes Etudes en Arts Plastiques,
75 rue du Temple, 75003 PARIS, FRANCE
Phone: 1 - 48.87.05.00 - Fax: 1 - 48.87.03.88
Association régie par la loi de 1901

The Institute is subsided by the City of Paris and received financial support by "Fondation Cartier pour l'Art Contemporain" Paris, "The J. Paul Getty Grant Program" Los Angeles and Léo et Paul N. Goldschmidt, Bruxelles et Monaco.

kunst buch cantz

Metropolis
Internationale Kunstausstellung Berlin 1991
Herausgeber Christos M. Joachimides und Norman Rosenthal, 23 x 28 cm
368 Seiten, 400 Abbildungen, davon 300 farbig, gebunden
ISBN 3-89 322-220-0, erscheint Mai 1991

Georg Baselitz
Holzschnitt 1966 - 1989
Text Ulrich Weisner, 32,5 x 48 cm, 48 Seiten, 28 farbige Abbildungen
Broschur im Schuber, ISBN 3-89 322-173-5

Cage Cunningham Johns
Freundschaften
Herausgeber Anthony d'Offay, Texte Susan Sontag, Mark Rosenthal, u.a.
24,5 x 29,5 cm, 168 Seiten, 70 Abbildungen, davon 14 farbig
56 Duplex, Leinen, ISBN 3-89 322-196-4

Che fare ?
concept art, minimal, arte povera, land art. Slg Marzona
Texte Erich Franz, Werner Lippert, Gudrun Wessing, 13,8 x 23,7 cm
272 Seiten, 143 Abbildungen, davon 69 farbig, Broschur, ISBN 3-89 322-177-8

Marcel Duchamp
Sammlung der Staatsgalerie Stuttgart
24,5 x 30 cm, ca. 220 Seiten, ca. 160 Abbildungen, davon 100 farbig, gebunden
ISBN 3-89 322-224-3, erscheint Juni 1991

Marcel Duchamp
Die Schriften Band 2
Interviews und Statements gesammelt, übersetzt und annotiert von Serge Stauffer
21 x 30 cm, ca. 240 Seiten, ca. 100 Abbildungen, gebunden
ISBN 3-89 322-223-5, erscheint Juni 1991

Dan Flavin
Neue Anwendungen fluoreszierenden Lichts
Herausgeber Jochen Poetter, Texte Jochen Poetter, Dan Flavin u.a.
deutsch/englisch, 24 x 30 cm, 168 Seiten, 91 Abbildungen, davon 71 farbig
Leinen, ISBN 3-89 322-156-5

Günther Förg
Herausgeber Veit Loers, Texte Veit Loers, Ingrid Rein, deutsch/englisch, 27 x 30 cm, 202
Seiten, 138 farbige Abbildungen, Leinen, ISBN 3-89 322-214-6

edition cantz (neue Adresse) Wildungerstraße 83 7000 Stuttgart 50

Texte zur Kunst

Herausgeber: Isabelle Graw und Stefan Germer

erscheint vierteljährlich
Einzelpreis: DM 25,–
Abonnement: DM 80,–

Zu beziehen
in gut sortierten Buchhandlungen und über:

Texte zur Kunst GmbH & Co KG
Brabanter Straße 49
5000 Köln 1
Tel.: (02 21) 51 13 99 · Fax: (02 21) 51 50 83

JAMES BROWN / *SALT NOTES*

GÜNTHER FÖRG / *CANZONE*

PARTENHEIMER / *GIANT WALL*

RICHARD TUTTLE / *TWO BOOKS*

HINE EDITIONS/LIMESTONE PRESS
LIVRES D'ARTISTE, EDITIONS, MONOGRAPHS
357 TEHAMA ST., S.F., CA 94103 PHONE: (415) 777-2214 FAX: 495-2665

Das Konzept dieser Reihe ist ebenso einleuchtend wie erfolgreich: einerseits unterhaltsame, faktenreiche Lesebücher mit Essays, Interviews und Künstlerporträts. Andererseits Nachschlagewerke mit konzentrierten Informationen: Namen und Adressen aller wichtigen Galerien, Museen und kulturellen Institutionen und vieles mehr. Die Herausgeber sind langjährige und ausgewiesene Kenner der jeweiligen Kunst-Szene, die Autoren bekannte Kritiker und Fachjournalisten. Die handlichen, reich bebilderten Führer sind gleichermaßen interessant für Insider und für Kunst-Touristen.

Bisher sind erschienen:

KUNST IN KÖLN

Herausgegeben von Marie Hüllenkremer. DM 19,80

KUNST IN DÜSSELDORF

Herausgegeben von Helga Meister. DM 19,80

KUNST IN MÜNCHEN

Herausgegeben von Gert Gliewe. DM 19,80

KUNST IN BERLIN

Herausgegeben von Karin Graf und Patricia Ferer. DM 24,80

KUNST IN PARIS

Herausgegeben von Heinz Peter Schwerfel. DM 24,80

KUNST IN DER DDR

Herausgegeben von Eckhart Gillen und Rainer Haarmann. 470 Seiten. DM 39,80

KUNST IN DER SCHWEIZ

Herausgegeben von Robert Fischer und Pidu P. Russek. DM/Fr. 29.80

Die Schweiz besteht aus vielen, fast autonom existierenden Kunstzentren, die in ihrer Gesamtheit ein außerordentlich reiches und breitgefächertes Kulturleben ergeben. Dieser Band gibt einen umfassenden Überblick.

Kiepenheuer & Witsch

Holger Trülzsch

Exposition
du 15 mai
au 28 juillet 1991

Hôtel de Ville
de Paris

Salle Saint-Jean
Ouvert tous les jours
sauf le lundi
de 11 h à 19 h

MARCO BAGNOLI – REMO SALVADORI
4 MAI – 21 JUILLET 1991

VITO ACCONCI
15 SEPTEMBRE – 10 NOVEMBRE 1991

SARKIS
DECEMBRE 1991 – FEVRIER 1992

PER KIRKEBY
MARS – AVRIL 1992

CENTRE NATIONAL
D'ART CONTEMPORAIN
DE GRENOBLE

MAGASIN, 155, COURS BERRIAT, 38000 GRENOBLE · FRANCE · TÉL 76 21 95 84 · FAX 76 21 24 22

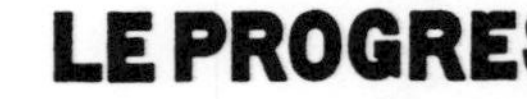
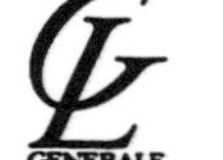
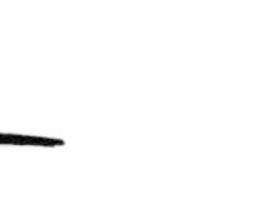
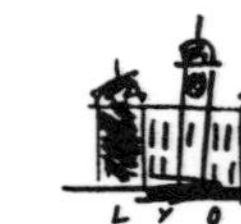
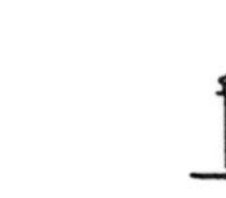

bac (biennale d'art contemporain
3 septembre – 13 octobre 1991
l'amour de l'art
Une exposition de l'art contempo-
rain en France. Halle Tony Garnier
Elac, Musée d'Art Contemporain.
téléphone 72 40 26 26) lyon
Culture
LYON
REGION RHÔNE-ALPES
GL GENERALE LOCATION
LE PROGRES

villa
arson

nice

20 avenue
stephen liégeard
f - 06100 nice
tél. 93 84 40 04
fax 93 84 41 55

centre national
des arts plastiques
ministère
de la culture
de la communication
et des grands travaux

tous les jours
de 13h à 19h

du 7 juillet au
30 septembre 1991

NO'S
MAN'S
TIME

richard agerbeek
henry bond &
liam gillick
bp
angela bulloch
sylvie fleury
dominique
gonzalez-foerster
felix gonzalez-torres
manuel ismora
pierre joseph
karen kilimnik
richard kongrosian
aimee morgana
johan muyle
pruitt · early
philippe parreno
raymond pettibon
allen ruppersberg
jim shaw
lily van der stokker
xavier veilhan

and featuring also :
martin kippenberger

août-juillet 1988

Mommsenstraße 56
D-1000 Berlin 12
tel 030 324 00 44
fax 030 345 15 96

29 June –
22 September 1991

ALLAN McCOLLUM
SOL LeWITT
MAGDALENA JETELOVA

Three Rooms

OTT + STEIN

**GALERIE
FRANCK+
SCHULTE**

GIOVANNI ANSELMO

ART & LANGUAGE

LOTHAR BAUMGARTEN

CHRISTIAN BOLTANSKI

MARCEL BROODTHAERS

JAMES COLEMAN

TONY CRAGG

RICHARD DEACON

GER VAN ELK

DAN GRAHAM

REBECCA HORN

ANSELM KIEFER

JUAN MUÑOZ

MARIA NORDMAN

GIULIO PAOLINI

GIUSEPPE PENONE

GERHARD RICHTER

THOMAS SCHÜTTE

THOMAS STRUTH

NIELE TORONI

JEFF WALL

LAWRENCE WEINER

MARIAN GOODMAN GALLERY

24 WEST 57TH STREET   NEW YORK, NY 10019   212 977-7160   FAX 212 581-5187

RODNEY GRAHAM
STEPHEN PRINA
CHRISTOPHER WILLIAMS

curated by Gordon Lebredt

JUNE

BY APPOINTMENT

JULY

DAVID CLARKSON
CAROLYN WHITE

AUGUST

S.L. SIMPSON GALLERY

515 Queen Street West, Toronto, Ontario, Canada M5V 2B4
tel.: (416) 362-3738 fax: (416) 362-0979

MICHAEL SNOW

REPRESENTED IN CANADA EXCLUSIVELY BY
S.L. SIMPSON GALLERY

515 Queen Street West, Toronto, Ontario, Canada M5V 2B4
tel: (416) 362-3738 fax: (416) 362-0979

MONIKA SPRÜTH GALERIE

LOUISE BOURGEOIS	*Dez. – Jan. 91*
WILHELM SCHÜRMANN	*Jan. – Feb. 91*
JOHN BALDESSARI • CINDY BERNARD **FISCHLI – WEISS • HIRSCH PERLMAN**	*März – April 91*
HANNE DARBOVEN	*April – Mai – Juni 91*

MONIKA SPRÜTH GALERIE · MARIA-HILF-STR. 17 · D-5000 KÖLN 1 · 0221 - 322077 · FAX 319871

LECCESE-SPRÜTH

ALIGHIERO BOETTI	Februar – März 91
SOL LEWITT	März – April 91
SIGMAR POLKE	Mai – Juni – Juli 91

MARIA-HILF-STRASSE 17 · 5000 KÖLN 1 · 0221 – 331239

carl andre jennifer bartlett lynda benglis jonathan borofsky pete
r campus robert gober robert grosvenor michael hurson julian leth
bridge elizabeth murray joel shapiro alan shields the estate of t
ony smith robert wilson jackie winsor paula cooper gallery 155 wo
oster street new york 10012 fax 212 674-1938 carl andre jennifer
bartlett lynda benglis jonathan borofsky peter campus robert gobe
r robert grosvenor michael hurson julian lethbridge elizabeth mur
ray joel shapiro alan shields the estate of tony smith robert wil
son jackie winsor paula cooper gallery 155 wooster street new yor
k 10012 fax 212 674-1938 carl andre jennifer bartlett lynda bengl
is jonathan borofsky peter campus robert gober robert grosvenor m
ichael hurson julian lethbridge elizabeth murray joel shapiro ala
n shields the estate of tony smith robert wilson jackie winsor pa
ula cooper gallery 155 wooster street new york 10012 fax 212 674
-1938 carl andre jennifer bartlett lynda benglis jonathan borofsk
y peter campus robert gober robert grosvenor michael hurson julia
n lethbridge elizabeth murray joel shapiro alan shields the estat
e of tony smith robert wilson jackie winsor paula cooper gallery
155 wooster street new york 10012 fax 212 674-1938 carl andre jen
nifer bartlett lynda benglis jonathan borofsky peter campus rober
t gober robert grosvenor michael hurson julian lethbridge elizabe
th murray joel shapiro alan shields the estate of tony smith robe
rt wilson jackie winsor paula cooper gallery 155 wooster street 1
0012 fax 212 674-1938 carl andre jennifer bartlett lynda benglis
jonathan borofsky peter campus robert gober robert grosvenor mich
ael hurson julian lethbridge elizabeth murray joel shapiro alan s
hields the estate of tony smith robert wilson jackie winsor paula
cooper gallery 155 wooster street new york 10012 fax 212 674-1938
carl andre jennifer bartlett lynda benglis jonathan borofsky pete
r campus robert gober robert grosvenor michael hurson julian leth
bridge elizabeth murray joel shapiro alan shields the estate of t
ony smith robert wilson jackie winsor paula cooper gallery 155 wo
oster street new york 10012 fax 212 674-1938 carl andre jennifer
bartlett lynda benglis jonathan borofsky peter campus robert gobe
r robert grosvenor michael hurson julian lethbridge elizabeth mur
ray joel shapiro alan shields the estate of tony smith robert wil
son jackie winsor paula cooper gallery 155 wooster street new yor
k 10012 fax 212 674-1938 carl andre jennifer bartlett lynda bengl
is jonathan borofsky peter campus robert gober robert grosvenor m
ichael hurson julian lethbridge elizabeth murray joel shapiro ala
n shields the estate of tony smith robert wilson jackie winsor pa
ula cooper gallery 155 wooster street new york 10012 fax 212 674-
1938 carl andre jennifer bartlett lynda benglis jonathan borofsky
peter campus robert gober robert grosvenor michael hurson julian
lethbridge elizabeth murray joel shapiro alan shields the estate
of tony smith robert wilson jackie winsor paula cooper gallery 15
5 wooster street 10012 fax 212 674-1938 carl andre jennifer bartl
ett lynda benglis jonathan borofsky peter campus robert gober rob

MARTIN CHIRINO
JORGE GIRBAU
JOSE GUERRERO
MANOLO MILLARES
MANUEL H. MOMPO

ART 22'91, BASEL
12–17 june, 1991

MARK KLETT

20 june – 27 july, 1991

GALERÍA JUANA MORDÓ

Villanueva 7, 28001 MADRID, Tel. 435 84 42 - 431 05 28, Fax 5751626

PHOEBE ADAMS

TOM BUTTER

PETER DRAKE

BARBARA ESS

GLORIA FRIEDMANN

MARK INNERST

KEVIN LARMON

RICHARD PETTIBONE

GARNETT PUETT

SCOTT RICHTER

NANCY SHAVER

MARK TANSEY

MICHAEL ZWACK

CURT MARCUS GALLERY
578 BROADWAY, NEW YORK 10012 TEL: 226-3200 FAX: 941-6365

Louise Bourgeois

ROBERT MILLER
41 EAST 57 NEW YORK

RÉMY ZAUGG

SEPTEMBER

PAUL THEK

OCTOBER

BROOKE ALEXANDER

59 WOOSTER STREET
NEW YORK, NEW YORK 10012
TELEPHONE 212/925-4338
FAX 212/941-9565

GALERIE CROUSEL-ROBELIN   BAMA

may

JOCHEN GERZ

june

GÜNTHER FÖRG

june

«INTERIORS»

PATRICK FAIGENBAUM

THOMAS RUFF

JANA STERBAK

40, RUE QUINCAMPOIX
75004 PARIS
(I) 42.77.38.87
FAX 42.77.59.00

Vito Acconci

Richard Prince

Craigie Horsfield

SPRING 1991

Patrick Faigenbaum

Matthew Barney

FALL 1991

99 GREENE STREET   NEW YORK NY 10012
TEL 212-431-3334   FAX 212-966-9310

GORDON MATTA-CLARK

7 JUNE – 19 JULY 1991

BURNETT MILLER
G A L L E R Y
964 NORTH LA BREA AVENUE
LOS ANGELES, CALIFORNIA 90038
213/874-4757 FAX: 213/874-7478

GILBERTO ZORIO

JUNE / JULY

STEINGLADSTONE

**99 WOOSTER STREET
NEW YORK NY 10012
TEL-212-925-7474
FAX-212-226-1139**

GALERIE LELONG

20 JUIN – 25 JUILLET

VALERIO ADAMI

PEINTURES ET DESSINS

6. JUNI – 27. JULI

TÀPIES

DIE NEUEN BILDER

JUNE – JULY

WITH NATURE

ANDREW GOLDSWORTHY, WOLFGANG LAIB, RICHARD LONG

DONALD LIPSKI, ANA MENDIETA, ELIZABETH NEWMAN

THE GALLERIES ARE CLOSED IN AUGUST

Franz Gertsch

Turske & Turske

Mühle Tiefenbrunnen, Seefeldstrasse 227/229, CH-8008 Zürich

Telefon 01 55 97 70, Fax 01 53 71 49, Dienstag–Freitag 11.00–18.30 h, Samstag 11.00–16.00 h

Matthew Barney

MAY - JUNE

Rosemarie Trockel

JUNE - JULY

STUART REGEN GALLERY

619 NORTH ALMONT DRIVE LOS ANGELES CA 90069   TEL 213 276 5424 FAX 213 276 7430

ERNESTO BALTISWILER
IMI KNOEBEL
JÜRGEN PARTENHEIMER
FRANZ PICHLER
GERARD VERDIJK
FRANZ ERHARD WALTHER
FRANZ WEST
DANIEL ZIMMERMANN
BEAT ZODERER

WILMALOCK
SCHMIEDGASSE 15
CH-9000 ST.GALLEN
TEL. 071/22 62 52
FAX 071/22 72 66

Galerie Faust

Rachel Lehmann   25, Grand-Rue   Tél. 022/28 18 50
                      1204 Genève   Fax   781 33 55

ROBERT YARBER

6 juin – 6 juillet 1991

PAULINE STELLA SANCHEZ

JUNI

GAIL FITZGERALD – CARL OSTENDARP

JULI – AUGUST

JEFFREY VALLANCE

SEPTEMBER

MARC JANCOU GALERIE

RÖSSLIGASSE 8, 8001 ZÜRICH, SWITZERLAND, Tel. 41/1/261 04 44, Fax 41/1/261 05 11

MARIANNE EIGENHEER

12.4. – 25.5.1991

LAURIE ANDERSON

31.5. – 13.7.1991

GALERIE SUSAN WYSS
Militärstrasse 90
CH-8004 Zürich
Telefon 01/242 87 24
Fax 01/242 09 04

MAI 36 GALERIE

JOHN BALDESSARI
May 11 – June 22

«LUZERN – TRANSIT?», PART I & II
July/August

MATT MULLICAN – LAWRENCE WEINER
«IN THE CRACK OF THE DAWN»
September/October

Art 22'91 Basel
June 12–17

Maihofstrasse 36, CH-6000 Luzern 9, Tel. 041 36 44 70, Fax 36 61 70
DI–FR 11–13 und 14–19 Uhr, SA 11–16 Uhr und nach Vereinbarung

ART- AND BOOKFAIRS
1991

Der **PARKETT** *Verlag freut sich, Sie an folgenden Ausstellungsmessen an seinem Stand begrüssen zu dürfen:*

PARKETT *Publishers are pleased to welcome you at their booth during the following fairs and exhibitions:*

ART 22'91

| Basel | 12.–17. 6. | 1991 |

LIBER

| Madrid | 25.–29.6. | 1991 |

INT. BOOKFAIR

| Hongkong | 15.–18.8. | 1991 |

BUCHMESSE

| Frankfurt | 9.–14.10. | 1991 |

FIAC

| Paris | 4.–13.11. | 1991 |

ART COLOGNE

| Köln | 15.–20.11. | 1991 |

Gedreht wie gewendet:

Any way you look at it:

Bilderrahmen von

frames by,

Kunst ins richtige Licht zu setzen.

to give art its due.

sind die einzige Art,

the only way

Your discreet Swiss partner for the storage of artworks.

We provide alarm- and climate controlled strong-rooms
with attractive show-rooms in the freeports
(duty / taxfree area) in Zurich, Basel and Geneva.

In Zurich, these facilities are located in the airport, so that
you or your clients have access within a few minutes after
landing.

Our specialist staff will be at your service to assist in the
viewing, photographing or appraising of artworks.

Sales talks can take place in a discreet and elegant
atmosphere.

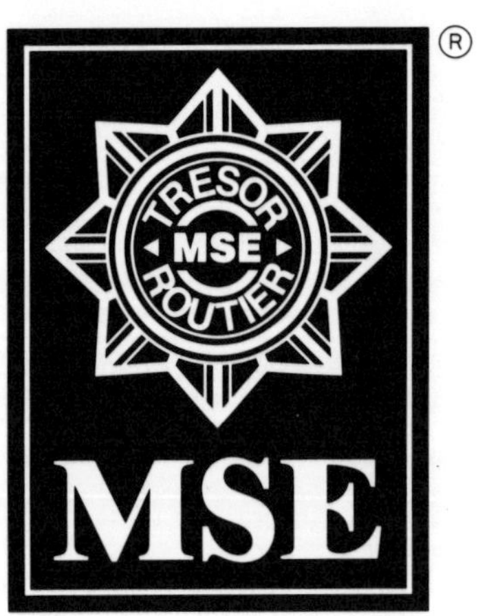

MAT SECURITAS EXPRESS AG

CH-8302 Kloten-Zürich Tel. 01 / 814 20 18 FAX 814 20 21
4002 Basel   Tel. 061 / 22 43 80 FAX 22 43 18
1211 Genève   Tel. 022 / 43 04 85 FAX 43 26 30
6830 Chiasso Tel. 091 / 43 75 51 FAX 43 98 08

Compositor.

e-types

Englersatz AG
Weinbergstrasse 145
Postfach 8042 Zürich

Telefon 01 362 88 28
Telefax 01 363 89 80

Layoutsatz
Alles vor dem Druck
Typografische Beratung
Computergrafik

CAPRI

RESTAURANT

1616 ABBOT KINNEY BLVD

VENICE CA.

TEL. 213-3928.777

NO   B.P.S.

WILLIAM
HOLDEN COMPANY

AFRICA JUN/AUG 91

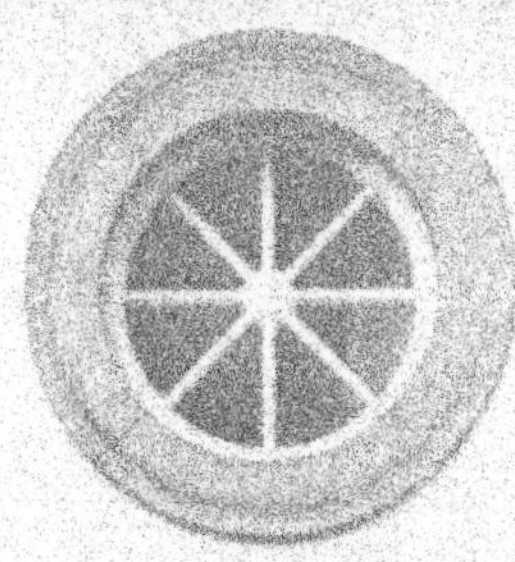

THOMAS AMMANN FINE ART AG

IMPRESSIONIST & 20TH CENTURY MASTERS

SELECTED WORKS BY MAJOR ARTISTS

ARP
BALTHUS
BEUYS
BOTERO
CALDER
CHILLIDA
COURBET
ERNST
GIACOMETTI
KLEE
DE KOONING
LAURENS
LEGER
LICHTENSTEIN
MANZU
MATISSE
MIRO
MODIGLIANI
MONDRIAN
MOORE
NEWMAN
OLDENBURG
PICASSO
RENOIR
RICHTER
RODIN
ROTHKO
SEGAL
STILL
TWOMBLY
WARHOL

RESTELBERGSTRASSE 97   CH-8044 ZÜRICH
TEL. (411) 252 90 52   FAX (411) 252 82 45